Ernst von Hesse-Wartegg

Kanada und Neu-Fundland

Ernst von Hesse-Wartegg

Kanada und Neu-Fundland

ISBN/EAN: 9783742878977

Manufactured in Europe, USA, Canada, Australia, Japa

Cover: Foto ©Andreas Hilbeck / pixelio.de

Manufactured and distributed by brebook publishing software (www.brebook.com)

Ernst von Hesse-Wartegg

Kanada und Neu-Fundland

Kanada
und
Neu-Fundland.

Nach eigenen Reisen und Beobachtungen
von
Ernst von Hesse-Wartegg,

Ehrenmitglied der kgl. belgischen geographischen Gesellschaft und des deutschen Athenäums zu London;
korr. Mitglied der k. k. geogr. Gesellschaft zu Wien, der Akademie der Wissenschaften zu New-York,
der geogr. Gesellschaften zu Rom, Madrid, Lissabon, San Francisco, Hamburg, Metz ꝛc.;
Bevollmächtigter des Museums für Völkerkunde zu Leipzig;
Kommandeur und Ritter hoher Orden.

Mit 54 Illustrationen und einer Übersichtskarte.

Freiburg im Breisgau.
Herdersche Verlagshandlung.
1888.
Zweigniederlassungen in Straßburg, München und St. Louis, Mo.
Wien I, Wollzeile 33: B. Herder, Verlag.

Vorwort.

Die nördliche Hälfte des Kontinents von Nordamerika ist bisher in der deutschen Reifelitteratur sehr vernachlässigt geblieben. Auch in fremden Litteraturen begegnet man nur wenigen Werken über Kanada. Und doch muß das ausgedehnte, großer Besiedelung entgegenschreitende Land mit seinen wasserreichen Strömen und Seen, seinen unendlichen Wäldern und Prairien, seinen eigenartigen Großstädten und Ansiedelungen, sowie mit seiner bunt zusammengewürfelten, an Gegensätzen reichen Bevölkerung lebhaftes Interesse erwecken.

Schon vor der Erbauung der großen kanadischen Pacific-Bahn führte mich der Trieb, das „große, einsame Land" kennen zu lernen, zu wiederholten Malen nach verschiedenen Teilen Kanadas: in das Stromgebiet des St. Lorenz wie an die kanadischen Seen, in die Prairien von Manitoba wie an die Küsten des Stillen Meeres. Seit der Vollendung der Überlandbahn habe ich Kanada neuerdings von Ocean zu Ocean bereist, und die vorliegenden Schilderungen sind zumeist an Ort und Stelle selbst, oder doch an der Hand meiner eigenen Aufzeichnungen entstanden. Es sei dies ausdrücklich hervorgehoben, da in den letzten Jahren zahlreiche Schilderungen von Land und Leuten einfach „hinter dem Schreibtische" entstanden sind.

Das vorliegende Werk erscheint gerade zu einer Zeit, wo Kanadas große Prairien die europäische Auswanderung immer mehr an sich ziehen, wo die Naturwunder von Britisch-Kolumbien zahlreiche Touristen herbei-

Vorwort.

locken und viele Unternehmungen zur Ausbeutung der Naturschätze Kanadas ins Leben treten. Kanada ist eben im „Werden" begriffen, und die hier zur Veröffentlichung gelangenden Schilderungen sind ein möglichst getreues Bild des Einst und des Jetzt, aus welchem der Leser selbst auf die Zukunft schließen mag.

Unter einer großen Anzahl zugänglicher Karten von Kanada zeigte sich die dem Buche angefügte englische als die beste, weshalb deren Verwendung in originali einem kostspieligen Neustiche (mit deutschen Namen) vorgezogen wurde.

German Athenäum Club, London, Ende Juni 1887.

Ernst v. Hesse-Wartegg.

Inhalts-Verzeichnis.

Kanada.

I. Unter-Kanada und das Seen-Gebiet.

	Seite
1. Der untere St. Lorenz	1
2. Quebec	6
3. Die Französisch-Kanadier	15
4. Labrador	21
5. Montreal	25
6. Der Karneval von Montreal	33
7. Der obere St. Lorenz	40
8. Neu-Braunschweig und die Bai von Fundy	46
9. Durch Akadien nach Halifax	52
10. Ottawa, die Hauptstadt der Dominion	56
11. Aus der kanadischen Gesellschaft	62
12. Holzfällerleben im kanadischen Urwald	68
13. Der See der Tausend Inseln	75
14. Ontario	79
15. Kanadischer Winter in Stadt und Land	85
16. Die oberen Seen und ihre Uferländer	94

II. Die Hudsonsbai-Länder.

17. Das Gebiet der Hudsonsbai	104
18. Die kanadischen Indianer und ihre Lebensweise	109
19. Die „Voyageurs"	122
20. Die Hudsonsbai	130
21. Saskatschewan	133
22. Indianer und Kanabier auf dem Kriegspfade	139
23. Die kanadische Pacific-Bahn	150

		Seite
24.	Winnipeg und Manitoba	154
25.	Durch die Prairien von Winnipeg nach Kalgary .	157
26.	Alberta und der „Viehdistrikt" .	163
27.	Das nördlichste Kulturgebiet Amerikas .	169

III. Britisch-Kolumbien.

28.	Über die Felsengebirge	173
29.	Durch Britisch-Kolumbien	181
30.	Viktoria und Vancouver	187

Neu-Fundland.

1.	In den Nebeln Neu-Fundlands	197
2.	St. Johns	201
3.	Der Stockfischfang auf den Bänken von Neu-Fundland . . .	206
4.	Der Robbenschlag auf den Eisfeldern von Labrador und Neu-Fundland .	210

Anhang 216

Verzeichnis der Illustrationen und Karten.

Figur	Seite
1. Der untere St. Lorenz (bei Kap Tourmente) (Tonbild)	2
2. Der St. Lorenz bei der St.-Pauls-Bai (Tonbild)	6
3. Der St. Lorenz unterhalb Quebec bei Kap Rouge	5
4. Blick von der Citadelle zu Quebec auf den St. Lorenz (Tonbild)	7
5. Straßenbild von Quebec	8
6. Die kleine Champlain-Straße in Quebec	9
7. Das Zollhaus in Quebec (Tonbild)	10
8. Altes Haus in Point Lévis	11
9. Die Basilika von Quebec (Tonbild)	12
10. Ein französisch-kanadischer „Habitant"	16
11. Niederlassung an der Südküste von Labrador	24
12. Montreal im Winter	27
13. Das Nelson-Denkmal in Montreal	29
13a. Im Hafen von Montreal (Tonbild)	30
14. Ein „Habitant" mit Schneeschuh	35
15. Kanadisches Tobogganning (Tonbild)	36
16. Eine Kanalschleuße am obern St. Lorenz (Tonbild)	41
17. Die Long-Sault-Stromschnellen	43
18. Getreidespeicher am St.-John-Fluß	49
19. Salmfischerei im Hafen von St. John (Ebbezeit) (Tonbild)	51
20. Winter in der Northumberland-Straße (Tonbild)	55
21. Kap Breton (Kärtchen)	55
22. Der Parlamentsplatz zu Ottawa	57
23. Das Parlamentsgebäude zu Ottawa (Tonbild)	58
24. Das Postamt von Ottawa	59
25. Die Chaudière-Fälle (Tonbild)	60
26. Ein Holzfloß auf dem Ottawa	73
27. Partie der „Tausend Inseln" (Tonbild)	76
28. Auf dem Erie-See (im Sturme)	81
29. Ansicht von Windsor (Ontario) (Tonbild)	82
30. Der Hafen von Toronto	83
31. Die King Street in Toronto	85
32. Kanadisches Winterbild	87
33. Der Dampf-Schneepflug (Tonbild)	88
34. Gewöhnlicher Schneepflug	91
35. Hafen am Huron-See	95
36. Sault Ste. Marie	97
37. Nipissing-Indianer beim Ausbessern der Kanoes	99
38. Fischerdorf im obern Seengebiet (Tonbild)	100
39. Mittellauf des Churchill-Flusses (Kärtchen)	107
40. Indianer und Mischlinge im Lager (Tonbild)	110
41. Das Fest des weißen Hundes (Tonbild)	119
42. „Voyageurs"-Flottille	123
43. Lager rastender „Voyageurs" (Tonbild)	125
44. Die Ankunft des jährlichen Proviantschiffes in Fort York (Tonbild)	133
45. Eine Hudsonsbai-Faktorei im Winter (Tonbild)	136
46. Ein Mischling	139
47. Fort Garry (Tonbild)	155
48. Winnipeg während eines „Blizzard" (Tonbild)	157
49. Blockhaus im Alberta-Bezirk (Tonbild)	167
50. Gebirgsansicht aus der Selkirk-Kette	179
51. Der Fraser-Fluß	183
52. Fjord an der Küste von Britisch-Kolumbien	185
53. Ansicht von St. Johns (Tonbild)	201
54. Trocknen des Stockfisches in St. Johns (Tonbild)	210

Übersichtskarte von Kanada.

Kanada.

I.
Unter-Kanada und das Seen-Gebiet.

1. Der untere St. Lorenz.

Wie heute den stattlichen Passagier- und Frachtdampfern aus England und aller Welt, so diente vor mehr als 350 Jahren der breite Rücken des St.-Lorenz-Stromes auch den schwachen Schifflein der Entdecker des Landes als Einfahrtsstraße in die Neue Welt. 1534 hatte Jacques Cartier, der französische Seefahrer, auf einer Fahrt nach Indien die gewaltige Verkehrsstraße entdeckt. Im folgenden Jahre war er im Auftrage seines Königs wiedergekehrt und hatte ihr in seinem frommen Sinne den Namen des Heiligen gegeben, an dessen Feste (10. August) er zuerst durch ihre weitgeöffneten Pforten getreten war. Nördlich um Neufundland herum fuhr er durch die Straße von Belle Isle in den Golf ein und dann aufwärts bis zu den „Narrows" bei Quebec, wo er das Land im Namen Franz' I. in Besitz nahm. Zur Erinnerung an das Fest der Kreuzerhöhung nannte er die Stelle, wo er landete, Heiligkreuz (Ste. Croix). Im Frühjahr 1536, nach einem unsäglich harten Winter, drang Cartier in einem kleinen Boote weiter vor bis zu der damaligen Indianerstadt Hochelaga, an deren Stelle sich heute Montreal erhebt. Cartier ist somit der eigentliche Entdecker des St.-Lorenz-Stromes; diesen jedoch auch großen Schiffen zugänglich zu machen, blieb den Ingenieuren des letzten Jahrzehnts vorbehalten.

Wenige Flüsse unseres Erdballs nämlich sind bei so gewaltigen Verhältnissen, wie sie der St. Lorenz aufzuweisen hat, der großen Schiffahrt so wenig zugänglich. Es bedurfte mühsamer, kostspieliger Kanalbauten, um die Seeschiffe aus dem Oberen und dem Huron-See nach dem Erie-See und aus diesem in den Ontario-See gelangen zu lassen. Millionen wurden sodann durch die nicht minder mühsame und kostspielige Herstellung von Kanälen um die zahlreichen Stromschnellen, Wasserstürze und Untiefen verschlungen, und erst seit wenigen Jahren ist der St. Lorenz, ungeachtet seiner unerschöpflichen Wassermengen, für größere Seeschiffe befahrbar.

Gewöhnlich erfolgt die Einfahrt in den St.-Lorenz-Golf durch die Straße von Belle Isle, zwischen der Nordspitze Neufundlands und der Küste von

I. Unter-Kanaba und das Seen-Gebiet.

Labrador. Die Mündung des St. Lorenz erreicht man jedoch erst nach einer etwa 160 km langen Fahrt durch den an 200 000 qkm umfassenden Golf nördlich vom Kap Gaspé, wo er sich bis zu einer Breite von 160 km ausdehnt. Von der Pointe de Monts, wo er eine Breite von 48 km hat, bis nahe an Quebec verengt er sich allmählich, aber immer noch hat er hier eine Breite von 16—50 km. Bei Quebec, wo ein Felszahn der laurentinischen Gebirge, das Kap Diamant, weit in den Strom vorspringt, hat er nur eine Breite von $1^1/_2$ km, um sich oberhalb Quebec, zwischen dieser Stadt und Montreal, wieder auf 3—5 km auszubreiten und den etwa 16 km breiten St.-Peters-See zu durchfließen — gleichzeitig die oberste Grenze, bis zu welcher sich das an der Mündung 6—$7^1/_2$ m starke Ebbe- und Flutspiel bemerkbar macht.

Die Gesamtlänge des eigentlichen Stromes von seinem Ausfluß aus dem Ontario-See bis zur Mündung in den St.-Lorenz-Golf beträgt an 1200 km; in seinem circa 270 km langen Oberlauf bis Montreal befinden sich die zahlreichen Stromschnellen und Katarakte, welche der Schiffahrt bisher so gefährlich waren und jetzt durch die Anlage von Kanälen umgangen sind.

Man kann nicht behaupten, daß die Einfahrt in den St. Lorenz und die Fahrt aufwärts bis Quebec irgend ein fesselndes Bild entrollte. Der Strom ist viel zu breit, um von seinen steilen Ufern mehr zu zeigen als eben nur die Umrisse der Klippenmauern. Von den Ansiedlungen, die, hier und dort zerstreut, hauptsächlich an den Mündungen seiner zahlreichen Nebenflüsse liegen, sieht man nichts als höchstens ein paar glänzende Hausdächer oder den Turm einer der vielen katholischen Kirchen.

Das erste Stück der Provinz Quebec, dessen man auf der Fahrt nach dem St. Lorenz gewahr wird, ist die seiner Mündung vorgelagerte Insel Anticosti, sein steinerner Wächter. Obschon nahezu gegen 13 000 qkm groß, ist sie doch beinahe unbewohnt; die Wächter der wenigen Leuchttürme an ihren kahlen, felsigen Ufern leben hier gleich lebendig Begrabenen. Im Winter eisumstarrt und eisüberzogen, ist die Insel im Sommer nicht viel ansprechender.

Unser Dampfer fuhr zwischen der Halbinsel Gaspé und Anticosti durch die südliche der beiden Mündungen. Während ich mit dem Glase die Umrisse des traurigen Eilands betrachtete, gesellte sich ein kanabischer Passagier zu mir, der gerade von einer zum besten Anticostis unternommenen Reise aus England heimkehrte. Er reichte mir eine Broschüre, in welcher die klimatischen und die Bodenverhältnisse der einsamen Insel in verlockenden Farben geschildert waren — für Einwanderer das reine Paradies mit den herkömmlichen Milch- und Honigströmen und der gesunden Luft. Am Schlusse der Broschüre stand eine Einladung zum Ankauf von Kolonisations-Aktien. Sein Reisezweck, meinte der sonderbare kanabische Land-

Fig. 1. Der untere St. Lorenz (bei Kap Tourmente).

1. Der untere St. Lorenz.

spekulant, sei die Aufnahme des zur Kolonisation von Anticosti erforderlichen Kapitals gewesen, und dieser Zweck sei glänzend erreicht worden. Bald werde Anticosti ebenso bevölkert sein, wie die unferne Prinz=Edwards=Insel; man könne nichts Besseres thun, als sofort Land zu kaufen, jetzt sei es noch billig zu haben. Der Gute hatte sich während der Fahrt der Reihe nach an alle Passagiere gemacht und dank seinen Broschüren der Insel Anticosti unter uns zu einer gewissen Berühmtheit verholfen, ohne daß er damit jemanden auch nur einen Heller aus der Tasche gelockt hätte. Dem Kapitän zufolge hatte eine Gesellschaft die ganze Insel der Provinzial=Regierung von Quebec um 80 000 Dollars abgekauft, aber die Kolonisationsversuche hätten ein klägliches Ergebnis zu Tage gefördert; denn Anticosti sei noch kälter, kahler und unwirtlicher als das benachbarte Neufundland.

Beim Durchblättern der erwähnten Broschüre fand ich indes über die Insel einzelne von Regierungsbeamten beglaubigte Angaben. Von den 8150 qkm Landes, welche Anticosti umfaßt, sollen nicht weniger als zwei Fünftel gutes Prairie= und Waldland sein, und die angeblich mehrere Hundert Seelen betragende Bevölkerung soll, ungeachtet des ungünstigen Klimas, hinreichend Gemüse und Kartoffeln für ihren Lebensunterhalt ziehen; Rinder und Schweine kämen vortrefflich fort. Der Haupterwerbszweig der Bevölkerung sei jedoch der ungemein ergiebige Fischfang, wahrscheinlich die Hauptursache, warum Anticosti überhaupt bewohnt ist. Der südöstliche Teil der Insel soll ganz ansehnlichen Baumwuchs besitzen, im nördlichsten Teil jedoch sind die Bäume auffällig verkrüppelt und zeigen ähnliche Miniaturformen, wie die zierlichen, künstlich gezogenen Zwergbäume der Japanesen und Chinesen. Die Stämme erreichen auch bei sehr alten Bäumen nicht mehr als 20—25 cm Durchmesser, und die Spitzen der Kronen ragen nirgends höher als $1^1/_2$—3 m über den Boden. Statt aufwärts zu schießen, breiten sich die Äste in horizontaler Richtung aus und sind meist mit jenen der benachbarten Bäume derart dicht verschlungen, daß sie eine durchschnittlich $1^4/_5$ m über dem Boden erhabene, ganz undurchdringliche Decke bilden, über welche die Jäger auf Schneeschuhen hinwegschreiten.

Auch Gaspé und die südliche Hälfte Labradors, an deren Küsten wir eben entlang fuhren, sind kaum besser als Anticosti. Im Winter von furchtbarer Kälte, im Sommer von drückender Hitze heimgesucht, ist das kein Land, wohin der Ansiedler sich wagen würde. Nur Jäger und Fischer durchstreifen zeitweilig diese öden Länderstrecken im Dienste der Hudsonsbai=Gesellschaft. Erst gegen 300 km weiter aufwärts kamen Ansiedelungen in Sicht, darunter das schmucke Dörfchen Rimonski, von den Kanadiern gerne zum Sommeraufenthalt und zum starting-point (Ausgangspunkt) für Ausflüge in die wildromantische Umgebung gewählt.

Dasselbe gilt von den am Südufer liegenden Ortschaften Trois

I. Unter-Kanaba und das Seen-Gebiet.

Piſtoles und Cacouna¹, die ausnahmsweiſe nicht den Namen irgend eines Heiligen führen.

Trois Piſtoles gegenüber ſahen wir in der langen, düſteren Klippenreihe der Nordufer eine weite Lücke — die Mündung eines der merkwürdigſten und ſehenswerteſten Flüſſe Amerikas, des Saguenay. Leider war es mir nicht vergönnt, den Ausflug dahin ſelbſt zu unternehmen, ſo gerne ich es auch gethan hätte. Die Naturſchönheiten des Saguenay üben einen mächtigen Reiz auf die Quebeker aus; ſenden dieſe doch alljährlich zur Sommerszeit Vergnügungsdampfer den St. Lorenz hinab und den Saguenay aufwärts. Im beſondern zieht es ſie wohl auch nach der kleinen alten Anſiedelung Tadouſac an der von ſtarrenden Klippen eingefaßten Mündung des Stromes, woſelbſt die älteſte Kirche Nordamerikas und neben ihr ein anderes denkwürdiges Gebäude, das älteſte aus Stein gebaute Haus in der Neuen Welt, ſteht, umgeben von den kaum minder alten und ehrwürdigen Gebäuden des erſten Handelsforts der Hudſonsbai-Geſellſchaft.

Der Saguenay ſelbſt iſt nicht ein Fluß im gewöhnlichen Sinne, ſondern vielmehr eine über 96 km lange vulkaniſche Kluft mit ſenkrecht emporſtrebenden dunklen Gneiswänden, welche an manchen Stellen 450—500 m Höhe erreichen. Die ganze wildromantiſche Gegend, eine der maleriſchſten des ganzen Feſtlandes, iſt voll von Spuren gewaltiger vulkaniſcher Erſchütterungen, und durch eine ſolche ſcheint auch die Spaltung der Saguenay-Schlucht entſtanden zu ſein. Die ſenkrechten, etwa 1600 m voneinander abſtehenden Gneismauern ſetzen ſich auch unter dem Spiegel des die Schlucht durchſtrömenden Fluſſes fort, denn die Waſſertiefe beträgt im Durchſchnitt 270 m. Die Indianer nannten den Fluß deshalb auch Chicoutini, d. h. tiefes Waſſer, und das Dörfchen am obern Ende der Saguenay-Schlucht oder vielmehr des tiefen Fahrwaſſers heißt noch immer ſo. Zwiſchen Chicoutini und dem St.-John-See, deſſen Abfluß der Saguenay iſt, bilden die dunkelbraunen Waſſermaſſen eine Reihe von Stromſchnellen und ſchäumenden Fällen von ähnlicher Großartigkeit und Wildheit wie der Niagara. Die zahlreichen Beſucher des St.-John-Sees müſſen von Chicoutini aus den Reſt des Weges zu Pferde oder im Wagen zurücklegen; es iſt indeſſen der Bau einer Eiſenbahn von hier nach dem kleinen, am Südufer des Sees gelegenen Dörfchen Notre Dame du Lac geplant, und die Vollendung wird wohl kaum mehr einige Jahre auf ſich warten laſſen. Der St.-John-See iſt bei einer Ausdehnung von circa 900 qkm das Sammelbecken zahlreicher aus den

---

¹ Im allgemeinen ſind die Miſſionen und Anſiedelungen am untern St. Lorenz, die zumeiſt von dem ritterlichen Samuel de Champlain, dem treuen Sohn ſeiner Kirche, gegründet und mit Namen belegt wurden, nach Heiligen benannt. Einzelne Heiligennamen finden ſich ſogar dutzendmale. Wahrſcheinlich richtete ſich die Wahl der Namen nach den Heiligenfeſten, auf welche der Tag der Entdeckung oder Gründung fiel.

Zu S. 6.

v. Hellt-Wartegg, Kanada.

Fig. 2. Der St. Lorenz bei der St.-Pauls-Bai.

2. Quebec.

Fig. 3. Der St. Lorenz unterhalb Quebec bei Kap Rouge.

I. Unter-Kanaba und das Seen-Gebiet.

laurentinischen Bergen kommender Ströme — Abflüsse von vielleicht noch zahlreicheren Seen, von denen das ganze Land vom Ocean bis zur Hudsonsbai und von dieser westwärts bis zu den Felsengebirgen durchzogen ist. Die ihnen entspringenden Flüsse sind reich an großen Fällen und schäumenden Stromschnellen, zwischen tiefen Schluchten und finsteren Urwäldern, die auf Zehntausende von Quadratkilometern noch nie vom Fuße des Weißen betreten wurden. In ihrer wilden Großartigkeit und Einsamkeit haben diese Gebiete des Rupertlandes zwischen dem St. Lorenz und der Hudsonsbai nordwärts bis an die unwirtlichen Küsten Labradors kaum irgendwo ihresgleichen. Dräuend erheben sich an den Norbufern des St. Lorenz hohe, steile Klippen, darunter das malerische Kap Tourmente (Fig. 1), wie um dem Reisenden auf der unendlichen Wasserstraße den Ausblick auf die einsamen Uferländer und den Besuch derselben zu verbieten. Kaum ist am Fuße der Klippenreihe hie und da Platz genug für irgend eine kleine Ansiedelung wie in der St.-Pauls-Bai (Fig. 2) und bei Kap Rouge (Fig. 3) oder eine Kirche und ein Kloster vorhanden. Zahlreiche Inseln aller Größen und Formen ruhen in den klaren blauen Fluten, und die größte derselben, die Isle d'Orléans, füllt das Bett des großen St.-Lorenz-Stromes so vollständig aus, daß die beiden sie einschließenden Stromarme nur mehr eine Breite von 1600 m besitzen. Nahe dem obern Ende der Insel, d. h. oberhalb der Stromteilung, liegt Quebec.

2. Quebec.

Unter den zahlreichen atlantischen Häfen der Neuen Welt besitzt wohl keiner eine so großartige Zufahrt, wie jener von Quebec. Unser Dampfer fährt, von der hohen See kommend, zwischen den noch im späten Frühling eisumstarrten, felsigen Küsten Neufundlands und Labradors hindurch, an den steinigen Ufern von Anticosti vorbei, in den mächtigen St. Lorenz ein, von dem man behauptet, daß er der wasserreichste Strom der Welt sei. Bei seiner Erweiterung zum St.-Lorenz-Golfe bei der Pointe de Monts, wie schon erwähnt, an 48 km breit, verengt er das Bett seiner blauen, klaren Fluten mehr und mehr, je weiter wir auf unserem transatlantischen Dampfer stromaufwärts bringen; und dort, wo wir endlich unsere achttägige Meeres- und Stromfahrt beenden, bei Quebec, ist er nur mehr eine (englische) Meile breit. Nur mehr eine Meile! Aus diesem Worte allein kann man schon entnehmen, mit welch' riesigen Verhältnissen es hier zu rechnen gilt. Wir befinden uns in der ausgedehntesten Kolonie der Erde, einer Kolonie so groß wie der Kontinent, aus welchem wir gekommen. Wir fahren auf einem der wasserreichsten, mächtigsten Ströme, dem Ausflusse des größten und ausgedehntesten Seenkomplexes unseres Planeten, und staunen bei seinem Austritt aus diesen

v. Hesse-Wartegg, Kanada.

Fig. 4. Blick von der Citadelle zu Quebec auf den St. Lorenz.

Zu S. 7.

2. Quebec.

Seen den größten Wassersturz der Erde, den Niagara, an! Unwillkürlich wird man bei diesen Betrachtungen zu Superlativen hingerissen, in denen ja die Bewohner Nordamerikas sich so sehr gefallen, die aber zum wenigsten in diesem Falle vollständig ihre Berechtigung haben. Ja, man wäre sogar geneigt, sie noch weiter fortzusetzen, wenn das Panorama von Quebec, dieser Portierloge des Kontinents, sich zum erstenmale vor unseren Blicken entrollt. Wäre Quebec in Europa gelegen, es würde auch hier zum Zielpunkt der Touristen aus aller Herren Ländern werden; denn seine Lage auf und an den steil aus dem St. Lorenz emporstrebenden Klippen ist in der That unvergleichlich schön. Die schottische Hauptstadt, welcher Quebec in Bezug auf seine Anlage ähnelt, und deren Paläste, Tempel und Denkmäler so malerisch auf den grotesken Felsen um die Stadt oder in den tieferen Thaleinschnitten gelagert sind, hat einen großen scenischen Nachteil: sie besitzt kein Wasser. Der weite Meerbusen des Forth ist von Edinburg aus unsichtbar, und sonst ist weder See noch Fluß vorhanden, die Landschaft einigermaßen zu beleben. Quebec hingegen hat seinen St. Lorenz.

Steil steigen an beiden Ufern des tiefblauen Stromes drohende Felsklippen empor, auf dem Südufer die Höhen von Lévis, ihnen gegenüber das trutzige Kap Diamant, gekrönt von den Bastionen und Wällen der Citadelle Quebecs, dieses Gibraltars der Neuen Welt. Die Stadt selbst liegt auf einem langgestreckten Felsenrücken, der sich zwischen dem St. Lorenz und seinem Nebenflusse, dem St. Charles, einteilt. Dort, sowie auf dem schmalen Landstreifen zwischen Strom und Felsen, am Fuße des letztern, auf den steilen Hängen wie auf den kleinen Felsterrassen, die sie unterbrechen, drängen sich die Häuser zusammen, nesteln auf jedem irgendwie benützbaren Bauplätzchen, oder kauern versteckt in tiefen Schluchten — ein seltsamer Anblick in einem Lande, das für die Besiedelung nahezu acht Millionen Quadratkilometer Flächenraum darbietet und im Durchschnitt keine zwei Bewohner auf den Quadratkilometer aufzuweisen hat! Wie in Edinburg, so werden auch hier diese kunterbunt zusammengeworfenen Häusermengen durch hohe, dräuende Bastionen und nackte Felsstürze unterbrochen. Allerdings mildern wieder kleine Gartenanlagen und grüne Rasenflächen das sonst zu düstere Bild. Oben der einsame, graue Schädel des weit in den Strom vorspringenden Kaps, unten auf dem Strome selbst das regste Leben, zahllose Dampfer aller Größen, Barken, Fähren, mächtige Flöße. All diese Gegensätze vereinigen sich zu einem Bilde, wie man es wohl von der geschickten Hand eines Dekorationsmalers auf einer Theaterleinwand, aber nicht in Wirklichkeit auf einen Felsen dieses „großen, einsamen Landes" hingesetzt erwarten würde.

Quebec ist fast durchaus französisch, vielleicht mehr noch als seine normannischen Städteschwestern, als Havre oder Dieppe oder Boulogne, ein französischer Rübezahl unter den englischen Städten Kanadas. Man kann sich in Europa kaum vorstellen, welch fremdartigen Eindruck dasselbe auf den Reisenden macht. Wäre es nicht eigentümlich, drunten unter dem tiefblauen, sonnigen Himmel des mittägigen Frankreichs, zwischen Avignon und Tarascon, Tarbes und Carcassonne, eine lustig emporstrebende, telephonierende, telegraphierende, moderne Yankee-Stadt aus dem amerikanischen Westen, mit lauter Amerikanern darin, anzutreffen? Einen ähnlichen Eindruck macht Quebec auf den Reisenden, der das große amerikanische Festland durchstreift, der überall in diesem Lande der Einförmigkeit nur englisch-amerikanisches Wesen, englische Sprache, amerikanisch-moderne Einrichtungen getroffen hat, und nun plötzlich aus dem Lande der Zukunft in eine solche Stadt der Vergangenheit, aus einer modern-angloächsischen Republik in eine französische Königsstadt früherer Jahrhunderte kommt. Die engen, gewundenen Gäßchen mit ihren verwitterten, verfallenen Häuserfronten zu beiden Seiten, die winzigen blinden Fensterchen, die steilen hohen Mansardendächer, die hie

Fig. 5. Straßenbild von Quebec.

und da nach der Anhöhe steil emporführenden düsteren Treppen, das holperige Pflaster, über welches die alten Calèches lärmend hinwegrasseln, endlich die Einwohner selbst in ihrer normännischen Nationaltracht — versetzen uns viel eher nach Rouen oder Brest, denn an die Pforte der Neuen Welt. In diesem Winkelwerk von Straßen findet sich der Fremde schwierig

2. Quebec.

zurecht; denn war schon das Quebec des 17. Jahrhunderts ein Labyrinth, so erschwerte die Eigentümlichkeit seiner Lage auch in späteren Jahrzehnten den Bau geradliniger, ebener Straßen. Sie mußten sich den Felsen, den Senkungen und Thälern anschmiegen, und so entstand das heutige Häuser=
gewirr, unterbrochen hier und dort von einer alten Kirche, von Seminarien

Fig. 6.
Die Kleine Champlain=Straße in Quebec.

oder Klöstern, oder von irgend einem Marktplatz, auf welchem verwitterte Akadierinnen ein ähnliches Kauderwelsch schnattern, wie die Fischhändlerinnen auf dem Markt von Dieppe. — Weiterhin schmutzige Docks, in denen Walfischfänger und alte, dickbäuchige Segelboote liegen, bemannt mit breit=
stämmigen Matrosen mit der roten Wollmütze und den blauen Jacken, wie

I. Unter-Kanada und das Seen-Gebiet.

sie ihre Brüder in der Normandie noch heute tragen. An manchen Stellen wurde der Bauplatz für die Häuser aus dem Felsen ausgesprengt, so daß das Mauerwerk sich vollständig an die kahlen Wände lehnt, die bis zu 100 m darüber senkrecht emporsteigen. In manchen Gäßchen halten morsche Stützbalken die Mauern der gegenüberstehenden Häuser mühsam in ihrer aufrechten Stellung. Ein Gewirr von Schnüren zieht von Fenster zu Fenster, von Balken zu Balken und trägt die Wäsche des sonderbaren hier wohnenden Völkchens zum Trocknen.

Ein mühsamer Aufstieg über die steilen, gewundenen, feuchten Treppen bringt uns aus dem Hafen mit seinem stattlichen Zollhause in einen bessern, vornehmern Stadtteil mit Gärten und Promenaden, die vermöge ihrer Großartigkeit fast ebenso überraschend auf uns einwirken wie der untere Stadtteil durch seinen Verfall. Hier, an die 100 m über dem Fluß erhaben, streckt sich eine breite, durch massive Mauern und Pfeiler gestützte Terrasse einer Senkung in dem Felsen entlang bis zu einem mächtigen Absturz, auf dessen Gipfel, abermals an die 100 m über der Terrasse erhaben, die grauen Wälle und Bastionen der Citadelle von Quebec ruhen. Eine herrlichere Promenade als diese weite, dem ehemaligen Generalgouverneur von Kanada, Lord Dufferin, zu Ehren benannte Terrasse haben wohl wenige Städte aufzuweisen. Man denke sich den Corso Vittorio Emanuele von Neapel oder die Hradschiner Terrasse von Prag doppelt so breit, dreimal so belebt und mit kleinen, zierlichen, flaggengekrönten Pavillons geschmückt, so erhält man ein annäherndes Bild der Dufferin Terrace. Auf der einen Seite der steile Felsabsturz mit dem breiten, herrlich blauen St. Lorenz zu Füßen, auf der andern Seite stolze Gebäude, von Gärten und Parks eingerahmt — in der Mitte der Gouverneurspalast mit dem dazu gehörigen öffentlichen Garten, in welchem der hohe Obelisk zu Ehren der zwei Helden Wolfe und Montcalm mit seiner Spitze über den Gipfel der Bäume hinwegragt. Dort, auf den heute so schön überschatteten Promenaden, befand sich einstens das Zeltlager der tapferen Huronen, nachdem Tausende von ihnen den Tomahawks der wilden Irokesen zum Opfer gefallen waren. Nichts, nicht ein Stein, nicht eine Zeltstange von ihnen, ist mehr übrig. Auf dem weiten Plateau an dem einen Ende der Terrasse dehnt sich der vornehmere, aber ebenso durchaus französische Stadtteil von Quebec aus mit seinen zahlreichen Kirchen und Türmen und dem imposanten Gebäude der Laval-Universität, dieses Bollwerks echt katholischen, altfranzösischen Geistes in der Neuen Welt. Ueber dem andern Ende der Terrasse hingegen ruht die Citadelle mit ihren kanonengespickten Mauern, das Bollwerk englischer Macht. Und zwischen beiden, gegen Süden zu, das wunderherrliche Flußpanorama mit den Höhen von Point Lévis am südlichen Ufer, mit hübschen Dörfern und Farmen hier und dort, das Städtchen Lévis mit seinen altertümlichen Häusern uns gerade gegenüber.

Fig. 7. Das Zollhaus in Quebec.

2. Quebec.

Die prachtvolle Lage und Umgebung von Quebec entschädigt den Fremden wie den französischen „Habitant" reichlich für den verhältnismäßigen Mangel an großen, monumentalen Plätzen, Palästen und städtischen Sehenswürdigkeiten. Quebec besitzt deren nur wenige; was davon vorhanden ist, bildet den Sitz von Schulen, Spitälern, Klöstern und Kirchen.

Fig. 8. Altes Haus in Point Lévis.

Quebec ist eine vorwiegend katholische Stadt, ein amerikanisches Rom. Der kirchliche Geist, den der erste Apostolische Vikar von Kanada und spätere Titularbischof von Quebec, Msgr. Francis de Laval-Montmorency (1658, bezw. 1674—1688; gestorben 1708), eingepflanzt, lebt hier noch heute fort in ungeschwächter Jugendkraft und durchdringt alle häuslichen und öffentlichen Verhältnisse. Von Bischof Laval stammen vor allem die

I. Unter-Kanada und das Seen-Gebiet.

altersgraue Kathedrale, die sogenannte Basilika, in deren Mauern die Helden und Märtyrer der kanadischen Mission für die Bekehrung der Huronen und Irokesen gebetet haben, und die Hauptpflanzstätten kirchlichen Lebens, das Kleine und das Große Seminar. Ihm zu Ehren ist die neue, im Jahre 1852 eröffnete Hochschule, deren gewaltiger, fünfstöckiger Bau in beherrschender Lage über seine ganze Umgebung hinausragt, die Laval-Universität benannt. Lavals thatkräftigem Beispiele haben seine Nachfolger wie die verschiedenen geistlichen Genossenschaften auf das rühmlichste nachgeeifert und eine Reihe von Unterrichts- und Wohlthätigkeitsanstalten geschaffen, die uns mit Bewunderung ob der unermüdlichen Leistungen der unter so vielen Vorurteilen leidenden „toten Hand" erfüllen muß.

Die meisten Wohngebäude der Stadt sind ärmlich, alt, zerfallen; was die öffentlichen Bauten anbelangt, so ist wohl der beachtenswerteste Teil der Stadt die Strecke zwischen der Porte St. Louis, einem der drei noch vorhandenen Thore der alten festen Stadtumwallung, über die Place d'Armes nach der Rue Buade. In der Nähe des noch von alten, festen normannischen Türmen flankierten St.-Louis-Thores erheben sich die kolossalen Mauern des neuen Parlamentspalastes der Provinz Quebec, weiterhin das St.-Louis-Hotel, die hübschen Gebäude der Place d'Armes und das neue Postamt an der Stelle des bis vor kurzem hier noch vorhandenen alten Postamts, von den Franzosen kurzweg Chien d'Or (der goldene Hund) genannt. Dieser „goldene Hund" ist unter den zahlreichen Sagen von Alt-Quebec eines der volkstümlichsten Gebilde. Er pflanzt die Kunde fort von den Leiden eines alten französischen Kaufmannes Namens Philibert, der einstens in dem alten Postgebäude gewohnt hatte und durch einen der früheren französischen Intendanten um einen großen Teil seiner Habe gekommen war, ohne daß er sich Recht wider ihn verschaffen konnte. Aus Rache ließ er über seinem Hausthore das vergoldete Standbild eines Hundes anbringen mit der folgenden Inschrift:

> Je suis un chien qui ronge l'os;
> En le rongeant, je prends mon repos.
> Un temps viendra qui n'est pas venu,
> Que je mordrai qui m'aura mordu[1].

Aus Pietät wurden der goldene Hund und die obige Inschrift auch auf dem neuen Postgebäude angebracht, um nunmehr eines der Wahrzeichen des heutigen Quebec zu bilden.

---

[1] Ich bin ein Hund und nag' am Knochen zu,
Das Nagen giebt mir meine Ruh'.
Einst kommt die Zeit, da wendet sich das Blatt:
Dann beiß' ich den, der mich gebissen hat.

Zu S. 12.

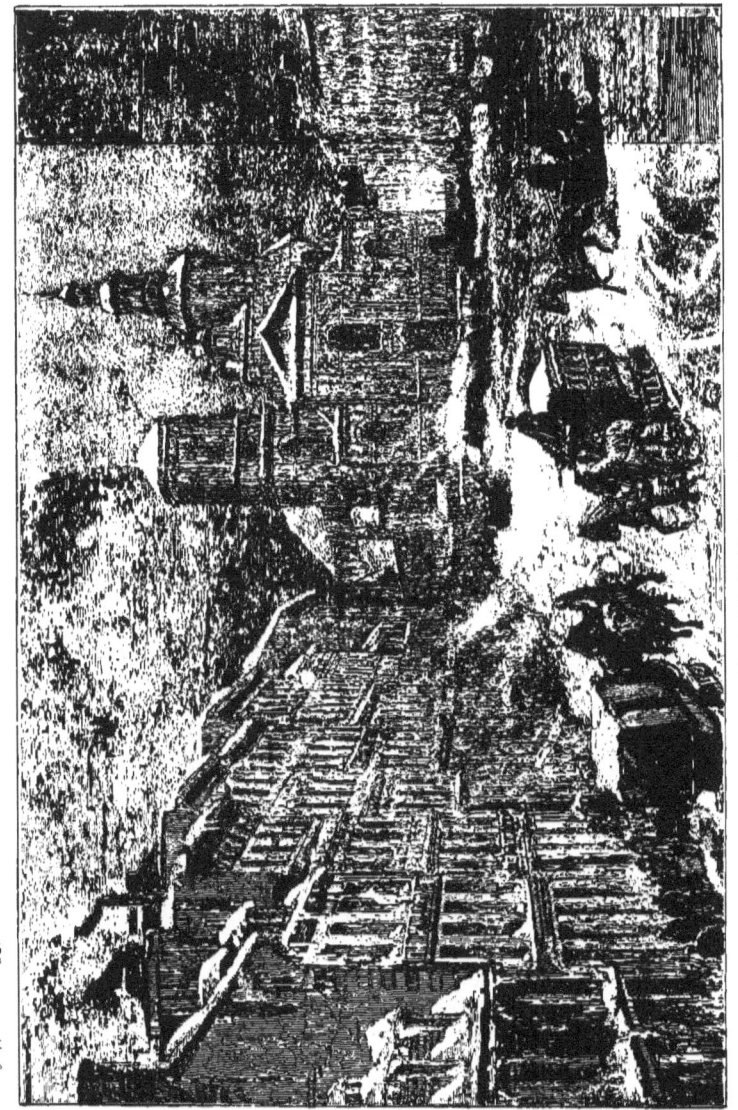

v. Heise-Wartegg, Kanada.

Fig. 9. Die Basilika von Quebec.

2. Quebec.

Von der großen Terrasse der Citadelle kann man an klaren Tagen in weiter Ferne den weißen Sprühregen der Montmorency-Fälle wahrnehmen, das großartigste, malerischste Naturwunder in der schönen Umgebung von Quebec. Eine angenehme Fahrt in einer der alten französischen Miet-Calèches bringt uns in weniger als einer Stunde nach dem steilen, an 90 m hohen Vorgebirge, über welches der wasserreiche Montmorency in wundervollem Bogen nach dem St.-Lorenz-Strom hinabstürzt. Höher als der Niagara-Fall und in schönerem, abwechslungsreicherem Rahmen als dieser, bietet er einen in der That überwältigenden Anblick dar, obschon er sich hinsichtlich der Wassermenge nicht im entferntesten mit demselben vergleichen läßt. Einige kleinere Fälle umrahmen den breiten weißen Gischt des großen Hauptfalles. Hoch oben an seiner Krone erheben sich zwei einsame, massive Steintürme, Denkmäler einer traurigen Begebenheit. Sie waren die Pfeiler einer großen Hängebrücke über den Wassersturz, die bald nach ihrer Erbauung zusammenbrach und einige Passanten mit in die Tiefe riß. Die Brücke wurde nicht wieder erbaut, aber die Türme stehen noch heute — die weithin sichtbaren Marksteine des Falles.

Schöner noch als im Sommer erschienen mir die Montmorency-Fälle im Winter. Noch in den letzten Tagen des vorigen Dezember (1886) ließ ich mich während eines eisigen, von den verschneiten Einöden Labradors herüberblasenden Nordwindes nach den Fällen kutschieren und hätte den Ausflug beinahe mit einer erfrorenen Nase bezahlt. Sonderbarerweise fährt man in Quebec wie in ganz Kanada während der wärmeren Jahreszeit in geschlossenen Kutschen, im Winter aber, bei der eisigsten Kälte, in offenem Schlitten! Allerdings sind diese Schlitten mit guten, warmen Pelzen förmlich beladen, aber für den Nasenschutz ist noch kein Kraut — kein Biberfell gewachsen. Es war ein furchtbar kalter Tag — das Thermometer stand auf negativ zwölf Grad Fahrenheit —, allein es war der letzte meines Aufenthaltes in Quebec, und ich wollte nicht fort, ohne die große toboggan slide (Schlittenbahn) der Montmorency-Fälle gesehen zu haben. Zudem ist die Fahrt äußerst interessant: durch die alten Thore der Stadt, an den runden, kanonengespickten Steintürmen der Citadelle vorbei und über das historische Abrahamfeld, auf welchem das Schicksal Kanadas entschieden wurde. Zu meinen Füßen tief unten im Thale wälzte der mächtige St. Lorenz seine gewaltigen Eismassen dem Ocean zu. Die winterliche Eisdecke der fünf kanadischen, an 770 000 qkm großen Seen muß den St. Lorenz, dieses Rinnsal der Gletscherströme aus der Eisperiode, passieren; da treiben dann die Eisfelder in unendlicher Folge herab, und obschon sie auf den Wasserstürzen des Niagara und der Lachine Rapids zerbröckelt werden, frieren sie bei der grausigen Kälte doch wieder zusammen und bedecken während des Winters den Strom von Ufer zu Ufer mit Schollen, die oft tief unter

I. Unter-Kanada und das Seen-Gebiet.

die Oberfläche hinabreichen. Bei Quebec findet ein fortwährender Kampf zwischen solchen Eismassen und den bis hierher dringenden Flutwellen des Meeres statt. Der St. Lorenz friert deshalb hier auch niemals zu. Langsam treiben die zerstückten Blöcke, Trümmmer bis zu 30 t Gewicht, den Strom herab; kaum sind sie aber an den kahlen, einsamen Felsen von Anticosti angelangt, so staut sie die andringende Meeresflut wieder auf und treibt sie stromaufwärts gegen Quebec zurück. So werden die reisemüden Eisberge, Spielbälle zweier Gewalten, den mächtigen Strom hinauf- und wieder herabgeschwemmt, bis sie endlich die Küsten Neufundlands erreichen und dort, von den Ausläufern des warmen Golfstroms beleckt, wieder zu dem werden, aus dem sie entstanden sind. Kein Schiff, und wäre es auch einer der modernen überseeischen Leviathane, könnte während dieses mehrmonatigen Eisganges den St. Lorenz hinauf nach Quebec gelangen. Der Hafen der Stadt selbst ist zugefroren, und Quebec hört mit Anfang November auf, Seehafen zu sein.

Das Hochplateau unterhalb Quebec, auf welchem die französisch-englische Entscheidungsschlacht vor etwa 130 Jahren geschlagen wurde, fällt steil gegen den St. Lorenz ab. Drunten an und auf dem Strome lag der englische General sechs Wochen lang unthätig, krank, unfähig, die von Montcalm besetzten Höhen zu nehmen. Da endlich entdeckte ein Offizier einen engen, fast senkrecht zu dem Plateau emporführenden Saumpfad. Wolfe ließ durch Kapitän Cook, welcher nachher durch seine Entdeckungsfahrten so berühmt geworden, zur Nachtzeit an der entgegengesetzten Seite einen Scheinangriff ausführen, inzwischen aber erklomm 8000 Engländer die als unzugänglich geltenden Höhen. Am Morgen des 13. September 1759 standen die Rotröcke in Schlachtordnung vor Quebec, und am Abend desselben Tages war die Weltgeschichte in andere Bahnen gelenkt: Nordamerika hatte aufgehört, französisch zu sein, und es war der Grundstein gelegt zu der heutigen Dominion Kanada wie auch zu den heutigen Vereinigten Staaten von Nordamerika.

Mit seltsamen Gefühlen stand ich in dem Schneegestöber, von dem eisigen Nordwind bis auf die Knochen durchblasen, vor dem einfachen Obelisk, der das Schlachtfeld bezeichnet, während mein französischer Kutscher im altnormännischen Patois seine Fremdenführer-Leier herunterplapperte. Vor einigen Jahren war ich auf einer geschichtlich fast ebenso merkwürdigen Stelle gestanden: in Neu-Orleans, diesem einstigen südlichen Bollwerk des Franzosentums in Nordamerika; dort hatte sich ein ähnliches Stückchen Weltgeschichte zugetragen.

Im Jahre 1759 war Frankreich Herr des Kontinents von Nordamerika. Über Millionen von Quadratkilometer, von Labrador bis an die Westspitze des Oberen Sees, von Neu-Orleans aufwärts bis an die Quellen des

Mississippi, erstreckte sich die Herrschaft des bourbonischen Lilienbanners, und Nordamerika war auf dem besten Wege, zu einem überseeischen Neu-Frankreich zu werden, zwanzigmal so groß wie das Mutterland. Da wird die Schlacht von Quebec geschlagen, und Millionen von Quadratkilometer fallen zur englischen Krone; 50 Jahre später verschachert Napoleon die französische Südhälfte des Kontinents um 20 Millionen Dollars, und von dem französischen Weltteil ist heute nichts mehr übrig als zwei winzige Inselchen südlich von Neufundland, St. Pierre und Miquelon! Der Obelisk auf dem Schlachtfelde von Quebec erschien mir wie der Grabstein der Franzosenherrschaft in Nordamerika; als Inschrift sollte man hier in den Stein meißeln: „Hier ruht ein französischer Weltteil begraben." Aber auf die andere Seite des Obelisken könnte man mit ebensoviel Recht in goldenen Lettern die Worte setzen: „Hier wurde ein angloſächſiſcher Weltteil geboren."

3. Die Französisch-Kanadier.

Die französischen Blätter haben sich in den letzten Jahren, namentlich gelegentlich des Mestizen-Aufstandes in Kanada, wieder vielfach mit der gegenwärtigen Lage, sowie mit der Zukunft ihrer Stammesbrüder in der „Nouvelle France", wie Kanada ja einstens hieß, beschäftigt und ganz wunderbare Dinge von den Fortschritten der französischen Rasse in den Hudsonsbai-Ländern, ihrer erstaunlichen Vermehrung und ihrem zähen Festhalten an der französischen Sprache und den französischen Sitten hören lassen. Wieder wurde viel über die Zusammengehörigkeit der Franzosen und der Akadier gepredigt und mit begreiflicher Gefühlsduselei ein engerer geistiger Anschluß an den „verlassenen Stamm" jenseits der Atlantis empfohlen. Abgeschreckt durch ihre vielen verunglückten Kolonisationsversuche, klammern sich die Franzosen in Frankreich zur Befriedigung ihrer Eitelkeit gern an die Kanabier, und wenn ihnen ihre Unfähigkeit zu kolonisieren, ihre geringe Vermehrung und ihr allmähliches Zurückbleiben in dem Wettlauf der Nationen vorgeworfen wird, so muß immer wieder Kanada herhalten, dem man in 50 Jahren eine französische Bevölkerung von 40—50 Millionen Seelen in Aussicht stellt. Das ist die Ansicht aller französisch-patriotischen Reisenden der letzten Jahre. Henry de Lamothe, Gustav de Molinary, Jules Leclerq, ja selbst der schwarzseherische Prevost-Paradol sprechen sich in dieser Weise aus. Mein Reisegefährte, Henry de Lamothe, äußert sich beispielsweise in seinem Werke „Cinq mois chez les Français en Amérique" folgendermaßen über die Kolonisation des großen Nordwestens, also des Stromgebietes des Assiniboine und des Saskatschewan: „Wenn unsere Rasse gegenüber ihrer angloſächſiſchen Rivalin in Kanada das augenblickliche Verhältnis aufrecht erhält, so wird eines Tages eine neufranzösische Nation von 40 Millionen Seelen das

I. Unter-Kanada und das Seen-Gebiet.

Gebiet nördlich der kanadischen Seen bewohnen. Deßhalb sollten wir unser Augenmerk ein wenig vom alten Europa abwenden, wo die geringe Ausdehnung unseres Territoriums und die schwache Zunahme unserer Bevölkerung uns in künftigen Generationen zu einer sekundären Rolle im Rate der Völker verurteilen werden."

Die Zunahme der französischen Bevölkerung in Kanada ist in der That auffallend stark. Als Neu-Frankreich an England abgetreten wurde, also 1763, zählte es nicht mehr als 60 000 französische Kolonisten, zumeist Normannen, Bretonen und Gascogner. Obschon nun die Einwanderung seither vollständig

Fig. 10. Ein französisch-kanadischer „Habitant".

aufhörte, ja sogar eine beträchtliche Rückwanderung der besseren Elemente nach Frankreich stattfand, zählen die französischen Kanadier heute, also nach 120 Jahren, in Kanada allein 1½ Millionen Seelen und in den Vereinigten Staaten, insbesondere in Neu-England, nahezu ½ Million. Die Gesamtbevölkerung Kanadas ist augenblicklich 4½ Millionen; die Französisch-Kanadier bilden somit einen Dritteil der Einwohner, in der Provinz Quebec und der anschließenden Halbinsel Gaspé sogar neun Zehntel der Bevölkerung. Dabei wird allgemein ihr zähes Festhalten an altfranzösischen Sitten und Gebräuchen wie an der französischen Sprache gerühmt. Sie vermengen sich nicht mit den Angelsachsen, bilden feste Gruppen, haben ihre Kirchen, ihre Zeitungen, ihre Schulen und Universitäten. Sie vermehren sich, wie eben bemerkt, in erstaunlichem Maße. Familien mit 12—18 Kindern sind die Regel, ja ich wurde gelegentlich einer Dampferreise auf dem Ottawa-Fluß einer Dame vorgestellt, welche Mutter von 25 Kindern war. Das 25. Kind eben dieser Mutter ist aber der augenblickliche Unterrichtsminister in Quebec.

3. Die Französisch-Kanabier.

Es gewinnt also in der That für den ersten Augenblick allen Anschein, als ob die patriotischen Erwartungen bezüglich eines französischen Kanada mit der Zeit in Erfüllung gehen müßten. Aber dennoch kann mit Bestimmtheit behauptet werden, daß die französische Rasse und die französische Sprache in Kanada keine Zukunft haben und daß sie mit der Zeit im Strome der anglosächsischen Invasion vollständig verschwinden werden. Die einzigen Gegenden, wo sie auch nach Jahrzehnten und vielleicht sogar nach Jahrhunderten Aussicht haben, sich zu erhalten, sind die Halbinsel Gaspé und die Länderstriche zu beiden Seiten des St.-Lorenz-Stromes, nördlich von Quebec. In Montreal, in den Provinzen Ontario, Manitoba und im Nordwesten werden sie binnen kurzer Zeit von den Anglosachsen verdrängt und mit ihnen vermengt sein. Die lateinischen Rassen können in den neu erschlossenen Ländern der gemäßigten Zonen nicht mit den anglosächsischen wetteifern. Wie der Staub von einem Spiegel werden sie mit der Zeit von den Anglosachsen hinweggeblasen, weggewischt, ohne außer dem Namen auch nur eine Spur zurückzulassen. Und die französischen Kanabier werden davon keine Ausnahme machen. Auf den großen Verkehrswegen, längs der Eisenbahnen, Flüsse und Kanäle, werden sie zuerst verschwinden, nicht etwa zurückgedrängt, sondern einfach aufgesogen. Als die Engländer zuerst kleine Teile Amerikas zu besiedeln begannen, war die östliche Hälfte des Kontinents, von Louisiana den Mississippi entlang bis über die kanadischen Seen hinauf, unbestreitbar französisch; die westliche Hälfte, von den Prairien bis zum Stillen Ocean, war spanisch; in New-York saßen die Holländer fest, weiter nördlich die Schweden. Wo sind diese Nationen heute?

Solange als die Franzosen in Kanaba ein Drittel oder auch nur ein Viertel der Gesamtbevölkerung bleiben werden, wird man auch auf sie die gleiche Rücksicht nehmen wie augenblicklich, wo die französische Sprache im Parlament zu Ottawa mit der englischen gleichberechtigt ist und die Staatsurkunden in beiden Sprachen veröffentlicht werden. Aber dieses Verhältnis wird nicht dasselbe bleiben. Nicht nur, daß die Vermehrung der französischen Kanabier aus sich selbst heraus nicht in dem gleichen Verhältnis fortschreiten wird: sie werden auch allmählich, von den großen Städten beginnend, ihre Sprache verlieren, und von diesem Zeitpunkt an können sie auch nicht mehr als Franzosen betrachtet werden.

Man kann den Rückschritt französischen Wesens schon jetzt überall — nur die Provinz Quebec und einzelne benachbarte Grafschaften ausgenommen — wahrnehmen. Beginnen wir im Westen. Die Stromgebiete des Saskatschewan und des Assiniboine waren noch vor 10 Jahren ebensogut französisch, wie es Manitoba war. Die Voyageurs, die Mestizen und Indianer sprachen neben dem Indianischen nur Französisch, sie gaben den Seen und Flüssen ihre Namen, ja die schottischen und englischen Angestellten der Hudsons-

I. Unter-Kanaba und das Seen-Gebiet.

bai-Gesellschaft mußten Französisch lernen, um in dem endlosen Gebiete ihren Geschäften nachgehen zu können. Die Red-River-Eisenbahn, welche von dem volkreichen Wisconsin und Minnesota nach Manitoba gebaut wurde, fuhr wie eine Lanzette in das Herz französischen Wesens ein. Neben dem französischen Kirchdorf St. Boniface entstand die anglosächsische Handelsstadt Winnipeg, ebenso rein englisch, ja amerikanisch, wie St. Paul oder Minneapolis. Ich habe wochenlang in Winnipeg verweilt, ohne ein französisches Wort zu hören. Selbst in den nördlichen Urregionen haben der französische Metis und der Indianer Englisch gelernt, aber der englische Metis spricht kein Französisch mehr, wie früher. Wenn ich in Winnipeg, gestützt auf frühere Reisewerke und Karten, noch vom „Souris-Fluß", vom „Lac des Bois", von „Deux Rivières" und „Bois Blanc" sprach, verstand man mich nicht mehr. Sogar die Fluß- und Städtenamen hatten sich in englische verwandelt: aus dem Souris war der Mouse River, aus Lac des Bois — Lake of the Woods, aus Deux Rivières — Two Rivers, aus Bois Blanc — White Wood geworden. Das Französentum westlich der kanadischen Seen ist heute schon erdrückt, und der jüngste Aufstand der französischen „Bois-brulés" oder Mischlinge hat ihm erst recht den Garaus gemacht. Weiter östlich, zwischen dem Winnipeg-See und dem St.-Lorenz-Strom, dehnt sich die große, fruchtbare und volkreichste Provinz Kanadas, die Provinz Ontario, aus. Vor 50 Jahren waren auch hier die Franzosen in der Mehrheit. Die Eisenbahnen, Flüsse, Kanäle erleichterten den Verkehr mit dem großen anglosächsischen Nachbarlande; die Städte von Ontario: Toronto, London, St. Catherine, Belleville, Hamilton u. s. w., wurden von Engländern und Yankees bevölkert, und heute zählt die Provinz 2 Millionen Seelen, worunter nur 100 000 Franzosen. Ja sogar die Deutschen sind in der Provinz Ontario heute doppelt so zahlreich als die Franzosen, nämlich 200 000 Seelen stark.

Nördlich und nordöstlich von Ontario, zu beiden Seiten des St. Lorenz bis hinauf gegen die Hudsonsbai, erstreckt sich die Provinz Quebec, welche bis auf die jüngste Zeit als urfranzösisch galt. Von den $1^{1}/_{3}$ Millionen Einwohnern, welche sie im Jahre 1871 hatte, waren nahezu 1 Million Französisch-Kanadier. Zehn Jahre später, 1881, betrug die Gesamtbevölkerung 1 400 000 Seelen, von denen nur 1 073 000 Französisch-Kanadier. Innerhalb der letzten 10 Jahre war also der Prozentsatz der Franzosen von 83 Prozent der Gesamtbevölkerung auf 70 Prozent herabgesunken. In dieser Zahl sind auch alle jene Französisch-Kanadier mit inbegriffen, welche sich im Geschäftsverkehr nur mehr der englischen Sprache bedienen.

Quebec ist heute die einzige Provinz, in welcher sich die Franzosen in der Mehrheit befinden; denn in dem an die Vereinigten Staaten grenzenden Neu-Braunschweig, in Neu-Schottland und auf der Prinz-Eduards-Insel sind

8. Die Französisch-Kanadier.

sie schon längst in verschwindenden Minderheiten. In den beiden genannten Provinzen stellte sich das Verhältnis 1871 und 1881, wie folgt:

	1871		1881
Neu-Braunschweig	285 000	Gesamtbevölkerung	321 000
	44 000	Franzosen	46 000
	4 500	Deutsche	7 000
Neu-Schottland	387 000	Gesamtbevölkerung	440 000
	32 000	Franzosen	41 000
	31 000	Deutsche	42 000

Daß diese unter einer so erdrückenden anglosächsischen Bevölkerung zerstreuten Franzosen gänzlich ihre Nationalität und ihre Sprache verlieren, ist wohl nur die Frage mehrerer Generationen; aber auch Quebec selbst wird seine französische Mehrheit verlieren, sobald die eigentümlichen Verhältnisse, welche heute das französische Element aufrecht erhalten, verschwunden sein werden. Die ganze Erziehung in den französischen Lehranstalten des Landes ist für die Neue Welt eine viel zu abstrakte. Ihren klassischen Studien stellen die durchaus auf das praktische Leben hinarbeitenden anglosächsischen Schulen überwiegend praktische Wissenschaften, Handwerke, Industrien, „the art of money making" (die Kunst Geld zu machen), gegenüber. Der größte Theil des Handels, Reichtum, Industrie, Unternehmungsgeist ruhen in den Händen der Anglosachsen. Sie bauen Eisenbahnen und Kanäle, legen Fabriken und gewerbliche Anstalten an, beherrschen das Kapital und das ganze Bankwesen; die Angestellten sind durchwegs englischen oder schottischen Ursprungs, und gelangt wirklich ein Französisch-Kanadier zu einer einflußreichen, gewinnbringenden Stellung, so konnte er dies nur durch die Annahme anglosächsischen Wesens, durch das Aufgeben der altfranzösischen Überlieferungen. Aber auch in örtlicher Hinsicht herrscht die gleiche Trennung zwischen dem germanischen und dem lateinischen Elemente, gerade so, wie ich sie in New-Orleans oder St. Louis beobachtet hatte. In Montreal, dieser zweifellos schönsten und vornehmsten Stadt des nordamerikanischen Kontinents, ist der Kampf der beiden Nationen um die sociale und industrielle Hegemonie längst zu Gunsten der Engländer und Schotten entschieden, die Franzosen sind aus den vornehmen Stadtteilen, aus den großen Geschäftsvierteln verdrängt, und nur selten begegnet man auf den Firmatafeln an den prachtvollen Handelspalästen einem französischen Namen. Und doch sind unter den 150 000 Einwohnern von Montreal nicht weniger als die Hälfte Franzosen. Um ihnen zu begegnen, muß man sich aus der obern Stadt nach den Ufern des St. Lorenz hinab begeben. Dort, in den engen, düsteren, schmutzigen Gäßchen des alten Montreal, wohnt die französische Bevölkerung; es ist eine Art Faubourg du Temple oder de St. Antoine im Vergleich zu den monumentalen, großartigen Straßen und Plätzen der obern Stadt.

I. Unter-Kanada und das Seen-Gebiet.

Hier wohnen die Abkömmlinge der Akadier, der legitimistischen Auswanderer früherer Jahrhunderte, der Sprache, den Sitten und Anschauungen der Väter so getreu, wie man dies heute etwa noch in der Gascogne oder der Auvergne antrifft. Das Kleingewerbe und der Kleinhandel ruhen in ihren Händen. Sie leben unter sich und für sich und vermengen sich nicht mit dem großartigen neuzeitlichen Leben der obern Stadt, die nur durch ein paar Straßen von ihnen getrennt ist. Der majestätische St. Lorenz, dessen klare, blaue Fluten bis dicht an die Straßen herankommen, dessen mächtige Eisberge im Winter nicht selten an den Häusern sich auftürmen und diese bis zu den oberen Stockwerken begraben, erschien mir wie der Strom der anglosächsischen Einwanderung: alles verschlingend, alles überflutend, was sich ihm in den Weg stellt. Aber auch in Quebec setzt dieses anglosächsische Element seine Hebel an und verdrängt das französische. Am längsten werden sich die Franzosen noch erhalten in den Landgemeinden, den Dörfern und großen Farmen, in welchen sie seit Jahrhunderten erbsässig sind.

Gegen diese von England und von den Vereinigten Staaten herüberdringenden Einwanderungsfluten giebt es keine Rettung, weder aus sich selbst heraus noch von auswärts, vom Mutterlande. Die Franzosen Kanadas haben mit dem modernen Frankreich nichts gemein als die Abstammung. Sie sympathisieren weder mit dem liberalen, fast radikalen Frankreich unserer Tage, noch mit der republikanischen Staatsform; ja, sie sind dem Fortbestand der englischen Herrschaft viel mehr geneigt als einem Anschluß an Frankreich. Sie wissen, daß man ihnen unter der Herrschaft der Republik ihre Kirchengüter konfiszieren, ihre Priester bevormunden, ihre Klöster aufheben, ihre Schulen verstaatlichen würde, während die anglokanadische Regierung ihren katholischen Unterthanen alle möglichen Rücksichten und Freiheiten entgegenbringt. Die französischen Kanabier sind darum viel bessere Kanabier als Franzosen und werden es mit jedem Tage mehr. Eine Verbindung mit dem französischen Mutterlande besteht weder in materieller noch geistiger Hinsicht — sieht man von den paar Hundert Exemplaren legitimistischer Zeitungen, wie „L'Univers" und „Le Monde", ab, welche man noch aus Paris bezieht. Zwischen Montreal, dem Haupthafen Kanadas, und Europa bestehen 11 regelmäßige Dampferlinien, von welchen 9 nach England, 1 nach Antwerpen und 1 nach Hamburg laufen. Nicht eine läuft nach Frankreich. Die Einfuhr Kanadas beträgt etwa 100 Millionen Dollars; davon entfallen beiläufig 45 Millionen auf England, ebensoviel auf die Vereinigten Staaten und nur 10 Millionen auf alle übrigen Länder, Frankreich inbegriffen!

Die französischen Kanabier sind also vollständig auf sich selbst angewiesen; denn auch die Einwanderung aus dem Mutterlande beschränkt sich auf einige Hundert Personen, während die Zahl der Einwanderer anderer Nationalität, insbesondere aus England, jährlich 50—80 000 Seelen beträgt.

Indessen würde die eigene erstaunlich große Vermehrung der eingeborenen französischen Kanadier beinahe hinreichen, das augenblickliche Verhältnis zu der nichtfranzösischen Bevölkerung aufrecht zu erhalten, wenn da nicht andere Umstände eine Entnationalisierung und besser noch eine Anglikanisierung der französischen Ansiedler herbeiführen würden. Zunächst wird einer alten Regel zufolge ein ersichtlicher Stillstand in dieser Vermehrung eintreten, je mehr sich das Städteleben entwickelt und je mehr Landbewohner, ihrem Drange nach üppigerem Leben folgend, nach den Städten übersiedeln. Unter den Akadiern herrscht noch der altnormannische Gebrauch, daß die väterlichen Güter auf den ältesten Sohn übergehen, welcher seinerseits wieder die Geschwister zu entschädigen hat. Dadurch wird allerdings die Teilung des Erbes verhindert, aber dieses wieder durch Hypotheken stark belastet, während die jüngeren Söhne ihren Anteil bald verjubeln und schließlich nach den westlichen Provinzen oder nach den Vereinigten Staaten auswandern. So sind beispielsweise in den Fabriken des Staates Massachusetts allein an 100 000 Kanadier beschäftigt, darunter die Mehrzahl französischer Abkunft. Im Staate New-York leben gleichfalls über 70 000 französische Kanadier unter der angelsächsischen Bevölkerung verteilt, und daß ihre Nachkommen, inmitten englischer Kultur heranwachsend, in englischen Schulen gebildet, kaum mehr als französisch zu betrachten sind, ist wohl selbstverständlich. So kommt es, daß die Akadier, welche bisher durch ihre Abgeschiedenheit von dem großen angelsächsischen Verkehr, durch ihr Zusammenleben, durch ihre eigenen Schulen und Kirchen ihre Sprache und Nationalität erhalten konnten, sich heute in allmählicher, aber sicherer Auflösung inmitten des Oceans angelsächsischer Civilisation befinden. Und wie gerade vor 100 Jahren, so wird auch nach 100 Jahren das Franzosentum als in sich geschlossenes Ganzes nur in gewissen Teilen des einstigen Akadien, sowie in Gaspé und am untern St. Lorenz zu finden sein, die Millionen Abkömmlinge der französischen Einwanderer aber werden ihre Sprache und ihre Nationalität gänzlich verloren haben und gute angelsächsische Kanadier oder Amerikaner geworden sein.

4. Labrador.

Denkt man sich von der Südspitze der Hudsonsbai eine gerade Linie nach Quebec gezogen, so bildet diese beiläufig die Basis der ungeheuern, weit in den Ocean hinausgreifenden Halbinsel Labrador, die bei einem Flächenraum von 1 371 000 qkm etwa ein Viertel der außerhalb des Polarkreises gelegenen Ländermassen Kanadas einnimmt. Obschon sie in derselben Breite wie England, Belgien oder Deutschland liegt, ist sie doch kälter und unwirtlicher als die nördlichsten Gebiete unseres Weltteils, ein wahres Grönland,

I. Unter-Kanaba und das Seen-Gebiet.

an die Grenzen der Vereinigten Staaten versetzt. Dank ihrem wüstenhaften Charakter und ihrer endlosen Ausdehnung ist sie bis auf den heutigen Tag so gut wie unerforscht geblieben; die Höhenzüge der laurentinischen Gebirgskette, die sie durchziehen, sind noch ungemessen, die Flußläufe nur erst ungenau in die Karten gezeichnet. Die wenigen Reisenden, welche den Mut und die Aufopferung hatten, nach dem Innern vorzudringen, beschränkten sich auf einzelne kleine Gebiete — die alle Vorstellungen übersteigende Unwirtlichkeit und Einsamkeit dieser felsigen Einöde mußte sie zurückschrecken —, und die wenigen Einwohner verteilen sich an den Küsten, ohne sich ins Innere zu wagen. Ebensowenig, wie andere, ließ auch ich mich zu einem Besuche Labradors verleiten. Nur aus der Ferne, während ich durch die Straße von Belle Jsle in den St.-Lorenz-Golf fuhr, nahm ich seine langgestreckten, hohen Küsten wahr. Aber in Quebec und Neufundland weiß man über Labrador viel zu erzählen. Während der Sommermonate, etwa zwischen den letzten Tagen des Juni und den ersten Tagen des September, werden die Süd- und Ostküsten Labradors von zahlreichen abenteuerlustigen, vielleicht auch guten Ertrages gewärtigen Jägern und Fischern besucht, deren Zahl alljährlich 20 000—30 000 erreicht. Sie nehmen Zelte, Nahrungsmittel und Munition von Kanada aus mit und verleben den Sommer im Freien, die Wildnisse Labradors durchstreifend. In St. John (Neufundland) traf ich mehrere Fischer, die seit Jahren Ausflüge nach Labrador unternahmen und stets ihre Weiber und Kinder mitführten, damit diese die von den Männern gefangenen Fische gleich an Ort und Stelle einsalzen und zum Trocknen herrichten konnten. Diesen Fischern, Jägern und einigen Offizieren der Labrador-Postdampfer verdanke ich manche der nachstehenden Mitteilungen. Viele der ersteren wurden lediglich durch die Not gezwungen, die auch im Sommer oft stürmischen Meerfahrten von Neufundland nach Labrador zu unternehmen, wo ihrer ein elendes Dasein auf irgend einem geschützten Punkte der Seeküste harrt. Die Fischereien Neufundlands reichen für die stetig zunehmende Bevölkerung lange nicht mehr aus. Das Land hat keine anderen Hilfsmittel, und Meister Schmalhans ist dort ein so guter Bürger geworden, daß die Regierung jährlich ganz bedeutende Summen opfern muß, um schrecklicher Hungersnot vorzubeugen. In Labrador jedoch, diesem einsamsten Gebiete des einsamen Kanada, droht den Fischern noch keine Konkurrenz. Der Fischreichtum in den Flüssen und zahllosen Seen ist höchst bedeutend, und auch die See längs der Nordostküste der Halbinsel ist bekannt wegen der unglaublichen Mengen von Stockfischen, Robben und anderen Seetieren.

Ein Blick auf die Karte zeigt auf der ganzen weiten Halbinsel nur einige Seen und Flußläufe, aber begreiflicherweise keine Ansiedelungen, denn es giebt deren keine von hinreichender Ausdehnung. Im Mittelpunkt der

4. Labrador.

Halbinsel, gleichweit von der Hudsonsbai, der Nordostküste und dem St. Lorenz entfernt, wird man einen großen See, den Kaniapuskaw, verzeichnet finden, welchem ein in die Ungava-Bai mündender Fluß, der South River, entströmt. Rings um ihn liegt ein weiter Kranz anderer Seen, die ihre Ausflüsse zumeist der Hudsonsbai zusenden. Der südlichste und bedeutendste darunter ist der schon nahe der Grenze von Quebec liegende Mistassini-See, dessen Ausfluß der Rupertsfluß bildet. An den Ufern dieses Sees befindet sich eine Station der Hudsonsbai-Gesellschaft, ein zweites Handelsfort liegt an dem schon genannten South River, und zwei andere Posten liegen nahe der Westküste Labradors, während in der Ungava-Bai ein Etablissement zum Einmachen und Trocknen von Fischen besteht. Diese Posten der Hudsonsbai-Gesellschaft enthalten die einzigen weißen Bewohner Labradors, abgesehen von den Fischern der atlantischen Seeküste. Der Rest der Bewohner sind etwa 1700 Eskimos im nördlichen Teile und 4000 nomadisierende Indianer im mittlern und südlichen Teile Labradors. Letztere gehören dem Stamme der Nasquapee an und sprechen die Cree-Sprache. Sie bilden die Hauptmasse der Jäger und Trapper der Hudsonsbai-Gesellschaft, die mit ihnen Tauschhandel treibt, und diese ist, obgleich sie ihre Privilegien und ihr Eigentum im Jahre 1870 der kanadischen Regierung abgetreten hat, doch immer noch, dank der Unzugänglichkeit des Landes und ihren altangestammten Beziehungen zu den Indianern, thatsächlich Herrin im Innern Labradors.

Von der steilen, felsigen, von tief einschneidenden Fjorden zerrissenen atlantischen Seeküste steigt das Tafelland der Halbinsel bis auf etwa 700 m empor: eine Wüste von kahlen, grauen Gneisfelsen, Steingerölle und Sümpfen. Weit und breit wächst nichts außer Renntiermoos; nur in den Flußläufen und Schluchten findet sich spärlicher Baumwuchs, hauptsächlich Tannen, Birken und Eschen. Erst in den Flußläufen der Südküste giebt es größere Waldungen; dieselben haben jedoch in den letzten Jahren infolge häufiger Waldbrände immer mehr abgenommen. Höchst merkwürdig sind die Tausende von Quadratkilometer umfassenden Steinwüsten, mit Felstrümmern bedeckt, die an vielen Stellen in drei- und vierfachen Lagen aufeinander gehäuft sind und einen Durchmesser von $1/3$—6 m aufweisen. Solch sonderbare Felsblöcke sind sogar auf den Gipfeln der höchsten Berge zu finden; sie verleihen dem ganzen Lande ein ungemein trostloses, abschreckendes Aussehen, das nur an manchen Stellen durch Seen und Moossümpfe gemildert wird.

Wenn von Labrador überhaupt jemals ein Teil der Besiedelung unterworfen wird, so kann das nur längs der Südküste geschehen, an welcher in der That, hauptsächlich Anticosti gegenüber, sowie in der Nähe der zahlreichen Hudsonsbai-Faktoreien, etwa 4000 Seelen zerstreut wohnen und sich ihren Bedarf an Feldfrüchten selbst ziehen. Auch Viehzucht wird hie und da in geringem Maße betrieben. Die größte Ansiedelung ist das elende, an

I. Unter-Kanada und das Seen-Gebiet.

der Südostspitze unweit der Straße von Belle Isle gelegene Fischerdorf Battle Harbour; von dort längs der atlantischen Seeküste aufwärts giebt es noch eine Reihe kleiner Fischer-Settlements, deren Einwohner im ganzen etwa 2000 Köpfe zählen. Hier an der Nordostküste mündet auch der größte Fluß Labradors, der Hamilton, in einen etwa 250 km tief in das Land einschneidenden Fjord, den Hamilton Inlet. Von hier aus nördlich sind die Hauptbewohner Eskimos, die durch Missionäre der Mährischen Brüder zu

Fig. 11. Niederlassung an der Südküste von Labrador.

Christen bekehrt wurden. Diese Missionäre, etwa 20 an der Zahl, besitzen vier Stationen längs der Küste, Hopedale, Nain, Okkak und die nördlichste, Hebron, alle mit Kirche, Schulhaus, Wohnhaus und Arbeitsschuppen. Hier wirken und lehren diese lebendig begrabenen Diener Gottes mit bewundernswerter Aufopferung und Hingebung. Im Innern Labradors sind katholische Missionäre unter den Indianern thätig. Überhaupt wird man allenthalben an den ungastlichsten Punkten von Kanada, in Labrador wie in Alaska, am großen Sklaven- wie am Bärensee, immer noch einen katholischen Missionär finden, der, Tausende von Meilen von der nächsten Ansiedelung seiner Rassengenossen entfernt, hier das Christentum predigt und den darbenden, kranken Rothäuten mit Rat und That beisteht. Leider steht jedoch die heroische Aufopferung und Entsagung dieser gottgesandten Kulturkämpfer meistens zu den Erfolgen nicht entfernt im Verhältnis; aber gerade dadurch wird sie um so bewundernswerter. Schon mit den baskischen Fischern, die nach der Entdeckung Labradors durch Sebastian Cabot zum Fischfange hierher segelten, waren katholische Missionäre gekommen — darunter auch einer Namens La Bradore, nach welchem die Halbinsel benannt wurde. Auch ein Meerbusen im nordöstlichen Teile der Halbinsel heißt nach ihm Bradore-Bai. Nach den Basken kamen Bretonen und gründeten 1520 in der Nähe des Blanc-Sablon-Hafens die Stadt Brest, die zu einer Zeit über 1000 Einwohner zählte. Heute liegt Brest in Ruinen.

In politischer Hinsicht ist Labrador in zwei Teile geteilt; die Angaben mancher Bücher und Karten, welche die ganze Halbinsel zu Kanada schlagen, sind unrichtig. Die Ostküste von Kap Chibley an der Hudsonsstraße bis zur Straße von Belle Isle im Süden auf circa 160 km landeinwärts gehört nicht zu Kanada, sondern zur Kolonie Neufundland, wie es schon der königliche Bestallungsbrief der Gouverneure von Neufundland besagt. Dieser Teil Labradors steht auch unter neufundländischer Gerichtsbarkeit, und es werden hier die gleichen Zölle wie in Neufundland erhoben. Das südliche Drittel Labradors, also das Küstengebiet des St.-Lorenz-Stromes, gehört zur Provinz Quebec, und der Rest längs der Hudsonsbai und der Hudsonsstraße? Nun, es wird sich wohl niemand um diese halbe Million Quadratkilometer Felsenwüsten bewerben, und niemand beneidet England um das Recht, auf den Landkarten die Grenzen Labradors rot anzupinseln.

5. Montreal.

Wer Montreal besucht, bekommt nicht nur eine der schönsten Städte der Neuen Welt, sondern auch eine ihrer landschaftlich schönsten Gegenden zu sehen. Ob man von der See her um Neufundland herum, an Quebec vorüber den mächtigen St.-Lorenz-Strom herauffährt, oder von New-York, der großen Metropole der Atlantis, mittels Eisenbahn in direkt nördlicher Richtung, oder vom Westen, von den kanadischen Seen her mit dem Dampfer nach der Hauptstadt Kanadas kommt: auf allen drei Wegen — einen vierten giebt es nicht — wird der Reisende von den landschaftlichen Reizen des östlichen Amerika entzückt sein. Statt nun einen der drei Wege allein zu wählen, wählte ich gleich alle drei zusammen, um ja nichts zu versäumen, und diese „Spritztouren" nach Kanada gefielen mir so ausnehmend gut, daß ich sie sogar im Sommer und im Winter zu wiederholten Malen unternahm.

I. Unter-Kanada und das Seen-Gebiet.

Das erste Mal ging es von New-York den wundervollen Hudsonstrom aufwärts über Saratoga, dieses Wiesbaden Amerikas, nach den herrlichen Seen Lake George und Lake Champlain, durch die rauhen, wilden Adirondacks. Das zweite Mal fuhr ich von Toronto aus auf einem großen Dampfer der Royal Mail über den Ontario-See und durch das Labyrinth der „Tausend Inseln" den St.-Lorenz-Strom hinab. Niemals werde ich den Abend vergessen, an welchem nach einer ebenso anregenden als bewegten Fahrt zwischen den zahllosen Inseln hindurch und die tosenden, schäumenden Katarakte des Stromes hinab in der Ferne das Panorama von Montreal am Horizont emportauchte: Montreal mit seinem terrassenförmig von dem seegleichen St. Lorenz aufsteigenden Häusermeer, seinen zahlreichen Türmen und Kuppeln, seinen in der Abendsonne hell schimmernden Metalldächern und das Abendrot widerspiegelnden Fensterreihen; zu Füßen in den meilenlangen Docks längs des Stromes ein dichter, dunkler Wald hoher, bewimpelter Masten; auf der ausgedehnten, ruhig dahingleitenden Wasserfläche des majestätischen Stromes geschäftig auf und nieder eilende Dampfboote oder gewaltige Oceanriesen von 5—6000 Tonnen; im Hintergrunde die über 3 km lange schwarze Linie der Viktoria-Brücke mit ihren 23 Pfeilern und 100 m weiten Bogen, und darüber, ganz ferne am Horizonte, die Konturen der in blauen Nebel gehüllten Höhenzüge von Maine und Vermont — das ganze Panorama jedoch hoch überragt von dem hinter der Stadt emporsteigenden stolzen Mont Royal, jenem Granitkoloß, welcher der Stadt zu seinen Füßen den Namen gegeben!

Das war im Sommer. Wie anders zeigte sich das Bild, das ich einige Jahre nachher von demselben Montreal im Winter empfing! Der St. Lorenz war oberhalb der Stadt auf Meilen zugefroren, unterhalb aber derart mit Eisschollen und Eisbergen bedeckt, daß Montreal nur mehr auf dem Landwege, mit der Eisenbahn, und auch das nur von der New-Yorker Seite aus, zugänglich war. Auf den andern Eisenbahnlinien stockte der Verkehr furchtbarer Schneeverwehungen wegen.

Auch die ausgedehnten Länder, die ich auf dem Wege von New-York dahin in raschem Fluge durcheilte, waren mit einer dichten Schneeschichte bedeckt; die weite Fläche des Lake Champlain war fest zugefroren; die dunklen Tannenwälder der Bahn entlang ächzten unter der weißen Last, die ihre Äste niederdrückte. Schnee überall: auf den Bergkuppen wie in den Thälern; auf den Dächern der alt-französischen Städtchen, in den Straßen, wie auf der Eisenbahn. Schwere Schneepflüge wühlten vor uns gewaltsam den Weg durch die weiße Wüste, daß die körnigen Flocken hoch aufstoben. Das Auge war geblendet von diesem hell von der Sonne beschienenen Leichentuch, unter welchem auch Montreal schmachtete. Aber hier in der Hauptstadt macht sich der strenge, fünfmonatige Winter noch schwerer fühlbar; denn die große See- und Hafenstadt ist dann in eine trockene, prosaische Land-

5. Montreal.

stadt verwandelt, als säße sie wie weiland die Arche Noes auf irgend einem kanadischen Ararat, als hätten sich die Fluten, die im Sommer den Fuß der Königlichen küssen, von ihr zurückgezogen, abgewendet.

Fig. 12. Montreal im Winter.

Die Trennung von Montreal wird dem Strömevater St. Lorenz gewiß recht schwer. Er wehrt sich gegen die starren Fesseln des Winters mit aller Macht; aber so hoch seine Wellen sich in den Katarakten aufbäumen mögen,

I. Unter-Kanaba und das Seen-Gebiet.

so wütend sie sich auch geberden und, von Fels zu Fels hüpfend, den eisigen Klammern zu entrinnen trachten, weiter abwärts, wo sie ruhiger geworden, hat der Winter, dieser strenge, rücksichtslose Gewaltherrscher, ihren Widerstand doch gebrochen: die Arme, mit welchen St. Lorenz seine geliebte Königsstadt umfängt, erstarren zu Eis in der Umarmung, und kein Herkules kommt, den gefesselten Prometheus zu befreien. Bald darauf ist Montreal eingeschneit; kaum daß sich die grauen Granitwände des Mont Royal, die Kuppeln und Turmspitzen der weißen Winterdecke erwehren. In den Straßen drunten am Flusse stockt der ganze Verkehr. Die geräumigen Warenhäuser, die Niederlagen und Magazine sind verschlossen, die längs der Ufer sich hinziehenden Docks sind leer und fest zugefroren; das breite Strombett selbst ist mit einer rauhen, zerklüfteten Eisdecke bedeckt, in deren Klüfte und Risse der Schnee sich eingeschmiegt hat. Der St. Lorenz ist vom Festlande kaum zu unterscheiden, denn Stahlschienen führen darüber hinweg, und Eisenbahnzüge verkehren auf der Eisdecke zwischen den beiden Ufern.

Erst spät im Frühjahre erwacht der nordische Alte aus seinem starren Winterschlafe; die Eisdecke berstet unter gewaltigem Donner, und die ungeheuren Eismassen beginnen, verstärkt durch jene, die vom Oberlaufe des Stromes herabtreiben, sich langsam stromabwärts zu bewegen. Sie schieben sich über- und stauen sich aufeinander zu Bergen; die Wassergüsse der geschwollenen Nebenflüsse heben den Wasserspiegel so bedeutend, daß zur Zeit des Eisgangs gewöhnlich große Überschwemmungen stattfinden, denen auch der untere Stadtteil von Montreal häufig zum Opfer fällt. Noch in diesem Jahre (1887) war dies der Fall. Dann werden die gewaltigen Eisschollen von den sich dahinwälzenden Fluten aus dem Wege an die Ufer emporgeschoben und bis in die unteren Straßen der Stadt gesetzt, daß sie sich dort mehrere Fuß, ja Meter hoch zwischen die Häuserreihen drängen — ein Eisgang auf dem festen Lande.

Der untere Stadtteil von Montreal ist noch gut französisch geblieben. Von den 173 000 Einwohnern der Stadt gehören über die Hälfte dem altakadischen Stamme an, aber er ist morsch, und auf seinen Ästen sproßt und grünt und blüht angelsächsisches Leben. Kaum betrete ich, von meinem Dampfer kommend, den Boden Montreals, so sehe ich dieses Zurückdrängen französischer Kultur vor mir im Bilde dargestellt. Hier, ganz in der Nähe des Landungsplatzes, auf der urfranzösischen Place Jacques Cartier, erhebt sich ein hohes Säulenmonument zu Ehren — nicht Champlains oder Cartiers, sondern des Admirals Nelson! Inmitten des französischen Stadtteils, auf einem Platze, welchem der französische Entdecker des Mont Royal den Namen gegeben, die Statue des englischen Seehelden, des Vernichters der französischen Seemacht! Und die guten Akadier, dieses Ueberbleibsel des französischen Königtums früherer Jahrhunderte, das der rasch dahineilende

5. Montreal.

Strom der Zeit abseits am Wege liegen gelassen, sie dulden dieses Symbol ihres eigenen Unterganges, sie wehren sich dessen nicht, ihre Gefühle werden dadurch nicht verletzt! Ist das nicht etwa ein Zeichen, daß sich die Akadier

Fig. 13.

Das Nelson-Denkmal in Montreal.

viel mehr als Kanadier, als gut loyale Unterthanen Ihrer großbritannischen Majestät fühlen, denn als Franzosen? Und so ist es auch in der That. Eines aber bleibt bei der Betrachtung des Nelson-Monumentes unbegreiflich: daß man den großen Seehelden mit dem Rücken gegen das Wasser aufgestellt hat. Zu seinen Lebzeiten wäre ihm dies nicht vorgekommen.

Hier unten an den Schiffswerften und in dem alten Hafenviertel Montreals sieht man die englische Herrschaft freilich nicht; denn die beiden Nationen, Engländer und Franzosen, sind in Montreal fast ebenso streng von-

1. Unter-Kanaba und das Seen-Gebiet.

einander geschieden, wie in Europa, wo eine Meeresstraße sie voneinander trennt. Der untere Stadtteil Montreals gehört noch ganz den französischen Ansiedlern, wie in den Tagen, da Paul de Chomedey, Sieur de Maisonneuve, mit seinem Gefolge hier die erste weiße Niederlassung in unmittelbarer Nähe der großen Huronenstadt Hochelaga gründete. Chomedey war noch einer jener alten Helden aus Frankreichs längst vergangener Ritterzeit. Der Gouverneur von Quebec suchte ihn damals — 1642 — von der Niederlassung an einem so gefährlichen Punkte abzuhalten, aber Chomedey antwortete: „Herr, ich bin ausgesandt worden, um am Mont Royal und nicht anderwärts eine Niederlassung zu gründen; hier bleibe ich. Und wenn sich alle Bäume des Mont Royal in Irokesen verwandeln sollten, um mich zu bekriegen, ich kann nicht anders." Fürwahr, ein wackerer Degen, würdig, der Begründer einer Großstadt zu sein. Aber vergeblich sucht man in Montreal irgend ein Erinnerungszeichen, ein Denkmal an ihn. Es giebt wohl einen Papineau-, einen Chaboillez-, Philipps-, Dominion-Square, aber Maisonneuve ist vergessen, und an der Stelle, wo er vor 250 Jahren, ans Ufer springend, auf den Knieen Gott für die glückliche Überfahrt dankte, steht heute das prosaische, geschäftliche Zollamt.

Das Franzosentum, welches sich in der untern Hälfte von Montreal festgesetzt hat, erschien mir in wenig rosigem Lichte. Alte, unreinliche, ärmliche Häuser und ebensolche Bewohner; die Straßen eng, dumpf — ein Stückchen Faubourg St. Denis — oder besser noch ein Stückchen von Clermont-Ferrand, von La Rochelle oder einer andern altfranzösischen Stadt, an die Ufer des St. Lorenz verpflanzt. Aber nur ein paar Schritte trennen uns von dem modernen, dem großstädtischen, anglosächsischen Montreal, das sich im Vergleich zu dem französischen Viertel etwa so ausnimmt, wie die großen, vornehmen Avenues des Londoner Westends mit den typischen „Mews", dem Sitz der Kutscher, der Dienerschaft, des Kleingewerbes, dahinter. Das englische Montreal, dessen prächtige, breite Straßen sich die Terrassen des Mont Royal hinanziehen, erweckt trotz des großen Einflusses der benachbarten amerikanischen Republik doch noch lebhafte Erinnerungen an „Old England", und manche Straßen, die ich durchwandelte, schienen mir ebensogut englisch, als wären sie in Newcastle, in Bradford oder Liverpool. Schon die Straßennamen — dieser Victoria-Square, diese James- oder Georges-Street u. dgl. — kennzeichnen hier gerade so die englische Bevölkerung, wie ich sie in Kingston (Jamaika) oder Kapstadt oder in anderen Kolonien gefunden. Auf dem Victoria-Square erhebt sich eine Bildsäule der Königin, man sieht ihr Konterfei auf jedem Dollar, den man in die Hände bekommt, und bemerkt ihre Namenschiffre auf so manchem stolzen Gebäude, ebensogut wie auf der Mütze des bescheidensten Milizsoldaten. Die Banken, Geld-Institute, die großen, prachtvollen Kaufläden erinnern in ihrer Einrichtung, ihrem ganzen Wesen

Fig. 13 a. Im Hafen von Montreal.

5. Montreal.

an jene von Oxford- oder Regent-Street; und man fühlt sich bei einem Gange durch Montreal recht urenglisch angeheimelt, 3000 Meilen näher an Europa, irgendwohin nach dem Norden Englands versetzt. Nur hie und da stößt man inmitten englischer Kultur noch auf einen verlorenen Außenposten der Franzosen — eine alte Kirche, ein Hospital oder eine Bildungsanstalt, mit festen Mauern umgeben, friedlich im Schatten alter Bäume schlummernd. Ein halbes Hundert Kirchen mit stolzen Kuppeln und Türmen erhebt sich aus dem Häusermeere der Stadt, und stehen sie auch vereinsamten Inseln gleich da, verschlungen hat sie dieses Meer doch noch nicht. Die Franzosen sind hier in Montreal an die Grenzlinie zwischen Englisch- und Französisch-Kanada gestellt, es gilt, diesen Außenposten zu verteidigen und gegen die andringenden Fluten englischer Civilisation zu halten.

Außer diesen beiden durchaus verschieden gearteten Civilisationen macht sich jedoch auch hier in Montreal schon eine dritte geltend, die amerikanische; sie hat sich an dem höchsten Punkte von Montreal festgesetzt. Verläßt man die schönen, breiten Geschäftsstraßen des englischen Viertels und schreitet die Terrassen des Mont Royal empor, so gelangt man bald auf einen großen, imposanten Platz, den Dominion-Square, trotz seines kanadischen Namens ein Sitz echten Yankeewesens und gleichzeitig im Mittelpunkte des schönsten Stadtteils von Montreal gelegen; denn um ihn herum sind die reichen Privathäuser und Villen der „Aristokratie" von Montreal — vergessen wir nicht, daß wir in englischen Landen sind — gelagert. Wie in England und in den Vereinigten Staaten sind die geschäftlichen Stadtviertel von den „Residential Suburbs", den Wohnquartieren, strenge geschieden. Hier sieht man die zumeist aus dem grauen Quader des Mont Royal aufgeführten Paläste der kanadischen Baronets und Knights, der großen Rheder und Geldprotzen, das prachtvolle Opernhaus, und endlich auch das Windsor-Hotel, einen Monumentalbau, der die Nordseite des Dominion-Square einnimmt, wohl das schönste Hotel der Neuen Welt. Mit seiner vornehmen Fassade, seiner gewaltigen Rotunde, um welche herum die Bureaux, Kaufläden, Empfangs-, Lese- und Toilettenzimmer angeordnet sind, mit dem großartigen Treppenhaus, den verschwenderisch ausgestatteten Salons und Speisesälen im ersten Stockwerk ist es der Mittelpunkt und der Hauptsitz der Yankees aus den Vereinigten Staaten, die mit immer größerer Vorliebe im Sommer wie im Winter Kanada zum Ziele ihrer Ausflüge machen — teils zum Vergnügen, teils zu Geschäften. Und daß es an Vergnügungen nicht fehlt, das hat die Fama wohl schon in aller Welt verkündet. Hier, auf dem Dominion-Square, zwischen dem Windsor-Hotel und der gegenüberliegenden, noch unfertigen neuen Kathedrale von Montreal, erhebt sich zur Karnevalszeit jener feenhafte Eispalast, der vielleicht nur noch in Petersburg seinesgleichen findet; Montreal ist ja berühmt wegen seiner zahlreichen, verschiedenen Karnevals-Belustigungen, der

I. Unter-Kanada und das Seen-Gebiet.

Schneeschuh-Klubs, des Tobogganing (Schlittenfahrens), des Lacrosse- und anderer indianischen Spiele, der Jagd- und der Fischfang-Klubs mit ihren luxuriösen Klubhäusern und Stallungen, in denen die Pferde beispielsweise gerade so, wie die Dandies in den großen Frijeurläden von Paris oder London, mit Maschinenbürsten gestriegelt werden. Montreal hat seine Kunstsammlungen und Bibliotheken, seine vorzüglichen, zumeist katholischen Unterrichtsanstalten, Gelehrten- und Musikgesellschaften, seine Theater — ja, ich wüßte in den Vereinigten Staaten sowohl wie in England selbst keine Stadt von gleicher Größe zu nennen, welche in den genannten Beziehungen so vielerlei und so Vorzügliches bietet, wie die kommerzielle Hauptstadt von Kanada. Montreal ist dabei auch eine sehr wohlhabende Stadt, der Sitz der kanadischen Kapitalisten, der großen Dampfer- und Eisenbahnverwaltungen, Bankinstitute u. s. w., die aus der ungemein günstigen Lage des Platzes großen Nutzen ziehen. Sie ist der Schlüssel, die Metropole des mächtigen Stromes, an dessen Ufern sie sich erhebt. Früher war dies wohl Quebec, aber das englische Montreal hat die stille, schläfrige Franzosenstadt längst überholt und fast vollständig aus dem Wettbewerbe herausgedrängt. Kanada vereinigt sich in Montreal, ja, in kommerzieller Hinsicht vielleicht eher noch in Toronto, als in dem entlegenen Quebec. Der gewaltige St.-Lorenz-Strom bildet eine 3—30 km breite Wasserstraße — das Verbindungsglied zwischen den kanadischen Seen und dem Atlantischen Ocean. Montreal liegt an dieser Wasserstraße, 800 km von den ersteren, nahezu 1600 km von dem letztern entfernt, und dennoch können die größten Oceandampfer bis zu $7^{1}/_{2}$ m Tiefgang Montreal erreichen und dicht an den Quaimauern der Stadt anlegen, gerade so wie etwa in der Schelde bei Antwerpen. Montreal liegt Liverpool um rund 500 km näher als New-York, und die zwischen Montreal und Liverpool verkehrenden Dampfer befinden sich nur auf zwei Dritteln des Weges auf hoher See, während auf dem Wege nach New-York die ganze Strecke auf hoher See gelegen ist. Gegen Westen hin wird Montreal durch ein ausgebreitetes Fluß-, Kanal- und Seen-Netz mit dem Herzen des Kontinents und dessen Hauptstadt Chicago verbunden; dabei ist die Strecke von Montreal nach Chicago auf dem laurentinischen Wasserwege um etwa 250 km kürzer als jene von New-York nach Chicago. Die großen Katarakte des St. Lorenz und des Ottawa und die berühmten Fälle des Niagara werden durch ein System künstlich hergestellter Kanäle umfahren, und so gelangen denn die Naturerzeugnisse des Westens von den äußersten westlichen Häfen der kanadischen Seen wie von den entferntesten Punkten an den Nebenflüssen des St. Lorenz direkt bis Montreal, um dort auf die großen Oceandampfer verladen zu werden. Montreal könnte infolge seiner ungemein günstigen Lage einst berufen sein, New-York zu überflügeln, wenn nicht ein Umstand dies unmöglich machen würde: der Winter. Während die atlantischen Häfen südlich von Kanada sämtlich den ganzen Winter über offen und zugänglich sind, frieren Flüsse und Kanäle — all die so günstigen Wasserwege von Montreal — im November zu, um erst im April wieder für die Schiffahrt benützbar zu sein. Die Vorteile Montreals gelten also nur für eine Hälfte des Jahres, und das ist der Grund, warum der Handel, der Verkehr sich nicht längst dorthin gezogen hat, sondern den das ganze Jahr offenen Verkehrslinien und Häfen treu geblieben ist. Der Winter ist der Ballast, der Montreal niederdrückt, und was er der schönen Stadt auch an Vergnügungen und Belustigungen aller Art zuführt, er ist doch ein Fluch, der auf ihr wie auf ganz Kanada lastet.

6. Der Karneval von Montreal.

Der Karneval wird in den kanadischen Städten, vornehmlich in Montreal und Toronto, in ebenso großartigem Maßstabe gefeiert, wie etwa in Rom oder Venedig. Die Kälte scheint den Kanadiern dabei nichts auszumachen. Im Gegenteile: je kälter, desto besser; das Eis ist dann um so sicherer, der Schnee desto trockener, und die kolossalen Prachtbauten, die man gelegentlich des Karnevals in Montreal aus großen Eisblöcken errichtet, bleiben desto länger stehen. Die Kanabier haben sich über die Schattenseiten ihres strengen Winters bald hinweggesetzt; sie sehen nur die Annehmlichkeiten, die er mit sich bringt, und wissen sie sehr wohl auszunützen. Ja, ich bin beinahe ihrer Meinung, wenn sie behaupten, der kanadische Winter sei angenehmer als der italienische. Sie haben den gleichen blauen Himmel, die gleiche klare, reine Luft; aber während man in Italien gegen plötzliche Kälte gar nicht geschützt ist und die schönen Tage so häufig durch Regen, Wind und Fröste unterbrochen werden, kennt man derartige Wechsel in Kanada nicht. Höchst selten steigt das Quecksilber zwischen November und März über den Gefrierpunkt. Die Flüsse und Seen bleiben mit einer mehrere Fuß dicken Eisdecke zugefroren, die Wege sind mit trockenem, körnigem Schnee bedeckt, und die Gleichförmigkeit der Witterung ist so groß, daß man in neuerer Zeit Brustkranke von den Vereinigten Staaten aus lieber nach Kanada als nach dem subtropischen Florida sendet. Mag auch die andauernde Kälte dem Fremden anfänglich unangenehm sein, er gewöhnt sich bald daran, wie ich aus eigener Erfahrung behaupten kann. In Montreal wie in den anderen Städten Kanadas fährt man beispielsweise nur in den wärmeren Jahreszeiten in geschlossenem Wagen. Im Winter sind Schlitten, Mietwagen und Equipagen durchweg offen; die Fenster derselben sind ausgehängt, und niemand denkt daran, sich in geschlossene Kutschen pferchen zu lassen. Sogar die zwischen den Bahnhöfen und den Hotels verkehrenden Omnibusse werden im Winter einfach durch offene Schlitten ersetzt.

I. Unter-Kanaba und das Seen-Gebiet.

Die Kanadier, zumal der angloſächſiſche Teil derſelben, ſind ungemein vergnügungsluſtig und geſellig, und gerade im Winter tritt dieſer Zug weit wahrnehmbarer hervor als im Sommer. Kaum hat die Novemberkälte den meilenbreiten St. Lorenz mit einer Eisdecke überkleidet, kaum iſt der erſte bleibende Schnee gefallen, ſo wechſelt das Straßenleben vollſtändig ſeinen Charakter. Die faſhionable Welt kommt zum Vorſchein; das Klub- und Geſellſchafts-Leben, das ſich bis dahin in den Salons bewegt hatte, wird auf die eleganten Promenaden, die Parks und Eislaufbahnen verlegt. Die Kanadier ſind bekannt als die vorzüglichſten Schlittſchuhläufer. Sie laufen vielleicht nicht ſo elegant und ſo regelrecht, wie die Mitglieder des berühmteſten Eislauf-Klubs Europas, des Regent-Park-Klubs in London; aber an Geſchicklichkeit und Behendigkeit im Ausführen aller möglichen Kunſtſtückchen, an Ausdauer und Gewandtheit ſtehen ſie unübertroffen da. Von den Indianern haben ſie eine Anzahl anderer Winter-Vergnügungen gelernt, ſo z. B. das Tobogganning, d. h. das Fahren in kleinen Handſchlitten über ſteile Abhänge, dann das Schneeſchuhlaufen u. ſ. w. Eine Anzahl faſhionabler „Sporting Klubs" huldigt dieſen Vergnügungen mit wahrer Leidenſchaft. Allwöchentlich werden Ausflüge nach der prachtvollen Umgebung unternommen. Die Mitglieder der einzelnen Klubs ziehen in ihrer originellen Tracht gemeinſchaftlich zu einer Schneeſchuh-Exkurſion aus; oder ſie veranſtalten einen Ball, zuweilen ein Koſtümfeſt auf der Eisbahn, oder ſie ſetzen ſich auf die Eisboote, ſtecken die Segel auf und fahren, vom Winde getrieben, mit raſender Geſchwindigkeit über die feſtgefrorenen Flüſſe und Seen.

Die kanadiſchen Flüſſe verwandeln ſich im Winter in belebte Verkehrsſtraßen. Eine Eisdecke von 10—12½ cm Dicke iſt in der Regel hinreichend für einen zweiſpännigen Schlitten und um ſo mehr für die leichten Segelboote. An manchen Stellen iſt das Eis, obſchon ſchwärzlich und wie mit Öl getränkt, von ungemeiner Klarheit, ſo daß man jedes Steinchen des Flußgrundes deutlich ſehen kann. Dabei iſt die Oberfläche ſo glatt und hart, daß Schlitten, Schlittſchuhläufer und Eisboote mit Windeseile dahinfliegen. Die Konſtruktion der Eisboote iſt ungemein einfach. Von dreieckiger Form, führen ſie in der Mitte der Baſis einen Maſt, auf welchem das ebenfalls dreieckige Segel ſitzt. An den Spitzen des Dreiecks befinden ſich kurze Schlittenſchienen, mit welchen das Boot über das Eis gleitet. Die dem Maſt entgegengeſetzte, an der hintern Spitze des Bootes befindliche Schiene iſt wie ein Steuerruder um einen Bolzen drehbar, ſo daß ſie mittelſt einer Handhabe verſtellt werden kann. Auf dieſe Weiſe wird das Boot gelenkt. Die Schnelligkeit, mit welcher ein ſolches Boot über die Eisflächen Fluß auf und ab dahinfliegt, kann nur mit jener von Eilzügen verglichen werden.

Später im Winter, wann der Schnee in einer tiefen Schicht den Erdboden bedeckt, erwachen die Schneeſchuh-Vereine zu geſelligem Leben. In

6. Der Karneval von Montreal.

jeder Stadt Kanadas giebt es mehrere „Snowshoe=Klubs", deren Mitglieder ihre eigenen malerischen Uniformen und Abzeichen haben. Die Herrentracht ist jener der Indianer und Trapper abgelauscht: lange, weiße Flanellröcke mit grellfarbigen Streifen und ebensolchem Besatz, kurze, anschließende, in Gamaschen steckende Beinkleider gleicher Art und indianische Leder=Mokassins. Der Kopf ist mit einer gestrickten normannischen „Toque" oder Zipfelmütze bedeckt, und um den Leib ist die den kanadischen „Voyageurs" und Trappern eigentümliche wollene Schärpe gebunden, deren Enden an der Seite herabhängen. Die Damenkleidung ist jener der Herren ähnlich, nur daß kurze, bis etwas über die Kniee reichende Flanellröckchen dazu= kommen.

Die Schneeschuhe sind ganz indianischer Konstruktion, und die besten werden auch heute noch von den Indianern, hauptsäch= lich von den Irokesen, verfertigt. Ihre Form gleicht ganz den Netz= schlägern des bei uns so beliebten Federball= spieles, nur sind sie etwa 90 cm lang und 30 cm breit, mit etwas aufwärts gebogener Spitze. Sie werden

Fig. 14. Ein „Habitant" mit Schneeschuh.

mittelst Riemen an die Füße geschnallt, und man kann sich wohl vorstellen, daß das gespreizte Gehen mittelst derlei breiter, schwerer Netzrahmen nicht gerade leicht ist. Aber bei tiefem, körnigem Schnee ist es doch viel angenehmer, mit Schneeschuhen auf der Oberfläche einherzuschreiten, als ohne Schneeschuhe bei jedem Schritte bis auf den Erdboden einzusinken. Was bei dem Trapper, dem Indianer und Pelzjäger der Einöden ein unausweichliches Bedürfnis ist, wird der fashionablen Welt Kanadas zum leidenschaftlichen Sport. Stunden= lang traben die Mitglieder der Snowshoe=Klubs über den Schnee, unter=

I. Unter-Kanaba und das Seen-Gebiet.

nehmen Ausflüge, ja spielen allerhand Gesellschaftsspiele im Freien, immer die hemmenden Schneeschuhe an den Füßen; und wer einmal an die eigentümliche Gangart gewöhnt ist, der findet dies anfangs ungemein beschwerliche Vergnügen nachher ganz anziehend.

Aber die beliebtesten Wintervergnügungen der Städte sind doch das Schlittenfahren und das Tobogganning. So mancher von uns hat wohl in seiner Jugend seinen kleinen, vielleicht gar selbst konstruierten Handschlitten gehabt, mit dem er unzähligemal kleine Anhöhen und Rampen hinaufgeklettert und, mit ausgespreizten Beinen auf dem gebrechlichen Vehikel sitzend, wieder hinabgefahren ist. Dieses Vergnügen, bei uns auf die Jugend der unteren Schulklassen beschränkt, ist in Kanada der beliebteste und fashionabelste Wintersport, dem sogar der General-Gouverneur, die Minister und die zeitweilig Kanada besuchenden englischen Prinzessinnen huldigen. Wie man sich in Europa gegenseitig zu einem Nachmittags-Thee, zu einem Spaziergang oder einer Spielpartie einlädt, so lädt man sich in Kanada zu dem Toboggan ein, der besonders während des Karnevals in den einzelnen Städten die Quelle der Hauptbelustigung ist. In Quebec ist eine derartige „Toboggan-Slide" oder „indianische Schlittenbahn" auf dem steilen Montmorency-Hügel, in Kingston auf dem Glacis der Festungswerke, in Montreal jedoch sind deren mehrere in verschiedenen Stadtteilen. Wo der Abhang nicht steil genug ist, wird, gerade so wie in St. Petersburg, der einzigen Stadt meines Wissens, in welcher man ebenfalls „Tobogganning" als Sport betreibt, ein künstliches Gerüst aus Balken und Brettern hergestellt (Fig. 15). Neben der steilen Bahn führt eine Treppe bis zur obern Plattform, so daß man das Gerüst bequem genug erreichen kann. Von hier aus fahren die kleinen Handschlitten oder Tobogans über die glatte Schnee- und Eisbahn mit Windesschnelle herab und auf der Ebene drunten vielleicht noch eine halbe Meile weiter.

Die kanadischen Tobogans bestehen aus einem dünngehobelten Brett von etwa 60 cm Breite und $1^{4}/_{5}$—$2^{1}/_{2}$ m Länge, dessen eines Ende wie ein Schlitten aufwärts gebogen ist und durch Riemen in dieser Lage erhalten wird. Hinter dem Bug wird ein langes, weiches, mit Büffelfell überzogenes Kissen auf das Brett geschnallt, und der Toboggan ist fertig. Das Tobogganfahren ist entschieden der kräftigste, rauheste Wintersport der Kanadier, und man muß sich hierzu besonders warm kleiden, will man sich gegen die eisig kalte Luft, die man im rasenden Fluge durchschneidet, und gegen den vom Toboggan aufgewirbelten Schnee ordentlich schützen. Das beliebteste Kostüm für Tobogganning ist dem geschilderten Schneeschuhkostüm ähnlich, nur daß die Männer noch wärmere Gamaschen und pelzgefütterte Mokassins aus Elenntierhaut tragen. Die Kleidung der Damen ist in auffälligeren Farben gehalten, rot, weiß oder blau, mit weißem Pelzbesatz; schneeige Daunenkappen schützen den Kopf und ähnliche Shawls den Hals.

Fig. 15. Kanadisches Tobogganing.

6. Der Karneval von Montreal.

In diesem malerischen, an die polnische Nationaltracht erinnernden Kostüm nehmen sich die ob ihrer blühenden Schönheit gefeierten Kanadierinnen wirklich reizend aus.

Der Leiter eines Toboggan nimmt entweder als der erste oder letzte der Fahrenden Platz und lenkt den mit Windeseile die steile Bahn hinabsausenden Schlitten dadurch, daß er Hand oder Fuß während der Fahrt auf der entsprechenden Seite gegen die Bahn spreizt. Die zarten Insassen, gewöhnlich zwei, drei oder gar vier, sitzen hintereinander und halten sich an der Taille des Vordermannes oder der „Vorderdame". Jede Bewegung, jedes Neigen des Körpers, hat unvermeidlich ein Umstürzen des Toboggan zur Folge, und da möglicherweise hinterdrein andere Toboggans niedersausen, so muß hübsch still gesessen werden, soll die Thalfahrt gefahrlos bleiben. Oft genug wird der Schlitten durch die Ungeschicklichkeit des Lenkers oder durch irgend eine Unebenheit der Bahn umgeworfen, und jeder Insasse kugelt oder rutscht dann auf eigene Faust hinab, wenn es ihm nicht gelingt, rasch genug aus der Bahn zu klettern.

Der Höhepunkt dieser und anderer Wintervergnügungen ist natürlich der Karneval, der besonders in Montreal ungemein lebhaft gefeiert wird und wie in Rom oder Venedig viele Tausende von Fremden aus England und den Vereinigten Staaten herbeilockt. Die zahlreichen Hotels von Montreal sind dann über und über mit Neugierigen gefüllt, auf Straßen und Plätzen herrscht das bewegteste Leben. Der Geschäftsverkehr hat aufgehört und wird von Vergnügungslustigen ersetzt, die in den verschiedenen Klubkostümen, sowie in phantastischen Wintertrachten den einzelnen „Slides" (Eislaufbahnen) zueilen. Elegante Schlitten, bespannt mit stattlichen, glänzend geschirrten Rossen, fahren unter Schellengeklingel prozessionsweise auf und nieder. Auf vielen Schlitten ruht neben dem Kutschersitz oder hinten aufgeschnallt der Toboggan, mit welchem die Insassen ihren Klubs zueilen. Die Stadt selbst prangt im lebhaftesten Flaggenschmucke, der zu den schneeweißen Straßen, den weiten, schneebedeckten Plätzen und Parks auffällig kontrastiert. Hier und dort erheben sich auf den Plätzen großartige Monumente, Paläste, Bildsäulen, Statuen u. s. w., aus krystallhellen Eisblöcken aufgebaut. Der großartigste Bau dieser Art ist jedoch der berühmte Eispalast, der zur Karnevalszeit auf dem majestätischen, von prachtvollen Monumental-Gebäuden umrahmten Dominion-Square errichtet wird: eine phantastische Ritterburg mit an 30 m hohen Türmen, Minarets, Erkern und festungsartigen Thoren, großen Hallen und Bogengängen, alles aus den bläulich glitzernden, durchsichtigen Eisquadern des St.-Lorenz-Stromes erbaut. Darüber gegossenes Wasser glättet die rauhen Sägeflächen und macht die Blöcke zu einer einzigen, festen Masse zusammenfrieren. Im vergangenen Jahre (1886) zierte die aus Eis gemeißelte Kolossalstatue eines Snowshoer, eine brennende Fackel in der Rechten, den

I. Unter-Kanada und das Seen-Gebiet.

höchsten Turm dieses Eispalastes. Auf dem zweitgrößten Platze der Stadt, der Place b'Armes, stand während des letzten Karnevals ein kolossaler Löwe, gleichfalls von kunstgeübter Hand aus Eis gemeißelt; besonders des Abends nahm er sich, von verschiedenfarbigem bengalischem Feuer beleuchtet, gar phantastisch aus. Die Feierlichkeiten zur Enthüllung und Eröffnung dieser vergänglichen Eisbauten bilden wichtige Nummern in dem Festprogramm, und viele Tausende ergötzen sich an der Illumination, an dem Abbrennen von allerhand Feuerwerkskörpern und der Erleuchtung des Eispalastes durch elektrisches Licht, an den Umzügen der verschiedenen Schlitten- und Schneeschuh-Klubs, den Fackelzügen u. s. w.

Das lebhafteste Treiben herrscht jedoch an den einzelnen Tobogganbahnen, deren Montreal zur Karnevalszeit etwa ein Dutzend besitzt. Die beliebteste Bahn ist die „Montreal-Slide", die in der Nähe der fashionablen Sherbrooke-Straße über einen an die 100 m hohen Hügel führt. Tausende von malerisch gekleideten Toboggan-Fahrern und Touristen beleben tagsüber und bis in die späte Nacht hinein die schneeweiße, glatte Fläche. Ein Toboggan nach dem andern saust in unaufhaltsamem Laufe mit Schnellzugsgeschwindigkeit die Bahn hinab und weit in die zu Füßen des Hügels sich dehnenden Felder hinein. Dutzende von Toboggans befinden sich zu gleicher Zeit auf der Bahn; fröhliches Lachen, Singen, Jubeln schallt von den Insassen herüber und findet unter den angeregten Zuschauern lautes Echo. Prozessionsweise wandern die unermüdlichen Schlittenfahrer, die munteren Mädchen und die kräftigen jungen Männer mit ihrem Toboggan wieder die Anhöhe hinauf, setzen sich, oben angelangt, wieder sorgfältig hintereinander auf den Schlitten; ein Schrei, und wie eine Flintenkugel schießt das leichte Gefährt mit eigentümlichem Geräusch den Abhang hinab, so daß der Luftdruck den Insassen fast den Atem raubt. In wenigen Sekunden, schneller, als ihnen das Auge folgen kann, sind sie unten angekommen, um an den Zuschauern vorbei in die Ebene zu fahren und dort vielleicht kopfüber in den weichen Schnee geschleudert zu werden.

Während der englische Teil der Bevölkerung, der vornehmere und reichere, sich mit wahrer Leidenschaft den out of door-(Außerhaus-)Belustigungen im obern Stadtteile von Montreal hingiebt, feiern die Französisch-Kanabier in ihrer Weise den Karneval im untern, an den festgefrorenen St. Lorenz grenzenden Stadtteile. Französische Leichtlebigkeit und Vergnügungssucht sind auch in diesem verlorenen Stamme des Volkes noch lebhaft genug, und es geht hier deshalb auch noch toller und volkstümlicher zu als oben bei den englischen Landsleuten. Die Franzosen haben ihre eigenen Klubs und Vereine, ihre eigenen Karnevals-Festlichkeiten, Fackelzüge und Bälle. Im vergangenen Jahre bildete ein malerisches kanadisches Jäger- und Trapperlager mitten auf der Eisfläche des St.-Lorenz-Stromes den Mittelpunkt des französischen Karnevals.

6. Der Karneval von Montreal.

Die Voyageurs- und Chasseurs-Klubs hatten dort Zelte errichtet und das Lager in ganz derselben Weise ausgestattet, wie sich ein solches in den kanadischen Urwäldern darstellt. Phantastisch gekleidete Indianer in voller Jagdrüstung, Trapper, „Schneeschuher", Jäger in ihrem wollenen Kostüm, Indianerinnen, mit häuslichen Verrichtungen beschäftigt, dienten zur Staffage des fremdartigen Bildes. Ein sogenannter „Boulevard", mit Festons und Guirlanden, Triumphpforten u. s. w. geschmückt, führte vom Lande aus über die holperige Eisdecke des gewaltigen Stromes zu dem Lager, und tagsüber sausten Hunderte von Schlitten ab und zu.

Aber das schönste Bild des Karnevals von Montreal zeigt sich nach eingetretener Dunkelheit. Denn die gleichen Festlichkeiten und Vergnügungen werden dann nur noch um so lebhafter bei künstlicher Beleuchtung fortgesetzt. Elektrisches Licht, von der blendend weißen Schneehülle der Stadt lebhaft zurückgeworfen, erleuchtet das ganze Weichbild. In den Straßen allgemeine Illumination; auf den großen, offenen Eislaufplätzen, den Tobogganbahnen, dem französischen Boulevard u. s. w. brennen gewaltige, hoch auflodernde Freudenfeuer, in deren flackerndem Scheine sich die Tausende phantastischer Karnevalsgestalten nur noch phantastischer ausnehmen; die langen Toboggan-„Slides" sind mit dichten Reihen von chinesischen Laternen, Lampions und Fackeln zu beiden Seiten glänzend beleuchtet; auf dem Zug der zahllosen, die weiße Bahn herabsausenden Toboggans strahlt eine blendende Laterne, und die Rechte jedes Tobogganfahrers hält eine brennende Fackel, deren Funken bei der Thalfahrt in langen Reihen zurückbleiben und dem Ganzen ein zauberhaft anziehendes, wildromantisches Gepräge geben.

Ebenso ist es mit dem französischen Jägerlager und dem großen Boulevard, der des Abends noch belebter ist, als während des Tages. Hier trabt eine lange Prozession der weißgekleideten Schneeschuhläufer umher, jeder eine brennende Fackel in der Rechten; dort ein ebenso langer Zug von Schlitten, gleichfalls mit Lampions und Fackeln geschmückt. Gegenüber, nahe der St.-Helenen-Insel, mitten in dem gefrorenen Strome, wird ein glänzendes Feuerwerk abgebrannt. Die Eispaläste und Eisfiguren in der Stadt sind mit wechselndem bengalischem Lichte beleuchtet, und die in dem Innern erstrahlenden elektrischen Flammen lassen die Krystallbauten selbst in magischem Lichte leuchten, sobald die bengalischen Flammen erlöschen. Das Leben in den Straßen, auf den Vergnügungsplätzen wird immer ausgelassener; denn die bessere Gesellschaft hat sich zurückgezogen, um sich für die Masteraben und Kostümbälle auf den unter Dach gebrachten Eisplätzen vorzubereiten. Der glänzendste dieser Bälle ist gewöhnlich jener im Victoria-Rink, wo Tausende der elegantesten Paare in prächtigen, allen Zeitepochen und allen Nationen entnommenen Kostümen auf dem glatten Eise dahinfliegen, Quadrillen tanzen und demselben Prinzen Karneval huldigen, der auch in Rom, Venedig

I. Unter-Kanada und das Seen-Gebiet.

und Nizza alljährlich an denselben Tagen, vielleicht in derselben Stunde, gefeiert wird. Nur ist das Leben, das Vergnügen hier viel freier, gesunder, die Frauenwelt anmutiger, die Männerwelt kräftiger und die ganze Scene, der Eis- und Schneedecke, der winterlichen Zuthaten wegen, vielleicht auch anziehender, als in dem sonnigen Italien.

7. Der obere St. Lorenz.

Wer von Toronto oder Kingston oder einer andern Stadt des trügerischen, heimtückischen Ontario-Sees den St.-Lorenz-Strom abwärts nach Montreal oder Quebec fährt, der wird von dieser Fahrt nicht sonderlich entzückt sein. Die Wirklichkeit entspricht kaum den Erwartungen, die man bezüglich dieses gewaltigen Stromes hegt. Ist man einmal an den „Tausend Inseln", deren Besuch ich an anderer Stelle schildere, vorüber, so gleitet der Dampfer ruhig die klaren, blauen Fluten des meilenbreiten Stromes hinab, an immer neuen Städtchen und Dörfern vorbei, von denen man jedoch der großen Entfernung und der flachen Ufer wegen nicht viel mehr zu sehen bekommt, als die Hausdächer und die Kirchtürme. Die zwei bedeutendsten Städte auf der etwa 280 km langen Strecke zwischen Kingston und Montreal sind die beiden Schwesterstädte, Prescott auf dem kanadischen und Ogdensburg auf dem amerikanischen Ufer des Stromes. Dampffähren verkehren jede halbe Stunde zwischen den beiden Städten, sofern im Winter das Eis den Verkehr nicht vollständig unmöglich macht. Noch im letzten Winter mußte ich auf dem Wege von Ottawa nach New-York der zugefrorenen Häfen wegen einen Tag in Prescott, dem hübschen, geschäftigen Ogdensburg gegenüber, warten, bis das Eis durch eigens gebaute Eisbrecher zertrümmert und eine offene Wasserstraße von einem Ufer zum andern geschaffen worden war. Dieser unfreiwillige Aufenthalt bot mir wenigstens Gelegenheit, die Verschiedenheit zwischen der amerikanischen und der kanadischen Civilisation kennen zu lernen. Beide Städte, Kingston wie Ogdensburg, liegen unmittelbar an den sanft ansteigenden Stromufern, beide haben natürlicherweise dasselbe Klima, die gleichen sonstigen Verhältnisse, Dampferverkehr, Eisenbahnen ꝛc., und auch dieselben Hinterländer auf 100 km im Umkreis. Prescott ist ein elendes, verlassenes Nest ohne Handel und Wandel, seine zwei größten Gebäude sind das kanadische Zollamt und ein verkommenes Hotel, das letztere berüchtigt wegen der Beutelschneiderei, welcher es ahnungslose Reisende unterzieht[1]. Indessen werden wohl die wenigsten der geneigten

---

[1] Als ich dort, ohne einer Warnung Gehör geschenkt zu haben, in Gemeinschaft einiger Freunde ganz bescheiden zu mittag aß, überstieg die Rechnung die Preise, die in den teuersten Gasthöfen von New-York und Chicago gebräuchlich sind.

Fig. 16. Eine Kanalschleuße am obern St. Lorenz.

7. Der obere St. Lorenz.

Leser dieser Zeilen in die Lage kommen, die Gastfreundschaft des Prescotter Hotelwirtes in Anspruch zu nehmen; denn die Stadt mit ihren 4000 Einwohnern bietet dem Touristen nicht das mindeste, das ihn auch nur eine Stunde hier fesseln könnte. Wie anders ist Ogdensburg! Während die kanadische Zwillingsstadt bei 4000 Einwohnern stehen blieb, ist Ogdensburg fünfmal so groß. Seine breiten, verkehrsreichen Straßen sind mit prachtvollen Steingebäuden besetzt, deren untere Räume glänzende Kaufläden enthalten. Große, gute Hotels, schöne Theater, treffliche Erziehungsanstalten, schattige Squares, gute Gesellschaft. Das Yankeetum, kräftig, energisch, findig, wie es ist, hat Ogdensburg aus ähnlichen Anfängen wie Prescott zu einer so blühenden Stadt gemacht. Würden die beiden Städte ihre Einwohner vertauschen, ich wette, Prescott würde in zwei Jahren eine große, geschäftige Stadt, Ogdensburg aber ebenso schläfrig und traurig geworden sein, wie Prescott sich heute präsentiert.

Zwischen Prescott und der großen, unterhalb der Mündung des Ottawa in den St. Lorenz gelegenen Insel, auf welcher Montreal sich erhebt, wird der ruhige Stromlauf durch eine Reihe von Katarakten unterbrochen, welche wohl der Schiffahrt stromabwärts nicht besonders gefährlich sind, aber für die stromaufwärts fahrenden Schiffe die Anlage von 6 verschiedenen Schleußenkanälen notwendig machten, die zusammen an 80 km Länge besitzen und an Herstellungskosten ihre 4 Millionen Dollars verschlangen. Wir durchfahren auf dem Wege nach Montreal der Reihe nach die Galop, Rapide Plat, Farran Point, Long Sault, Coteau, Cedars und Cascade „Rapids", und erreichen etwa 16 km oberhalb Montreal die größten und gefährlichsten Stromschnellen, jene von Lachine, um welche ein $13^1/_2$ km langer Kanal gebaut wurde. Eine sonderbare Ironie will es haben, daß gerade der größte und mächtigste Strom Kanadas, welcher seiner Lage, Richtung und Fülle nach berufen war, zur bedeutendsten Verkehrsstraße des Landes zu werden, durch diese Stromschnellen bis auf die letzten Jahrzehnte für die größere Schiffahrt unzugänglich blieb.

Es hat den Anschein, als wollte sich die Natur mit allen ihr zu Gebote stehenden Mitteln gegen die Besiedelung des Landes und die Nutzbarmachung der Flußläufe sträuben; denn selbst die Anlage der vielen Kanäle machte den St. Lorenz der Schiffahrt nur zur Sommerszeit zugänglich. Gegen den Winter ist kein Kraut gewachsen. Von November bis April bleibt der Strom vollständig geschlossen und mit einer dicken Eisdecke überdeckt, die mit den scharfen, hoch emporragenden Kanten und Spitzen der zusammengedrängten und so gefrorenen Eisschollen auch der Schlittenfahrt Hindernisse entgegenstellt. Nur die Stromschnellen bleiben den Winter über offen. Am 5. Dezember des vergangenen Jahres hätte ich beinahe die ganz unfreiwillige Bekanntschaft der Coteau Rapids gemacht, wäre nicht im letzten Augenblick

I. Unter-Kanada und das Seen-Gebiet.

ein Retter in Gestalt von Dynamitpatronen erschienen. Der St. Lorenz wird auf seinem ganzen Laufe vom Ontario-See bis zur Mündung nur von einer einzigen Brücke, der berühmten Victoriabrücke bei Montreal, überspannt. An jenen Stellen, wo Eisenbahnen von den Vereinigten Staaten nach Kanada führen, werden Passagiere und Frachten durch Dampfer von Ufer zu Ufer befördert. Ich war bei der grimmigsten Kälte von St. Albans im Staate Vermont aufgebrochen, um mittelst der Kanada-Atlantic-Bahn nach Ottawa zu reisen. Das Thermometer stand bei meiner Abreise um 4 Uhr morgens auf negativ 21° Fahrenheit, also 53° Kälte. Obschon im Eisenbahnwaggon die Öfen an beiden Enden mit glühenden Kohlen vollgepfropft waren, fror es uns dennoch in der Mitte des Waggons. Um 9 Uhr morgens hatten wir den St. Lorenz erreicht und sollten von Clark's Island mittelst Dampfers nach Coteau Landing am andern Ufer übergesetzt werden. Es ist die Aufgabe des Dampfers, Tag und Nacht über unausgesetzt zwischen den beiden Ufern zu verkehren, um so den Strom, der hier ungeachtet der gerade unterhalb befindlichen Coteau Rapids häufig zufriert, eisfrei zu erhalten. Die Kälte war damals jedoch so ungewöhnlich stark, daß der Dampfer im Hafen während des Wartens auf unsern Zug und des Umladens der Frachten fest einfror. Dazu hatte sich ein mehrere Hektar großes herabtreibendes Eisfeld gerade vor die Hafeneinfahrt gelegt, und es war somit unmöglich, über den Strom zu fahren, oder auch nur den Dampfer flott zu machen. Es ging bis zum nächsten Morgen kein Zug zurück nach St. Albans, und die Überfahrt stand für heute ebenfalls außer Frage. Was thun? Weit und breit war auf der einsamen, vollständig verlassenen, unter metertiefem Schnee begrabenen Insel, auf welcher wir uns befanden, kein Haus, erst 5 km weiter unterhalb, nahe dem Katarakt, stand an der Landungsstelle einer kleinen Dampffähre ein armseliges Wirtshaus. Dieses zu erreichen und vielleicht die dortige Dampffähre zur Überfahrt zu benützen, schien uns ratsamer, als das Freiwerden des eingefrorenen und mit jeder Minute fester einfrierenden Dampfers abzuwarten. Aber wie durch den, wie gesagt, metertiefen Schnee dahin gelangen? Wir waren unser sieben Passagiere, darunter zwei lebenslustige junge Kanabierinnen. Unter den Geräten, die in einem offenen Schuppen auf der Station herumstanden, fanden wir einen roh gezimmerten Frachtschlitten, der zuweilen von den Eisenbahnarbeitern zum Transport von Brennmaterial oder Holzschwellen verwendet wurde. Bald war das nötigste Handgepäck aufgeladen, den beiden jungen Mädchen ein weiches, warmes Lager dazwischen bereitet, und fort trabten wir fünf Männer, mit Seilen, über die Schulter oder um den Leib gebunden, den Schlitten ziehend. Anfänglich ging es recht munter vorwärts, aber das Waten durch den losen, dünensandartigen Schnee war äußerst ermüdend, und erst nach fast zweistündiger Fahrt gelangten wir nach dem

7. Der obere St. Lorenz.

Fig. 17. Die Long-Sault-Stromschnellen.

I. Unter-Kanada und das Seen-Gebiet.

einsamen Wirtshause an der Fähre. Der Strom war hier dank der reißenden Strömung in unmittelbarer Nähe der Coteau Rapids offen geblieben, und die kleine Dampffähre konnte somit wohl herüber und hinüber. Aber sie war erst um 5 Uhr abends zu erwarten. Da war eben nichts weiter zu thun, als sich in das Unvermeidliche zu fügen, und die den Amerikanern wie den Kanadiern eigentümliche gleichmütige Ruhe bewährte sich auch hier wieder. Während Franzosen oder Italiener gewettert und geflucht hätten, standen meine Reisegefährten einfach, die Hände in den Hosentaschen vergrabend, an den Fenstern und starrten, ein Liedchen pfeifend, auf die rasch und ruhig dahingleitenden Fluten, oder machten sich's in der einzigen Stube des Wirtshauses so bequem, wie unter den Umständen nur möglich. Also ganze 6 Stunden unfreiwilligen Aufenthaltes; aber auch sie vergingen, und mit ihnen kam auch die Dampffähre von dem kleinen französischen Dorfe Coteau Landing herübergepustet — große, den Strom herunterschwimmende Eisschollen vor sich herschiebend. Nach weiterem, halbstündigem Aufenthalte bei Clark's Landing wurde endlich abgedampft. Gegen Abend war jedoch der Eisgang auf dem Strome viel stärker geworden: gewaltige Eisflöße und große, durch das Aneinanderreiben zu runden Scheiben mit erhabenen Rändern geformte Schollen trieben massenhaft, von der raschen Strömung abwärts getragen, den Stromschnellen zu. Von unserer Kabine aus hörten wir deutlich das dumpfe Schaben und Kratzen des sich durch das Eis arbeitenden Bugs, und häufig wurde der ganze Schiffskörper durch das Aufprallen der Eisfelder auf das heftigste erschüttert. Die Dunkelheit war eingetreten, in der Ferne, am jenseitigen Ufer, konnten wir das Licht des Coteau-Leuchtturms erblicken, während zwischen uns und dem Lande die eisbedeckte Stromfläche wie ein Band dahinglitt. Plötzlich hörten wir die Schiffsleute rasch auf dem Verdeck hin und her eilen, die Maschine pustete heftiger, der Dampfer schien rascher zu fahren. Ein Stoß, stärker als alle vorhergehenden, machte das Schiff erzittern, und durch die Luken blickend sahen wir ein ungeheures Eisfeld, dicht an dem Dampfer lehnend, diesen mit sich stromabwärts führen. An ein Umfahren des Eisfeldes war nicht zu denken; denn dicht daran befand sich ein zweites von nahezu gleicher Größe, und ehe wir, stromabwärts vorauseilend, das Ende dieser gewaltigen Massen erreicht hätten, wären wir in die nahen Stromschnellen selbst gekommen. In der gefährlichen Lage, in der wir uns befanden, gab es nur ein Mittel: Dynamit. Während wir uns schon verloren glaubten, waren ein paar Schiffsleute auf das Eisfeld gesprungen, in wenigen Minuten waren in einer Reihe Löcher in das Eis gehauen und mit kleinen Dynamitpatronen versehen worden. Kaum war die Mannschaft wieder an Bord, so erfolgte auch schon die Explosion, und das große Eisfeld war geborsten. Nun wurde der Dampfer gewendet, und die schmale offene Kluft benützend, fuhren wir in gerader Linie stromaufwärts

7. Der obere St. Lorenz.

in offenes Fahrwasser. Aber es war die höchste Zeit gewesen; denn die Lichter von Coteau Landing lagen nun weit weg stromaufwärts und zeigten uns, wie nahe wir den Stromschnellen gekommen sein mußten, wie knapp also die Rettung war. — Eine Stunde später war Coteau erreicht, und ein mit flinken Pferden bespannter offener Schlitten brachte uns nach der 3 km entfernten Eisenbahnstation, außerhalb des Bereichs des St. Lorenz. Während der Oberlauf des großen Stromes zahlreiche Katarakte aufzuweisen hat, wird die Schiffahrt auf dem Mittellauf zwischen Montreal und Quebec wieder durch ebenso zahlreiche Untiefen gefährdet, deren bedeutendste sich in dem 32 km langen und etwa 15 km breiten St.-Peters-See befindet, welchen der St. Lorenz auf der Hälfte der Strecke zwischen Montreal und Quebec durchfließt. Die Durchschnittstiefe dieses Sees beträgt nur $3^1/_3$ m, und erst seit etwa zehn Jahren gelang es, nach unzähligen fruchtlosen und kostspieligen Versuchen durch Ausbaggern und Sprengen einen Schiffahrtskanal von 6 m Tiefe durch den See herzustellen, der in den letzten zwei Jahren sogar bis auf $7^1/_2$ m Tiefe gebracht wurde. Die Gesamtmenge der ausgebaggerten Stein- und Sandmassen betrug über 16 Millionen cbm. und die Kosten beliefen sich auf $3^1/_2$ Millionen Dollars! Die Opfer waren allerdings sehr bedeutend, aber Montreal ist dadurch, 800 km vom Ocean entfernt, wenigstens in einen den größten Schiffen zugänglichen Seehafen verwandelt worden.

Wenn die Fahrt auf dem St. Lorenz auch in mancher Hinsicht interessant ist, so bleibt das Interessanteste derselben doch der Einblick in die geologischen Verhältnisse des Strombettes und damit auch des ganzen Landes. Wir sehen deutlich an den Schutt-Terrassen im Thale des St. Lorenz, wie an den gerundeten, glatten Bergen der Laurentiden, daß die ganze nördliche Hälfte des Kontinents dereinst mit ungeheuren Gletschern bedeckt war. Die Narben der Gletscherreise nach Süden, die tiefen Risse und Thäler durch die Felsen zeugen uns von den ganz unfaßbaren Gewalten, welche der Oberfläche des Kontinents hier ihre heutige Form gegeben haben. Geologen schätzen die Dicke der Eisschichte im östlichen Teile auf 3300 m, gegen Westen allmählich abnehmend. Mit der Senkung der Laurentiden und des ganzen nördlichen Teiles des Kontinents hörte die Gletscherbildung auf, die Gletscher schrumpften immer mehr zusammen, und ihr Schmelzwasser bildete die großen Seen und Flußläufe in ihrer heutigen Form. Derselbe Vorgang wiederholt sich heute noch in einem andern großen Lande, in Grönland, welches den Rest der riesenhaften Gletscherdecke von Nordamerika zu tragen scheint. Ob auch Grönland seine Eisdecke verlieren wird? ob die Natur wohl auch dieses Gebiet aus der krystallenen Hülle schälen und im Laufe unabsehbarer Zeiten der menschlichen Kultur zugänglich machen wird?

I. Unter-Kanada und das Seen-Gebiet.

8. Neu-Braunschweig und die Bai von Fundy.

Die Besitzergreifung und Besiedelung Kanadas ging fast in ganz derselben Weise vor sich, wie jene der Vereinigten Staaten. Wie in den letzteren die Prairie-Staaten die jüngsten sind, so auch in Kanada, und wie in der Union die Neu-England-Staaten die ältesten, kultiviertesten und am stärksten besiedelten sind, so schließt auch in Kanada die nördliche Fortsetzung dieser Neu-England-Staaten die ältesten und am dichtesten besiedelten Gebiete in sich. Sie umfassen die drei Provinzen Neu-Braunschweig, Neu-Schottland und Prinz-Eduards-Insel. Obschon diese drei Provinzen zusammengenommen nur ein Siebzigstel des Flächenraumes von Kanada einnehmen, beträgt ihre Bevölkerung doch über ein Fünftel der ganzen Kolonie. Und dennoch ist diese Bevölkerung nur auf einen kleinen Teil der drei Provinzen beschränkt, während der weitaus größte Teil derselben, besonders in Neu-Braunschweig, von ausgedehnten, undurchdringlichen Urwäldern eingenommen wird, die sich jeder Ansiedelung entgegenstellen. Dieses Verhältnis zwischen der Größe des Landes und der geringen, auf ganz kleine Gebiete beschränkten Bevölkerung läßt uns am deutlichsten erkennen, wie wenig die weite Kolonie, ungeachtet der Entwicklung der Kanabier zu einer selbständigen Nation und politischer Größe, auch heute noch besiedelt ist, und welche Macht und Ausdehnung sie einstens wohl erreichen mag. In Kanada ist gewiß Raum genug vorhanden, um eine Bevölkerung von 100 Millionen zu fassen und zu ernähren, und heute zählen wir hier erst $4^{1}/_{2}$ Millionen! Allerdings geht es, wie schon angedeutet, in Kanada unendlich langsamer vorwärts, als in den Vereinigten Staaten, welche ihr nördliches Nachbarland in dem Wettlaufe ebensoweit überflügelt haben, wie der Hase die Schildkröte; aber die Bevölkerung wird und muß kommen. In 100 Jahren vielleicht wird irgend ein Kanada-Reisender in diesem Buche mit derselben Verwunderung umherblättern, mit welcher ich heute die Chroniken und Schilderungen der Engländer und Franzosen des vorigen Jahrhunderts lese, von der ersten Entdeckung Kanadas durch Leef Erikson im Jahre 1000, von den Fahrten Sebastian Cabots 1497 und Jaspard Cortereals 1499 nach Labrador gar nicht zu reden. Samuel de Champlain und der Sieur de Monts waren 1605 die ersten Eroberer und Ansiedler von Neu-Frankreich, und bei Port Royal in La Cadie (Akadien), dem heutigen Annapolis, wurde das erste Weizenkorn gesäet. Die kleine Franzosenkolonie wuchs und blühte während mehrerer Jahre, bis die Engländer den Franzosen ihren Besitz streitig machten. Um Port Royal drehte sich der Kampf während eines Jahrhunderts. Fünfmal wurde Port Royal von den Engländern erstürmt, viermal wieder den Franzosen abgetreten; dreimal wurden die Angriffe der Engländer von den Franzosen zurückgeschlagen, zweimal wurde Port Royal von den vereinigten

8. Neu-Braunschweig und die Bai von Fundy.

Franzosen und Indianern gestürmt, einmal von Piraten erobert und gebrandschatzt, einmal auch von den amerikanischen Revolutionären genommen. Im Frieden von Utrecht (1713) wurde ganz Akadien an England abgetreten, und in dessen Besitz ist es auch geblieben, ungeachtet vieler Kämpfe und Kriege. 1749 sah die Gründung von Halifax, der Hauptstadt von Neu-Schottland, und 1754 hörte Akadien auf, als solches zu bestehen. Die Revolution der französischen Ansiedler, der Akadier, hatte ihre Vertreibung aus der Kolonie zur Folge, und aus ihr schälten sich allmählich die gut englischen Provinzen Neu-Braunschweig, Neu-Schottland und Prinz-Eduards-Insel heraus.

Aber auch heute sind, wie gesagt, die drei bevölkertsten Provinzen Kanadas nur schwach besiedelt und verlassen, und in den nördlichen Teilen werden sie es wohl noch ein halbes Jahrhundert lang, wenn nicht länger, bleiben; das konnte ich deutlich auf der Fahrt von Quebec aus durch die Halbinsel Gaspé und Neu-Braunschweig wahrnehmen. Quebec ist mit der Hauptstadt des letztern, St. John, und mit Halifax durch die Interkoloniale Eisenbahn verbunden; die kompakten Gebirgsmassen und dichten Urwälder des mittlern Neu-Braunschweig vermeidend, führt diese anfänglich längs der Südufer des St.-Lorenz-Stromes, später längs der Küsten des St.-Lorenz-Golfes nach der schmalen Landenge, welche die große, fast vollständig vom Meere umgebene Halbinsel Neu-Schottland mit dem nordamerikanischen Festlande verbindet. Dort, bei der Stadt Monkton, zweigt sich eine Bahn nach St. John ab, während die Hauptlinie quer durch Neu-Schottland nach Halifax weiterführt. Die Bahn geht auf diesem weiten Umwege durch so unwirtliche Gegenden und ist im Winter so sehr Schneeverwehungen und eisigen Stürmen ausgesetzt, daß sie häufig tagelang gar nicht befahrbar und die Verbindung mit Neu-Schottland unterbrochen wird, da der Hafen von Halifax nicht selten vollständig zugefroren ist. Es wurde deshalb in der jüngsten Zeit wieder ernstlich der Plan aufgenommen, eine Eisenbahn von St. John aus quer durch das Urwaldgebiet von Neu-Braunschweig nach Quebec zu bauen, soweit eine direkte Linie überhaupt auf kanadischem Boden möglich ist. Die Grenze der Vereinigten Staaten schneidet nämlich tief in das kanadische Gebiet ein, und der Staat Maine ist auf drei Seiten von kanadischen Ländern eingeschlossen. Die neue Bahn läuft längs des größten Flusses von Neu-Braunschweig, des St. John, aufwärts bis an die Grenze zwischen Neu-Braunschweig und Quebec und ist bis dorthin in der That schon hergestellt. Es bleibt nur noch der Teil zwischen dem Oberlaufe des St. John und dem St. Lorenz zu vollenden.

Mit dieser Bahn wird ein großer Schritt zur Aufschließung des öden Urwaldlandes gethan sein, das, nur von wasserreichen Flußläufen und zahllosen Seen unterbrochen, vier Fünftel von Neu-Braunschweig einnimmt. Die einzigen Bewohner sind die letzten Abkömmlinge der einstens zahlreichen und

I. Unter-Kanada und das Seen-Gebiet.

mächtigen Micmac-Indianer, sowie schottische oder französische Trapper und Fischer. Die zahlreichen von Wasserfällen und Stromschnellen unterbrochenen Flüsse Neu-Braunschweigs, wie der Restigouche, der Miramichi, Kennebekasis und andere, sind weltberühmt wegen ihres unglaublichen Reichtums an Fischen, vor allem an Lachsen und Lachsforellen; der Wert der Fischereien, in welche allerdings die Seefischerei mit eingeschlossen ist, belief sich 1885 auf 4 Millionen Dollars. Neu-Schottland allein übertrifft die benachbarte Provinz, und zwar betrug hier im Jahre 1885 der Wert des Fischhandels über 8 Millionen Dollars. Der größte Teil hiervon entfällt jedoch auf Seefische.

Wie Neu-Schottland neben den schottischen Disteln einen Fisch in seinem Wappen führt, so zeigt jenes von Neu-Braunschweig neben dem schottischen Löwen ein Schiff. Und mit Recht; denn dank den ausgedehnten Wäldern voll hochstämmigen Bauholzes und dem ergiebigen Fischfange bildet der Schiffbau Neu-Braunschweigs wichtigste Industrie. Auf der langweiligen, langwierigen Eisenbahnfahrt von Quebec nach dem am äußersten Ende der tief ins Land schneidenden Fundy-Bai gelegenen Monkton dreht sich alles Leben und Streben um diese beiden Dinge: Schiffe und Fische. Zwölf Stunden nach unserer Abfahrt von Quebec fuhren wir spät abends über das breite Ästuarium des Restigouche-Flusses, der mit zahllosen Fischerbooten bedeckt war, und eine Stunde später dampften wir an den Gestaden der Chaleurs-Bai entlang, welche ihres großen Fischreichtums wegen in der letzten Zeit den Zankapfel zwischen England und Frankreich bildete. Die Ufer sind felsig und öde, ohne irgend welchen Baumwuchs und ohne Ansiedelung; aber kaum hatten wir die Chaleurs-Bai verlassen, als sich auch schon an den zahlreichen Flüssen, über welche wir setzten, überall die großen Industrien des Landes bemerkbar machten: bei Bathurst, Newcastle und anderen Ansiedelungen nichts als Schiffbauwerften und große Sägemühlen; in den Häfen zahlreiche Schiffe, in den Städtchen geschäftiges Leben.

Dasselbe geschäftige Leben fanden wir auch in Monkton; nur sind es hier weniger die Schiffe als die Eisenbahnen, welchen die Stadt ihre Blüte verdankt. Monkton ließ trotz seiner 6000 Einwohner einen ganz kläglichen Eindruck in mir zurück. Wir kamen um 1 Uhr morgens hier an und stiegen in dem besten, aber trotzdem elenden Gasthof ab. Die Straßen waren mit fußtiefem Staub bedeckt, der sich dank einem heftigen Regengusse über Nacht in ebenso tiefen Kot verwandelt hatte. Und wie in den Straßen, so zeigte sich Kot und Schlamm auch in dem Hafen der Stadt auf Kilometer hinaus. Die Schiffe lagen wie tote Fische auf dem Trockenen, nach der einen oder andern Seite gelehnt, und der hier in die Bai mündende Petitcodiac wälzt seine schmutzigen Fluten durch ein enges, in den Hafenschlamm gerissenes Rinnsal. Das Rätsel dieses trockenen Hafens war bald gelöst: die Bai von Fundy, an deren nördlichstem Ausläufer Monkton liegt, ist berühmt wegen ihres heftigen Flutwechsels, und der Hafen Monktons fällt zweimal täglich der Ebbe zum Opfer, um ebenso oft wieder von tiefem Meerwasser gefüllt zu werden. Das Schauspiel der zurückkehrenden Flut ist über alle Beschreibung großartig; die mit großer Macht und Schnelligkeit emporeilenden, schaumumränderten Meeresfluten erinnerten mich lebhaft an ein ähnlich heftiges, nur viel berühmteres Naturwunder: das Eindringen des Meeres

Fig. 18. Getreidespeicher am St.-John-Fluß.

in das Seine-Ästuarium zur Zeit des größten Frühjahrs-Flutwechsels. Wir standen auf der Werfte der St.-John-Dampfer, und 10 m unter uns wälzten sich die Schmutzfluten des Petitcodiac dem Meere zu. Plötzlich hörten wir aus der Ferne dumpfen Donner, ähnlich dem Geräusch eines schnell fahrenden Eisenbahnzuges, und nach wenigen Minuten gewahrten wir auch weit stromabwärts einen weißen, hohen Damm, der quer über das Flußbett gelegt war. Mit der Schnelligkeit eines Eisenbahnzuges schien er sich unserem

I. Unter=Kanada und das Seen=Gebiet.

Standpunkt zu nähern, und bald konnten wir unterscheiden, daß eine etwa 1 m hohe schäumende Wassermauer ihre Fluten, von unsichtbaren Gewalten getrieben, schußweise bald an dieser, bald an einer andern Stelle aufwärts schob, während hinter dieser Avantgarde die Wassermauer etwa 2 m Höhe zeigte. Im Handumdrehen hatten die Fluten unsern Standpunkt erreicht, und dasselbe Flüßchen, das noch vor wenigen Minuten langsam und trübe dem Meere zugeflossen, war jetzt zu einem das ganze meilenweite Strombett bedeckenden, schäumenden, donnernden Strome geworden, der in der entgegen=
gesetzten Richtung floß, mit seinen Wellen die trocken daliegenden Schiffe vom Boden so heftig auf seine Schultern hob, daß sie auf und nieder tanzten und nach den Seiten schwankten wie Nußschalen. Binnen einer halben Stunde war das ganze Hafenbett mit etwa 10 m Wasser gefüllt, und die Wellen sandten ihre Schaumspitzen bis zu unserem Standpunkt empor.

Dieses ergreifende Schauspiel, das uns veranlaßt hatte, einen Tag über in Monkton zu bleiben, wird zur Zeit der großen Frühlingsfluten, der „Springtides", noch viel ergreifender; denn die Wassermauer erreicht dann eine Höhe von $2^{1}/_{2}$ m und eilt mit einer Schnelligkeit von 25 km strom=
aufwärts. Alles, was sich ihr in den Weg stellt, wird über den Haufen geworfen oder ans Land geschleudert, Boote, Barken und große Schiffe nicht ausgenommen. Sogar Fische werden aus den Fluten gehoben und leblos an die Ufer geschnellt. Rindvieh und Schweine kennen genau das ferne Donnern der sich nähernden Flutwellen und eilen so rasch als möglich landeinwärts, um sicherem Ertrinken zu entgehen. Die größte bisher in Monkton beob=
achtete Fluthöhe erreichte $13^{1}/_{2}$ m, während die größten nordatlantischen Fluten bisher die folgenden waren: St. Germain (Frankreich) 12,6 m, Bristol (England) 13,2 m.

Das gewaltige Ebbe= und Flutspiel in der Fundy=Bai hat das hier sehr flache Küstenland dem Meere unterthan gemacht, und auf Meilen landein=
wärts sieht man zur Zeit der Ebbe nichts als eine Schlammwüste, durch welche sich die aus den Bergen kommenden Flüsse tiefe, enge Schluchten gerissen haben. Der Alluvialboden dieser Küsten ist naturgemäß ungemein fruchtbar und die Bewohner Neu=Braunschweigs wie des gegenüberliegenden Neu=Schottland haben Hunderttausende von Acres eingedämmt und der Weidekultur unterworfen. Der Preis mancher „Dykelands" erreicht an 200 Dollars für den Acre. Der Boden ist dort auf Jahre hinaus un=
erschöpflich, und lassen die Heu=Ernten endlich nach, so braucht man die Dämme nur zu durchstechen, um mit dem nächsten Flutspiele neuen Dünger zugeführt zu erhalten.

Von Monkton aus erreichten wir, auf der Eisenbahn längs des fisch=
reichen Kennebekasis=Flusses, binnen wenigen Stunden St. John, die Haupt=
stadt Neu=Braunschweigs.

Zu S. 51.

v. Heise-Wartegg, Kanada.

Fig. 19. Salmfischerei im Hafen von St. John (Ebbzeit).

8. Neu-Braunschweig und die Bai von Fundy.

St. John, das mit dem gegenüberliegenden Portland etwa 50 000 Einwohner zählt, liegt recht malerisch auf einer steilen, felsigen Halbinsel im Äftuarium des gleichnamigen Stromes; aber eine schöne Stadt ist es deshalb doch nicht zu nennen. Alles scheint dunkel und düster, ganz seiner dichten, häufigen Nebelatmosphäre entsprechend. Die Häuser sind aus dunklen Quadern oder Rohziegeln, viele auch aus Holz erbaut; die letzteren zeigen einen dunkelbraunen, düstern Anstrich. Wohl kann St. John auf den schattigen King-Square und die von dort nach dem Hafen hinabführende King-Street mit Recht stolz sein; aber auf diesen Platz und diese Straße beschränkt sich auch die ganze Schönheit der Stadt. Wie in Monkton, so ist auch hier der Flutwechsel so gewaltig, daß die zahlreichen Schiffe in dem großen, weiten Hafen zweimal täglich auf dem Schlammboden liegen und die Werften hoch über sie emporragen. Zwei verheerende Feuer (1837 und 1877) haben allerdings unter den schmutzigen Stadtteilen gehörig aufgeräumt und neue, schönere mit breiteren Straßen entstehen lassen; aber dennoch wird schwerlich jemand St. John auch nur eines vorübergehenden Aufenthalts würdigen, er sei denn durch Geschäfte genötigt. Die einzige Sehenswürdigkeit der Stadt ist die Mündung des großen St.-John-Flusses. An 800 km lang, an manchen Stellen mehrere Kilometer breit und äußerst wasserreich, wird dieser merkwürdigerweise bei seiner Mündung durch zwei hohe, steile Felsmauern derart eingeengt, daß er sich durch einen kaum zwei Steinwürfe breiten Kanal hindurchzwängen muß. Hinter dem Felsenthore liegt der Hafen und eine seegleiche Bucht, davor jedoch die weite Bai von Fundy. Eine kühne Kettenbrücke überspannt die Flußmündung, und unter ihr fahren die größten Segelschiffe und Dampfer nach dem Hafen durch. Dasselbe Schauspiel der Meeresfluten, das ich schon in Monkton gesehen hatte, wiederholt sich auch hier; nur sind hier die Fluten noch viel wilder und aufgeregter. Es gewährt einen eigentümlichen Anblick, die an und für sich schon 30—40 m hohen Getreidespeicher zur Ebbezeit noch um 10 m höher über das Schlammbett des Flusses emporragen, oder die für die Flutzeit aufgespannten Fischnetze auf hohen Stangen in freier Luft hängen zu sehen.

Man rühmt die Fahrt flußaufwärts zu den mächtigen Schluchten und Wasserfällen des St. John; ich hatte mich indessen in diesem wasserfallreichen Lande schon derart an die großartigsten Naturschauspiele gewöhnt, daß ich mich zu der Fahrt nicht verleiten ließ. Aber noch ein anderer Grund hielt mich davon ab: die Furcht vor den Mosquitos, der schrecklichen Landplage von Neu-Braunschweig, die zugleich eines der hauptsächlichsten Hindernisse seiner Besiedelung bildet. Sie sind die eigentlichen Herren von Neu-Braunschweig, gerade so unbezwingbar und unerreichbar, wie ihre Mitregenten, die Stechfliegen oder „Hessian Flies". Wehe den Jägern und Fischern, den Holzfällern und Flößern, welche sich im Sommer in die Wälder wagen!

I. Unter-Kanaba und das Seen-Gebiet.

Tagewerk und Nachtruhe werden ihnen dergestalt verleidet, ihre Nerven durch die fürchterlichen Peiniger in einer Weise zerstört, daß sie trachten, sobald als möglich wieder an die Seeküste zu gelangen. Im Frühjahr und Herbst wird dafür Vergeltung geübt: kolossale Holzmassen schwimmen dann den St.-John-Fluß hinab nach der gleichnamigen Hafenstadt, um entweder dort schon zum Schiffbau benutzt oder nach aller Welt verschifft zu werden. Erst im vergangenen Jahre wurde ein ungeheures Floß von Bauholz aus St. John zur See nach New-York geflößt; die Länge dieser „Ocean Timber Raft" betrug dem „New-York Herald" vom 12. Juli 1886 zufolge 126 m, die Weite 15 m und die Tiefe 10,8 m, also die Dimensionen des größten Oceandampfers; das Gewicht des Holzes wurde auf 7000 t geschätzt.

9. Durch Akadien nach Halifax.

Ein schmaler, durch tief einschneidende Meeresarme vielfach zerrissener Isthmus ist sozusagen die Brücke zwischen dem Festlande und dem einer Insel gleich losgetrennten Neu-Schottland, dem einstigen Akadien. Eine Eisenbahn führt über die Landenge quer durch die Provinz nach der an der Ostküste gelegenen Hauptstadt Halifax, und auf dem Wege dahin durchfahren wir die lieblichen, ungemein malerischen Landschaften, welche zu Beginn des 17. Jahrhunderts den Kern von Neu-Frankreich bildeten, aber während des ganzen der Besiedelung folgenden Jahrhunderts der Schauplatz heftiger Fehden und Kämpfe zwischen den Engländern und den Franzosen waren. Die Küstenländer der Bai von Fundy und ihres nördlichsten Armes, der malerischen, von heftigen Fluten zerwühlten Bucht von Minas, bildeten das einstige Akadien, das Longfellow in seiner „Evangeline" so herrlich besungen hat. Bis herab nach Annapolis, dem einstigen vielbelagerten und vielmal zerstörten Port Royal, erstreckten sich die Ansiedelungen der Franzosen; aber diese sind verschwunden, unterdrückt, in allen Teilen des Kontinents von Nordamerika zerstreut, ihre einstigen Städte, Dörfer und Farmen sind zerstört, und heute ist kaum mehr eine Spur von Akadien vorhanden. Englisches Leben sproßt und blüht auf den Prairien Neu-Frankreichs. Der englische Leopard hat die bourbonische Lilie verschlungen. Nur einzelne französische Namen haben sich hie und da erhalten.

Es spricht sehr für die Güte und den Reichtum des Landes, daß zwei Reiche wie England und Frankreich um den Besitz Neu-Schottlands einen fast hundertjährigen Krieg führen konnten, und in der That gehört das einstige Akadien zu den gesegnetsten Gebieten Kanadas. Ackerbau, Viehzucht, Bergbau und Fischerei erfreuen sich hier gleicher Berühmtheit und Pflege. Die Berglandschaften im Innern der Halbinsel zeigen ausgedehnte Wälder; dazwischen

9. Durch Akadien nach Halifax.

schlummern viele Hunderte von kleinen Seen, die ihre fischreichen Abflüsse dem Meere zusenden. Die sanften Abhänge eignen sich vorzüglich für Getreide- und Obstbau, und die Küstenstriche längs der vielen tief einschneidenden Meeresbuchten sind ein Paradies der Viehzüchter. Wir berühren auf der Fahrt nach Halifax einige Meilen vor der Hafenstadt Truro die berühmten Kohlendistrikte mit ergiebigen Minen, von denen die wichtigsten den Namen Acadia-Minen führen. Längs der vielfach zergliederten Küsten giebt es zahlreiche gute, durch viele vorgelagerte Inseln gegen das Anstürmen des Meeres geschützte Häfen. Die Argyll-Bai im südlichsten Teile der Halbinsel besitzt deren allein gerade so viele, als es Tage im Jahre giebt.

Kein Wunder, daß Neu-Schottland schon zu einer Zeit, als man von der großen Ausdehnung des nordamerikanischen Kontinents noch gar nichts wußte, so viele Einwanderer anzog. Überdies ist die Halbinsel der Europa am nächsten liegende Teil des Festlandes von Nordamerika und wurde so zum ersten Zankapfel zwischen den beiden großen Kolonialmächten des Kontinents. Akadien und die heroischen Kämpfe seiner Einwohner gegen die Engländer sind heute vergessen. Die Akadier und die mit ihnen einst verbündeten Indianer sind unterdrückt und zu loyalen Unterthanen Ihrer Großbritannischen Majestät geworden, und nur der Besucher Neu-Schottlands muß unwillkürlich an die ersten Ansiedler des schönen Landes zurückdenken. Viele Tausende von Franzosen, zumeist aus der Umgebung von La Rochelle stammend, hatten sich hier angesiedelt und hingen treu und standhaft an dem angestammten König und dem fernen Vaterland, selbst als ihre neue Heimat an die Engländer abgetreten wurde. Wie später Polen, so weigerte sich Akadien, die Herrschaft der neuen Besitzer anzuerkennen. In hundert Kämpfen und Aufständen zeigten dessen Bewohner ihr Streben nach Unabhängigkeit, und alle Versuche, sie zur Unterwerfung zu zwingen, scheiterten an ihrer Standhaftigkeit. Und als alle Hoffnung, ihre neue akadische Heimat Frankreich zu erhalten, geschwunden war, verbrannten sie (1755) ihre Städte und Dörfer, zerstörten die Kulturen und wanderten nach Louisiana, nach Georgien und anderen Teilen des Festlandes, lieber, als daß sie englische Unterthanen wurden. 5000 Akadier verließen ihre Heimat freiwillig, 2000 wurden von den Engländern zwangsweise des Landes verwiesen und in verschiedene Teile Neu-Englands verteilt; eine geringe Anzahl blieb in Neu-Schottland zurück. Jetzt sind ihre Nachkommen wieder auf 40 000 Seelen angewachsen und haben, wie bemerkt, längst jeglichen Widerstand aufgegeben. Neben ihnen wohnen friedlich die Nachkommen der tapferen, wilden Rothäute als Farmer und Viehzüchter. Auch die Deutschen haben südlich von Halifax eine Anzahl ganz bedeutender Ansiedelungen, deren größte Lüneburg in der gleichnamigen Grafschaft ist. Sie sind gute Farmer, kräftige, ausdauernde Holzschläger und tüchtige Schiffbauer geworden und mit ihrem Lose vollkommen

I. Unter-Kanada und das Seen-Gebiet.

zufrieden. All diese verschiedensprachigen Einwohner Neu-Schottlands leben friedlich neben- und untereinander, wie man sich leicht bei einem Besuche des Marktes von Halifax überzeugen kann.

Überhaupt ist Halifax mit seinen 40 000 Einwohnern eine Stadt des Friedens, ungeachtet der vielen Bilder des Krieges, die sich hier allerorts vordrängen: auf den die Bai und den malerischen Hafen umgebenden Höhen stattliche Forts mit dräuenden, kanonengespickten Bastionen; auf der großen, grünen Georgsinsel in der Mitte der Bucht Festungswerke, Kasematten, Schießscharten, in der Stadt selbst Kasernen mit Artillerie und Infanterie, in den Straßen englische Rotröcke und Matrosen; in den öffentlichen Gärten spielen Militärkapellen, und draußen in der Bucht liegen schläfrig große, eisengepanzerte englische Kriegsschiffe. Der Besucher von Halifax wird durch dieses kriegerische Ansehen der Stadt seltsam berührt; denn man kann durch den ganzen Kontinent von Nordamerika, von Neu-Orleans bis Alaska, von Galveston bis Quebec reisen, ohne auf Militär zu stoßen. Erst in Westindien, in der Hauptstadt der spanischen Insel Kuba, wird man ähnlichen Bildern begegnen wie hier, in der Hauptstadt Neu-Schottlands. Halifax ist nämlich auch nach der Zurückziehung der englischen Truppen aus Kanada das Hauptquartier der englischen Land- und Seemacht in der Neuen Welt geblieben — wohl weniger zur Verteidigung gegen etwaige Angriffe, als zum sichtbaren Zeichen der englischen Oberherrschaft. Es ist die einzige Stadt Kanadas mit englischer Garnison; es stationieren hier stets zwei Infanterie-Regimenter, ein Ingenieur-Korps und einige Batterieen Artillerie. Die Stadt bildet gleichzeitig die Sommerstation der beiden englischen Geschwader von Nordamerika und Westindien, und die Anwesenheit so vieler Truppen und Schiffe verleiht ihr ungewöhnliches Leben.

Dazu ist Halifax einer der bedeutendsten Seehäfen Amerikas, und insofern der wichtigste und bedeutendste Hafen Kanadas, als es, im Gegensatze zu Quebec und Montreal, auch während der kalten Wintermonate offen bleibt. Die überseeischen Dampfer der Allan Line und der anderen kanadischen Dampferlinien laufen im Winter in Halifax an; die großen Fischerflotten von Neu-Schottland, welche alljährlich die Küsten Neufundlands und Labradors besuchen, machen Halifax zu ihrer Hauptstation, und endlich ist es der Haupt-Einfuhr- und Ausfuhr-Hafen des östlichen Kanada; all das vereinigt sich, um Halifax viel Leben und großen Reichtum zuzuführen.

Nördlich von Neu-Schottland, nur durch eine ganz enge, eher einem Flusse gleichende Meeresstraße getrennt, liegt die große Insel Kap Breton, früher eine selbständige Provinz, jetzt aber mit Neu-Schottland vereinigt. In Bezug auf Form und Küstengliederung gehört Kap Breton wohl zu den merkwürdigsten Inseln des ganzen Erdballs. Von Norden her bringt ein Meeresarm bis nahezu an die Südküste der Insel vor, das Land mit zahl-

Fig. 20. Winter in der Northumberland-Straße.

9. Durch Akadien nach Halifax.

reichen Fjorden durchschneidend. Die Landenge zwischen der Straße von Kanso bei Neu-Schottland und dem von Norden eindringenden Meeresarm wurde vor einigen Jahren durchstochen. Die Dampfer, welche die Verbindung zwischen dem Endpunkte des neuschottischen Eisenbahnnetzes und der Hauptstadt von Kap Breton, Louisburg, herstellen, fahren aus der Straße von Kanso nördlich um die große, von Franzosen bewohnte Madame-Insel herum in den Kanal von St. Peter ein, der sie in den großen See des Bras d'Or (des goldenen Arms) bringt. Dieser See oder vielmehr Meeresarm liegt gerade im Mittelpunkte der Insel und ist mit der See durch zwei enge, lange Kanäle, den großen und den kleinen Bras d'Or, verbunden. Louisburg war früher die Hauptstation französischer Macht in Amerika, aber seine Festungswerke sind längst zerstört, es hat an Bedeutung verloren, und andere Städte sind neben ihm im nördlichen Teile der Insel entstanden, die den großen, reichen Kohlenminen ihre verhältnismäßige Blüte verdanken. Wie in Neu-Schottland und Neu-Braunschweig überhaupt, so bildet auch hier den Haupterwerbszweig der Bevölkerung die ungemein ergiebige Fischerei.

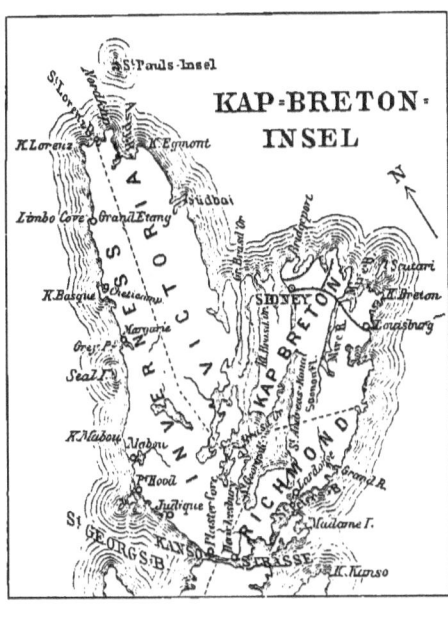

Fig. 21. Kap Breton.

In den südlichen Teil des St.-Lorenz-Golfes gebettet und vom weiten Halbkreis des Festlandes durch die Northumberland-Straße getrennt, liegt die kleinste und unbekannteste Provinz von Kanada: Prince Edward Island. Wie viele haben je von der Prinz-Eduards-Insel gehört? Still und abgeschieden liegt dieselbe in den eisigen Fluten des Golfs, während vier Monaten im Jahre eisumstarrt und vollständig vom Festlande und damit auch von der großen Welt abgeschlossen. Die Northumberland-Straße ist nämlich während des Winters längs der Küsten auf Meilen hinaus zugefroren, der Hafen von Piktou in dem benachbarten Neu-Schottland ist unzugänglich; ebenso sind die Küsten der Prinz-Eduards-Insel selbst auf Meilen hinaus

I. Unter-Kanada und das Seen-Gebiet.

mit Eis umgürtet, so daß weder Schiffe noch Schlitten hier verkehren können. Diese Verhältnisse sind um so bemerkenswerter, als die Prinz-Eduards-Insel mit ihren 120 000 Seelen von allen Provinzen Kanadas am dichtesten bevölkert ist, ja zu den dichtestbevölkerten Teilen Nordamerikas gehört. „Die Insel", so heißt Prince Edward Island kurzweg bei den Kanadiern, bietet uns wiederum ein Beispiel der auffälligen Gegensätze, die Kanada aufzuweisen hat, und der seltsamen Ironie, mit welcher die Natur hier ihre reichsten Gaben ausgestreut, aber deren Nutznießung dem Menschen so sehr erschwert hat. Unburchdringliche Wälder und Felsenwüsten in Gegenden, die von allen Seiten her zu Wasser und zu Land zugänglich wären, hier jedoch eine Insel, die auf ihrer ganzen Ausdehnung von etwa 5500 qkm nicht einen Quadratmeter schlechten Bodens besitzt und dennoch ein Drittel des Jahres hindurch von allem Verkehr mit der Welt abgeschlossen ist. „Die Insel" ist vielleicht das fruchtbarste und gesegnetste Land Kanadas; ohne Gebirge, ohne Felsen, mit tiefem, reichem Ackerboden, prächtigen Häfen, Sommerfrischen, mildem Klima, im Winter kaltem, aber klarem Wetter. Die Hauptstadt der Insel, Charlottetown, mit ihren 10 000 Einwohnern, gehört zu den schönsten und lieblichsten Städten Kanadas. Eisenbahnen durchziehen die Insel ihrer ganzen Länge nach. Der Fischfang ist ungemein ergiebig; aber, wie gesagt, während vier, häufig auch während fünf Monaten im Jahre ist aller Verkehr mit der Außenwelt unmöglich. Niemand kann dann die Insel verlassen, niemand sie erreichen. Deshalb hat· die kanadische Regierung jetzt auch die Absicht, im Verein mit der Provinzialregierung der Insel einen unterseeischen Tunnel nach dieser anzulegen in Gestalt einer Stahlröhre von 5,4 m Durchmesser und 0,10 m Wandstärke, die an dem engsten Teile der Northumberland-Straße auf den Meeresgrund gelegt werden soll. Die Wassertiefe an der genannten, circa $10^{1}/_{2}$ km breiten Stelle ist durchschnittlich 12 m mit einem Maximum von 24 m in der Mitte. Die Kosten dieses großen, aber notwendigen Unternehmens werden auf 4—5 Millionen Dollars geschätzt, eigentlich eine geringe Summe im Verhältnisse zu der Wichtigkeit einer ständigen Verbindung zwischen der Provinz und dem Festlande von Kanada.

10. Ottawa, die Hauptstadt der Dominion.

Unter den vielen schönen Städten Kanadas ist mir Ottawa, die politische Hauptstadt und der Regierungssitz dieses großen Landes, stets am schönsten erschienen. Ob man Ottawa im Sommer oder im Winter besuchen mag, immer zeigt es sich so malerisch und so fesselnd, daß man seinen Aufenthalt dortselbst gerne verlängert.

Ottawa ist das Washington von Kanada. Wie die große Hauptstadt der Vereinigten Staaten, so zeigt auch Ottawa eine Anzahl breiter, präch-

10. Ottawa, die Hauptstadt der Dominion.

tiger Straßen, stattlicher Paläste und schöner Plätze und Squares. Mit seinen 30 000 Einwohnern ist es allerdings kaum ein Viertel so groß wie Washington; aber seine Lage ist unvergleichlich schöner und romantischer,

Fig. 22. Der Parlamentsplatz zu Ottawa.

ja oftmals, wann ich vom Garten des General-Gouverneurs oder von der Kettenbrücke der Chaudière-Fälle aus die reizende Rundschau bewunderte, sann ich vergeblich nach, wo in der weiten Welt ich wohl ein ähnlich traumhaft schönes Städtebild gesehen.

I. Unter-Kanada und das Seen-Gebiet.

Schon ohne die Paläste, die seine Anhöhen krönen, ohne die kühnen Brücken, die seine Flüsse und Kanäle überspannen, und ohne die reizenden Villen, die im Schatten der Riesenbäume ruhen, müßte das Thal des mächtigen, schäumenden Ottawa-Flusses den schönsten Gegenden Kanadas beigezählt werden. Von den laurentinischen Bergen hinabeilend, stürzen sich die dunkelbraunen und doch klaren Fluten des wasserreichen Stromes, des bedeutendsten Nebenflusses des St. Lorenz, schäumend über einen von hohen Felsen eingefaßten und von Felsenstufen teilweise gebrochenen Absatz von über 30 m in die Tiefe und bilden die berühmten Chaudière-Fälle (siehe Fig. 25), ein würdiges Seitenstück zu dem unfernen Niagara. Unten angekommen, wälzen sie sich in einem weiten Thale weiter, dessen Südseite von hohen, steil in den Fluß abfallenden, reichbewaldeten Felsen ausgefüllt wird. Auf der Nordseite hebt sich der Boden allmählich zu wald- und wiesenreichen Hügeln empor, hinter denen in langen, sanften Linien die Höhenzüge der majestätischen, dicht bewaldeten Laurentiden ihre Kämme in die Wolken strecken.

Das üppig grüne Thal und das Hochplateau im Süden werden von zahlreichen Kanälen und Flußläufen durchzogen: dem wasserreichen Gatineau im Norden und dem Rideau im Süden, der nahe seiner Mündung in den Ottawa einen zweiten, gleich berühmten, wenn auch kleinern Wasserfall, den Rideau-Fall, bildet. Hochstämmige Baumgruppen sind in dem hübschen Landschaftsbilde zerstreut. Die Menschenhand hat in diesem Falle den Reiz der Gegend nur erhöht, ihre Wildheit gemildert, indem sie kühne Brücken über die Wasserfälle warf, auf allen Aussichtspunkten, Klippen und Höhen reizende Paläste und Villen erbaute und die höchste Erhebung gerade im Mittelpunkte des Bildes, den steil aus dem Ottawa-Fluß emporsteigenden Barrack Hill, mit gotischen Riesenpalästen krönte, die an Großartigkeit, Pracht und Reichtum mit den hervorragendsten Bauten der Neuen Welt wetteifern.

Diese Paläste, von mehreren Kuppeln und Türmen überhöht, sind der Regierungssitz der kanadischen Dominion. Hier sind der Senat und das Abgeordnetenhaus, die Ministerien, die Post- und Zollämter untergebracht. Die einzelnen Paläste sind rings um einen großen, prachtvollen Platz angeordnet, der im kleinen an den Wiener Universitätsplatz erinnert. Ihre Erbauungskosten beliefen sich, obschon das Material nahezu unentgeltlich geliefert wurde, auf 4 Millionen Dollars. Das Parlamentsgebäude, das größte von allen, nimmt die Mitte des Platzes ein; seine gewaltige Kuppel ist auf viele Meilen in der Runde sichtbar. Derselbe Reichtum, der sich von außen in allen Einzelheiten zeigt, macht sich auch in der innern Ausstattung bemerkbar, in den weiten, teppichbelegten, porträtgeschmückten Hallen, in der reichhaltigen Bibliothek, wie in den Sitzungssälen selbst, wo jedes Mitglied der Kammern einen eigenen Schreibpult besitzt. Ein lebensgroßes Bildnis der

v. Hesse-Wartegg, Kanada.

Fig. 23. Das Parlamentsgebäude zu Ottawa.

Zu S. 58.

10. Ottawa, die Hauptstadt der Dominion.

Königin von England ziert den einen, Bildnisse von Georg III. und der Königin Charlotte zieren den andern Sitzungssaal.

Fig. 24. Das Postamt von Ottawa.

Von dem Government-Square gelangt man über die stolze, neue Dufferinbrücke in die breiten, schönen Geschäftsstraßen der Stadt mit ihren großen Palästen, ihren Mammuthotels und eleganten Kaufläden. Weiter hinaus,

10. Ottawa, die Hauptstadt der Dominion.

Zahl der Arbeiterbrigaden, die alljährlich nach den Urwäldern im Oberlaufe des Ottawa-Flusses ziehen, und die Zahl der gefällten Baumstämme gewachsen. Sägewerke sind in den letzten Jahren zu Dutzenden entstanden, mit den sie speisenden Kanälen bedecken sie viele Hektaren Landes. Jedes nur irgendwie benützbare Plätzchen, jeder Felsen, ja die überhängenden Klippen an den Fällen tragen ihre Mühlen. Nach allen Richtungen hin ist das Wasser von den Fällen abgeleitet, ein wahres Labyrinth von Kanälen. Die kühnsten Konstruktionen, die sinnreichsten Einrichtungen wurden getroffen, um System in dieses Chaos von Kanälen, Schleusen, Dämmen, Fällen und Bassins zu bringen, und kopfschüttelnd stand ich hier inmitten der ausgedehnten, vielseitigsten und dabei doch so ruhigen und regelmäßigen Verwertung der großen Naturkraft. Es giebt hier Sägen in allen möglichen Formen und Größen, riesige Kreissägen mit wahren Elefantenzähnen, die sich schrillend ihren Weg durch die gewaltigsten Waldmajestäten bahnen, wie winzige Block- und Bandsägen, welche die Miniaturlatten für Zündhölzchen zerkleinern. Stundenlang könnte man hier stehen und die schnurrenden Kreissägenbatterieen beobachten, denen in ununterbrochener Folge von kräftigen Männern Stamm nach Stamm zugeführt wird. Einen Augenblick schwirrt die gewaltige Sägescheibe klingend und klirrend frei um ihre eigene Achse, dann beißt sie sich mit ihren scharfen, stählernen Zähnen in den Waldkoloß, und binnen wenigen Minuten ist der knorrige Stamm in glatte, regelmäßige Bretter und Dielen zerteilt, die nun in den ganze Quadratmeilen bedeckenden Holzparks zu Türmen aufgeschichtet werden.

Aber nicht alle Stämme fallen den heißhungrigen Sägewerken der Chaudière-Fälle zum Opfer. Ein großer Teil wird unbehauen oder doch nur abgeschwartet den untern Ottawa hinab nach Montreal geschwemmt und in eigenen Slides (Schlitten) um die Chaudière-Fälle herumgeführt. Diese Slides bilden eine Hauptsehenswürdigkeit Ottawas, und selten verläßt ein Besucher die Stadt, ohne auf Flößen die steile Bahn der Slides herabgeschossen zu sein. Selbst der Prinz von Wales, welcher Ottawa gelegentlich der Grundsteinlegung des Parlamentsgebäudes besuchte, die Prinzessin Luise von England und andere Fürstlichkeiten ließen sich die eigentümliche, nicht gerade gefahrlose Fahrt auf dem mit rasender Eile in die Tiefe gleitenden Wasser nicht entgehen.

Jenseits der Kettenbrücke über die Chaudière-Fälle liegt die Stadt Hull, eigentlich nur eine Vorstadt von Ottawa, und jenseits des Rideau-Kanals eine andere Vorstadt, bescheidener und armseliger als der Stadtteil um die Wellington Street herum, der Wohnsitz der altfranzösischen Bevölkerung, der uns mit seinen Kirchen und Cafés, seinen französischen Aufschriften und Zeitungen wieder völlig in die Normandie versetzt. Eine einzige Brücke trennt hier England von Frankreich, den „Baker" vom „Boulanger", den

I. Unter-Kanaba und das Seen-Gebiet.

„Shoemaker" vom „Cordonnier", die „Street" von der „Rue". Etwa 6000 Franzosen behaupten hier wacker Grund und Boden gegen den Ansturm des angelsächsischen Lebens.

Noch weiter über den Rideau-Strom hinaus gelegen, von dessen Brücke aus man die Rideau-Fälle selbst wahrnehmen kann, ist die vornehme „Residential Suburb" von Ottawa, Neu-Edinburg, mit den prachtvollen Villen der Reichen und Großen Kanabas. An dem schönsten Punkte, auf einem Felsvorsprung hoch über dem darunter hinbrausenden Ottawa-Strom, liegt auch die Residenz des genialen kanadischen Staatsmannes und gegenwärtigen Premierministers, Sir John Macdonald. Einige Minuten weiter erreicht man die Umfassungsmauern eines großen, wohlgepflegten Parks, an dessen Pforten galonnierte Diener Wache halten. Auf prächtigen Wegen unter schattigen, hohen Bäumen dahinfahrend, sieht man bald ein vornehmes Gebäude auftauchen, an der Pforte englische Soldaten in voller Uniform. Es ist Rideau Hall, die Residenz des General-Gouverneurs von Kanada.

Man kann nicht behaupten, daß Rideau Hall mit seinen vielen Zubauten und Anstückelungen eine des ersten Würdenträgers der großen Dominion würdige Residenz sei, und doch sind die inneren Räumlichkeiten, der Ballsaal, der Speisesaal und die Empfangsräume, ebenso vornehm wie glänzend. Lord Lansdowne, der gegenwärtige General-Gouverneur, versicherte mir gelegentlich eines Besuches, er könne sich keine behaglichere Wohnung wünschen. Rideau Hall erinnert darin an die Londoner Paläste der englischen Herzoge[1]. Dazu hat es noch seine unvergleichlich schöne Lage und seinen herrlichen, mehrere 100 ha großen Park — kein Wunder, daß sich hier sogar Prinzessin Luise, die Tochter der englischen Königin, als Vorgängerin der Marchioneß von Lansdowne glücklich fühlte und nur mit schwerem Herzen von Ottawa schied.

II. Aus der kanadischen Gesellschaft.

Wie über Kanada im allgemeinen, so ist auch über seine vornehme Gesellschaft wenig über die Grenzen des Landes gedrungen. Die Kanabier reisen nicht viel im Auslande; man sieht daraus, daß sie sich zu Hause recht wohl befinden und Unterhaltung nicht erst auswärts zu suchen brauchen.

---

[1] Bei meinen ersten Spazierfahrten durch London hielt ich die auf vornehmen Squares stehenden, mit düsteren, hohen Mauern umgebenen, dunklen Rohziegelbauten, wie Portland House, Devonshire House und andere, für Klöster, Kasernen oder — beinahe für Gefängnisse; aber wahre Herzogspracht entfaltet sich im Innern dieser von außen so unscheinbaren Häuser.

11. Aus der kanadischen Gesellschaft.

In den großen Fremdencentren wie in den Bade- und Touristenorten wird man die Fremdenlisten in der Regel vergeblich nach Gästen aus Montreal oder Quebec durchsuchen, und unsere Gesellschaft ist vielleicht besser mit den Sitten und Gebräuchen in den japanischen oder ägyptischen Salons, als mit jenen von Kanada vertraut. Auch würde man den Kanadiern großes Unrecht thun, wollte man ihre Salons mit jenen der amerikanischen Gesellschaft verwechseln. Den Salons von Montreal, von Ottawa und Quebec fehlt unzweifelhaft der verschwenderische Glanz und die großthuerische Prunksucht ihrer New-Yorker Nachbarn. Aber das ist nicht der einzige Unterschied, der zu ihren Gunsten spricht.

Die Gesellschaft von Montreal ist in vieler Hinsicht vornehmer und feiner als die der großen Metropole Amerikas — vielleicht schon deshalb, weil sie keine Zuthat an Emporkömmlingen, an großthuerischen Geldprotzen und bildungslosen Elementen besitzt. Montreal erinnert in gesellschaftlicher Hinsicht viel mehr an Edinburg oder Dublin als an Amerika — und dieses Anlehnen an die ruhigeren, strengeren gesellschaftlichen Verhältnisse des angelsächsischen Mutterlandes sieht man schon bei kürzerem Aufenthalte in den Klubs, den Theatern und Konzerten, auf den öffentlichen Promenaden wie in den Salons.

Die vornehme Gesellschaft von Kanada ist dabei nichts weniger als steif, im Gegenteile, sie ist lebhafter, geistreicher und liebenswürdiger in ihrem Wesen, da sie auf die vier Hauptstädte des weiten Landes beschränkt ist. In England hat die vornehme Gesellschaft eine starke Beimischung der steifen, frömmelnden landed gentry, der begüterten Landedelleute, welche mit ihren Familien nur für einige Wochen nach den Hauptstädten kommen und von ihren Landsitzen ihre altmodischen Toiletten und ihre freilich korrekten, aber doch wenig abgeschliffenen Manieren mitbringen. In Montreal wie in Quebec ist die Gesellschaft Sommer und Winter beisammen. Alles kennt einander viel besser und bewegt sich darum desto ungezwungener, ohne in die lauten Ausschreitungen der New-Yorker zu verfallen. Die Kanadierin auch nur individuell mit der Amerikanerin in gleiche Linie stellen zu wollen, wäre ein großer Fehler: die Kanadierin ist das gerade Gegenteil ihrer südlichen Nachbarin und wird doch so gerne mit dieser verwechselt. Die typische Amerikanerin arbeitet wenig oder nichts; sie setzt sich in Lifts oder Aufzüge, statt die Treppen emporzusteigen; sie fährt spazieren, statt zu gehen; sie nascht Süßigkeiten oder Fruchteis und trinkt Limonaden, statt kräftige Nahrung zu sich zu nehmen; sie kann weder Wärme noch Kälte ertragen, thut nichts, um ihren Körper zu kräftigen, leidet endlos an allerhand Nerven- und Magenkrankheiten und ist in der zweiten Hälfte ihres Lebens sich und anderen eine Last. Natürlich giebt es auch zahlreiche Ausnahmen, besonders unter jenen deutscher Abstammung; aber die Mehrzahl der Amerikanerinnen ist weit

I. Unter-Kanaba und das Seen-Gebiet.

entfernt davon, ideale Frauen und Mütter zu sein. Die Kanadierin hingegen ist einfach und anspruchslos in ihren persönlichen Bedürfnissen; sie verkehrt ebenso viel außer wie in dem Hause; sie liebt den Sport nicht als einfache Zuseherin, sondern nimmt an all den kräftigen Übungen der Männerwelt in noch höherem Maße teil als die Schottin; sie jagt, reitet, rudert, schwimmt, fährt im Winter auf Tobogganschlitten oder Schlittschuhen mit den Männern um die Wette, scheut weder Regen, Sturm noch Kälte — sie ist mit einem Worte eine Amazone außer dem Hause, dabei aber auch eine in jeder Hinsicht glänzende Salondame im Hause selbst. Sie hat die gleiche Anmut und Grazie, die man in der englischen Gesellschaft so häufig antrifft, sie ist jedoch eine stattlichere Erscheinung, von kühnerem Wuchse und blühenderer Weiblichkeit. Wie ihre Stammesgenossin jenseits der Atlantis, ist sie meistenteils blond, mit zartem Teint und blauen Augen. Im Salon ist sie eine vorzügliche Tänzerin, gewandt in der Unterhaltung und stolz auf ihr Land, auf das reiche Jagd- und Sportingleben, dem sie sich mit solcher Vorliebe hingiebt. Sie ist ungemein vergnügungsluftig und gesellig. Durch Sommer und Winter jagt ein Fest das andere, und die meisten Feste werden out of doors (außerhalb des Hauses) abgehalten. Zahllose Reit-, Jagd-, Fischfang-, Cricket- und Lacrosse-Klubs pflegen den Sport im Sommer, Schlitten- und Schneeschuh-Klubs, Eislauf-Vereine u. s. w. den Sport im Winter. Montreal mit seinem Karneval steht natürlich an der Spitze der kanadischen Gesellschaftscentren. Die englischen Offiziere schätzten die kanadischen Städte von jeher als die unterhaltendsten und lustigsten Garnisonsplätze. Ihre Gegenwart verlieh den Salons mehr Glanz und Leben; aber auch jetzt, nachdem die Garnisonen eingezogen und nur mehr auf zwei Regimenter in Halifax beschränkt sind, ist das Leben nicht minder lustig. Alljährlich wählt gar mancher englische Edelmann oder Offizier Montreal zu seinem Winteraufenthalt.

Montreal ist auch in anderer Beziehung merkwürdiger als die übrigen kanadischen Städte. Es hat nicht nur einen, sondern zwei große Gesellschaftskreise, die einander kaum berühren. Die Stadt wird zur Hälfte von Franzosen bewohnt; aber obschon diese in geschäftlicher Hinsicht längst von den Englisch-Kanadiern verdrängt sind und im allgemeinen nur eine verhältnismäßig untergeordnete Rolle spielen, so haben sich doch ihre vornehmen Gesellschaftskreise erhalten. Es ist schwer, zu den ungemein reichen, streng katholischen, noch treu am bourbonischen Lilienbanner hängenden Franzosenkreisen Zutritt zu erlangen, gerade so, wie in den Legitimistenkreisen von Paris. Aber einmal eingeführt, wird der Fremde überrascht sein von der feinen Bildung und den gesellschaftlichen Manieren, die er dort antrifft. In Quebec, dem Hauptbollwerk des Franzosentums in Amerika, gilt dies noch in viel höherem Maße. Auch die Englisch-Kanadier haben in Quebec

11. Aus der kanadischen Gesellschaft.

viel von diesem altfranzösischen Schliff angenommen und sind ihres feinen Benehmens und ihrer Zuvorkommenheit wegen in ganz Nordamerika bekannt. Aber dennoch sprechen sie ebensowenig wie die Montrealer französisch, wenn sie mit Franzosen verkehren, während die Franzosen ihrerseits, obschon sie häufig vortrefflich englisch sprechen, mit einem Anglo-Kanadier sich stets französisch unterhalten werden. Gewisse Kreise der vornehmern Gesellschaft verleugnen sogar die Kenntnis des Französischen überhaupt, und als der Herzog von Edinburg gelegentlich eines Besuches in Quebec auf einem Balle Cercle hielt, fand er dies so auffallend, daß er in gutem Französisch die laute Bemerkung fallen ließ: „Je ne m'explique pas, qu'une Canadienne ne sache pas le français" (Ich kann mir's gar nicht erklären, daß eine Kanadierin nicht Französisch verstehen sollte).

Diese schon seit dem vorigen Jahrhundert bestehende Spannung in den Beziehungen der beiden, dasselbe Land bewohnenden, gleiche Rechte und Freiheiten genießenden Rassen ist eine der auffälligsten Erscheinungen in den kanadischen Großstädten. Sie zeigt sich im Straßen- wie im Geschäftsleben, in der Gesellschaft, in der Litteratur und in der Kunst. Die Engländer haben ebenso wie die Franzosen ihre eigenen Tages- und Wochenblätter, ihre Schulen und Universitäten, ihre Klubs, geselligen Vereinigungen, Festtage und ihren eigenen Karneval, ja ihre eigenen Theater und Konzerte. Quebec ist in der letztgenannten Hinsicht in seiner abgesonderten Lage viel stiefmütterlicher bedacht als Montreal, das von den zahlreichen umherwandernden Theatertruppen von New-York aus in einer Nacht mit der Eisenbahn erreicht werden kann. Montreal hat zwei schöne, große Theater, das eine, die „Academy of Music", im obern, fashionablen Stadtteil gelegen und von den Engländern gerne besucht; das andere, „Theatre Royal", im französischen Stadtteil, mehr von den Franzosen begünstigt; was aber nicht verhindert, daß bei besonderen Gelegenheiten, wie bei Opernvorstellungen, beide Gesellschaften sich im Theater begegnen und dabei einen Glanz der Toiletten entfalten, wie er eben nur in englischen Theatern während der „Season" die Regel ist. In den benachbarten Vereinigten Staaten besucht man die Theater in gewöhnlicher Straßentoilette, in Kanada jedoch ist die Opernsaison ein „fashionable event" (ein fashionables Ereignis), der dazu dient, die regen Beziehungen darzulegen, welche die Anglo-Kanadierinnen trotz ihrer Abneigung gegen das Franzosentum mit Paris, als dem frühern Stammsitz der Moden, unterhalten. Alles in allem genommen, stehen die anglo-kanadischen und nicht die französischen Damen an der Spitze der Gesellschaft und zeigen ihren Reichtum auch in viel höherem Grade als die Französinnen. Obschon Montreal unendlich weit hinter New-York zurücksteht, so mag es vielleicht doch in ganz Amerika keinen reicheren Stadtteil geben, als den zwischen dem Mont Royal und dem Beaver Hall Hill von

I. Unter-Kanaba und das Seen-Gebiet.

Montreal. Sherbrooke Street, die vornehmste Straße dieses Stadtteiles, stellt sogar die protzige Fifth Avenue von New-York in den Schatten; denn sie zeigt nicht nur prachtvolle Paläste, sondern auch große Ziergärten und schattige Parks, welche den Gebäuden inmitten geschäftigen, großstädtischen Lebens das Aussehen vornehmer Landsitze geben. Sommer und Winter über herrscht hier stets elegantes Leben, das in seinem eigentümlichen nordischen Charakter an Stockholm oder Petersburg erinnert.

Neben Montreal giebt es jedoch noch einen andern Mittelpunkt der kanadischen Gesellschaft, vielleicht noch vornehmer und zeitweilig bewegter sogar, als die große kommerzielle Hauptstadt, und das ist Ottawa, das kanadische Washington, der Sitz der Regierung. Zur Zeit der Senats- und Kongreßsitzungen ist diese landschaftlich wunderschön gelegene Stadt ebenso bewegt und ebenso interessant wie Washington; namentlich bei den Empfängen in Rideau Hall, dem Sitze des General-Gouverneurs, geht es lebhaft und unterhaltend her.

Der letztere ist nicht nur das politische, sondern auch das sociale Haupt der Gesellschaft, und dank den ausgezeichneten Persönlichkeiten, welche die englische Regierung als ihre Vertreter nach Kanada sendet, ist Rideau Hall noch viel umworbener, als es unter anderen Umständen möglich wäre. Auf die Lords Durham und Dufferin folgte der Marquis of Lorne, der älteste Sohn des schottischen Herzogs von Argyll und Schwiegersohn der Königin, der mit seiner erlauchten Gemahlin, Prinzessin Luise von England, mehrere Jahre in Ottawa residierte und das gesellschaftliche Leben in hohen Aufschwung brachte. Augenblicklich ist eine andere der gesellschaftlichen Größen Englands, der Marquis von Lansdowne, General-Gouverneur; seine Gattin, eine der fünf berühmten Ladies Hamilton, Töchter des Herzogs von Abercorn, hat eine schwierige Erbschaft angetreten, die sie jedoch mit viel Anmut und Liebenswürdigkeit zu erhalten weiß. Ein Stab von Sekretären und Adjutanten, zumeist englische Edelleute, umgiebt das Haupt der Regierung, und diese Kavaliere mit ihren Gemahlinnen und den gewöhnlich zahlreichen, nicht minder vornehmen Besuchern aus dem „Old Country", nämlich England, verleihen der Gesellschaft in Ottawa einen gewissen europäischen Anstrich, den auch die ehrenwerten Senatoren und Deputierten aus dem fernen Nordwesten und Britisch-Kolumbien nach Kräften anzunehmen sich bemühen. Zudem besitzt ja Kanada auch seinen einheimischen Adel, zwar keine Herzoge und Lords wie in England, aber desto mehr Ritter, Sirs und Baronets, „Right Honorables", „Honorables" u. s. w., eine Titelliste, welche den aus den Vereinigten Staaten kommenden Besucher recht seltsam anmutet.

Der General-Gouverneur hält mit einem Worte in der kleinen Residenz seines großen Landes eine Art Miniatur-Hof, bei dem es allerdings ein wenig freier zugeht, als in Europa. Es ist ein Mittelding zwischen London und Washington, nur nicht in so großem Stile, wie diese beiden.

Wie in Washington das Weiße Haus, so ist auch in Ottawa Rideau Hall den gesellschaftlichen Anforderungen nicht entsprechend: eine Gruppe von Villen und Gebäuden, Hallen, Korridoren, Sälen ohne jeden Plan und Stil, weil allmählich zugebaut, das Ganze allerdings in einem prachtvollen Park gelegen. Im Sommer bietet Rideau Hall zwar seine großen, durch die herrliche Umgebung wohl bedingten Vorzüge; im Winter jedoch, wann das Quecksilber auf 20—30 Grad unter Null sinkt, gehört für den Europäer ein gutes Stück Selbstverläugnung und Mut dazu, die öffentlichen Vergnügungen der Kanadier mitzumachen. Der General-Gouverneur veranstaltet sehr besuchte Toboggan-Meetings, Snowshoe-Ausflüge bei Tag oder unter Fackelbeleuchtung bei Nacht u. s. w. Die gewöhnliche Form der Einladungen lautet auf ein „At Home" (Zu Hause) mit dem Zusatze: „Skating and Tobogganing" (Schlittschuhlaufen und Schlittenfahren), in der Ecke der Einladungskarte bemerkt. Selbstverständlich sind derlei Einladungen vielbegehrt; der Park von Rideau Hall zeigt an solchen At-Home-Tagen ein fröhlich belebtes Festbild.

Hunderte von Damen und Herren in den kleidsamen Trachten ihrer verschiedenen Klubs bewegen sich hier in malerischem Durcheinander: sie fliegen auf den Eisbahnen umher oder sausen in Gruppen von zweien, dreien, vieren auf ihren leichtgebauten Handschlitten die steile Tobogganbahn hinab. Mitunter werden diese Wintervergnügungen bis in die Nacht hinein fortgesetzt; jeder Schlittschuhläufer erhält dann eine Fackel oder ein Glühlicht, aus denen zeitweilig glänzende Leuchtkugeln und Sterne in buntem Farbenspiel hervorschießen; an bestimmten Stellen werden große Freudenfeuer angezündet. Die zahlreiche Dienerschaft des Gouverneurs in ihrer weiß-silbernen Livree eilt mit dampfenden Erfrischungen von Gruppe zu Gruppe, oder die einzelnen Pärchen des Eisballes begeben sich zu dem Theezelt, um dort das Supper einzunehmen. Der Gouverneur und seine Gemahlin bewegen sich ungezwungen unter den Geladenen und fliegen mitunter in Gesellschaft anderer blitzschnell über das Eis. Der oberste Leiter des Landes muß nicht nur ein ausgezeichneter Politiker und freigebiger Weltmann, sondern auch ein flinker Schlittschuhläufer sein, und man erzählt sich in Kanada ergötzliche Geschichten von den Privatstunden, welche die hohen Herrschaften nach ihrer Ankunft in allen Künsten des Eissports nehmen. Wie in Frankreich im Salon und in anderen Ländern in den Antichambres, so spielt in Kanada die Politik sich auf dem Eise ab, und ein vorzüglicher Schlittschuhläufer und Tobogganfahrer kommt nicht nur auf der Eisbahn, sondern auch im Leben viel rascher voran als der schlaueste Diplomat.

Aber auch die Salons von Rideau Hall sehen nicht selten glänzende Gesellschaften bei Dinners, Empfängen und Bällen. Der große State-Ball

I. Unter-Kanaba und das Seen-Gebiet.

(Staatsball) ist das wichtigste gesellschaftliche Ereignis des Jahres, und die vielen Uniformen, das höfische Ceremoniell c. erinnern in der That an europäisches Hofleben. Der Gouverneur hält zuerst Cercle und begiebt sich dann mit der Marquise zu einer Art Thron an einem Ende des Saales, wo die Vorstellung der neuen Gäste stattfindet. Die Gesellschaft der officiellen Festlichkeiten ist etwas „gemischt"; denn die Gemahlinnen und Töchter vieler Deputierten aus den Urwäldern und Steppen des fernen Nordwestens sind auf dem glatten Parkett hauptstädtischer Salons nicht gerade zu Hause, und auch viele andere Gäste zeigen durch Kleidung und seltsame Manieren, daß sie ihre Einladung nur dem politischen Einflusse eines Hinterwäldler Abgeordneten verdanken. Lord Dufferin, neben Lord Lansdowne der beliebteste der bisherigen Leiter Kanadas — augenblicklich ist er Vicekönig von Indien —, war so ungemein gastfrei, daß er eine Unzahl von Beamtenfamilien mit Einladungen bedachte und man in Rideau Hall wie bei einem Freunde ein- und ausging. Die in den Glanz dieses Miniatur-Hofes hineingezogenen, minder bemittelten Staatsdiener leiden heute noch unter den großen Auslagen für Toiletten u. dgl., mit welchen das „Hofleben" verbunden war; aber die Sitte ist einmal eingerissen, und die auf Lord Dufferin folgenden Gouverneure mußten unwillkürlich dessen Fußstapfen folgen. Zu den Festen in Rideau Hall kommen jene bei dem kanadischen Premierminister, Sir John Macdonald, bei den Ministern und Gouverneuren; es gebricht also auch in der politischen Hauptstadt nicht an Unterhaltung, und der Weltenfahrer mag hier einen Winter vielleicht gesellschaftlich interessanter verbringen, als in manchem europäischen Lande.

12. Holzfällerleben im kanadischen Urwald.

Der ganze Osten Kanadas, von den großen kanadischen Seen bis an die Küsten Neu-Braunschweigs, von der Grenze der Vereinigten Staaten bis hinauf in die ewigen Eisgefilde Labradors, ist ein seltsames Gemisch von Wald und Wasser. Dichter, hochstämmiger Urwald bedeckt die ungeheuern Länderstrecken, Tausende von Seen verschiedener Ausdehnung schlummern in seinem Schatten, Tausende von Bächen, Flüssen und Strömen bilden den Abfluß und führen das krystallhelle, klare Wasser durch schäumende Stromschnellen, sprudelnde Kaskaden und donnernde Wasserstürze dem St. Lorenz zu. Wer dieses Labyrinth von Wald und Wasser durchwandern will, der muß es den Indianern gleichthun und sein Kanoe mit sich führen; denn er wird kaum mehrere Meilen zurücklegen können, ohne auf einen See oder einen Fluß zu stoßen, und kaum auf diesem eine Strecke gefahren sein, ohne das nasse Element wieder mit dem trockenen vertauschen zu müssen. Auf meinen Streifzügen durch diese Gebiete war ich oft im unklaren, ob ich

12. Holzfällerleben im kanadischen Urwald.

mich auf einem inselreichen See oder auf dem seenreichen Festlande befand, so rasch wechselt dort dichter grüner Urwald mit klarem, stillem Wasser, so einsam und jungfräulich ist das Land. Heute noch sind Indianer, Trapper und Jäger fast seine einzigen spärlichen Bewohner; nur im südlichen Teile der Provinz Quebec, längs der Nebenflüsse des St. Lorenz, haben sich Holzfäller und Farmer auf vereinzelten Strecken angesiedelt.

Auf der Dampferfahrt vom Ontario-See den St. Lorenz hinab nach Montreal sehen wir von dem „großen, einsamen Lande", dem beliebtesten Jagdrevier der Hudsonsbai-Gesellschaft, freilich nur wenig. Zudem nimmt die großartige Flußlandschaft die Aufmerksamkeit der Reisenden vollständig gefangen. Gleich beim Austritt aus dem Ontario-See gelangen wir in die Inselwelt des größten Flußarchipels unseres Planeten, der sogenannten „Thousand Islands" (Tausend Inseln), weiterhin zu den berühmten Stromschnellen von Lachine, wo die rasch dahineilenden krystallenen Fluten sich hoch emporbäumen und mit dem Dampfer spielen wie mit einem schwankem Kahn. Der indianische Pilot, vielleicht dem einst so gefürchteten und mächtigen Stamme der Irokesen angehörig, steht stumm am Bug und bewacht sichern Auges die tosenden, schäumenden Wellen, über welche der Dampfer hinwegtanzt. Die Passagiere klammern sich fest, und gar mancher wird von einer Sturzwelle übergossen, bevor der letztere wieder ruhiges Fahrwasser erreicht. Bald darauf tritt aus der Ferne das herrliche Städtebild von Montreal in Sicht: der hohe, massige Mont Royal, welcher der Stadt den Namen gegeben, die Türme und Kuppeln der vielen Kirchen und zu Füßen der Stadt, gerade vor uns, die gewaltige, den breiten St. Lorenz überspannende Viktoria-Brücke, eine der längsten Brücken der Erde.

Aber wir wollen diesmal nicht Montreal besuchen, sondern den hier einmündenden Ottawa-Strom hinauffahren, um von seinem Oberlaufe aus das kanadische Urwaldgebiet zu durchstreifen. Der Ottawa ist landschaftlich einer der schönsten Ströme, die ich auf meinen Wanderungen gesehen; damit ist indessen auch gleichzeitig gesagt, daß er nur an einzelnen Stellen für die Schiffahrt verwendet werden kann; denn romantische Wasserfälle, Schluchten und Stromschnellen stehen von jeher mit den Dampfern auf gespanntem Fuße.

Etwa 190 km oberhalb Montreal erreichen wir die Stadt Ottawa, den Sitz der kanadischen Regierung und gleichzeitig die eigentliche Metropole des Urwaldgebietes der Dominion. Das sieht man der romantisch gelegenen Stadt sofort an. Den Mittelpunkt des ganzen Städtebildes am Ottawa nehmen die bereits geschilderten großartigen Fälle des wasserreichen Stromes ein, deren verschwenderisch gebotene Wasserkraft ja die Holzindustrie sich so ausgiebig nutzbar gemacht hat. Es gewinnt den Anschein, als würden ganze große Wälder alljährlich aus dem einsamen Hinterlande hierher befördert, um in

I. Unter-Kanada und das Seen-Gebiet.

den zahllosen Sägemühlen am Flusse zu Bauholz verarbeitet zu werden. In unabsehbaren Reihen liegen hier hohe Stöße von Brettern und Latten, Pyramiden von mächtigen Stämmen und Balken, die einen Flächenraum von mehreren Quadratkilometer bedecken. In den Durchfahrten und Gäßchen dazwischen herrscht reges Leben und Schaffen, so daß sich das Bild, von oberhalb der Fälle betrachtet, ähnlich ausnimmt wie das einer großen, volkreichen Stadt. Welche Massen von Bauholz hier aufgestapelt sind, das kann man schon aus der Thatsache ermessen, daß von Ottawa aus jährlich Bauholz in einer Länge von 210 000 km nach allen Weltteilen, vornehmlich nach Australien und Südamerika, verschifft wird. Der Länge nach aneinander gereiht, würden die Balken und Bretter ein hölzernes Band bilden, das beinahe sechsmal um die Erde gewunden werden könnte. 5000 Arbeiter sind mit dem Schichten und Aufstapeln des Holzes, weitere 2000 mit dem Sägen und Spalten beschäftigt, während der Transport im Bereiche der Stadt selbst durch 2000 Schlitten und Wagen, bespannt mit der doppelten Anzahl von Pferden, besorgt wird. Welch ein Schwirren und Schnurren und Kreischen in der langen Reihe von Sägemühlen, die hier an dem Wassersturz eine unversiegbare und dabei kostenlose Triebkraft finden! Hunderte unersättlicher Kreis- und Stammsägen erfassen hier mit ihren starken Zähnen die wuchtigen Stämme; Späne und Staub fliegen zu beiden Seiten hoch empor, die ganze Atmosphäre erfüllend. In wenigen Augenblicken sind die Balken zersägt, aber schon führen die endlosen Ketten den Sägebatterieen neue Stammbrigaden entgegen. Eine großartigere Anhäufung von Sägewerken auf so kleinem Raume wird man wohl vergeblich suchen.

Oberhalb der Werke liegen ganze Wälder von ast- und blattlosen Bäumen im Wasser oder am Ufer, einzeln oder zu Flößen zusammengefügt, alles in- und aufeinander geschwemmt oder zu kleinen Bergen aufgetürmt. Tausende von Arbeitern klettern hier wie Ameisen umher, umfassen mit Klammern und Ketten die einzelnen gefallenen Waldriesen und führen sie auf endlosen Bändern den Sägewerken zu. Hunderttausende von mächtigen Stämmen verschwinden unter den Zähnen der Sägen; aber immer neue Holzmassen, neue Wälder schwimmen von oben aus den Urwäldern den Fluß hinab nach Ottawa.

So geht dies rastlos, unermüdlich fort, Tag und Nacht, Woche um Woche. Die kostbare Sommerzeit muß eben nach Thunlichkeit ausgenützt werden; denn anfangs Oktober sind die oberen Flußläufe häufig schon zugefroren, und damit hört auch der ganze Verkehr auf dem Ottawa-Strom wie in der Sägmühlenstadt gleichen Namens vollständig auf, um erst nach siebenmonatigem Winterschlafe von neuem zu beginnen.

Wer die großen Urwälder Kanadas besuchen will, der thut wohl, Ottawa zum Ausgangspunkte zu wählen, um mit einbrechendem Winter im

12. Holzfällerleben im kanabischen Urwald.

Gefolge irgend eines der zahlreichen Holzfällertrupps stromaufwärts zu ziehen. Es ist ein absonderliches Völkchen, das sich hier, nördlich vom St. Lorenz, zusammengefunden hat, — ein Gemisch altangestammter Französisch-Akadier, Schottländer, Schweden und Irländer, Irokesen und Halbindianer oder „Metis", wie sie der Kanabier hier nennt. Ich kann mich kaum entsinnen, irgendwo in den verschiedenen Erdteilen einem kräftigern, ausdauerndern Menschenschlage begegnet zu sein.

Die Abkömmlinge der ersten französischen Ansiedler haben hier, in der spärlich besiedelten, vom großen Weltverkehrsgürtel abgelegenen Provinz Quebec, noch immer die Oberhand, und Französisch ist im Parlament wie im gewöhnlichen Verkehr noch immer die Hauptsprache — allerdings ein Französisch, das mit unseren Begriffen davon ebensoviel gemein hat, wie etwa das Patois des normannischen Bauern mit dem Pariser Boulevard-Französisch.

Solange man auf dem Wege nach der Urwaldregion im Bereich des Ottawa-Stromes bleibt, ist man auch im Bereich der Civilisation; denn auf den einzelnen zwischen den Katarakten und Wasserfällen gelegenen Teilen des Stromes verkehren noch kleine, flachbäuchige Dampfer, die eigens für den Strom gebaut sind und nur 5—15 cm Tiefgang haben. An den Landungsplätzen trafen wir hie und da noch auf ein Hotel, allerdings nur eine Bretterbude, jedoch zum wenigsten mit Tisch und Bett und warmem Ofen. Aber die vom Dampfer befahrbaren Strecken werden immer kürzer, je weiter man stromaufwärts gelangt; die Stromschnellen und Wasserfälle werden immer häufiger, und wir müssen den Dampfer verlassen, um sie mittelst alter Kutschen oder Leiterwägen zu umfahren; oberhalb der Katarakte besteigen wir dann einen andern, kleinern Dampfer, ähnlich wie auf einer Reise nilaufwärts. Von den Katarakten der zwei Joachim aufwärts kann der Ottawa nur mehr mit Kanoes befahren werden. Straßen, Wege, ja selbst Fährten wird man in diesen Gegenden vergeblich suchen; überhaupt wird der Reisende kein Zeichen menschlicher Kultur mehr entdecken.

Hier in den oberen Wäldern ist noch das unbestrittene Gebiet des Indianers, ganz wie vor 300 Jahren, in der Zeit Cartiers und Champlains. Freilich ist der Indianer nicht mehr die grausame, im fortgesetzten Kampfe mit den weißen Eindringlingen begriffene Rothaut von damals: er hat sich an die französischen Trapper und Pelzjäger, die seine Wälder durchstreifen, gewöhnt, er hat ihnen seine Töchter zu Squaws (Frauen) gegeben und größtenteils ihre Sprache angenommen. Unter den Indianerbanden, welche die Wälder zwischen den kanabischen Seen und der Hudsonsbai bewohnen, wird man wenige Vollblut-Rothäute mehr finden. Die große Mehrzahl derselben sind Mischlinge im Dienste der Hudsonsbai-Gesellschaft.

Seltsamerweise ist der kanabische Urwald im Sommer viel einsamer als im Winter; denn erst mit Einbruch der kalten Jahreszeit kommen die

1. Unter-Kanaba und das Seen-Gebiet.

zahlreichen Pelzjäger und vor allem die Holzfäller-Brigaben. Die vielen Tausende bieser Waldschlächter sind den Sommer über auf den Flößen wie in den Sägewerken längs des Ottawa und seiner Nebenflüsse beschäftigt; erst mit einbrechendem Winter ziehen sie wieder in Trupps von 30—40 Mann stromaufwärts, um frisches Material für die Sägewerke zu gewinnen. Diese Trupps werden, soweit thunlich, nach den verschiedenen Nationalitäten zusammengestellt, so daß es schottische, irische, französische Trupps giebt. Verfolgen wir einen derselben auf seinem Wege!

Ist die Karawane mit ihren Wintervorräten, Schlitten, Pferden und Hunden nach oft wochenlangen Reisen an einer günstigen Strecke im Urwald angelangt, so sucht der Anführer ein geschütztes, leicht zugängliches Plätzchen aus, das womöglich an einem Wasserfalle gelegen ist, um während des Winters stets fließendes Wasser zu haben. Ernst und düster erheben sich die Baumriesen des Urwaldes ringsum, und es ist nun das erste Geschäft, eine Anzahl derselben umzuhauen, um Baumaterial für das Winterquartier zu gewinnen. Je zwei Holzfäller stellen sich an einen Baum und beginnen die kurze, gedrungene kanadische Axt über ihren Häuptern zu schwingen. Zuerst beurteilen sie mit erfahrenem Blick, nach welcher Richtung der Baum fallen mag, und richten danach ihre Streiche ein. Schlag auf Schlag folgt nun in gleichem, schnellem Takt, laut und hell, daß es in der kalten, klaren Winterluft auf meilenweite Entfernungen hörbar ist. Jeder Streich fällt sicher, jeder läßt seine tiefe Spur zurück. Der Baum ächzt und stöhnt in Verzweiflung über diese wilden Stürmer, neigt sich zur Seite und stürzt endlich mit lautem Krachen zu Boden. Hier werden mit ebenso sicheren Streichen Äste und Zweige abgehauen, die Stämme in Längen von je 12 m zersägt, und dann mittelst Ketten von kräftigen Pferden nach dem Bauplatz geschleppt. Zu einem Viereck werden sie dort auf den Boden gelegt, andere horizontal darüber gepflöckt und so allmählich vier Wände von etwa $2^{1}/_{2}$ m Höhe aufgebaut. Die Ritzen und Öffnungen zwischen den Stämmen werden mit Erde oder Laubwerk verstopft, dann wird aus dünneren Stämmen ein geneigtes Dach hergestellt. Die Eingangsöffnung wird von vornherein dadurch gebildet, daß man bei einer Wand kürzere Stämme verwendet. So ist das Blockhaus, das 40 Männern im Urwalde für den ganzen Winter zur Wohnung dienen soll, in einem Tage aufgebaut.

Die innere Einrichtung eines solchen kanadischen Blockhauses ist natürlich äußerst einfach. In der Mitte des Hauses wird aus kurzen Holzblöcken ein viereckiger Kasten hergestellt, der mit Sand oder loser trockener Erde aufgefüllt wird. Darüber wird eine Öffnung für den Rauchabzug in das Dach gehauen, und der große Kochkessel für die Küche der 40 Wackeren aufgehängt. Die Schlafstellen werden längs der Wände des Blockhauses übereinander gezimmert, und zwar von hinreichender Weite, daß je zwei Mann

12. Holzfällerleben im kanadischen Urwald.

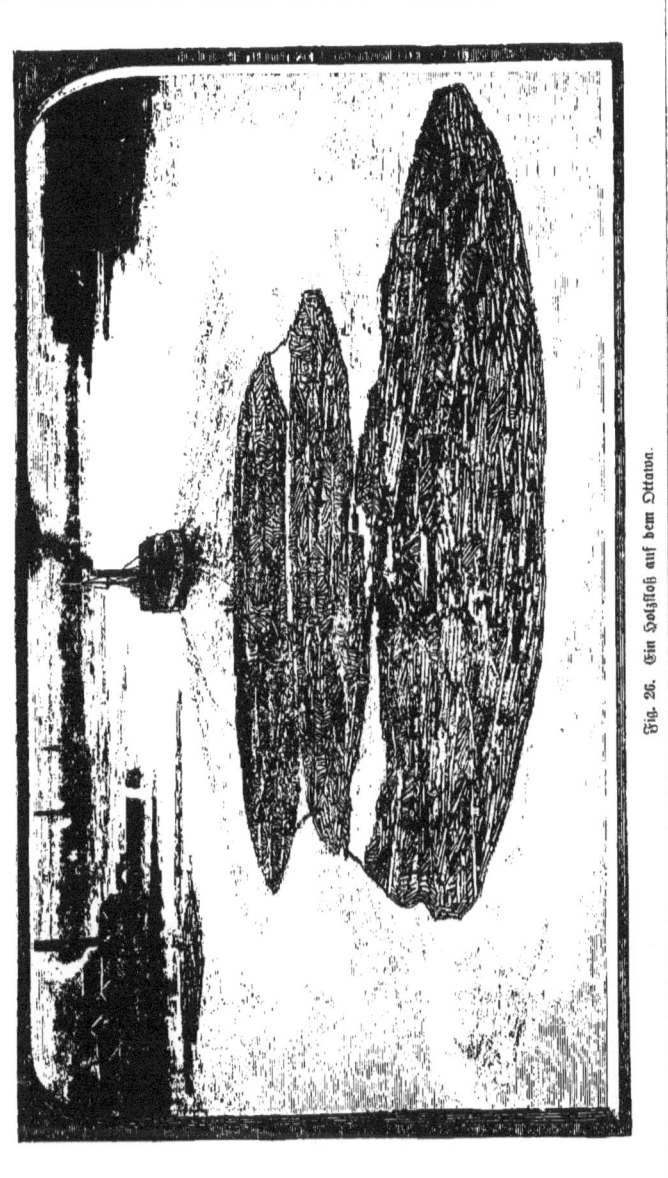

Fig. 26. Ein Holzfloß auf dem Ottawa.

I. Unter-Kanada und das Seen-Gebiet.

auf einem Lager Platz finden. Bald prasselt ein mächtiges Feuer im Innern des Blockhauses, und die Holzfäller sind für den Winter so gut wie möglich eingerichtet. Gewöhnlich wird außer dem Wohnhause auch noch eine Stallung und eine Schmiedewerkstatt gebaut; denn in einem solchen Winterlager giebt es viel an Äxten, Ketten und Schlitten auszubessern, Pferde zu beschlagen u. dgl. Für das Fällen werden in der Regel nur die größten und stattlichsten Bäume ausgesucht, jüngere aber für den Nachwuchs stehen gelassen. Die gefällten Bäume werden durch Pferde nach den nächsten, natürlich festzugefrorenen Wildbächen und Flüssen geschleppt und dort aufgestapelt. Sollten irgendwo große Lichtungen ausgehauen werden, so folgen gar bald Ansiedler und Farmer aus den bevölkerten Provinzen, um die Baumstümpfe aus dem Boden zu sprengen und das Land zu bebauen. Im Frühjahre werden ja die Blockhäuser von den fortziehenden Holzfällern gewöhnlich stehen gelassen, und der Farmer hat damit schon ein schützendes Heim.

Die in einem Umkreise von vielen Meilen durch den Wald zerstreuten Trupps werden von einem Aufseher überwacht, dessen Blockhaus sich etwa im Mittelpunkte des ganzen Bezirkes befindet; dort sind auch die Lebensmittel und der sonstige Winterbedarf für die Mannschaften aufgestapelt. Die Alltagskost der Leute besteht aus Rauchfleisch, Hülsenfrüchten und Thee. Geistige Getränke sind hier, wie überhaupt in ganz Kanada, glücklicherweise verpönt, und so wird denn als einziges Ersatzmittel Thee in unglaublichen Mengen vertilgt, stark genug, daß nach dem landläufigen Ausdrucke „eine Axt darauf schwimmen kann".

Der Winter vergeht in angestrengter Arbeit und vielfachen Entbehrungen, für welche die langen Abende am Kamin in den dumpfen, rauchigen Blockhäusern, Gesang, Kartenspiel und das Erzählen von Anekdoten und Abenteuern ein spärliches Entgelt bieten. Das Hauptvergnügen bildet noch die Jagd auf die zahlreichen Elentiere und anderes Wild, mit welchem die kanadischen Urwälder gesegnet sind. An Sonntagen erhalten diese von der nächsten Poststation oft erst nach wochenlangen Reisen erreichbaren Außenposten vielleicht den Besuch eines Priesters, der die heilige Messe liest. Er und zuweilen irgend ein Trapper oder eine Indianerbande sind die einzigen menschlichen Wesen, welche die Holzfäller während ihres siebenmonatigen Winterfeldzuges in der Waldeinsamkeit zu Gesicht bekommen.

Gegen Ende April beginnt die Erde aufzutauen, der Wald duftet vom Blätterwerk des vergangenen und den Knospen des kommenden Sommers; Sonnenschein bringt durch die gelichteten Stellen bis auf die Erde, und der Waldboden glänzt von Tauwässerchen, die still den nächsten Bächen und Flüssen zurieseln; die Luft wird milder, Regen fällt zeitweilig nieder, und die gefrorenen Flußläufe, die bisher störrig den warmen Liebkosungen des Frühlings getrotzt haben, beginnen ihre Fesseln zu sprengen. Thränen erscheinen zunächst auf ihren harten Gesichtern und rinnen über die Eisflächen. Ihr großes Herz darunter beginnt zu schwellen und zu schlagen, und ihre eisige Brust dröhnt und stöhnt und kracht. Zur Nachtzeit überlegen sie sich's wohl noch einmal und werden wieder starr und finster, als schämten sie sich ihrer Weichherzigkeit. Aber die Liebkosungen der Sonne werden immer zärtlicher, immer wärmer. Die jungen Bächlein und Quellen spielen alle schon munter auf der Eisdecke des Flusses und trachten ihn aus seinem Winterschlafe zu wecken. Gras und Blüten erscheinen wieder an seinen Ufern, Enten und anderes Geflügel fliegt seinem Laufe entlang. Endlich beginnt der Fluß selbst sich zu recken; mit lautem Donner bricht er vollends die starren Bande und eilt ungestüm den längst erwachten Strömen des untern Landes, dem Ottawa und dem St. Lorenz, zu. Damit ist auch die Bahn für den Holztransport frei geworden. Die Holzfäller schieben und stoßen die aufgehäuften Holzmassen in den Fluß, und nun tanzen die zerstückelten Waldriesen, von den Fluten getragen, stromabwärts. An Stromengen oder Katarakten und allen Orten, wo ihrer Reise Hindernisse entgegentreten, stehen einzelne Holzfäller bereit, die Bahn mittelst langer, eisenbeschlagener Stangen frei zu machen. Kommen sie endlich in den Bereich schiffbarer Flüsse, so werden eine Anzahl Stämme aufgefangen, mit ihren Enden lose aneinander gebunden, so daß sie eine lange Kette bilden, und diese hölzerne Kette wird dann quer über den Fluß gezogen, um die herabschwimmenden Stämme aufzufangen. Ungeheure Felder so zusammengehaltener Stämme schwimmen den Strom hinab nach Ottawa und werden in ihrem Kurs durch kleine, starke Dampfer gelenkt. Am untern Ottawa-Fluß oder im St. Lorenz werden die Stämme gewöhnlich zu Flößen von einigen tausend Meter Länge vereinigt. Wer je im Sommer den St. Lorenz befahren hat, wird gewiß gar manchem dieser Riesenflöße begegnet sein, die nicht selten ein Dutzend und mehr Zelte oder Bretterhäuser tragen, so daß sie sich ausnehmen wie schwimmende Dörfer. In Montreal oder noch weiter stromabwärts, in Quebec, angekommen, werden die Flöße auseinander genommen und nach allen Weltgegenden verschifft; die Schiffer und Holzfäller aber kehren wiederum in das jungfräuliche Urwaldgebiet an der Hudsonsbai zurück, in dem sie vielleicht geboren sind und auch den größten Teil ihres einsamen Lebens zubringen.

13. Der See der Tausend Inseln.

Die Amerikaner, wie alle jungen Völker, sind im allgemeinen warme Bewunderer und eifrige Anhänger des Grotesken, Extravaganten, noch nie Dagewesenen. Namentlich haben die unternehmenden amerikanischen Hotelwirte und Badeärzte bei ihren Badeortgründungen darauf Rücksicht genommen. So ist Saratoga entstanden, dieser kuriose Versammlungsort der New-Yorker

I. Unter-Kanada und das Seen-Gebiet.

seinen Welt, mit seinen Mammutkarawansereien, deren jede 1200—1500 Zimmer enthält; in deren Speisesälen 1000 Personen auf einmal abgefüttert werden können und dabei von 300—400 in blendendes Weiß gekleideten, kohlschwarzen Negern bedient werden; deren mit weichen Teppichen belegte Korridore mehrere englische Meilen lang sind, und deren Fensterzahl so groß ist, daß man jahrelang täglich aus einem andern Fenster gucken kann. So ist auch Coney Island entstanden, das beliebteste Seebad der New-Yorker, mit seinen groteskten Hotels und Bade-Einrichtungen, sowie dem Monstre-Elefanten, aus schweren Balken gezimmert und mehrere Stockwerke hoch, früher als Hotel, jetzt als fashionables Restaurant benützt; so der Badeort Cave City in der ewigen Nacht der berühmten Mammutsgrotte in Kentucky, und so auch der eigentümliche, schon oben erwähnte Badeort „The Thousand Islands" auf der Inselwelt des St. Lorenz.

Die sogenannten „Tausend Inseln" bilden eine Hauptsehenswürdigkeit Nordamerikas: die europäischen Touristen besuchen sie und den St. Lorenz mit derselben Vorliebe, mit welcher sie nach den Niagara-Fällen, nach der Mammutsgrotte oder nach der Geiser-Region des Yellowstone-Parkes reisen. Und die Amerikaner haben sie gar so schön und romantisch gefunden, daß sie dieselben zu einem ihrer beliebtesten Sommeraufenthalte oder, wie es auf gut amerikanisch heißt, „Summer Resorts" gemacht haben. Sie sind heute gewiß der eigentümlichste, ausgedehnteste Badeort der Welt. Wie Venedig, so steht auch dieser mitten im Wasser; aber statt der langen Palastreihen sind es hier lange Reihen romantischer, reichbewaldeter Felseninseln; statt des Seewassers schäumt hier die herrliche, blaugrüne Woge des St.-Lorenz-Stromes durch die Kanäle; die Kirchen und Dome vertreten schattige Waldparks mit ungeheuern Leinwandzelten, welche als Gotteshäuser dienen. Ich besuchte die Tausend Inseln von Toronto aus, der hübschen kanadischen Hafenstadt am Ontario-See. Stattliche Dampfer vermitteln den Verkehr von dem großen Seebecken durch den mächtigen St. Lorenz nach Montreal und Quebec; die blauen, an stürmischen Tagen stark getrübten Seefluten durchfurchend, biegen sie bei Kingston in den See der Tausend Inseln ein, dessen östlicher Ausfluß der St. Lorenz ist. Unmittelbar unterhalb Kingston befinden sie sich inmitten jenes eigentümlichen Labyrinthes von Kanälen und Seen, Inseln und Felsenriffen, welches den Namen „The Thousand Islands" führt. In ihrem Lauf immer mehr gehindert und eingeengt durch die zahlreichen Eilande der verschiedensten Größe und Form, schießen die Wasser des mächtigen Stromes schäumend und tosend zwischen den Felsen hindurch, so daß es dem Neuling nicht gerade angenehm zu Mute wird, zumal Kapitän und Schiffsmannschaft die unter dem Schiffe brodelnde Wasserfläche ängstlich beobachten, und selbst der (indianische) Pilot in seiner eigentümlichen Tracht dem Stromlauf seine ganze Aufmerksamkeit zuwendet.

v. Hesse-Wartegg, Kanada.

Fig. 27. Partie der „Tausend Inseln".

Zu S. 76.

13. Der See der Tausend Inseln.

Darum ist es denn kein Wunder, daß der Passagier von den romantischen Gegenden und der herrlichen Inselwelt, die er durchfährt, nicht viel wahrzunehmen vermag. Immerhin sieht er genug davon, um den Wunsch zu empfinden, daß er mehr von diesem eigentümlichen Lande kennen lerne, und wenn bald darauf der Dampfer in dem am Südufer des Stromes gelegenen Badeort Clayton-Bai anlegt, so folgt dem Wunsche auch die That. Hier, sowie in dem nahen Alexandra-Bai befindet man sich im Herzen der Inselwelt, die auf der verhältnismäßig kurzen Stromstrecke von etwa acht deutschen Meilen nicht nur, wie es ihr Name sagt, tausend, sondern in der That nahezu zweitausend Inseln enthält.

Zweitausend Inseln aller Größen, Formen und Arten, vielleicht der großartigste und ausgedehnteste Flußarchipel der Erde, der allerdings an Schönheit bei weitem von den Borromäischen Inseln des Lago Maggiore und der herrlichen Inselgruppe des Mälar-Sees bei Stockholm übertroffen wird. Ähnlich aber, wie diese letztere, bietet sich auch die Gruppe der zweitausend Inseln, etwa von dem Turme irgend eines Mammuthotels von Alexandra-Bai gesehen, dar. Den überwältigenden Anblick zu schildern, wird mir in der That schwer. Er erinnerte mich an ein ähnliches Bild, das ich einst gesehen, den ausgedehnten Park von Warwick Castle in England mit seinem großartigen Baumwuchs, seinen wilden Felsengruppen und sanften Abhängen. Man braucht sich in einem solchen Park die weiten Rasenflächen nur durch einen See mit blauem, klarem, durchsichtigem Wasser ersetzt zu denken, und das Bild der „Tausend Inseln" ist annähernd richtig. Wo immer man hinblicken mag: nichts als grüne, reizende Auen, manche kaum so groß, daß eine Hütte darauf Platz fände, — vielleicht gar nur ein aus dem Wasser hervorragender bemooster Felsen, andere wieder mehrere Quadratmeilen groß; die einen felsig, wild, mit hohen steilen Gipfeln und fast senkrecht in die Fluten fallenden Ufern, die anderen sanft und anmutig, kaum über den Wasserspiegel erhaben, als wollten sie, zur Erde geneigt, den Segen des vorüberschäumenden Stromes erflehen. Wieder andere sind dicht mit üppigem Baumwuchs, zumeist Tannen, bekleidet; andere sind ohne jegliche Vegetation, spärliche Kräuter und Moose ausgenommen. Die unglaublichsten Formen zeigen sich hier mitunter dem Auge des Beschauers, ja, so große Gegensätze wie die geschilderten treffen vielleicht auf einer und derselben Insel zusammen. Und zwischen dem Archipel windet sich der Strom durch, an manchen Stellen ruhig und langsam, an anderen rasch dahineilend; aber er umfaßt all die Inseln, groß und klein, mit gleicher Zärtlichkeit.

Man kann nicht bestreiten, daß dieser weit ausgedehnte Archipel, den man stundenlang durchfährt, eben infolge der ungeheuern Zahl seiner Inseln etwas an Monotonie leidet. Selbst das Schönste und Beste wird auf die Dauer langweilig. Das Unschöne verleiht dem Schönen Relief, das Seltene

I. Unter-Kanaba und das Seen-Gebiet.

einem Gegenstand seinen Wert. Ich weiß nicht, ob Europäer die Stromlandschaft des St. Lorenz nicht viel höher schätzen würden, sähen sie statt der tausende nur etwa zwanzig Inseln vor sich. Dem St. Lorenz geht es mit seinem Inseldiadem, wie mancher Dame mit ihren Diamanten: ein Solitär würde sie vielleicht schöner schmücken, als eine ganze glitzernde Rivière.

Dank jenem bezeichnenden amerikanischen Reklamewesen wurden die Tausend Inseln bald als das siebente, achte oder neunte Weltwunder — ich weiß nicht mehr genau, wie viele es deren giebt — ausgerufen. Die Eigentümer der verschiedenen Inselgruppen waren natürlich auch die eifrigsten, begeistertsten Bewunderer, und sie verstanden es wohl, dieser Begeisterung in einer Unzahl von Broschüren, Zeitungsartikeln, Anzeigen u. dgl. Ausdruck zu geben, sie sozusagen auf geistigem Wege in den Organismus des amerikanischen Touristen einzuimpfen. Die Impfstoffe sind einfach Papier und Druckerschwärze.

Die Tausend Inseln wurden fashionabel. Es entstanden an dem Südufer des St. Lorenz die zwei genannten Badeorte mit großartigen Hotels und Parkanlagen; Dutzende von Dampfern brachten bald Hunderte und Tausende von Kurgästen, und eine stattliche Anzahl von Ruder-, Segel- und Dampfbooten liegt an den Landungsplätzen bereit, um den Touristen durch das Insellabyrinth zu steuern.

Die diesen beiden „Watering-places" benachbarten Inseln haben heute alle schon ihren New-Yorker oder Bostoner oder Montrealer Besitzer — ja, wenn es mit dem „Boom" der „Thousand Islands" so weiter geht, so wird es in der eleganten Welt bald ebenso notwendig erscheinen, eine der zweitausend Inseln am St. Lorenz zu besitzen, wie man heute seine Cottage im Seebade Newport, sein Haus in der „Fifth Avenue" in New-York, seine Pferde und Yachten haben muß. Auch Pullman, der bekannte Eisenbahnkönig von Chicago, hat schon seine nach ihm getaufte Insel, wie denn die meisten Inseln nach ihrem jeweiligen Besitzer benannt werden. Hübsche Cottages, Villen mit Veranden und Türmchen, Lusthäuser und Pagoden sitzen hier auf den höchsten Aussichtspunkten, oder liegen versteckt im Schatten riesiger Tannen. Die Naturparks, als welche die Inselflächen sich ursprünglich darstellten, wurden mit reizenden Gartenanlagen geschmückt; manche Inseln sind durch Brücken und Stege aller Arten miteinander verbunden, und wer mit seiner Yacht das gesamte Labyrinth durchkreuzt, der wird Hunderte von Kanadierinnen oder Yankee-Schönheiten hier im out of door-Sport beobachten können: im Cricket und Crocket, im Rudern, Segeln, Fischen, Schwimmen. Fast jede dieser Inseln enthält an einem günstigen Plätzchen an den Ufern ein Boothaus und eine Bade-Anstalt. Die ganze Sommeransiedelung gleicht einer Stadt, deren Straßen die Stromarme sind, und deren Häuser durchwegs von kleineren und größeren Parks — je nach dem

Umfang der Insel — umgeben sind. Das ganze Bild ist idyllisch schön, fremdartig und farbenfrisch, der Grund aber, von dem es sich abhebt, so einförmig blau, daß der Gesamteindruck etwa dem jener Figürchen gleicht, mit welchen die Japanesen ihre Tapeten und Ofenschirme bemalen.

Die Tausend Inseln sind indes nicht bloß das „Buen Retiro" der Sommerfrischler, sondern ein Hauptschauplatz der echt amerikanischen, religiösen Picknicks, der sogenannten, vielverschrieenen Camp=Meetings, an denen mitunter Tausende beider Geschlechter teilnehmen. Mehrere Tage und Nächte hindurch kampieren diese unter großen Leinwandzelten oder unter hölzernen Flugdächern und verbringen die Tage mit dem Absingen religiöser Lieder und nicht gerade immer die Andacht weckenden Gebetsübungen. Namentlich auf Wells Island, der ersten großen Insel, nahe am Ontario=See, werden solche Sektirerversammlungen abgehalten. Die weiten Matten und Wälder von Wells Island sind alsdann in mehrere sogenannte „Camping=Grounds" eingeteilt, von welchen der „Thousand=Islands=Park" mit seinem an 2000 ha umfassenden Gelände der größte ist. Ihm gegenüber, am andern Ende der Insel, befindet sich der „Westminster=Park". Außerdem giebt es noch auf anderen Inseln ähnliche „Camping=Grounds", die von ihren Eigentümern den Veranstaltern der „Camp=Meetings" gegen Bezahlung harter Dollars vermietet werden.

Mich haben die Tausend Inseln mit eigenem Zauber umfangen; ich konnte mir erklären, warum Cooper den Schauplatz seines „Pfadfinders" hierher verlegte. Dagegen sind die Meinungen der europäischen Besucher sehr geteilt. Charles Dickens und Xavier Marmier waren entzückt von dieser „Sommerfrische". Der Herzog von Argyll jedoch und mein Freund Jules Leclercq waren, wie letzterer in seinem hübschen Buche „Un été en Amérique" sagt, sehr enttäuscht davon. Am charakteristischten ist die Meinung des „New=York Herald": „Eine Million Menschen könnte sich in dieser weiten, einsamen Region verlieren, ohne daß einer den andern in seinen Vergnügungen oder seinem Sport hindern würde." Eine echt amerikanische Übertreibung, wie sie sich leider nicht nur in den Zeitungen zeigt!

14. Ontario.

Der bestbesiedelte Teil Kanadas ist die große, weit zwischen die drei unteren kanadischen Seen Huron, Erie und Ontario vorgeschobene Halbinsel, die politisch wohl zur Provinz Ontario gehört, in vielen anderen Hinsichten jedoch weit eher amerikanisch als kanadisch erscheint. Das Yankee=Wesen des südlichen Nachbarreiches, das auf Dampfrossen einherbraust, ließ sich auf seinem Zuge nach dem Westen durch politische Grenzen nicht abhalten, und da die Halbinsel von Ontario auf der großen Verkehrsstraße zwischen New=

1. Unter-Kanada und das Seen-Gebiet.

York, Boston und den Neu-England-Staaten einerseits und dem emporstrebenden Westen andererseits gelegen ist, so hat die Völkerwanderung von Ost nach West auch hier ihre Spuren hinterlassen: Ontario hat nicht nur an Bevölkerung gewonnen, sondern auch amerikanisches Wesen und Yankee-Sitten sind dieser Bevölkerung nicht fremd geblieben. Aber die amerikanische Gleichförmigkeit erstreckt sich hier nur auf das Außenkleid; denn wenn auch die kanadische Einwohnerschaft Ontarios viel von dem praktischen Verkehrswesen, von der Industrie, den politischen Einrichtungen u. dgl. der Amerikaner angenommen hat, im Herzen hält sie mit eigentümlicher Zähigkeit fest an ihrer Unabhängigkeit und an ihrer Zusammengehörigkeit mit dem englischen Mutterlande.

Wer Ontario in den Palastwagen der großen Eisenbahnlinien zwischen New-York, Chicago und San Francisco durchfliegt, der kann freilich nicht wahrnehmen, daß er sich in einem andern Lande befindet. Selbst ein kurzer Geschäftsaufenthalt in Toronto oder Hamilton oder London läßt dies nicht erkennen. Die großen Hotels in den volkreicheren Städten sind amerikanisch; der Reisende begegnet dort demselben aufgeblasenen Clerk, derselben schwarzen Dienerschaft; er fährt auf den gleichen Pferdebahnen zu gleichen Preisen und kann sogar mit dem gleichen Gelde bezahlen. Die amerikanische Banknote wird hier vollwertig überall angenommen, und friedlich klimpern in den Geldladen der Kaufleute die amerikanischen „Nickel" und „Dimes" und „Quarters" neben jenen, welche das Konterfei der Königin von England tragen. Der Münzfuß ist in Kanada derselbe wie in den Vereinigten Staaten, und die Preise sind ebenfalls die gleichen. In den Kaufläden der Geschäftsstraßen herrschen dieselben Einrichtungen wie in jenen des benachbarten Buffalo oder Detroit, und ob der Reisende auf der Fahrt zwischen diesen Städten die Eisenbahn längs der südlichen oder der nördlichen Ufer des Erie-Sees wählt, er wird keinen nennenswerten Unterschied finden. Die einzigen Grenzen, welche zwischen dem regen, innigen Verkehr beider Länder gezogen sind, beschränken sich auf das Zollwesen, und das ist allerdings auffallend in einem Lande, auf welchem man Strecken von 4000—6000 km ohne Zollplackereien zurücklegen kann.

Die Verschiedenheit zwischen Kanada und der benachbarten Staaten-Union äußert sich in allerhand Kleinigkeiten, die trotz ihrer Unscheinbarkeit doch bezeichnend sind, so daß der aufmerksame Beobachter den Kanabier in den Vereinigten Staaten oder den Yankee in Kanada leicht herausfinden lernt. Der Kanadier ist in seinem Wesen langsamer, gemessener, in seiner Kleidung einfacher und mehr an englischen Vorbildern festhaltend; er zieht das kurze englische Pfeifchen der amerikanischen Cigarre oder Cigarrette vor; er trägt den Spazierstock und bekleidet seine Hände häufiger mit Handschuhen, als der Yankee; sein Gesicht ist im allgemeinen gebräunter, sein Bart

14. Ontario.

Fig. 28. Auf dem Erie-See (im Sturme).

I. Unter-Kanada und das Seen-Gebiet.

struppiger und weniger gut gepflegt; er verschmäht den hohen, glatten Filz= hut — „the stove-pipe" — des Amerikaners, und, was eigentlich zu seinen Gunsten spricht, er schlürft keine „mixed-drinks", keine „Cocktails"= Limonaden, kein Eiswasser, sondern wenn er trinkt, so trinkt er ungemischt und echt — „whisky straight" ist die Regel —, und hat er die Wahl zwischen leichtem, schalem „Lagerbeer" und Ale oder Porter, so wird er in neun Fällen unter zehn zum schwerern Geschütz greifen.

Was aber den Kanadier von dem Amerikaner hauptsächlich unterscheidet, ist der ausgesprochene englische Accent und die Abwesenheit der langgezogenen, miauenden Nasenlaute, welche den Yankee=Bewohnern der benachbarten Neu= England=Staaten so eigentümlich sind. Es ist sonderbar, daß sich in zwei angrenzenden, im regsten Wechselverkehr miteinander befindlichen Ländern von ganz gleichen klimatischen und geographischen Verhältnissen Abkömmlinge gleicher Rasse, gleicher Nation und Sprache zu so verschiedenen Typen herausbilden können, wie der Yankee und der Kanadier.

Auffällig ist dem Reisenden die starke Besiedelung der Halbinsel von Ontario und die große Zahl stattlicher, schöner Städte, die sich hier fast ebenso dicht drängen, wie etwa in Connecticut. Von den zwei Millionen Einwohnern der Provinz wohnen zum mindesten $1^1/_2$ Millionen in dem süd= lichsten, zwischen die Seen eingeschobenen Teile, während die angrenzende Nordhälfte in dem Gelände um die oberen Seen herum von aller Be= völkerung entblößt ist. Ontarios größte Städte sind Toronto mit 125 000, Ottawa mit 30 000, Hamilton mit 36 000 Einwohnern. Es besitzt jedoch auch sein London und Paris, sein Petersburg und Koburg, sein Windsor und Stratford, die aber alle friedlich neben und bei einander liegen, und mit ihren berühmten Namensschwestern nichts anderes gemein haben, als eben nur den Namen. Ein vielverschlungenes Netz von Eisenbahnen ver= bindet sie untereinander, dazu Flüsse und Kanäle und endlich die große Seenkette selbst, welche die Halbinsel fast auf allen Seiten umgiebt und nur eine schmale Landenge bei Toronto gelassen hat.

Es war diese Landenge und der auf ihr gelegene große Simcoe=See, welche die Entstehung und Entwicklung Torontos förderten. Ein kleiner Fluß, der Humber, mündet in der Nähe des heutigen Toronto in den Ontario= See; schon im 17. Jahrhundert wurde dieser Fluß in Verbindung mit dem erwähnten Simcoe=See von den Indianern als Verkehrsstraße zwischen dem Ontario=See und der Georgian Bay des Huron=Sees benützt. An der Mündung des Humber entstand damals schon ein kleiner Handelsplatz, ge= schützt durch ein von den Franzosen erbautes Fort. Dieses wurde im Kriege mit den Engländern von den letzteren niedergebrannt. An seiner Stelle ent= stand 1793 das Fort York, welches lange Zeit den Gouverneuren von Ober= Kanada als Regierungssitz diente. In dem Kriege mit den Amerikanern

v. Hesse-Wartegg, Kanada.

Zu S. 82.

Fig. 20. Ansicht von Windsor (Ontario).

14. Ontario.

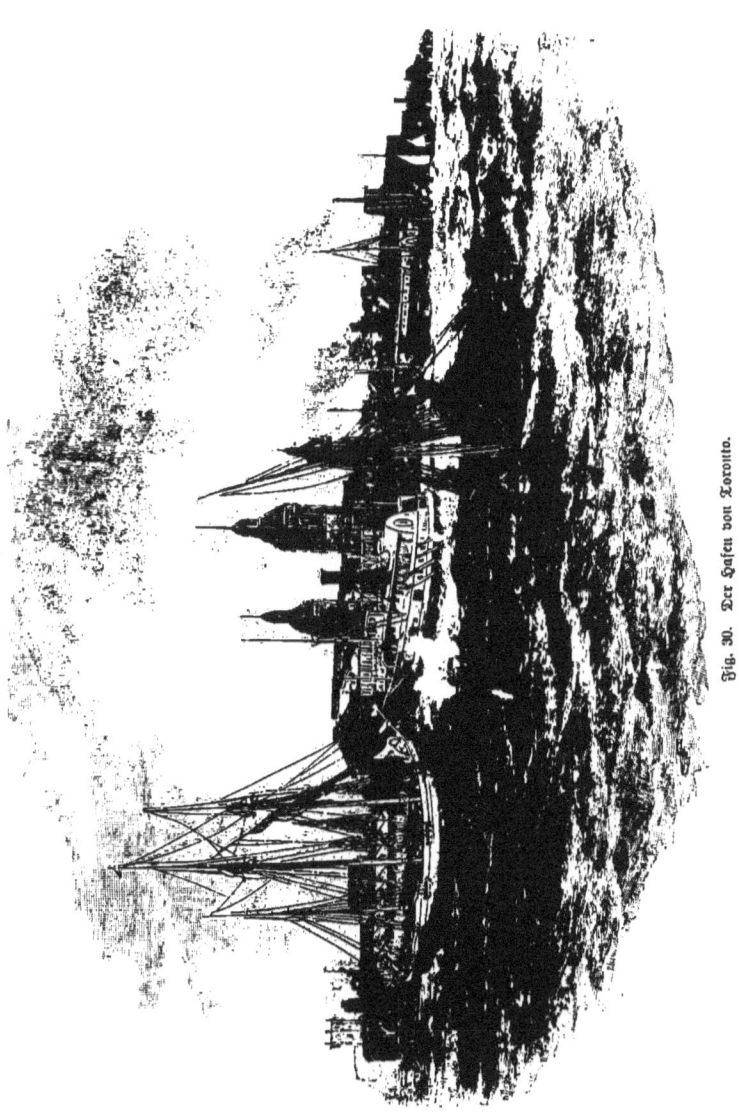

Fig. 30. Der Hafen von Toronto.

I. Unter-Kanada und das Seen-Gebiet.

(1812—1814) wurde Fort York zweimal von den letzteren genommen, aber von den Engländern wieder zurückerobert. 1834 hatte sich Fort York zu einer Stadt von etwa 9000 Einwohnern vergrößert, und seit diesem Jahre führt es den Namen Toronto. Die Bevölkerung der Stadt ist im Laufe der letzten 50 Jahre auf 125 000 Seelen angewachsen. Und es steht ihr noch eine glänzendere Entwicklung bevor. Denn, geographisch im Mittelpunkte des bevölkertsten und fruchtbarsten Teiles von Kanada gelegen, mit einem vorzüglichen Hafen ausgestattet und durch ausgedehnte Eisenbahn- und Schiffahrtslinien mit den amerikanischen Großstädten des Seengebietes verbunden, muß sie binnen kurzem sich zur ersten Handelsstadt Kanadas und Hauptstadt der Dominion erheben. Im vergangenen Jahre entstanden über 2500 neue Häuser in Toronto — ein Wachstum, wie es selbst in den Vereinigten Staaten nur selten vorkommt. Dabei wird die Verschönerung der Stadt durch Parkanlagen, schattige Spaziergänge und Monumentalbauten nicht außer acht gelassen. Bei jedem Besuche Torontos war mein erster Gang gewöhnlich nach dem prächtigen Queens-Park und den Anlagen um den großartigen Universitätspalast. In den Städten des amerikanischen Westens sind derlei Anlagen so spärlich vorhanden, und geschieht überhaupt so wenig für die öffentliche Verschönerung, daß dem Touristen der Besuch von Toronto eine wahre Erquickung sein muß. Am meisten zeichnet sich jedoch Toronto durch seine Unterrichtsanstalten aus, obenan die berühmte Universität. Sämtliche Schulen und Unterrichtsanstalten Ontarios, von den Kindergärten aufwärts bis zu den Universitäten, sind Freischulen; der Doktorgrad kann also hier erworben werden, ohne daß der Schüler auch nur einen Dollar dafür auszugeben braucht.

Auch das Zeitungswesen ist in Toronto besser entwickelt als in den anderen kanadischen Hauptstädten. „The Globe" und „The Mail" sind die beiden wichtigsten Tagesblätter Kanadas; an Gediegenheit des Inhalts und hoher Auflage überflügeln sie weit die englischen Montreals wie die französischen Quebecs.

Der Toronto-Bezirk bis an die kanadischen Seen ist ungemein ergiebig für Ackerbau und Viehzucht, so zu sagen die Pflanzstätte für die ganze Dominion. Der Boden ist fruchtbar und wohlbebaut, das Klima milder und angenehmer als jenes von Manitoba oder der Provinz Quebec. Das ganze Land erinnert mit seinen zahlreichen Städten, Dörfern und Farmen an die benachbarten, altbesiedelten Gebiete New-Yorks und der Neu-England-Staaten. Aber man braucht nur die Halbinsel Ontario zu verlassen und die Küstenstrecken der oberen Seen zu besuchen, um aus dem dichtestbevölkerten Teile Kanabas in den wildesten und unwirtlichsten zu kommen — aus Feld und Wiese in Fels und Urwald, wo der Boden noch auf den Spaten des Eisenbahnbauers, die Bäume noch auf die Axt des Holzschlägers harren und vielleicht

15. Kanadischer Winter in Stadt und Land.

noch Jahrhunderte harren werden: so nahe liegen die Gegensätze nicht nur in den Vereinigten Staaten, sondern auch hier in Kanada.

Fig. 81. Die King Street in Toronto.

15. Kanadischer Winter in Stadt und Land.

Überall Schnee und Eis. Das ganze weite Land, von den Quellen des Mississippi bis in den höchsten Norden hinauf, von dem eisumstarrten

I. Unter-Kanada und das Seen-Gebiet.

Golf des St.-Lorenz-Stromes, westlich über die Ketten der Felsengebirge nach dem Stillen Ocean, ist festgefroren. Das Wasser ist zu Eis, die Erde zu Stein verwandelt, und auf dem ganzen, Millionen von Quadratkilometer umfassenden Lande ruht eine blendendweiße Schneedecke — ein Leichentuch. Alles verschneit, verweht: Flußläufe, Straßen, Seen; die kanadischen Ströme, im Sommer so klar und hell, über zahllose Fälle und Schnellen den Seen und Meeren zusprudelnd, sind wie vertrocknet, die üppig grünen Prairien des Sommers tief unter den sandartigen, körnigen Flocken der Schneewüste begraben, die inselreichen Seen zugefroren; die Eisdecke ist verweht, Festland und Wasser sind nicht voneinander zu unterscheiden (Fig. 32). Große Eisberge, oft über hundert Meter hoch, stehen zu einer Barrikade fest ineinander gepfercht in den Meerengen von Neufundland; das Meer selbst, den felsigen Küsten von Labrador entlang, ist fest zugefroren; Anticosti und die weit vorspringende Halbinsel Gaspé sind mit hochgetürmten Eismassen ganz umkränzt; Quebec und Montreal, sonst so geschäftige, belebte Seehäfen, sind eingefroren, in trockene Inlandstädte verwandelt. Nirgends auf Millionen von Quadratkilometer wird die Landschaft durch Wasser belebt, nirgends zeigt sie sich in einer andern Farbe, als in dem einzigen blendenden Weiß. Die spärlichen Ansiedelungen im weiten Westen treten kaum aus ihrer eintönigen Umgebung hervor. Mag die Sonne auch noch so hell niederscheinen, sie giebt wohl Licht, aber keine fühlbare Wärme. Alles Leben scheint dieses Winterland mit dem ersten Novemberfrost, dem ersten Schneefall verlassen zu haben, um erst wieder nach sechs Monaten dahin zurückzukehren. Und doch ist dieses anscheinend öde, trostlose Winterbild voll Reiz, voll Leben; ja, ich würde getrost behaupten, wer Kanada sehen und kennen lernen will, der muß es im Winter besuchen.

Vielleicht ist es ein bißchen Selbsttäuschung meinerseits, wenn ich mit Befriedigung auf die in Schnee und Eis verlebten Wochen zurückblicke. Jeder, der in seinem Leben schon zum Wanderstab gegriffen hat, wird ähnliches wohl an sich selbst erfahren haben: ist eine Reise glücklich überstanden, so treten merkwürdigerweise alle Unannehmlichkeiten und Beschwerden derselben allmählich in den Hintergrund, und nur die reizvollen Bilder fremder Länder und Menschen bleiben dem Wanderer vor seinem Auge. Eine Fülle entzückender Bilder tritt mir, während ich diese Zeilen schreibe, einer Fata Morgana gleich vor die Augen. Denn so öde und traurig der kanadische Winter auch dem Europäer vorkommen mag, er hat doch seine schönen Seiten. Stadt und Land verleben den Winter in ihrer eigenen Weise, die Stadt angenehm und gesellig unterhaltend, das Land dagegen in schrecklicher Einförmigkeit, nur gemildert durch die wahrhaft großartigen Naturerscheinungen.

Meine ersten Erfahrungen über den kanadischen Winter waren allerdings nicht angenehmer Art. Unterwegs auf der Fahrt von St. Paul nach

15. Kanadischer Winter in Stadt und Land.

Winnipeg blieb der Eisenbahnzug in der Nähe der kanadischen Grenze in einer Schneeverwehung stecken, und wir spärlichen Passagiere mußten zwei

Fig. 32. Kanadisches Winterbild.

Tage und drei Nächte in offener Steppe auf Erlösung warten. Einer jener gefährlichen Schneestürme, welche Dakota, Minnesota und das Gebiet der

I. Unter-Kanaba und das Seen-Gebiet.

kanadischen Seen im Winter so häufig heimsuchen, hatte uns inmitten der Steppe, viele Meilen von jeder Ansiedelung entfernt, überrascht; harte Schneeflocken, großen Hagelkörnern gleich, fielen, an unsere Fensterscheiben schlagend, in Wolken hernieder und begruben unsere Waggons bald bis an die Fensterhöhe. Der Sturm sauste ungebrochen durch die unendlichen Steppen mit furchtbarer Gewalt aus den Felsengebirgen von Montana heran, den losen Schnee wie Wüstensand vor sich herfegend. Die grimmige Kälte machte jeden Aufenthalt im Freien unmöglich. Schon einige Minuten nach Beginn des Schneeorkans wurden Heizer und Ingenieur mit erfrorenen Gliedern von der Lokomotive hereingebracht. Stunde um Stunde verrann, Tag und Nacht wechselten, unser Lebensmittelvorrat war verzehrt, unsere Kohlen waren verbrannt, und wir sahen, in unsere Decken gehüllt, ergebungsvoll einem traurigen Schicksal entgegen, wie es in jedem Winter dahier seine Opfer fordert. Der Aufopferung einiger Eisenbahnleute, die mit einem Rettungszug aus St. Vincent zu unserer Hilfe herbeieilten, haben wir es zu danken, daß wir mit dem Leben davonkamen. Von zwei Lokomotiven getrieben, bahnte sich der große schwere Dampf-Schneepflug (s. Fig. 33) gewaltsam Bahn durch die meilenlangen Verwehungen, bis der Rettungszug uns erreichte und wir mit halb erfrorenen, steifen Gliedern in die warmen Waggons kletterten.

Einige Stunden darauf — es war 2 Uhr morgens — kamen wir in Winnipeg, der Hauptstadt Manitobas, an, und hier erhielt ich das erste Bild kanadischen Städtelebens im Winter.

Winnipeg war damals schon wie jetzt der große Stapelplatz des neuerblühenden Nordwestens, der Hauptsitz der Hudsonsbai-Gesellschaft, die Residenz des Gouverneurs. Überall in den Straßen herrschte das regste Leben, ungeachtet der grimmigen Kälte, die das Quecksilber bis auf — 25° zusammenschrumpfen machte; die Tramways hatten den Verkehr trotzdem nicht unterbrochen, und die guten schottischen Ansiedler, die französischen Kanadier und die Halbindianer fuhren in offenen Schlitten, gezogen von behenden Ponies, die Straßen auf und ab. Freilich, in den Tramwaywagen hingen trotz der zum Zerspringen geheizten Öfen die Eiszapfen von der Decke nieder, die Pferde dampften, und weißer, dicker Reif bedeckte sie sofort, wenn sie einen Augenblick stillehielten, um irgend einen Fahrgast ein- oder auszulassen. Unsere Bärte waren zu einem Eisklumpen zusammengefroren, und unser Atem hatte, über den Pelzkragen streifend, auch diesen mit Eis bedeckt. So grimmig indessen die Kälte auch war, sie war doch erträglich; denn es herrschte vollkommene Windstille. Die Rauchsäulen steigen aus den zahllosen Kaminen der Stadt kerzengerade zum Himmel empor, und so lange sie nicht in Bewegung geraten, wird die tägliche Arbeit in dem schnellebigen, emporstrebenden Winnipeg nicht unterbrochen. Überall wurde gemauert, gezimmert, gehämmert, geklopft, Häuser entstanden über Nacht: neben der über und

Zu S. 88.

v. Hesse-Wartegg, Kanada.

Fig. 33. Der Dampf-Schneepflug.

15. Kanadischer Winter in Stadt und Land.

über mit Eiszapfen behängten Ruine eines in der vergangenen Woche niedergebrannten Hauses war ein anderes schon bis zur Dachhöhe gediehen; freilich, die Ziegel mußten an mächtigen offenen Feuern zuvor erwärmt werden, und der Mörtel wurde in großen Kesseln mit siedendem Wasser angemacht; aber auch dann noch fror er den Maurersleuten unter der Kelle zu. In den Kaufläden und outfitting stores (Ausrüstungs-Magazinen) herrschte ein ebenso reger Verkehr. Indes von der Straße aus kann man von den vielen und verschiedenartigen Waren, die hier aufgestapelt sind, nicht viel wahrnehmen; denn die großen Schaufenster sind an der Innenseite mit einer fast zolldicken Eiskruste bedeckt, die selbst die hellstrahlenden Gasflammen nicht aufzutauen vermögen.

Von meinem warmen Wohnzimmer aus auf die Straße hinabzusehen, war aus der gleichen Ursache unmöglich: ich mußte mir erst das Eis von den Fenstern herunterschlagen, und kaum war eine Spürlücke geschaffen, so war sie auch schon wieder zugefroren. Der Schnee in den Straßen war nicht, wie in unseren Gegenden, eine schmutzige, halbzerronnene weiche Masse, sondern lose, hart, jedes Flöckchen für sich, das Ganze wie tiefer Sand, in welchem man watete, ohne daß die Flußbekleidung naß wurde; denn die innere Wärme ist hier nicht hinreichend, die Körnchen zu schmelzen. Und doch, trotz all dieser Anzeichen großer Kälte fühlt man dieselbe in Kanada lange nicht so sehr, wie manchen Frost in England oder Schottland, wenn nicht gar näher bei uns; denn man versteht es im Rupertslande, sich gegen die Kälte zu schützen, man ist auf sie vorbereitet: für den Verkehr im Freien hat man dicke, warme wollene Unterkleider, pelzgefütterte Röcke, ebensolche Kappen und Handschuhe, an den Füßen weiche indianische Mokassins. Der Kanadier in Ost und West ist schon an seiner typischen Winterkleidung, der langen, pelzgefütterten Redingote und dem um den Leib gewundenen Schärpe, nicht zu verkennen, falls er sich der angestammten Indianertracht nicht noch mehr nähert und die besonders von den Trappern gern getragenen ledernen Beinkleider mit Ledertressen, die „Schemilun", anlegt. In den kanadischen Großstädten ist diese Tracht bei vornehmen Sportklubs zu Ausflügen sehr beliebt.

In den Häusern befindet sich der Kanadier ebenfalls viel wohler und behaglicher als wir in den gemäßigten Zonen Lebende. Fenster und Thüren schließen hermetisch, alle Ritzen und Spalten sind sorgfältig verkleidet, die Fußböden mit Teppichen, die Korridore mit Matten bedeckt. Die Heiz- und Ventilations-Einrichtungen sind unübertrefflich. Die Außenwände vieler Häuser, sogar jene der Ansiedler und Farmer, bestehen aus doppelten Holzwänden, zwischen welchen häufig Birkenrinde aufgefüllt wird, wenn der Zwischenraum nicht ganz leer bleibt. In diesen Häusern ist man auch gegen die strengste Kälte vollständig geschützt und schlägt Bruder Frost ein Schnippchen.

I. Unter-Kanada und das Seen-Gebiet.

Ungeachtet seiner kommerziellen Bedeutung ist Winnipeg doch noch viel zu jung und in seinen Verhältnissen viel zu zerfahren, als daß es sich in geselliger Hinsicht mit Montreal, Quebec, Toronto oder Ottawa messen könnte. Die großen Wintervergnügungen und das Sportswesen sind nur in den östlichen Großstädten, hauptsächlich in Montreal, und hier wieder um die Karnevalszeit[1], zur höchsten Blüte entwickelt.

Vorzüglich blüht in den Städten der Eissport. So insbesondere auf dem mächtigen, breiten St. Lorenz. Ist seine Eisdecke hinreichend fest gefroren, so dient er vor allem als Verkehrsweg gerade so wie jede Landstraße. Ja, mehr noch — es werden Schienen über die Eisdecke gelegt, und Last- wie Personenzüge mit Lokomotiven fahren über den gefrorenen Strom. Aber gar viele brauchen keine Eisenbahn: sie legen die gleichen Strecken in viel kürzerer Zeit auf Schlittschuhen zurück. Die kanadischen Flüsse sind mitunter mit einer glatten Eisdecke von 30—45 cm Dicke überkleidet, und eine sicherere, bessere, ebenere Bahn ist kaum denkbar. Zwischen den Schlittschuhläufern, welche nicht selten 30—40 km in der Stunde zurücklegen, winden sich dann die Schlitten mit ihren Gespannen hindurch. Viele fahren auf Schlittschuhen von St. John (Neu-Braunschweig) über den gleichnamigen Strom nach dem an 130 km entfernten Fredericks-Strom in einem Tage, ohne stärker zu ermüden, als wenn sie einen starken Tagesmarsch zurückgelegt hätten. Noch schneller ist der Verkehr auf den Eisbooten, jenen dreieckigen, auf drei Schienen ruhenden Plattformen, deren hintere Schiene wie ein Steuer verstellbar ist. Ist der Wind günstig, so wird auf dem vorn stehenden Mast ein dreieckiges Segel aufgezogen; die Boote schießen mit solcher Geschwindigkeit auf dem Eise dahin, daß sie erwiesenermaßen mitunter an 65 km in der Stunde zurücklegen.

Weniger angenehm, weil viel beschwerlicher und ermüdender, ist das Schneeschuhlaufen. In den Einöden der Hudsonsbai-Länder und Labradors, auf den entlegenen Farmen und Dörfern, sind die Schneeschuhe die einzigen Mittel, um den Verkehr mit der Außenwelt aufrecht zu erhalten; denn rings um diese verschneiten Ansiedelungen liegt der Schnee an manchen Stellen mannshoch, und das Durchwaten wäre eine Unmöglichkeit. Die einsamen Trapper und Pelzjäger, die Indianer und Mischlings-„Voyageurs", die Farmer und Holzfäller müssen deshalb wohl die großen, netzüberzogenen Schneeschuhe an die indianischen Mokassins, ihre gewöhnliche Fußbekleidung, schnallen, um vorwärts zu kommen. Aber alle Mühen und Beschwerden hindern, wie wir schon oben gesehen, die feinere Gesellschaft der Städte nicht, in eigenen Klubs leidenschaftlich dem Schneeschuhlaufen zu huldigen.

Am empfindlichsten macht sich der kanadische Winter wohl in dem

---

[1] Vgl. oben S. 83 f.: „Der Karneval von Montreal".

15. Kanadischer Winter in Stadt und Land.

Fig. 34. Gewöhnlicher Schneepflug.

I. Unter-Kanaba und das Seen-Gebiet.

Rupertslande fühlbar. Dort stiehlt er sich langsam, unauffällig heran. Eines Morgens nach einer kalten Nacht wird man längs der Flußläufe harte, ausgewaschene Eisränder finden, die Stück für Stück von den rasch dahineilenden Fluten in den Strom gerissen werden und dort die Oberfläche dicht bedecken. Am nächsten Morgen ist vielleicht der ganze Fluß zugefroren, und ein „Silberfrost" bereist das ganze Land. Diese Silberfröste gehören zu den schönsten Naturerscheinungen. Die Temperatur bewegt sich in der Nähe des Gefrierpunktes, bald darüber, bald darunter. Ein feiner Regen fällt aus den leichten Nebelwolken und friert in dem Augenblicke, da er den Boden berührt. Kruste um Kruste feinen Eises legt sich an die Schollen, an die Baumstämme, die Zweige und Äste und Blätter, und bald ist die ganze Gegend, die Wälder, die Hecken, Häuser und Zäune, wie krystallisiert, mit einer dünnen, ganz durchsichtigen Eiskruste überzogen. Jedes noch so dünne Zweiglein, jeder Halm steckt in solcher Eisschale, und kommt dann die Sonne hervor, so glitzert und strahlt und funkelt ein solcher Wald wie mit den lautersten Diamanten besäet. Schnee folgt bald darauf. Für mehrere Tage nichts als Schnee. Immer höher, dichter bedeckt er das ganze Land, verbirgt Straßen, Wege, Hecken, Felder, und bleibt nun seine fünf oder sechs Monate lang ungeschmolzen liegen. Der Winter ist da. Tage und Wochen kann man durch die Länder westlich der Hudsonsbai reisen, ohne irgend einer Ansiedelung, einem menschlichen Wesen zu begegnen, tage- und wochenlang wird man nichts als Schnee sehen. Die ungeheure Ausdehnung dieser Schneewüste ist überwältigend, und sie drückt auf den einsamen Wanderer durch die unsagbare Ruhe, welche über die gefrorene Natur gebreitet ist, noch viel mehr als durch die grimmige Kälte. Die Atmosphäre ist von wunderbarer Klarheit, und die Aussicht erstreckt sich über unermeßliche Entfernungen. Man erkennt Häuser, Farmen, Bäume von liliputanischer Kleinheit scharf gezeichnet, und Menschen zeigen sich so klar und deutlich, wie auf scharfen photographischen Bildern. Die Stille ist so intensiv, daß darin jedes Geräusch ins Unabsehbare vergrößert erscheint: daß das ferne Krachen des Eises oder der Bäume wie Kanonenschüsse herüberdröhnt, daß man das Losbrechen eines Zweigleins für das Fallen eines Baumes halten könnte, und der eigene, durch weiche Mokassins gedämpfte Schritt über den Schnee wie das Knirschen eines Pferdehufes auf Kies ertönt. Die Kälte, beim Heraustreten aus der warmen Stube kaum empfindlich, äußert sich erst nach einigen Minuten. Das Thermometer mag vielleicht 30, 40° Kälte zeigen, ein halbstündiger Aufenthalt im Freien wird zum halbstündigen Kampf um das eigene Leben. Ein leises Lüftchen beginnt sich zu regen. Ein plötzliches Prickeln in der Nase, und man weiß, sie ist erfroren; darauf folgen die Wangen. Man hebt die Hand, um die schrecklichen weißen Flecke, diesen Aussatz des Winters, wegzureiben, und nun ist auch die Hand erfroren — man reibt seine Glieder,

15. Kanadischer Winter in Stadt und Land.

läuft umher, schwingt seine Arme, alles vergeblich. Der Atem gefriert fast in dem Augenblicke, wo er den Mund verläßt, und der eisige Dampf fällt zu Boden, statt zu steigen. Ein Pferd könnte es an solchen Tagen kaum einige Minuten im Freien aushalten. Es ist mit einem Worte tötlich kalt, und doch ist die Natur so erhaben still, anscheinend so mild und gleichmäßig wie an einem warmen Maitage.

Unaussprechlich schön sind zu bestimmten Zeiten die kanadischen Nächte. Sie sind viel heller und klarer als die Nächte in Europa; Mond und Sterne scheinen kaum auf Kirchturmhöhe entfernt zu sein: sie strahlen in ungewöhnlichem Glanz, und zeitweilig schießen die nebelhaften Blitze des Nordlichts strahlenförmig über das nördliche Firmament. Die blendende, glänzende Schneefläche strahlt das von oben kommende Licht zurück, so daß sie selbst zu leuchten scheint. Das ganze Bild ist ähnlich jenem, das eine Mondlandschaft, durch ein Teleskop betrachtet, dem Beschauer zeigt.

Am fürchterlichsten ist die Einöde an einem sogenannten „Poudre-Tage", bei einem Frost von etwa $40°$. Dann verlassen selbst die kühnen, abgehärteten Kanadier ihren Kamin nicht. Eine Reise an einem solchen Tage wäre sicherer Tod. Der frühe Morgen mag mild und klar und ruhig sein, aber beim Heraustreten aus dem Hause wird man bald winzige Eiskrystalle wahrnehmen, welche in der Luft schweben und auf den Flügeln eines kaum fühlbaren Zephyrs umhergetragen werden. Mit Tagesanbruch wird auch der Wind stärker; auf der glatten Oberfläche des Schnees erscheinen kleine, losgelöste Flocken, die sich sanft in kleinen Wirbeln drehen und wieder zerstieben. Andere folgen und werden vom Winde emporgehoben. Immer größer werden die Wirbel, immer heftiger der eisige Wind, bald ist die Atmosphäre mit aufgewirbelten Schneeflocken und Eiskörnern erfüllt, so dicht, daß man kaum einige Schritte vor sich hinsehen kann. Endlich saust und rast der Sturm in Stößen heran, hebt ganze Schneeberge weg, zerzaust sie und führt sie, wie Wüstenwinde den Sand, nach anderen Orten. Alles wird übersetzt, verweht, mit dem eisigen Grabtuch bedeckt. Wehe den Proviant- oder Jagdkarawanen, welche von einem solchen Poudre-Sturm überrascht werden! Das Atmen wird fast unmöglich, die halberfrorenen Augenlider versagen ihre Thätigkeit und ein eigentümlicher Schwindel oder Taumel erfaßt den Wanderer. Seine ganze Aufmerksamkeit, sein ganzes Streben muß darauf gerichtet sein, Gesicht und Hände gegen das Erfrieren zu schützen, und selbst wenn er genug Energie fände, sein Augenmerk auf etwas anderes als sein eigenes Ich zu wenden, auf seine Pferde, auf den Weg, den er zu verfolgen hat, es wäre ihm doch unmöglich bei diesen anstürmenden, blendenden Schnee- und Eismassen, irgendwelchen Erfolg zu haben. So leistet der Wanderer vielleicht stundenlang nur mehr passiven Widerstand, bis er schließlich Gefahr läuft, den Kampf mit den Elementen ganz aufzugeben. Schreckliche Müdigkeit überfällt ihn. Ich erinnere mich an Augenblicke, wo ich all meine Habe mit Freuden hergegeben hätte, um mich nur für ein Viertelstündchen auf irgend eine Schneebank zur Seite des Weges hinlegen zu können. Und wäre ich allein gewesen, nichts hätte mich daran gehindert; denn die Müdigkeit erschien mir noch furchtbarer als der eisige Schneesturm, der um mich wehte. Aber wehe demjenigen, der in solchen Augenblicken den Widerstand aufgiebt! Er mag seinen Rosenkranz beten und nicht weiter an den nächsten Morgen denken; denn sein Schlaf wird ein langer sein. Viele, viele Opfer verlangt der kanadische Winter in Ost und West, und während in der Großstadt nach durchwachter Ballnacht irgend eine lustige Gesellschaft in glänzender Equipage nach Hause fährt, bescheint die Morgensonne draußen in der Schneewüste vielleicht ein paar menschliche Gestalten, anscheinend in ruhigem, friedlichem Schlafe hingestreckt, mit steifen, festgefrorenen Gliedern — das bißchen Leben vom Wirbelsturm fortgetrieben, die Körper kalt und hart, wie aus Granit gehauen.

16. Die oberen Seen und ihre Uferländer.

Auf ihrem Wege vom Ottawa-Flusse nach Winnipeg durchfährt die kanadische Pacific-Bahn die nördlichen Ufergebiete der zwei größten kanadischen Seen, des Huron- und des Obern Sees (Superior Lake). Wären diese Gebiete nicht gerade zwischen dem bewohntesten und fruchtbarsten Teile der Provinz Ontario und dem neu aufstrebenden Prairie-Gelände von Manitoba, auf der großen Route nach dem Stillen Ocean gelegen, sie hätten kaum jemals eine Eisenbahn kennen gelernt; denn das ganze Land zwischen dem Oberlaufe des Ottawa-Flusses und dem nördlich vom Obern See gelegenen großen Nepigon-See gehört zu den unwirtlichsten Gegenden des Kontinents. Die Gneis- und Granitfelsen der Laurentinischen Gebirge nehmen die ganze Strecke zwischen den oberen kanadischen Seen und der Hudsonsbai ein. Während sie sich gegen die letztere nur allmählich senken, zieht sich ihr höchster Rücken in einer Durchschnittshöhe von 600—900 m kaum 160 km längs der Nordufer der kanadischen Seen hin; die Ufer fallen deshalb steil gegen die Seen und umspannen diese mit granitenen Klippenmauern, wie man sie in solcher Höhe und Wildheit kaum irgendwo mehr auf dem Festlande antrifft. Für uns Reisende auf unserer Fahrt nach den Prairien waren diese großartigen Gebirgslandschaften nach den flachen Waldeinöden des Ottawa-Thales von unwiderstehlichem Reize, aber sie bilden den Schrecken der Ansiedler wie der Eisenbahn-Ingenieure; die letzteren hatten hier längs der Ufer des Obern Sees eine Bahnstrecke zu erbauen, die an Kostspieligkeit sogar die Strecken über die Felsengebirge übertrifft.

Die Rauheit der Natur, die Unwirtlichkeit und Wildheit des Landes

16. Die oberen Seen und ihre Uferländer.

überträgt sich auch in südlicher Richtung auf den Huron=See und den Obern See. Wohl ist deren Wasser klar, hellgrün und durchsichtig, so

Fig. 35. Hafen am Huron=See.

daß die Sonnenstrahlen bei ruhigem Sommerwetter bis tief unter die Wasser=fläche eindringen; aber wehe den Schiffen, wenn die scharfen Nordwestwinde

I. Unter-Kanada und das Seen-Gebiet.

über die weiten Wasserwüsten streifen! Im Handumdrehen schwillt das Wellengekräusel zu schäumenden Wogen an, wie sie massiger und größer selbst auf dem Ocean nicht zu finden sind. Nirgends in Amerika ist das Wetter launenhafter, rascher wechselnd, von einem Extrem zum andern überspringend, als hier, im Herzen des Festlandes. Unter anderen Witterungsverhältnissen wären diese Seen vielleicht zum Mittelpunkte des Verkehrs geworden, und Dutzende von Dampferlinien würden die Verbindung zwischen den einzelnen Häfen bewerkstelligen; so aber hat man hier vor den Seefahrten eine gewaltige Angst. Die Unwirtlichkeit der Ufergebiete und das elende, kalte, feuchte, neblige Klima setzt sich auch jenseits der kanadischen Seen auf den Gebieten der Unionsstaaten Minnesota, Wiskonsin und Michigan fort, und auch die See-Ufer in den Vereinigten Staaten zählen zu den verlassensten und am wenigsten besiedelten Landesgebieten. Wären längs der Südufer des Obern Sees nicht große Eisen- und Kupferlager entdeckt worden, denen eine ganze Anzahl von Minenstädten, wie Marquette, Houghton, Ashland u. s. w., ihr Entstehen verdankt, so wären dieselben ebenso verlassen und unbewohnt wie die kanadischen Ufer.

Die Ausbeutung der Riesenwälder zwischen dem Michigan- und dem Huron-See, welche die dort eingeschobene Halbinsel Michigan bedecken, hat allerdings am Huron-See bedeutende Städte, wie Bay City und Saginaw, ins Leben gerufen; ebenso hat die Nördliche Pacific-Bahn in der Stadt Duluth an der westlichsten Spitze des Obern Sees einen Getreide- und Holzhafen geschaffen, der seit der Eröffnung der Bahn maßgebende Bedeutung erlangt hat; auf jenen indes, der nicht durch derlei Interessen an die See-Ufer gefesselt ist, üben die genannten Städte keine Anziehungskraft. Ich habe dieselben zu verschiedenen Jahreszeiten, im Sommer wie im Winter, besucht, aber selten dortselbst einen nebelfreien Tag erlebt. Marquette und die Minenstädte der weit in den See vorspringenden Kalumet-Halbinsel sind fast in ewigen Nebel gehüllt; ist die Atmosphäre einmal vollkommen klar, so währt dies nur auf Stunden. Eben so rasch, wie die glatte, ruhige Seefläche binnen kürzester Frist zu haushohen Wellen aufgepeitscht wird, kommen auch die Nebelwolken, kalt, weiß und undurchsichtig, herangeflogen und überdecken die ganze Küste wie mit einer Baumwolldecke.

Der Personenverkehr zwischen den Häfen der beiden Seen ist sehr beschränkt; wer immer in der Lage ist, die teure Eisenbahnreise zu bestreiten, läßt sich zur Seefahrt nicht leicht bewegen. Ich kann mich nicht entsinnen, auf einem Meere unangenehmere Fahrten zurückgelegt zu haben, als auf den oberen kanadischen Seen. Nirgends sind auch im Verhältnis die Unglücksfälle so zahlreich; insbesondere fordert jeder Winter seine großen, herzbrechenden Opfer. Erst im vergangenen Herbst (1886) scheiterte ein großer Passagierdampfer an den Klippen der Isle Royale und ging mit der Mehr-

16. Die oberen Seen und ihre Uferländer.

zahl der Bemannung und der Passagiere unter. Die Bewohner der Uferländer hegen eine merkwürdige Abneigung und abergläubische Furcht vor dem großen,

Fig. 36. Sault Ste. Marie.

tiefen Obern See, und ich muß offen gestehen, auf keinem Meere habe ich mich selbst so unbehaglich befunden, wie gerade hier.

1. Unter-Kanada und das Seen-Gebiet.

Der Huron-See hat bevölkerte Ufer, und seine weite Fläche wird durch eine felsige Inselkette — das größte Glied derselben bildet die Manitoulin-Insel — in zwei Teile geteilt, deren nördlicher den Namen Georgian Bay führt. Aber dessenungeachtet wird der See ebenso ängstlich von Passagieren gemieden, wie sein Nachbar, der Obere See. Er umfaßt einen Flächenraum von etwa 57 000 qkm, so daß Königreiche wie Belgien und Holland in den Fluten versenkt werden könnten, ohne auch nur eine Spur zurückzulassen. Seine durchschnittliche Tiefe ist an 260 m, und da er über das Meeresniveau nur ca. 170 m erhaben ist, so liegen 90 m seines Inhaltes unterhalb des Meeresspiegels. Seine größte Tiefe beträgt 525 m. Gegen Westen verengt sich die weite Wasserfläche zu zwei Spitzen, von denen die südliche durch die Mackinaw-Straße mit dem großen Michigan-See, die nördliche durch den kataraktreichen Ste.-Marie-Fluß mit dem Obern See in Verbindung steht. Dieser Fluß bildet auch die Grenze nach den Vereinigten Staaten hin, ebenso sein südlicher Ausfluß, der St. Clair.

Die Schiffahrt zwischen dem Obern See und dem Huron-See wird durch die Stromschnellen des Ste.-Marie-Flusses, den berüchtigten Sault Ste. Marie, ungemein erschwert; es mußte deshalb zwischen den beiden Seen ein Schleusenkanal angelegt werden.

Der Spiegel des Obern Sees ist 15 m über jenem des Huron gelegen. Bei einer größten Länge von rund 580 km und einer Küstenausdehnung von 2400 km umfaßt der Obere See ein Areal von nahezu 83 000 qkm; er würde also, in das Herz von Europa verlegt, beispielsweise die ganze Schweiz und das südliche Drittel des Königreichs Bayern in einen See verwandeln. Seine durchschnittliche Tiefe beträgt über 300 m, und sein Grund liegt also an 115 m unter dem Meeresspiegel. Er empfängt den Zulauf von nahezu 200 Flüssen, von denen der bei Duluth mündende St. Louis River der bedeutendste ist; seine Quellen könnten als der eigentliche Ursprung des St. Lorenz gelten. Nimmt man die Wasserläufe zwischen dem Ursprung des St.-Louis-Flusses und der Mündung des St. Lorenz zusammen, so ergiebt sich eine Länge von ungefähr 5000 km.

Die kanadische Pacific-Bahn auf ihrem Wege von Ottawa nach Winnipeg verläßt den Ottawa-Strom, dessen Lauf sie auf mehr als 320 km aufwärts folgt, bei der Station Mattawa und tritt damit auch in das Gebiet der kanadischen Seen ein. Wie unbewohnt und verlassen dieser Teil Kanadas ist, geht schon aus der einzigen Thatsache hervor, daß wir auf unserer Fahrt von Pembroke am Ottawa-Fluß bis nach Winnipeg, das ist auf einer Strecke von mehr als 1900 km, nur zwei Ansiedelungen berührten, die Anspruch auf den Namen „Städte" erheben können, nämlich Port Arthur und Rat Portage. Zwischen Pembroke und Port Arthur durchfuhren wir ein Wald- und Felsengebiet von über 1200 km, das jeder Ansiedelung von auch nur 100 Seelen bar ist.

16. Die oberen Seen und ihre Uferländer.

Das sagt uns übrigens sogar der amtliche Eisenbahn=Fahrplan, der an einzelnen Hauptstationen verteilt wird. In Amerika herrscht nämlich die Sitte, auf diesen Fahrplänen neben dem Namen der einzelnen Stationen auch die Einwohnerzahl anzugeben, und daß diese bei der bekannten Übertreibungs= und Beschönigungssucht der Amerikaner nie zu tief gegriffen ist, kann man sich wohl denken. Dort, wo nur einzelne Hütten, oder gar der Bahnhof allein, die Station bilden, steht an Stelle der Einwohnerzahl ein Kreuzchen. Auf dem Fahrplan der kanadischen Pacific=Bahn sind nun zwischen Pembroke

Fig. 87. Nipissing=Indianer beim Ausbessern der Kanoes.

und Port Arthur nicht weniger als 54 Stationen namentlich angeführt, und alle ohne Ausnahme führen das verhängnisvolle Kreuzchen. Unter den Namen sind zehn indianischen, acht französischen und einer deutschen Ur= sprungs; die übrigen Namen sind englisch, und es macht einen eigentüm= lichen Eindruck, neben dem indianischen Nemagosenda oder Mekagama das englische poesielose Jack Fish, Mark Stay oder Roß Port zu finden. Warum mußten die poetischen, klangreichen Indianernamen durch so banale englische ersetzt und mit solcher Rücksichtslosigkeit die letzten Spuren der einstigen Herren des Huronenlandes verwischt werden?

I. Unter-Kanada und das Seen-Gebiet.

Das Land westlich des Ottawa ist auf viele Meilen eine Wüste mit gewaltigen Felsblöcken, untermischt mit spärlichem Strauchwerk und verkrüppeltem Baumwuchs, der in den Rissen und Spalten der Felstrümmer kaum hinreichende Nahrung findet. Je mehr wir uns der Georgian Bay und dem großen Nipissing-See näherten, desto besser wurde das Waldland; mit den größeren, mächtigeren Bäumen nahmen auch die Spuren menschlicher Kultur zu, wenn man elende Blockhäuser mitten im Urwald oder Holzschlägerhütten als solche überhaupt bezeichnen kann. In den ausgedehnten Urwäldern sind indessen doch viele Hundert kräftige Männer, zumeist Französisch-Kanadier, verteilt, welche mit dem Fällen und Behauen der Bäume ihren Lebensunterhalt erwerben. Im vergangenen Jahre wurden nicht weniger als 70 000 t Bauholz hier für den englischen Markt allein gefällt, die mittelst Eisenbahn nach dem Ottawa-Fluß gebracht wurden, um dort, zu Flößen gebunden, den Ottawa und den St. Lorenz hinab nach Montreal geflößt zu werden.

Die unter dem Namen North Bay bekannte Ansiedelung am nördlichen Ufer des romantisch gelegenen Nipissing-Sees verspricht zum Mittelpunkt und Hauptort der großen Waldregion zu werden, die sich zwischen dem Ottawa und der Georgian Bay ausdehnt und den seenreichen, malerischen Muskoka-Distrikt einschließt. Der Nipissing-See muß früher bedeutend größer gewesen sein; der einstige Seeboden ist dem Ackerbau so günstig, daß North Bay unter allen den jugendlichen Städten dieses Gebietes die größte Zukunft vor sich hat. Kurz nachdem wir North Bay mit seinen neuen, mitten unter Baumstümpfen gebauten Holzhütten verlassen hatten, durchfuhren wir die Reservation der Nipissing-Indianer. Federschmuck und Tomahawk sind längst verschwunden, selbst die altangestammten Wigwams haben Blockhäusern Platz gemacht. Meist träge, die Hände in den Taschen moderner Beinkleider, lungern die Rothäute an der Station herum; sie scheinen sich wohl bewußt zu sein, daß sie bald in der ringsum wachsenden Flut der „weißen Kultur" ertrinken werden. Beaucage, der alte Häuptling dieses Algonquin-Stammes, hat der Eisenbahnstation seinen Namen gegeben — sein Name wird in 20 Jahren wohl das einzige sein, was an die einstigen Herren dieser See-Ufer erinnert.

Vom frühen Morgen bis in die Nacht hinein und diese hindurch fuhren wir vom Nipissing-See aus nach dem Nordufer des Obern See durch ödes, unwirtliches, wenig Abwechslung aufweisendes Land mit zahllosen Wasserläufen, Seen und Sümpfen, welche von der Eisenbahn übersetzt werden. An manchen Stellen fuhren wir der Wasserscheide zwischen den kanadischen Seen und der Hudsons-Bai entlang, über Ströme weg, die zum Teil nach Süden, zum Teil nach Norden abflossen. Sie finden ihren Ursprung zumeist in ausgedehnten Sümpfen, auf deren Oberfläche verfaulte vegetabilische Stoffe, Baumstämme, Äste und Blätter, vielfach ineinander verschlungen,

Fig. 38. Fischerdorf im oberen Seengebiet.

16. Die oberen Seen und ihre Uferländer.

eine Art schwimmender Inseln, sogenannte „Muskegs", gebildet haben; die Eisenbahn benutzt diese mitunter als Gelände für ihren Schienenweg. Wir konnten es wohl an dem Schwanken und Sinken unseres Zuges wahrnehmen, wann wir einen Muskeg passierten. Die Art und Weise, wie diese schwimmenden Inseln durch Piloten festgehalten und durch Auflegen von Ballast und Holzlagen gesenkt werden, ist recht merkwürdig; aber am merkwürdigsten auf der ganzen Linie ist wohl der lange, schmale „Straight Lake" (Gerader See), an welchem die Bahn auf Meilen entlang läuft. Es bot sich den Ingenieuren kein anderer Weg durch die Berge, als dem See entlang; nur war der See zu hoch gelegen, und die Steigung wäre zu steil geworden. Da halfen sie sich einfach dadurch, daß sie einen Abzugskanal gruben und den Seespiegel um $3^1/_2$ m senkten. Derart verminderten sie nicht nur die Steigung, sondern gewannen auch auf dem ehemaligen Seegrunde ein ebenes Bahnbett.

Erst bei der Station Penninsula haltend, erblickten wir am nächsten Morgen südlich, tief zu Füßen, die blaue, noch in Morgennebel gehüllte Wasserfläche des Obern Sees, dessen steilen, hohen, unbeschreiblich rauhen Felsenufern wir nun über 300 km folgten. Die Fluten des großen, im Winter ungemein stürmischen Sees haben in die Felsenkette tiefe Buchten und Fjorde gerissen, die Felsmauern unterwaschen und ein Stück Festland nach dem andern losgetrennt: hohe, steile, alles Pflanzenwuchses bare Felseninseln, die höchst malerisch den Uferklippen vorgelagert sind. Hunderte von Strömen, viele darunter die Abflüsse höher in den Bergen gelegener Seen, haben sich auf ihrem rasenden Laufe die Abhänge hinab tiefe, weite Schluchten durch die Basaltmauern der Ufer gerissen, und diese Mauern selbst steigen an manchen Stellen bis auf 350 m senkrecht über den See empor, während sie sich an manchen anderen auf kaum 30 m senken. Es ist einer der wildesten, kühnstgeformten Teile des ganzen Festlandes; die Schwierigkeiten dieses Höllenlandes besiegt zu haben, muß den Ingenieuren zu unvergänglicher Ehre gereichen. Es gab eben keinen andern, günstigern Weg, die Prairien des Westens mit dem besiedelten, fruchtbaren Thale des St. Lorenz zu verbinden. Die Bahnlinie ist hier eine ununterbrochene Folge von Tunnels und Brücken, Viadukten und Einschnitten, mit dem größten Kostenaufwand aus dem Basalt oder Granit herausgesprengt. Die Eisenbahn-Gesellschaft gab für Dynamit und anderes Sprengmaterial allein über zwei Millionen Dollars, acht Millionen Mark, aus. Die Kosten der Erbauung beliefen sich an manchen Strecken auf $^3/_4$ Million Dollars für die englische Meile. Die Fahrt längs der Nordufer des Obern Sees erinnert in mancher Hinsicht an jene auf der Strecke zwischen Nizza und Sabona, längs der Ribiera, nur ist diese Ribiera des amerikanischen Westens wilder, massiger und in ihrer Großartigkeit erdrückender. Unvergeßlich wird mir die Partie längs

I. Unter=Kanada und das Seen=Gebiet.

der durch hohe, felsige Inseln gegen den See abgesperrten Nepigon=Bai bleiben, welche den Abfluß des großen Nepigon=Sees, den gleichnamigen Fluß, empfängt. Aber noch großartiger wird die Landschaft bei der düstern Donner=Bai, entschieden der wildesten, romantischsten Stelle längs der sämtlichen Küsten der kanadischen Seen. Ein schmaler Felsrücken von nahezu 400 m Höhe springt auf viele Meilen in den See vor, und seine senkrecht aus den Fluten emporsteigenden Basaltsäulen tragen den Krater eines längst erloschenen Vulkans. Der Spitze des Felsrückens, dem Donner= Kap, gegenüber erhebt sich aus der nahezu flachen Küste ein Seitenstück, der M'Kay=Felsen mit seinen Basaltsäulen, auf etwa 370 m Höhe, der von den beiden eingeschlossenen Donner=Bai eine fast senkrechte Stirne zeigend. Und zwischen den drohenden Felstürmen liegt, gerade in der Mitte der Einfahrt in die Donner=Bai, eine große Insel, Pie Island, deren an ihrem obern Teile senkrecht emporsteigende Felsen über 300 m Höhe besitzen. Diese groß= artigen Basaltgruppen bleiben uns während der Fahrt längs der Donner= Bai lange in Sicht; der aufmerksame Zugführer erzählte uns dabei von einer kleinen, hinter dem gewaltigen Donner=Kap verborgenen Insel, Silver= Island (Silberinsel) genannt, die ein eigentümliches Denkmal blinder Gewinn= sucht bildet. Die Silberinsel bestand ursprünglich aus ein paar kleinen, nur wenige Meter über den See hervorragenden Felstrümmern. Durch Zufall wurde vor etwa zehn Jahren von einem „Prospekter" eine faden= dünne Silberader auf diesen Felsen entdeckt. Er folgte ihrer Spur und fand schon in sehr geringer Tiefe ein ungewöhnlich reiches Erzlager. Sofort hatte das Minenfieber die Bewohner der nahen Ansiedelungen erfaßt. Eine Gesellschaft war bald gebildet, und man ging ernstlich an die Ausbeutung der Mine. Die ersten Quarzmengen, große Trümmer, wurden dazu ver= wendet, um einen, man könnte sagen, silbernen Schutzwall gegen die Fluten zu bilden, und was man innerhalb der folgenden Jahre aus den weit unter den Seeboden reichenden Stollen entnahm, ergab einen Wert von 3 Mil= lionen Dollars. Aber fast ebensoviel Kapital mußte daran gewendet werden, um die Schächte und Stollen, nur durch eine dünne Kruste von dem Seeboden getrennt, vor dem Einsturz und dem Verschlingen durch die Fluten zu sichern. Das den Minen entnommene Erz, Schutt und Abfall machten aus den wenigen über den Wasserspiegel emporragenden Felsen eine große Insel, die heute umfangreiche Schmelz= und Stampfwerke, Maschinen= häuser und Wohnhütten trägt; aber sie sind verlassen und fallen in Ruinen. Die Erzlager unter der See sind erschöpft. Die reichsten Silberquarze sind allerdings noch vorhanden, aber in grausamer Ironie bilden sie gerade die dünne Decke, welche den Seeboden trägt. Würden sie von der Haue des Mineurs berührt, so würde die Flut alles unter Wasser setzen und die Insel verschwinden, wie sie entstanden ist.

16. Die oberen Seen und ihre Uferländer.

Port Arthur liegt vor uns, die größte Stadt zwischen Ottawa und Winnipeg. An den malerischen Ufern der Donner-Bai, nahe der Mündung des durch herrliche Gebirgslandschaften strömenden Kaministiquia-Flusses, erheben sich mächtige Getreidespeicher und Warenhäuser, strecken hölzerne Werften ihre Arme weit in die Bucht hinaus, dahinter etwa 1000 hölzerne Häuser mit einer Einwohnerschaft von 5000 Seelen, die sich erst seit drei oder vier Jahren hier mit dem ernsten Entschluß zusammengefunden hatten, aus Prince Arthur's Landing oder, wie sie es kurzweg nennen, aus Port Arthur eine große Stadt und den Haupthafen des Obern Sees zu machen. Vor zehn Jahren gab es noch kaum zwei Häuser hier; der Hauptort war damals die etwa 9½ km weiter am Kaministiquia gelegene Handelsniederlassung der Hudsonsbai-Gesellschaft, Fort William, mit ein paar weißen Händlern und einem Zeltlager der Indianer. Als die Kunde vom Bau der kanadischen Pacific-Bahn in dieses entlegene, abgeschlossene Fort drang, stiegen sofort die Hoffnungen der Einwohner und machten sie zu Städtegründern. Das Land rings um das Fort wurde in Straßen und Bauplätze abgesteckt und, als die Bahn sich näherte, um ungeheuerliche Preise feilgeboten. Das vertrieb jedoch die Bahn und die zugewanderten Ansiedler aus Fort William nach der „Landing". Eine Zeitlang herrschte zwischen dem Fort und der Landing (Landungsstelle) gewaltige, halsbrecherische Rivalität, und es war nicht klug, in der einen „Stadt" günstig über die andere zu sprechen. Aber in zwei Jahren war Fort William in den Schatten gedrängt, Arthur's Landing hatte es überflügelt und war zur „Stadt" geworden. Die Eisenbahn-Gesellschaft wollte es mit Fort William indessen nicht ganz verderben und verteilte gleichmäßig ihre Gnaden — sie ließ in beiden Städten Getreidespeicher, Warenlager u. s. w. errichten, und beide Städte sind deshalb auch gewachsen, obschon Port Arthur weitaus die bedeutendere ist. Ein ähnlicher Wettstreit spielte sich fast gleichzeitig weiter westlich, am westlichsten Zipfel des Obern Sees, ab. Dort liegen Duluth und Superior City. Beide warben um die Gunst, die Hafenstädte und Endpunkte der großen Nördlichen Pacific-Eisenbahn zu werden. Lange schwankte die Wahl zwischen beiden, die Preise der Bauplätze stiegen und fielen wie das Quecksilber im April, bis endlich Duluth den Sieg errang. Aber wie die Bewohner von Superior City, so sind auch die von Fort William starrköpfig: sie hielten an ihrer Städtegründung so zäh fest, daß sie die schlimmsten Krisen überstanden haben und ruhiger in die Zukunft blicken können.

II.
Die Hudsonsbai-Länder.

17. Das Gebiet der Hudsonsbai.

Wohl kein Binnenmeer des Erdballs hat längs seiner Küsten und auf mehr als 1000 km landeinwärts nach allen Richtungen hin so wenig Kultur aufzuweisen, wie die Hudsonsbai. Sie ist mit ihren Uferländern etwa eine zehnmal vergrößerte Ausgabe des Weißen Meeres im nördlichen Rußland, aber trotz des vergrößerten Maßstabes noch viel weniger besiedelt und unwirtlicher als dieses: gegen Osten zwischen ihr und dem Atlantischen Ocean die an Größe ganz Mitteleuropa gleiche Halbinsel Labrador mit den traurigen Einöden des Rupertslandes; gegen Süden zwischen ihr und den oberen kanadischen Seen nichts als Urwald und nackte Felsgebiete; gegen Westen auf fast 1000 km im Umkreis bis an die Ufer des Winnipeg und des Athabaska-Sees Steppenland, unterbrochen von sandigen, steinigen Einöden, weiten Wäldern und Seen; gegen Norden endlich die vollständig toten Küstenländer des arktischen Oceans.

Von den Felsengebirgen im Westen des Kontinents senken sich die ausgedehnten Steppen Kanadas allmählich gegen die Hudsonsbai zu, ebenso fällt das Land von der Wasserscheide nördlich der oberen Seen und den Laurentinischen Bergketten Labradors gegen die Hudsonsbai, so daß diese die tiefste Stelle eines seichten Trichters von weit über 3000 km oberem Durchmesser und durchschnittlich etwa 600 m Tiefe einnimmt. Diesem konzentrischen Abfalle des Landes gegen die Hudsonsbai entsprechend, empfängt diese auch die von allen Richtungen konzentrisch auf sie zulaufenden Abflüsse des Hudsonsbai-Beckens, und merkwürdigerweise stehen sämtliche Flußläufe nahezu rechtwinkelig zu den Küsten der Hudsonsbai — eine Erscheinung, wie sie sonst nirgends so ausgesprochen sich äußert.

Den Mittelpunkt des großen Prairie-, Steppen- und Waldgebietes zwischen der Hudsonsbai und den Felsengebirgen bildet der große Winnipeg-See. Seine Uferländer sind die fruchtbarsten und bestbesiedelten des ganzen Gebietes und unter dem Namen „Manitoba" von der kanadischen Regierung zu einer eigenen, selbständigen Provinz erhoben.

17. Das Gebiet der Hudsonsbai.

Wie die Hudsonsbai die Flußläufe des ganzen weiten Gebietes östlich der Felsengebirge empfängt, so nimmt der Winnipeg-See die sämtlichen Wasserläufe des südlichen Drittels in sich auf, um sie dann, zu einem einzigen gewaltigen Strom vereinigt, der Hudsonsbai zuzusenden. Vom Süden her führt der „Red River des Nordens" seine schmutzigroten, lehmigen Fluten, den Abfluß des großen Seenbeckens von Minnesota, durch eines der fruchtbarsten und gesegnetsten Alluvialgebiete Amerikas dem Winnipeg-See zu und trübt dessen Wasser, weshalb die Indianer dem See den Namen „Winnipeg" (schmutziges Wasser) gaben. Der See selbst ist 188 m über dem Meeresspiegel gelegen und umfaßt bei einer größten Länge von circa 450 km und einer größten Breite von circa 95 km einen Flächenraum von 22 000 qkm; er ist also einer der bedeutendsten Seen des Festlandes. Seine Zuflüsse haben ein Stromgebiet von über 1 000 000 qkm. Vom Osten her nimmt der Winnipeg-See den wasserreichen Abfluß der großen Seenplatte des Waldsees (Lake of the Wood) auf, der unter dem Namen Winnipeg-Fluß während seines kurzen Laufes von circa 260 km 105 m Gefälle besitzt. Nördlich vom Winnipeg-Fluß entleeren die zahlreichen Seen des größtenteils noch unerforschten und gänzlich unbesiedelten Kewateen ihr Überschußwasser in den Winnipeg-See; unter den Flußläufen, die sie hier bilden, sind der Barensund der Pike-Fluß die bedeutendsten. Ebenso mächtig ist der Zustrom aus den Prairien des Westens: zunächst der 650 km lange Assiniboine, welcher sich in den Unterlauf des Red River (Roten Flusses) ergießt, dann sein großer Zwillingsfluß, der Saskatschewan, der aus zwei Quellen den Felsengebirgen entströmt und auf seinem 2400 km langen Laufe ein Stromgebiet von beinahe 350 000 qkm beherrscht. Sein Name bedeutet in der Sprache der Cree-Indianer „Rasche Strömung".

Westlich vom großen Winnipeg-See, parallel zu diesem und nur einige 90 km davon entfernt, liegen zwei andere große Seen, welche ihr Überschußwasser gleichfalls dem Winnipeg-See zusenden. Der entferntere Winnipegosis-See, der bei einer Länge von 190 km und einer größten Breite von 40 km ein Gebiet von circa 5200 qkm umfaßt, ergießt sich durch den Wasserhuhn-Fluß in den etwa 6 m tiefer gelegenen, nur wenige Meilen entfernten, an Ausdehnung ihm nahezu gleichen Manitoba-See. Durch den Dauphin-Fluß stehen diese beiden Seen mit dem Winnipeg-See in Verbindung.

All diese gewaltigen Wassermassen, welche der verhältnismäßig seichte Winnipeg-See aufnimmt — seine größte Tiefe ist 20 m —, sendet er, zu dem großen Nelson-Fluß vereint, nach der 580 km entfernten Hudsonsbai. Obschon wenig bekannt und wenig genannt, ist der Nelson doch einer der mächtigsten Ströme der Erde: sein Stromgebiet gleicht an Ausdehnung jenem des St. Lorenz. Da er doch nur als die nördliche Fortsetzung des Roten Flusses betrachtet werden kann, so beträgt seine Gesamtlänge eigentlich

II. Die Hudsonsbai-Länder.

über 1900 km, und auch die Wassermassen, welche er vom Winnipeg-See aus in seinem vielfach von Kanälen gespaltenen und von Seen unterbrochenen Laufe der Hudsonsbai zuführt, sind nicht viel geringer, als jene des St. Lorenz. Nördlich vom Nelson, kaum 160 km von ihm entfernt, führt dessen Zwillingsstrom, der ebenso mächtige Churchill-Fluß, ungeheure Wassermengen der Hudsonsbai zu. Seine Quellen liegen gleich jenen des Saskatschewan in den östlichen Vorbergen der Felsengebirge, nur führt er in seinem Oberlaufe bis zu dem eigentümlichen Seenbette an der Nordgrenze des Distriktes Saskatschewan den Namen Biber-Fluß, und das wohl mit Recht; denn in seinen Zuflüssen hausen noch immer viele Tausende von Bibern. In seinem Mittellaufe fließt er in gerader östlicher Richtung und verbindet eine so große Menge von Seen, daß er auf der Karte wie eine Perlenschnur aussieht. Nachdem er den Abfluß des großen Renntier- und des Wollastone-Sees aufgenommen, wendet er sich nach Nordosten und verliert nunmehr vollständig den Charakter eines Flusses; in solcher Zahl folgen jetzt Seen der verschiedensten Formen und Größen aufeinander, daß sie als ein einziger, Hunderte von Kilometer langer und einige Kilometer breiter See betrachtet werden können. Erst in seinem Unterlaufe, 160 km von der Mündung in die Hudsonsbai, wird er wieder zu einem wasserreichen, reißenden, von Katarakten unterbrochenen Strome, das würdige Seitenstück des Nelson.

Neben den Stromgebieten des Nelson und des Churchill ist jenes des Mackenzie das bedeutendste des großen Nordwestens; nur gehört der Mackenzie nicht mehr der Hudsonsbai an, und reicht bloß mit seinem Quellgebiet in den Bereich der Distrikte Saskatschewan und Athabaska. Dort kommen die Zwillingsflüsse, der Athabaska und der Friedens-Fluß, vom Ostabhang der Felsengebirge und nehmen kurz vor ihrer Vereinigung den Abfluß des großen Athabaska-Sees in sich auf. Zu Einem Flusse vereinigt, eilen sie unter dem Namen Sklaven-Fluß in den ausgedehnten Sklaven-See, dessen Ausfluß erst unter dem Namen Mackenzie bekannt ist. Beiläufig in der Mitte seines nahezu 1600 km langen Laufes vom Sklaven-See nach dem nördlichen Eismeere nimmt er den Ausfluß des Großen Bären-Sees in sich auf. Trotz der Verschiedenheit der Namen sind die Quellen des Friedens-Flusses in Britisch Kolumbien als die Quellen des Mackenzie zu betrachten, und dergestalt wird er auch zu einem der größten und mächtigsten Ströme der Erde: einstweilen ist sein mittleres und unteres Stromgebiet wohl jeder Besiedelung, überhaupt jeder Verwertung von seiten der Menschen, entrückt.

Auch die Gebiete des mittlern und des untern Nelson wie des Churchill sind unwirtliches Land: Tausende und aber Tausende von Quadratkilometer Sümpfe, Felsplatten, Sandboden, an vereinzelten Stellen bewaldet und wohl auch von Prairie-Boden unterbrochen. Die Flüsse sind der Dampfschiffahrt nicht zugänglich; denn in fast sämtlichen stellen sich zahl-

17. Das Gebiet der Hudsonsbai.

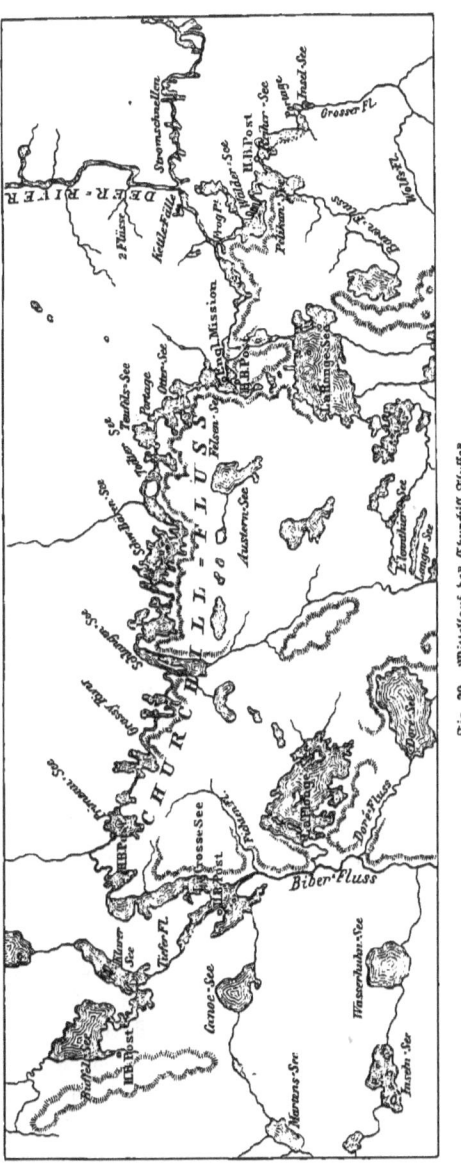

Fig. 39. Mittellauf des Churchill-Flusses.

reiche Wasserfälle und Stromschnellen derselben entgegen. Aber auch den Frachtkanoes der Hudsonsbai-Gesellschaft begegnen überall diese Verkehrshindernisse, so daß auf den großen Frachtfahrten der „Voyageurs" zur Verproviantierung der vielen über das „große, einsame Land" zerstreuten Handelsforts Dutzende von „Portages" gemacht, d. h. die Waren ausgeladen und Stück für Stück um die Stromschnellen herum nach dem nächsten Fahrwasser geschafft werden müssen. Allerdings wissen die halbindianischen „Voyageurs" die Wasserläufe ungemein geschickt zu benützen, und häufig ziehen sie die kleinen Flußläufe den großen Strömen vor. So weichen sie beispielsweise der anscheinend nächsten und bequemsten Route von Winnipeg nach Fort York an der Hudsonsbai, also dem Nelson-Flusse, aus und reisen mit ihren Kanoe-Flottillen auf Seitenwegen nach der Hudsonsbai und zurück. Die jetzige Hauptroute dieser Karawanen führt von der wichtigen Faktorei Norway House am Winnipeg-See durch ein vielfach gekrümmtes, von Seen

II. Die Hudsonsbai-Länder.

unterbrochenes Flußnetz zum Orford House, einer Faktorei an dem gleichnamigen See, und von dort mittelst einiger Portages nach dem Hayes-Fluß, dessen Mündung ganz nahe bei jener des Nelson gelegen ist. Die Unschiffbarkeit der beiden Hauptflüsse der Hudsonsbai-Länder hat deren Aufschließung und Nutzbarmachung ungemein verzögert. Wären sie schiffbar gewesen, Manitoba und die fruchtbaren Prairie-Länder Kanadas wären vielleicht schon zu Beginn dieses Jahrhunderts der Besiedelung eröffnet worden und hätten den amerikanischen Prairien darin den Vorrang abgelaufen. Die Zugeknöpftheit und Geheimthuerei der konservativen Hudsonsbai-Gesellschaft hätte dem Einwandererstrom keine wirksame Schranke entgegengesetzt, das Monopol der einflußreichen Gesellschaft wäre ein halbes Jahrhundert früher gebrochen worden, und die Route Liverpool-Winnipeg via Hudsonsbai hätte sich zu einer lebhaften Weltverkehrslinie — allerdings nur während der Sommermonate jedes Jahres — entwickelt. Was die Natur hier für den Verkehr zu thun versäumt hat, das soll in nächster Zeit durch Menschenhand nachgeholt werden. Man hat die Absicht, von Winnipeg aus längs der Westküste des Winnipeg-Sees und weiterhin südlich des Nelson-Flusses nach dem Haupthafen der Hudsonsbai, Fort York, eine Eisenbahn zu bauen und dadurch den landwirtschaftlichen und anderen Erzeugnissen der kanadischen Prairie-Länder einen billigen Weg auf den englischen Weltmarkt zu eröffnen. Die Gesellschaft hatte jedoch bisher vielfach mit dem systematischen Widerstand der kanadischen Pacific-Bahn zu kämpfen. Diese letztere wollte die Konzessionen an sich reißen und den Bau der Hudsonsbai-Bahn dann überhaupt fallen lassen, um sich damit nicht eine westöstliche Konkurrenzlinie zu schaffen und den Verkehr von Montreal und Quebec nicht in andere, die nördlichen, Bahnen zu lenken. Aber man ist neuerdings in Kanada fest entschlossen, die Hudsonsbai-Bahn bald in Angriff zu nehmen, zumal sie gerade so wie die kanadische Pacific-Bahn der englischen Regierung für „Imperial Purposes" (Reichszwecke), d. h. mit Rücksicht auf den großen Kolonialbesitz, wichtige Dienste leisten könnte.

Aus den weiten unwirtlichen Hudsonsbai-Ländern hat die kanadische Regierung die schönsten und fruchtbarsten Teile bereits herausgeschachtelt und als Nordwestterritorium nur mehr die unbrauchbaren Ländereien, allerdings noch mehr als $2^1/_2$ Millionen qkm groß, zurückgelassen. So entstand die Provinz Manitoba, deren rasch emporstrebende Hauptstadt Winnipeg wohl zur Metropole der kanadischen Prairien werden wird: die nördlichste jener langen Reihe ähnlich gelegener Amerikanerstädte, die mit Galveston und Neu-Orleans anfängt und mit St. Paul und dem jungen Fargo an der Ostgrenze von Dakota aufhört. Westlich von Manitoba wurden die Stromgebiete des Assiniboine- und des Saskatschewan-Flusses zu eigenen Distrikten abgegrenzt; weiterhin, längs des Ostabfalls der Felsengebirge, liegt der

Distrikt Alberta und nördlich davon der Distrikt Athabaska. Dieses Verfahren ist die einfache Wiederholung jenes, das man auch in den Vereinigten Staaten gelegentlich der Aufschließung der großen Prairien westlich vom Mississippi angewendet hat. Wie dort, so sind auch in Kanada die östlichen Provinzen von natürlichen Grenzen eingefaßt, während die westlichen Territorien ebenso geradlinig abgegrenzt wurden, wie etwa Kansas oder Nebraska oder Montana.

Die hauptsächlichsten Einwohner der vier Nordwest-Distrikte Assiniboia, Athabaska, Saskatschewan und Alberta waren und sind noch immer der Zahl nach die Indianer, welche jedoch in einer Reihe von Verträgen oder „Treaties" — im ganzen sieben — alle ihre Ansprüche auf die Ländereien südlich des Churchill- und des Nelson-Flusses an die kanadische Regierung abgetreten und sich nur kleine, über die ganzen Prairien zerstreute Gebiete vorbehalten haben. Jeder einzelne Stamm hat seine eigene Reservation oder gar mehrere Reservationen; die einzigen Rothäute, welche noch bis 1880 keine Verträge mit der Regierung abgeschlossen hatten, waren die von den Vereinigten Staaten herübergekommenen Sioux. Die „Treaty Indians", d. h. die kanadischen Indianer, welche sich auf Reservationen befinden, erhalten als Gegenleistung für die abgetretenen Ländereien eine jährliche Geldunterstützung von fünf Dollars für den Kopf, Frauen und Kinder eingerechnet, dazu Vieh, Ackerbauwerkzeuge, Pulver und Blei. Ferner haben sie das Recht, in dem ganzen Territorium, mit Ausnahme der von Weißen nicht besetzten Gebiete, frei zu fischen und zu jagen. Die ganze nördliche Hälfte Kanadas, vom Churchill-Fluß nordwärts, ist noch unbestrittenes Eigentum der dort seßhaften Indianerstämme.

18. Die kanadischen Indianer und ihre Lebensweise.

Während die Indianer der Vereinigten Staaten seit einer Reihe von Jahrzehnten in fast ununterbrochenen Aufständen und Kriegen gegen die Weißen begriffen waren und auch heute noch bald im fernsten Nordosten, bald in den Felsengebirgen oder in den mexikanischen Grenzländern der andringenden Civilisation verzweifelten Widerstand entgegensetzen, hat man von den kanadischen Indianern bis auf die jüngste Zeit nur wenig zu hören bekommen. Zu den Zeiten des französisch-englischen Krieges im vorigen Jahrhundert spielten die „sechs Nationen", insbesondere die Irokesen und die Huronen, eine bedeutende Rolle. Aber diese ist längst ausgespielt: die mächtigen, volkreichen „sechs Nationen" sind in alle Winde zerstreut, und aus den wilden, tapferen Irokesen sind friedliche Ackerbauer geworden, welche einzelne Länderstriche am untern St.-Lorenz-Strom, in der Nähe von Montreal und Quebec, bewohnen [1].

---

[1] Die letzten Abkömmlinge der Huronen, etwa 200 an der Zahl, wohnen auf

II. Die Hudsonsbai-Länder.

Wie in den Vereinigten Staaten, so sind auch in den kanadischen Provinzen Ihrer Majestät die Prairien und Felsengebirge das Hauptgebiet der Indianer, ja sie bilden hier einen viel wichtigern und einflußreichern Faktor, als in dem großen Nachbarlande. Während die Viertelmillion Indianer der Union auf Reservationen untergebracht ist, oder doch nur einen verschwindenden Bruchteil der weißen Millionen-Bevölkerung bildet, leben von den 120 000 kanadischen Indianern nur etwa 20 000 in festen Ansiedelungen. Der große Rest sind Jäger, Nomaden, Wilde in mancher Beziehung des Wortes. Dazu kommt, daß ihr mehr als 3 Millionen Quadratkilometer umfassendes Gebiet in dem großen einsamen Nordwesten des Kontinents nur von etwa der doppelten Zahl Weißer bewohnt wird.

Man begegnet ihnen deshalb auch überall: auf den großen Verkehrsstraßen und in den Städten, in den ausgedehnten Wäldern und Prairien, dort ziemlich harmlos, hier immerhin noch recht gefährlich. Nach der Hauptstadt Winnipeg kommen sie nur mehr im Gefolge der Weißen, als Angestellte der Hudsonsbai-Gesellschaft, Trapper, Jäger, Kutscher oder „Voyageurs" — Berufsarten, in welchen sie von jeher unerreicht waren und heute noch unentbehrlich sind. Um die Indianer jedoch noch in ihrem vollständig wilden Zustande, ja beinahe noch in der gleichen Verfassung zu sehen, wie sie vor der Berührung mit den Weißen gewesen, muß man über Winnipeg hinaus, den Assiniboine-Strom aufwärts, weiter nach Westen wandern. Dort, an den Oberläufen des Assiniboine und des Saskatschewan, in den Prairien nördlich von Dakota, ist das heute noch von Weißen wenig berührte Tummelfeld der tapfersten und wildesten Indianerstämme, der Piegans, Blut-Indianer, Sioux, Gros-Ventres (Dickbäuche) und vor allem der Blackfeet oder Schwarzfüße, welche noch vor einem Jahre den Kriegspfad gegen die Kanabier beschritten hatten. Innerhalb ihrer Jagdgründe, die allein Hunderttausende von Quadratkilometer umfassen, wird man wenige Ansiedelungen der Weißen finden; ja selbst die Hudsonsbai-Gesellschaft, welche ihre Forts in den entlegensten, unwirtlichsten Gegenden Kanadas zerstreut hat und mit den übrigen Indianerstämmen in gutem, fast freundschaftlichem Einvernehmen steht, konnte hier keinen festen Fuß fassen. Als ich im Jahre 1883 auf der eben vollendeten Strecke der kanadischen Pacific-Eisenbahn bis gegen das schon im Gebiete der Blackfeet gelegene Regina fuhr, gewahrte ich allerdings einige eben entstandene Ansiedelungen unternehmender, tollkühner Schotten

---

einer kleinen Reservation, Jeune Lorette bei Quebec, und nähren sich friedlich von Ackerbau und der Anfertigung von Mokassins und anderen Indianer-Artikeln. Die Irokesen bewohnen zwei Dörfer am mittlern St. Lorenz, Caughnawaga und Sault St. Louis, und sind ebenfalls zu friedlichen Ackerbauern, Fischern und Handlangern geworden. Sie haben ihre Kirchen, Missionsanstalten und Schulen und bringen sich kümmerlich, aber immerhin selbständig fort, an Zahl weder zu- noch abnehmend.

Fig. 40. Indianer und Mischlinge im Lager.

und Halfbreeds oder Mischlinge; aber die Bauart der Häuser und die Lage der Ansiedelungen selbst ließen auf die gefährliche Nachbarschaft schließen. Heute führt die Eisenbahn bereits mitten durch das Indianergebiet bis an die Felsengebirge, ohne jedoch die Verhältnisse besonders geändert zu haben. Ihr Einfluß erstreckt sich nur auf die unmittelbar an der Bahnlinie gelegenen Strecken. Weiter hinaus herrschen dieselben Zustände, wie vor hundert Jahren. Die Blackfeet leben in ewigem Krieg mit den anderen Stämmen, aber dieser Krieg übt auf die Stärke und Macht der Indianer höchstens insofern Einfluß, als sie dadurch nur noch wilder, grausamer und tapferer werden. Es ist ein Irrtum, zu glauben, die Stämme des Nordwestens würden sich gegenseitig durch die beständigen Unruhen, Kriege, das erschöpfende, unstäte Leben aufreiben, oder sie würden numerisch abnehmen. Im Gegenteile — ihre Zahl scheint zu keiner Zeit wesentlich größer gewesen zu sein. Gegen Norden und Osten hin haben die Blackfeet fortwährende Einfälle ihrer Todfeinde, der Crees, zurückzuschlagen; im Süden und Westen sind es die Kootanais und Flatheads (Flachköpfe), im Südwesten verursachen ihnen die Assiniboines u. a. unausgesetzte Händel. Die Ursache dieser durch Generationen fortgesetzten Fehden sind zumeist gegenseitige Diebstähle. Wie die Tuaregs in den afrikanischen Wüsten, so bestehlen und berauben sie einander, wo sie nur immer können, schneiden ihren gefallenen Gegnern die Skalpe ab und machen die gefangenen Squaws zu Sklaven. Sie sind von derselben Rasse wie die in den Vereinigten Staaten hausenden Gros=Ventres und die Chippewyans hoch im Norden, am Athabaska=See; aber die gemeinschaftliche Abstammung hindert sie nicht, einander bis zur Vernichtung zu bekriegen. Unter die Blackfeet werden auch die zwischen dem Saskatschewan und dem Assiniboine umherziehenden heidnischen Sarsies, die Blut=Indianer und die Piegans gerechnet, im ganzen ein Volk von etwa 15 000 Seelen. Wenn ihre Zahl sich zeitweilig vermindert, so liegt die Ursache weniger in den Kriegen als in den schrecklichen Epidemieen, hauptsächlich den Blattern, welche in manchen Jahren furchtbar unter ihnen wüten.

Diejenigen, welche ich Gelegenheit hatte zu sehen, zeichneten sich durch große, kräftige, wohl proportionierte Körpergestalt und intelligente Gesichtszüge vor den Indianern anderer Stämme, besonders vor den südlichen Apachen, Navajoes und Utes aus. Ihre Augen waren klar, von durchdringendem Blick, ihre Backenknochen weniger stark hervortretend, die Lippen dünner, die Nase schöner gewölbt als bei anderen Stämmen. Ihr Anzug war von jenem der übrigen Prairie=Indianer wenig verschieden: Hemden aus Büffelleder, mit Glasperlen=Stickereien und Lederstriemen reich besetzt; weit die Schenkel hinaufreichende Gamaschen, perlenbesetzte Mokassins, reicher Federschmuck in den Haaren und vorzüglich gegerbte, weiche Büffelhäute über den Schultern. Die Squaws sind von den immer weiter um sich greifenden

II. Die Hudsonsbai-Länder.

Moden der Weißen noch nicht beeinflußt worden, wie beispielsweise die „Damen" der Sioux, der Pottawatamies oder Komanches. Sie kennen noch kein Mieder, keine Strümpfe, keine Federhüte. Ihre Tracht ist noch immer der kurze, schmutziggelbe Leder=Unterrock, den ein breiter, mit Messingknöpfen besetzter Gürtel um die Hüften festhält. Die Füße und Beine sind im Sommer bloß, im Winter durch lederne Gamaschen oder „Leggins" bekleidet, an deren Seiten schmale Lederstreifchen, der beliebteste Aufputz der Indianer, in großer Fülle herabhängen; die schwarzen, glänzenden Haare fallen in reichen Flechten über den Rücken. Der einzige Toilette=Artikel der Schwarzfuß=Indianerin, welchen sie mit ihrer weißen Schwester jenseits des großen Wassers gemeinschaftlich hat, ist die Schminke. Sie wird hier in den Prairien allerdings nicht in denselben zarten Tönen, gedämpft durch Puder, aufgetragen; aber es wäre doch nicht uninteressant, zu erfahren, welche der Evatöchter die Schminke der andern abgelauscht — ob die rothäutige der bleichgesichtigen oder umgekehrt. Krieger wie Squaws beschmieren sich Wangen, Stirne und Nasenrücken mit dem grellsten Zinnober. Ich habe diese sonderbare Gesichtszierde hier wie unter den Felsengebirgsstämmen in Kolorado und bei den Pueblo=Indianern in Neu=Mexiko und Arizona wahrgenommen, selbst bei solchen, welche heute in täglichem Umgang mit den Weißen stehen und von ihnen häufig auf das Unschöne und Lächerliche dieser Mode aufmerksam gemacht werden. Die als eine Art Maltesermantel getragenen Büffelhäute wurden stets von den Weibern in unübertrefflicher Weise gegerbt und mit rohen Figuren bemalt. Heute ist diese Kunst im Abnehmen begriffen. Die „Blankets", gewöhnliche baumwollene Decken von grellroter oder blauer Farbe, werden ihnen von den „Traders" zu so billigem Preis geliefert, daß sie immer mehr die schönen, weichen Büffelfelle verdrängen. Ich war selbst noch so glücklich, zwei derartige Felle gegen meine eigene Reisedecke und etwa ein Pfund Thee und Zucker — das Lieblingsgetränk der Indianer — umzutauschen. Indessen richtet sich die Gattung und Quantität der Bekleidung auch bei den Blackfeet vollständig nach der Jahreszeit, und die geschilderte Tracht gilt mehr für die Wintermonate, während in den heißen Sommermonaten die ganze Bekleidung in einem dünnen, ledernen „Azain" oder Lendenschurz besteht. Dann ist allerdings der nackte Körper mit allerhand grotesken Malereien, hauptsächlich in Hochrot oder Gelb, bedeckt.

Die Blackfeet zerfallen in fünf verschiedene, eng miteinander verbrüderte Stämme und diese wieder in mehrere Banden, deren jede ihren eigenen Häuptling besitzt. Aber ein Oberhaupt sämtlicher Stämme giebt es nicht. In jedem Stamme, in jeder Bande ist der Häuptling die Exekutivgewalt, der Vollstrecker des Volkswillens, wie er sich in dem Rate der Krieger und Ältesten äußert. Für denjenigen, der eine oder die andere Sprache der Rothäute versteht, — und sie ist nicht schwer zu erlernen — sind diese

18. Die kanadischen Indianer und ihre Lebensweise.

Ratsversammlungen oder „Pau-Waus" sehr anziehend. Die Indianer sind vorzügliche Redner und bereiten sich für ihre Reden ebenso sorgfältig vor, wie es nur irgend ein Reichstagsabgeordneter thun kann. Der Flug ihrer Gedanken ist unbegrenzt wie die Prairie, in welcher sie umherschwärmen, ihre Worte sind das getreue Echo der umgebenden Natur. Die Indianer= sprachen sind durchschnittlich so wortarm, daß sie, um zartere Formen oder politische Feinheiten auszudrücken, zu Vergleichen aus der Natur Zuflucht nehmen. Für die vielen durch die Weißen unter ihnen neu eingeführten Begriffe haben sie ganz eigentümliche beschreibende Namen. Eine Flinte ist beispielsweise ein „Ding zum Schießen", ein Glas ein „Ding zum Trinken". Beim Sprechen und besonders beim Erzählen von Begebenheiten begleiten sie die Worte durch drastische, bezeichnende Gebärden und Bewegungen, so daß selbst der der Sprache Unkundige den Inhalt der Erzählung unschwer erraten kann. Diese bei den Indianern höchst entwickelte Gebärdensprache dient auch als Verständigungsmittel unter den verschieden sprechenden Stäm= men. Gewisse gemeingültige Zeichen sind über die ganzen, über anderthalb Millionen Quadratkilometer ausgedehnten Prairien bekannt, und soweit eben das Auge reichen kann, wird ein Indianer den andern, auch wenn er einem fremden Stamme angehört, von dem Nahen eines oder mehrerer Büffel, der Zahl und Stärke weißer Trapper oder sonst dergleichen verständigen können.

Die Häuptlinge der „Blackfeet" werden gewöhnlich unter den tapfersten und weisesten Männern des Stammes erwählt, doch kommt es auch vor, daß sie diese Würde von ihrem Vater ererben. Aber ihre Herrschaft stützt sich einfach auf den Volkswillen, „von Gottes Gnaden" weiß der Indianer nichts. Hat sich das Volk über die Wahl eines Häuptlings geeinigt, so überläßt es demselben auch willig die Herrschaft. Ungehorsam gegenüber seinen Befehlen würde die Todesstrafe nach sich ziehen. Er ist im Kriege Oberbefehlshaber des „Heeres" und besitzt auch im Frieden großen Einfluß auf die Entschließungen im Volksrate, weshalb sich die kanadische Regierung diese Indianer=Durchlauchten in der Regel durch Geschenke von Pferden, Gewehren u. dgl. zu guten Freunden macht. Die Blackfeet erhalten von der Regierung eine Unterstützung von ich glaube 5 Dollars für das Jahr und den Kopf, sowie Werkzeuge, Decken, in besonders strengen Wintern auch Lebensmittel.

Die zahlreichen katholischen, Methodisten=, Baptisten= und Quäker= Missionäre, welche ganz Kanaba durchziehen und in jeder Ansiedelung, jedem „hunting camp" (Jagdlager) zu finden sind, haben bei den Blackfeet keine besonderen Erfolge aufzuweisen. Diese sind Erzheiden geblieben, abergläubisch, durch ihre dem Fetischdienst huldigenden Medizinmänner geleitet; aber doch glauben sie an einen guten und einen bösen Gott und an die Unsterblichkeit der Seele. Nur können sie sich den Begriff der Seele nicht recht klar machen

II. Die Hudsonsbai-Länder.

sie verwechseln dieselbe häufig mit dem Körper. Mit den anderen Prairie-Indianern glauben sie, daß sie in derselben Verfassung, in welcher sie aus dem Leben scheiden, auch in die ewigen Jagdgründe gelangen. Ein Blinder oder Lahmer ist demnach auch im Jenseits blind oder lahm. Aus dieser Ursache ist ihnen auch nichts daran gelegen, wenn sie im Kampfe in der Blüte und Kraft ihres Lebens erliegen, weil sie dann in Ewigkeit jung und kräftig bleiben. Es ist dies eine Haupttriebfeder für ihre Tapferkeit und Tollkühnheit.

Damit die wackeren Krieger im Jenseits auch ihre Waffen und Pferde zum Jagen haben, werden die Waffen des Verstorbenen zu der in den besten Kriegsschmuck gekleideten Leiche gelegt, die Lieblingspferde jedoch erschossen und neben ihrem Herrn beigesetzt. Die Leichen selbst werden entweder in sitzender Stellung in einem Zelt oder einem kleinen Blockhaus untergebracht, die Waffen, Bogen, Pfeile, Flinte und Schild, an der Außenwand aufgehängt. Die beliebteste Bestattungsart der Blackfeet ist die Beisetzung auf hohen Gerüsten, außer dem Bereiche der Wölfe und Koyoten, die zur Nachtzeit mit den trauernden Squaws und Verwandten um die Wette heulen.

Ein eigentümlicher Gebrauch herrscht hier beim Tod eines Kindes. Kaum hat sich die Nachricht hiervon im Lager verbreitet, so stürzen auch schon sämtliche Bewohner desselben herbei und berauben das Zelt der unglücklichen Eltern seines gesamten Inhalts, selbst die Kleidungsstücke nicht ausgenommen. Deshalb schaffen die Eltern, sobald der Medizinmann den nahen Tod eines Kindes verkündet, gewöhnlich im geheimen ihre wertvollste Habe beiseite.

Und wertvollere Habe besitzen die Blackfeet in viel ausgedehnterem Maße als irgend ein anderer amerikanischer Indianerstamm. Während die bettelhaften Crees und Crows, Zigeunern gleich in zerlumpte Kleidungsstücke der Weißen gehüllt, einen Cylinder oder Militärtschako auf dem Kopf, in elenden, durchlöcherten Leinwandzelten wohnend, einen ebenso traurigen als lächerlichen Anblick darbieten, ist bei den Blackfeet und den zu diesen gehörigen Blood- und Piegan-Indianern bis auf die jüngste Zeit alles rein indianischen Ursprungs gewesen, die Zelte wie deren Einrichtungen zeugen von Wohlstand und Lebenskraft. Geräumig und spitz zulaufend, sind dieselben — hier Moyas genannt — mit zahlreichen Büffelfellen bekleidet, welche mit verschiedenen Tier-Emblemen, Adlern, Schlangen, Elenntieren und Büffeln, übermalt sind. Die Moyas der Häuptlinge sind etwa $4^{1}/_{2}$ m hoch und an der Grundlinie von ebenso großem Durchmesser. In „Red Jacket", einer kleinen Ansiedelung in Assiniboia, sah ich eines von zwölf langen Zeltstangen getragen, die indessen noch weit über die Spitze hervorstanden und ein kleines, segelartiges Stück Fell trugen, wahrscheinlich um die obere Öffnung für den Rauchdurchzug gegen den Wind zu schützen. Der Eingang wurde durch ein kleines, mit Pelzen verhängtes Loch in der Zeltwand, etwa 30 cm über dem Boden, gebildet. Im Innern lagen längs des ganzen Umkreises Pelze und gegerbte Häute aufgeschichtet, in der Mitte brannte auf dem bloßen Boden ein von Steinen umgebenes Feuer. Die einzelnen Lagerstätten der Familienmitglieder waren durch Binsen- und Weidengeflechte voneinander geschieden. Dem Eingang gegenüber gestattete eine kleine Öffnung am Boden den Zutritt frischer Luft. Davor befand sich ein Verschlag aus Flechtwerk, in welchem Sättel, Zaumzeug, Waffen, wertvolle Tierfelle und Kleidungsstücke, sowie der phantastische Kriegsschmuck des Häuptlings aufgeschichtet lagen. Die sorgsamste Pflege schien dieser seiner schönen Pfeifensammlung zu widmen, Pfeifen in allen möglichen Formen und Größen, durchwegs aus rotem Speck= stein geschnitten und mit Federschmuck wie Perlenstickereien versehen, die in einer Reihe neben seinem Lager aufgestellt waren. Die Blackfeet, wie über= haupt die kanadischen Indianer, rauchen teils zur Ersparnis, teils aus Neigung, nicht reinen Tabak, sondern mischen solchen gewöhnlich mit der gleichen Menge zerkleinerter Weidenrinde oder auch mit Salbeiblättern, deren Genuß jedoch vielfach Hals= und Lungenkrankheiten mit sich bringen soll. Das den Indianern eigentümliche trockene kurze Hüsteln wird dem Rauchen des Salbei zugeschrieben.

In ihrem kriegerischen, würdevollen Wesen und ihrer vielbewährten Tapferkeit zeichnen sich die Blackfeet vor allen anderen Stämmen, selbst die Sioux nicht ausgenommen, besonders aus, und es ist nur zu bedauern, daß die Habsucht und die Übervorteilungen, welchen sie von seiten der ameri= kanischen Händler ausgesetzt waren, sie aus warmen Freunden in grausame, blutdürstige Todfeinde der Weißen verwandelt haben. Hätte sich die Hud= sonsbai=Gesellschaft von Anfang an des Handels mit den Blackfeet bemächtigen können, wie sie es bei allen anderen kanadischen Stämmen gethan, so wäre das Unheil abgewendet worden. Allein der Grenzstreitigkeiten mit den Vereinigten Staaten halber überließ sie die Blackfeet den gewissenlosen, be= trügerischen Yankee=Traders aus Dakota und Montana, und diese rohen, gewöhnlich der rächenden Hand des Gesetzes entsprungenen „Outlaws" waren natürlich kaum dazu geeignet, bei den Blackfeet Vertrauen zur weißen Rasse zu erwecken. Erst in allerjüngster Zeit wurden im Gebiete der Blackfeet kanadische Handelsstationen und Militärforts errichtet, wie z. B. Milk River Post, Eastend Post, Medicine Hat, Indian Head u. s. w. Aber bis dahin war der nächste Handelsposten der Hudsonsbai=Gesellschaft das an den Aus= läufern der Felsengebirge, nahe dem Ursprung des nördlichen Saskatschewan gelegene Rocky Mountain House. Dieses versah auch die Blackfeet und andere Indianerstämme des fernen Nordostens mit ihren Lebensbedürfnissen; aber da jene dort weder Kriegswaffen noch das leidenschaftlich begehrte „Feuer= wasser" erhalten konnten, bevorzugten sie gewöhnlich die amerikanischen Traders jenseits der Grenze. Erst seitdem dieser Posten durch die berittenen Gendarmen der „Mounted-police" aufgehoben ist, wird Rocky Mountain House wiederum durch die Besuche der Blackfeet beglückt.

Rocky Mountain House gleicht in seinem Aussehen und seinen Anlagen mehr einer Festung als einer Faktorei. Palissaden, Wassergräben, Zugbrücken, Fallthüren, Gitter und Schießscharten, sowie eine ständige Besatzung deuten zur Genüge die Gattung Leute an, mit welchen es die Hudsonsbai-Gesellschaft hier zu thun hat. Man darf allerdings nicht vergessen, daß dieser Posten mitten im Gebiete vieler feindlicher Indianerstämme, Hunderte von Meilen von den nächsten weißen Posten entfernt und somit durchaus auf die eigene Wachsamkeit und Stärke angewiesen ist. Ein Besuch der Blackfeet in Rocky Mountain House ist also eher mit einem feindlichen Überfall zu vergleichen, darum bereitet man sich hinter den Palissadenmauern auch dementsprechend vor. Haben die Indianer auf ihren Jagdzügen hinreichende Mengen Pelze und Felle erbeutet, um sie in der Faktorei gegen ihre Bedürfnisse einzutauschen, so werden zwei oder drei schlaue, tollkühne „Scouts" oder Vorreiter vorausgesandt, um zunächst auszukundschaften, ob nicht etwa zur gleichen Zeit andere Indianer, hauptsächlich ihre Todfeinde, die Crees und Assiniboines, in der Faktorei sind, dann auch, um den Beamten die Menge und Gattung der einzutauschenden Felle, sowie ihre eigenen Bedürfnisse anzuzeigen, damit man sich in der Faktorei beizeiten auf den Besuch vorbereiten könne. Diese Kundschafter bleiben gewöhnlich mehrere Tage im Fort als Gäste der Beamten. Man bewirtet sie, macht ihnen Geschenke und kundschaftet sich gegenseitig über alles Wissenswerte aus. Kehren die Scouts endlich zu ihrem Stamm zurück, so wird das Fort über Hals und Kopf in Verteidigungszustand gesetzt — Schlösser und Gitter werden geprüft, Gewehre und Revolver neben die Schießscharten gelegt, die Warenlager auf alle erdenkliche Weise wider einen Überfall gesichert. In dem eigentlichen Kaufladen wird die Menge der aufgestapelten Waren auf ein möglichst geringes Maß beschränkt, um die Habgier der kauflustigen Indianer nicht übermäßig zu reizen. Mit welcher Vorsicht man bei dem bevorstehenden Tauschhandel zu Werke geht, läßt sich schon aus der Anordnung der einzelnen Räumlichkeiten eines solchen „Trading Fort" entnehmen. Von der äußern Palissadenpforte führt ein langer, schmaler Gang nach dem sogenannten Indian Room, einem fensterlosen, aus schweren Palissaden gezimmerten Verschlage, von diesem dann eine leicht zuschiebbare, gepanzerte Thüre nach einem zweiten engen Durchgang, durch welchen die einzeln hintereinander marschierenden Indianer erst in den „Trading Store" (den Kaufladen) gelangen. Aber auch dieser ist durch einen schweren, vom Boden bis zur Decke reichenden Verschlag in zwei Hälften geschieden, die eine für den Händler und die Waren, die andere für die Indianer. Ein kleines, vergittertes Fenster gewährt gerade

18. Die kanadischen Indianer und ihre Lebensweise.

hinreichenden Raum, um ein Fell, eine Decke oder sonst einen Kaufartikel hindurchzulassen. Diese Vorsicht war notwendig, da sich die Indianer erfahrungsgemäß stets an die Händler herandrängten, alles in die Hände nahmen, genau untersuchten und dann, wahrscheinlich aus reiner Vergeßlichkeit? mit den Waren das Weite suchten, ohne zu bezahlen. Zuweilen fuchteln sie auch in der Aufregung mit dem Revolver oder dem Tomahawk, deshalb stecken in den oberhalb des Indian Room und des Trading Store befindlichen Schießscharten während des ganzen Vorganges ein paar Gewehrläufe mit einigen guten Schützen dahinter.

Am Tage des Besuches selbst zeigt den Händlern eine dichte Staubwolke am Horizont das Kommen der Indianer an, und bald entpuppen sich daraus die einzelnen malerischen Figuren der Reiter, in voller Kriegsrüstung, da sie jeden Augenblick einen Überfall von seiten der Crees oder der Assiniboines befürchten können. Die Squaws und Papooses (Kinder) folgen im Nachtrab und behüten die vor „Travailles" gespannten zahlreichen Ponies. Die Travaille ist das Fuhrwerk der Indianer: zwei lange, elastische Stangen, die unter einem spitzen Winkel gegen vorne zulaufen und dort mit ihren Enden auf dem Sattel des Zugtieres — Pferd oder Hund — aufliegen, während die hintern, divergierenden Enden auf dem Boden schleifen; in der Mitte sind sie durch zwei oder drei Querstücke miteinander verbunden. Auf diese Bahre werden die zu transportierenden Lasten geschnürt. Sind die Indianer bei dem Fort angelangt, dann stellen sie Wachen aus; die Zelte werden errichtet, die Waren abgeladen und geschlichtet, die zum Tausch bestimmten Ponies eingefangen und in Korrals (Einzäunungen) untergebracht. Die Ponies der Blackfeet werden allgemein als die besten und kräftigsten unter allen Prairie-Pferden gerühmt, und es mag wohl ihrethalben sein, daß die benachbarten Indianerstämme so häufig den Kriegspfad gegen die Blackfeet betreten.

Nach den vorerwähnten Vorbereitungen zieht der ganze Stamm, mit Ausnahme der Wachen, nach dem Fort. Krieger wie Squaws sind in ihre „Sonntagskleider" gehüllt, über und über mit Farbe beschmiert und mit Perlen-, Muschel- und Federschmuck grotesk aufgeputzt. Nahe am Eingange zum Fort wird die malerische Bande von dessen Befehlshaber begrüßt. Der Häuptling und die „big guno" oder Ältesten des Stammes stellen sich in einen Halbkreis zusammen, und der „Pau-Wau" beginnt. Eine Unzahl Reden wird nun vom Stapel gelassen, jeder einzelne Krieger schildert dem Händler in weitschweifiger, blumenreicher Sprache, wie sehr er die weiße Rasse und ihn insbesondere liebt, wie uneigennützig er ihm seine ganze Habe schenken würde u. s. w. Nach stundenlangem Palaver bezeigt der Häuptling seine Freundschaft für den Händler dadurch, daß er ihm einige Ponies, oder Felle, Leder, „Pemmikan" (getrocknetes Büffelfleisch) oder dergleichen zum Geschenke

II. Die Hudsonsbai-Länder.

macht. Das ist nun alles sehr schön, hat aber sein entschiedenes Häkchen. Nicht daß er es ähnlich machen würde, wie jener Mexikaner, der mir im vergangenen Jahre (1886) in Puebla ein paar prachtvolle Pistolen, ein vollständig gesatteltes Reitpferd und anderes zum Geschenke machte und nach echt spanischer Manier drei Stunden darauf alles wieder vergessen hatte: der Indianer meint es mit seinen Geschenken ernst, nur erwartet er ein Gegengeschenk von drei- und vierfachem Werte. Das wird ihm denn auch stets in Gestalt von zinnoberroten Decken, Stoffen, Perlen, Zucker, Thee u. dgl. zu teil; denn es ist im Indianerlande gut, den Häuptling auf seiner Seite zu haben, gerade so, wie ich es unter den Arabern in Afrika nur zu häufig erfahren habe.

Endlich werden die Indianer eingelassen. Kaum sind zwei mit ihren Fellen und Häuten in den engen Durchgang eingetreten, so wird die Thüre hinter ihnen zugeschoben. Durch das oben geschilderte Labyrinth gelangen sie zuletzt zu dem Warenlager und tauschen Stück für Stück ihrer Felle gegen Decken, Schießbedarf, Lebensmittel, Hausgeräte u. dgl. um. Man darf jedoch nicht glauben, daß es bei diesem Tauschhandel irgendwie willkürlich zuginge. Im Gegenteil, jeder Artikel hat seinen festen, bestimmten Preis, gerade so wie bei uns in Europa; nur wird hier der Preis nicht nach Mark oder Schilling, sondern nach Biberfellen berechnet. Das Biberfell ist heute noch in vielen Indianergebieten Kanadas die Münzeinheit, obschon der Biber selbst bei weitem nicht mehr so zahlreich vorhanden ist, wie vor 30, 40 Jahren. Das Fell eines Büffels ist 6, das eines Marders 2, das eines Silberfuchses 20 Biberfelle wert; ein Pony kostet 50, eine Pferdedecke 10, ein Theekessel 5 Biberfelle u. s. w. Auf dieser Grundlage wird der Tauschhandel vollzogen. In manchen Forts erhalten die Indianer für ihre Jagdhäute vom Händler eine Anzahl Stäbchen, deren jedes ein Biberfell vertritt; mit diesen zahlen sie dann die von ihnen gekauften Waren, so daß ihnen die Rechnung ziemlich leicht wird. Die Hudsonsbai-Gesellschaft beherrscht auch heute noch den ganzen Handel im Nordwesten, obschon sie ihr Privilegium längst an die kanadische Regierung verkauft hat. Ihre Angestellten sind allgemein bekannt wegen ihrer Ehrlichkeit und der durchwegs soliden Art ihres Verkehrs mit den Indianern, so daß diese für ihre Waren in der That den vollen Wert erhalten. Früher allerdings, als noch Feuerwasser an die Indianer verkauft werden durfte, war es anders, und mit Grauen erzählen die alten „Voyageurs" und Pelzhändler von den Schreckensscenen, welche sich unter den betrunkenen Indianern innerhalb des Forts abspielten. Für eine Flasche Rum konnten sie ihre ganze Habe, Waffen, Zelte, Ponies, ja ihre eigenen Kleidungsstücke hergeben; der Besuch der Indianer im Fort artete bald in eine wilde Orgie aus und endigte schließlich blutig. Noch heute zeigt man in manchem Fort als Erinnerung an solche

v. Heise=Wartegg, Kanada.

Fig. 41. Das Fest des weißen Hundes.

18. Die kanadischen Indianer und ihre Lebensweise.

Besuche zahlreiche Kugellöcher und Tomahawk=Einschnitte in den Wänden, die gewiß nicht für diese bestimmt waren.

Überhaupt scheint die Civilisation der Weißen bei den Indianern nicht viel weiter gekommen zu sein, als bis zur Bewaffnung. Bogen und Pfeil und demzufolge auch Schilde sind nahezu gänzlich durch Schießwaffen ver= drängt worden. Das Hauptbestreben der Indianer ging darauf aus, sich von den amerikanischen Schleichhändlern gute Winchester= und Remington= Gewehre, Revolver und Pistolen zu erhandeln, mit denen sie heute ebenso gut und sicher umzugehen wissen wie einstens mit Bogen und Pfeil. Ihre Medizintänze, Festlichkeiten und Exercitien zeigen, daß sie bei ihren alt=an= gestammten Sitten und Gebräuchen standhaft beharren und von Christentum und Kultur eben nur soviel annehmen, als sich mit ihren eigenen Zwecken vereinbaren läßt. Sie sind, soweit ich sie kennen gelernt habe, Barbaren geblieben in der vollsten Bedeutung des Wortes. Das beweisen namentlich ihre heute noch üblichen Sonnentänze und Hundefeste. Die letzteren werden alljährlich einmal an den Hauptsammelplätzen gefeiert, wo die Indianer sich während des Sommers entweder zum Fischfang oder zum Empfang ihrer Unterstützungen einfinden. Eine Hauptrolle spielt dabei der Medizinmann der Bande in seiner gewohnten Gravität. Den Mittelpunkt bildet ein womöglich weißer Hund, der geschlachtet und gemeinschaftlich verspeist wird, — daher auch der Name: Fest des weißen Hundes.

Die Kraft der Crees und Crows, der Blackfeet und Sioux ist noch lange nicht gebrochen, und viel Blut wird noch fließen, bevor die weiten Prairien am Assiniboine und am Saskatschewan von der Kultur der Weißen ganz beherrscht sein werden. Jetzt ist es allerdings ein beliebtes und be= greifliches Mittel der Auswanderer=Agenten, die Indianer=Unruhen Kanadas, ja die Indianer selbst totzuschweigen. Es wurden mir Bücher und Bro= schüren über Kanada zugesandt, in welchen das Wort „Indianer" überhaupt gar nicht vorkommt, oder der Indianer doch als ein harmloses, gutherziges Wesen dargestellt wird. Alles nur, um soviel Einwanderer als möglich heranzulocken. Solch milde, harmlose Indianer giebt es in Kanada aller= dings, aber nicht in den Flußgebieten des Saskatschewan und des Assiniboine: ihr Aufenthalt sind die Provinzen Ottawa und Kewateen, vielleicht auch die Gegenden um den Winnipeg=See. Weit im hohen Norden, unter den Indianern am Mackenzie=Fluß, am Wollaston und Athabaska, findet man sogar noch ganze Stämme, deren Ehrlichkeit von alters her sprichwörtlich ist: einfach, weil sie nicht in Berührung mit den Weißen kommen und kaum Gelegenheit finden, nicht ehrlich zu sein. Dort oben, viele Hundert Meilen weit von jeder Ansiedelung der Weißen entfernt, im Gebiete des achtmonatigen Winters, kann die Hudsonsbai=Gesellschaft begreiflicherweise keine ständigen Handelsposten unterhalten. Sie läßt dafür von Zeit zu Zeit an bestimmten

II. Die Hudsonsbai-Länder.

Orten in ihren Blockhäusern die unter den Indianern gebräuchlichsten Waren aufstapeln. Die Indianer besuchen zeitweilig diese verlassenen Posten, legen daselbst ihre Pelze und Felle nieder, nehmen den entsprechenden Wert an Decken und Provision, und verschließen beim Verlassen wieder den Eingang gegen die wilden Tiere. Ein derartiger Vorgang ist wohl unter den tagsüber vereinsamten Zeitungsständen der Rue Rivoli in Paris denkbar, aber daß er sich in solchem Umfange in den Einöden Kanadas wiederholt, das zeugt nicht nur von der großen Unbefangenheit und angestammten Gutherzigkeit der noch im Urzustande lebenden Indianer, sondern beweist uns auch, wenn wir mit diesen die im Verkehr mit den Weißen lebenden grausamen und blutdürstigen Indianer weiter südlich vergleichen, wie weit die Weißen es dort mit ihrer Kultur gebracht haben.

Die Verderbnis früherer tapferer Indianerstämme läßt sich in den westlichen Gebieten Kanadas in nahezu jedem „Winterkamp", in den Trapper- und Jägerlagern, wahrnehmen. Die malerischen indianischen Vagabunden, zerstreuten, in ihrer Kraft und ihrem Widerstand gebrochenen Stämmen angehörig, bilden sozusagen den Troß der Jäger, unverkennbar durch ihr scheues, ernstes Wesen, ihre zerlumpte Umhüllung, ihre Unterwürfigkeit dem Weißen gegenüber. Sie ziehen mit ihren „Tepees" (Zelten), ihren Familien, Ponies und Hunden bandenweise in den weiten Einöden und Wäldern nördlich des Winnipeg-Sees umher und schließen sich den weißen Jägern in der Regel nur an, wenn sie diese mit Korn, Lebensmitteln und Munition reichlich versehen wissen. Die Erfahrung hat sie gelehrt, daß ein solches Lager das Muster einer Kommunistengemeinde ist. Die ganze Habe, ob sie nun ursprünglich Weißen oder Mischlingen angehört, ist allen Mitgliedern des Lagers zu gleichen Teilen eigen. Gehen nach monatelangen Streifzügen die Lebensmittel aus, ist Hunger und Entbehrung ins Lager gezogen, so schließen sich die Leutchen nur noch enger aneinander an. Wird endlich ein Büffel oder ein Bär erlegt, so wird die Beute vom ganzen Lager geteilt; ja auch der Fremde, gleichviel ob Indianer oder Weißer, erhält seinen Anteil. Den Indianerbanden jener Gegenden ist es heute, wo Büffel und Wild immer seltener werden, viel leichter, hinreichend Lebensmittel bei ihrem weißen oder halbblütigen Bruder zu erbetteln, als ihren Bedarf selbst zu erjagen. Stoßen sie auf ein „Winterkamp", so schlagen sie sofort irgendwo in der Nähe ihre Zelte auf und lungern dann ernst und still in den einzelnen Zelten der Weißen umher, bis man sich ihrer erbarmt und ihnen ein Stück Pemmikan oder Brot zuwirft. Die Rothäute scheinen ebenso wenig wie die Hunde das Bewußtsein zu haben, daß sie stören, wenn sie verstohlen in irgend ein Zelt oder selbst ein Haus schleichen und, nachdem sie allen Insassen stillschweigend die Hände geschüttelt, sich in einen Winkel auf den Boden kauern, um stundenlang sitzen zu bleiben. Zu jeder Zeit des Tages oder

18. Die kanadischen Indianer und ihre Lebensweise.

der Nacht hat man den Besuch dieser Hungerleider zu gewärtigen. Bei Mahlzeiten werden sie nicht etwa um Nahrung für sich betteln, selbst wenn ihnen der Magen vor Hunger knurren sollte, die Indianer-Etikette verbietet dies: sie werden ruhig warten, bis man ihnen etwas anbietet. Dann erst beginnen die Jeremiaden von den Entbehrungen und dem Darben der Squaws und der Papooses, von den tagelangen Reisen ohne irgend welche Lebensmittel. Findet der Indianer bei einem oder dem andern Jäger Rum oder Whisky, so wird er sofort mit ein paar Fellen angelaufen kommen und diese gegen ein Fläschchen Feuerwasser umtauschen. Geringe Mengen reichen hin, um ihn ganz toll zu machen. Er wird aber doch so lange trinken und seinen Genossen zu trinken geben, bis das letzte Tröpfchen vertilgt ist. Auch dann noch wird er heißes Wasser in das Blechgefäß gießen und trinken, um wenigstens noch das leichte Aroma des geliebten Feuerwassers zu genießen.

Die Indianerlager in den kanadischen Wäldern gleichen einander bis in die kleinsten Einzelheiten. Ausgehungerte, räudige Köter jeden Alters und jeder Größe lungern um die Tepees. Auf den Baumästen ringsherum, aber hoch genug, daß sie von Hunden oder Wölfen nicht erreicht werden können, hängen Fleischstreifen, Zaumzeug, Sättel und Geschirr, Schneeschuhe und Kleidungsstücke. Im Zelte selbst drängen sich ein halbes Dutzend oder gar ein Dutzend Personen um das Feuer in der Mitte; darüber, nahe der Spitze, sind Fleischstreifen zum Räuchern aufgehängt. Fette, schmierige Kinder spielen mit den in jedem Zelte anzutreffenden jungen Hündchen, trinken mit diesen aus derselben Schüssel oder schlafen auf den Fellen, die Squaws, in kaum glaublicher Bekleidung, kochen oder flicken. Häufig trifft man in diesen Zelten auch einen Missionär dieser oder jener Religion bei seinem Bekehrungswerke; denn fast jedem Winterkamp des weiten kanadischen Nordwestens schließen sich Missionäre an, um die Seelen der Rothäute und der Mischlinge zu gewinnen, aber ihre aufopfernde Thätigkeit, ihr Leben voll Mühen, Gefahren und Entbehrungen wird selten mit Erfolg gekrönt. Bisher wurden von den kanadischen Indianern nur die Huronen und die Irokesen, dann auch ein paar Banden der Algonkinen im Norden der Provinz Quebec zum Christentum bekehrt; aber diese letzteren haben dessenungeachtet ihre nomadenhafte Lebensweise nicht aufgegeben.

Noch weiter nördlich, in den die Hudsonsbai umgebenden Wäldern des Rupertslandes, hausen etwa 10000 der Jagd und dem Fischfang ergebene Indianer, die Abbittibis, die Papinaschis, Mistassins, Daskapis u. a., größtenteils von den Faktoreien der Hudsonsbai-Gesellschaft abhängig und, weil von der Kultur der Weißen noch unberührt, höchst friedfertig und harmlos. Bandenweise durchstreifen sie die Wälder, um bald hier, bald dort ihr Lager aufzuschlagen; die Squaws sind es, welche dann tagsüber allein in den Wäldern das Wild aufspüren, während ihr Herr und Meister im Zelte ruht und seine Pfeife schmaucht. Sind Spuren aufgefunden, so begiebt sich der Krieger selbst auf die Jagd nach dem Wilde. Aber oft vergehen Tage und Wochen, bevor die Bande auf Jagdtiere stößt. Die Lebensmittel sind ausgegangen, Männer, Weiber und Kinder darben und hungern. Vielleicht begegnen sie auf ihren Irrfahrten einer andern Bande, die mit ihnen die Vorräte teilt, — vielleicht aber auch nicht. Manche sind vor Hunger und Entbehrungen in den weiten, eisigen Einöden zu dem großen Manitou in die glücklichen Jagdgründe versammelt worden. Die treuen, selbst bis auf die Knochen abgemagerten Hunde sind bis zum letzten geschlachtet und verzehrt; ist dann alle Hoffnung auf Rettung verschwunden, dann thun es die Rothäute Labradors den Indiern und Arabern gelegentlich der großen Hungerjahre gleich: mit stoischem Gleichmut hüllen sie sich in ihre Decken oder Felle, kauern in einer Ecke ihres Zeltes nieder, und es dauert nicht lange, bis sie weder der Speise noch des Trankes mehr bedürfen.

19. Die „Voyageurs".

Der große Pionier Kanadas ist seit Jahrhunderten die schon vielfach erwähnte Hudsonsbai-Gesellschaft, welche in allen Teilen des ungeheuern Gebietes ihre Forts und Faktoreien, sogenannte „Trading Posts", errichtet hat und dort einen lebhaften Tauschhandel mit den Indianern unterhält. Viele dieser „Posts" sind weit über 1000 km von der nächsten Ansiedelung oder Stadt gelegen; um sie mit Nahrungsmitteln und Tauschwaren zu versehen, mußte die Gesellschaft sich die „Voyageurs" heranziehen und sie in ihre Dienste nehmen. Die Reise zu manchen dieser entlegenen Posten an der Hudsonsbai oder am Sklaven-See dauert nicht weniger als drei Monate, während welcher man auf keine einzige Ansiedelung stößt und höchstens einsamen Trappern oder Indianerbanden begegnet. Die weiße Rasse eignet sich kaum für ein derartiges unstätes Leben in den großen, einsamen Regionen des Rupertslandes, und deshalb besteht auch die große Masse der „Voyageurs" aus Mischlingen. Ihre Großväter oder Urgroßväter mögen französisch-kanadische Jäger, ihre Großmütter Squaws der Cree-Indianer gewesen sein.

In Manitoba hatte ich Gelegenheit, der Abfahrt einer der großen, von „Voyageurs" geleiteten Verpflegungs-Karawanen der Hudsonsbai-Gesellschaft beizuwohnen und das bunte Treiben der stets munteren, stets vergnügungssüchtigen Halfbreeds zu beobachten. Die Bezeichnung „Halfbreed" oder „Halbblut" ist allerdings nicht zutreffend; indessen werden in Kanada als „Halfbreeds" alle jene bezeichnet, die überhaupt Indianerblut in ihren Adern haben, und sollten sie auch Quadronen oder Oktavonen sein. Man kennt hier nur Weiße, Indianer oder Mischlinge. So zeigte auch die bunte, groteske Menge, welche sich um die Boote und Warenlager am Red River umher-

19. Die „Voyageurs".

Fig. 42. „Voyageurs"-Flottille.

11. Die Hudsonsbai-Länder.

drängte, die denkbar verschiedensten Hautfarben vom reinen, bleichgesichtigen, rotbackigen Engländer bis zum dunkelbraunen Vollblut-Cree. Von den vielen Weibern, die in jedem Kamp oder jeder Karawane zu finden sind, waren die Mehrzahl reine — beileibe jedoch nicht reinliche — Indianerinnen; denn wie ihre Stammesgenossen südlich der kanadischen Grenze, so sind die Indianer auch hier trotz ihres unausgesetzten Verkehrs mit den Weißen nicht aus ihrer traditionellen, warmen und behaglichen Schmutzkruste herauszubringen.

Die Vollblut-Indianer, welche hier den Dienst als „Voyageurs" versahen, waren meist junge, kräftige, kupferfarbige Gestalten, mit groben, energischen Gesichtszügen, umrahmt von schwarzen, mit bunten Bändern geschmückten Haarzöpfen. Ihre Tracht war die allen „Voyageurs" eigentümliche: enge lederne, mit zahlreichen Riemenstreifchen verzierte Beinkleider, eine lederne Kapote (eine Art Waffenrock), vorn weit offen und die muskelstarke, kupferfarbene Brust zeigend. Um die Lenden trugen sie statt der den Mischling-„Voyageurs" eigentümlichen buntfarbigen Schärpen breite Ledergürtel, an welchen die sogenannten „Firebags" oder „Feuertaschen" hängen, breite, flache, mit Perlenstickereien besetzte Taschen zur Aufnahme von Pfeife und Tabak, Stahl und Feuerstein. Um ihren gedrungenen Nacken hingen an den sogenannten Wampun oder Muschelbändern große, schwere Silbermedaillen, eine Art Indianerorden, die nicht etwa für besondere Dienste verliehen werden, sondern in den Faktoreien der Hudsonsbai-Gesellschaft käuflich sind — tout comme chez nous. Es ist nichts als reine Eitelkeit, welche diese leichtsinnigen Indianerseelen dazu treibt, ihr schwer erworbenes Geld für derlei Tand auszugeben. Die Häuptlinge und loyalen Krieger unter den Indianerstämmen der Vereinigten Staaten wie Kanadas erhalten nämlich für besondere Verdienste von der Regierung silberne oder goldene Medaillen, mit dem Bildnis des jeweiligen Präsidenten oder der Königin geschmückt. Und wie bei uns eitle Menschen sich sogenannte „Orden" kaufen, so auch bei den Rothäuten.

Die Mischlings-„Voyageurs", welche ich zu Gesicht bekam, waren von kleinerer Statur und etwas lichterer, mehr ins Kastanienbraune spielender Gesichtsfarbe, als die Vollblut-Indianer; ihr rabenschwarzes Haar war wohl ebenso lang, wie das der letzteren, aber nicht in Zöpfe geflochten[1]. Die Mehrzahl der Mischlings-„Voyageurs" ist französisch-kanadischen Ursprungs.

---

[1] Man findet lange Haare bei den Männern im Nordwesten Amerikas überhaupt sehr häufig — weiße Trapper und Jäger, sogar Offiziere und Generale der Armee der Vereinigten Staaten tragen das Haar lang über die Schultern herabfallend, ganz wie seiner Zeit die Longobarden oder unsere deutschen Helden, und man muß gestehen, es verleiht ihnen auch heute trotz der modernen Uniform ein viel kriegerischeres Aussehen. Die zwei berühmten Generale Fremont und der unglückliche Custer trugen solch langes Haar.

v. Helse-Wartegg, Kanada.

Fig. 43. Lager rastender „Voyageurs".

Zu S. 125.

19. Die „Voyageurs".

Sie sind leichtherzig, gastfrei, schlau, verschwenderisch, tapfer, ausdauernd, auf Reisen vollständig von ihrem Berufe absorbiert, die vorzüglichsten Schützen und Bootsleute, leisten somit der Hudsonsbai-Gesellschaft und den anderen Handelsgesellschaften, die ihnen ihre Warenzüge anvertrauen müssen, unschätzbare Dienste. Ihre „Proviantreisen" nach den entlegenen Forts könnten eher als gefahrvolle, beschwerliche Expeditionen bezeichnet werden. Die Sommermonate sind hierfür die beste Zeit, und schon im Winter wird in den einzelnen Warenniederlagen und Forts die für die Reisen erforderliche Zahl von „Voyageurs" angeworben. Hunderte von „Halfbreeds" warten auf diese Gelegenheit; denn bei der Anwerbung erhalten sie ein kleines Handgeld, das diesen leichtsinnigen, verschwenderischen Geschöpfen recht gelegen kommt. Während des Frühlings erbetteln sie auch wohl noch auf Rechnung ihres zukünftigen Lohnes weitere Summen, so daß sie zu Beginn der Reise schon bis über die Ohren verschuldet sind. Im Mai oder Juni ist endlich alles zur Reise bereit. Antoine und Baptiste, Pierre und Louis — alle „Voyageurs" im nordwestlichen Kanada hören auf den einen oder andern dieser Namen — nehmen Abschied von ihren Weibern und Freunden, und unter eigentümlichen Gesängen, meist in altnormannischer Sprache, fährt die Bootkolonne unter Führung eines schottischen oder englischen „Guide" (Befehlshaber) ab. Regelmäßig tauchen die zahlreichen Ruderpaare ins Wasser, dem Tonfall der kanadischen Volkslieder folgend. Auf den Unterläufen der großen kanadischen Ströme, wie z. B. auf dem untern Red River oder Saskatschewan, ist die Bootreise ziemlich einförmig und verhältnismäßig leicht. Das Flußbett ist tief in den Prairie-Boden eingeschnitten, die Ufer sind gewöhnlich mit üppigen Bäumen bedeckt, deren Äste sich in den ruhigen Fluten baden. Nirgends auf Hunderte von Meilen eine Ansiedelung, ausgenommen das einsame Blockhaus eines Mischlings-Trappers oder das „Tepee" einer Indianerfamilie. Hie und da gleiten ein paar stattliche Schwäne über den Fluß, Kraniche träumen, auf einem Fuße stehend, an den Ufern, und zahlreiche Wildenten verschwinden in dem Dickicht beim Herannahen der Boote. Nach jeder Stunde wird den „Voyageurs" eine Frist von etwa zehn Minuten gestattet. Mittags wird irgendwo Halt gemacht, die Boote werden an einer flachen Stelle an die Ufer gefahren, und die gewöhnlich aus Pemmikan und Thee bestehende Mahlzeit bereitet. Der Appetit dieser wilden Gesellen ist ganz unglaublich. Kolossale Mengen Pemmikan und große Töpfe voll Thee werden mit einem fast tierischen Heißhunger verzehrt. Dafür haben sie aber auch die seltene Eigenschaft, im Notfalle zwei, drei Tage fasten zu können, und derlei Möglichkeiten sind in dem „großen, einsamen Lande" keine Seltenheit.

Nach der Mahlzeit geht es wieder in derselben Einförmigkeit weiter, die großen Ströme entlang, über weite, stille, noch mit Eisschollen bedeckte Seen. Aber bald heißt es, den nächsten Weg nach dem oft mehrere hundert

11. Die Hudsonsbai-Länder.

Meilen entfernten Fort einzuschlagen. Dann müssen die Boote durch enge Kanäle, über Katarakte, Stromschnellen, durch tief eingerissene Schluchten und über Sandbänke befördert werden. Hier erst zeigt sich so recht die Geschicklichkeit des „Voyageur". Mit Rücksicht auf diese Schwierigkeiten sind auch die Boote von eigentümlichem, leichtem Bau, jedes mit neun „Voyageurs" bemannt, und von einer Tragkraft von 3500 kg. Die Form ist die der gewöhnlichen Walfischfänger, der Stern (Hinterteil) des Bootes ist mit einem kleinen Deck überkleidet, auf welchem der Steuermann, zugleich Kapitän des Bootes, thront. Die acht Ruderer sitzen vor ihm auf Bänken. In der Mitte des Bootes ragt gewöhnlich ein kleiner Mast empor, auf welchem bei Fahrten über größere Seen ein Segel aufgezogen wird. Eine Anzahl solcher Boote bildet eine sogenannte „Brigade", welche unter dem Kommando eines „Guide" steht, der in einem leichten Boote seiner „Brigade" vorausfährt, das Fahrwasser untersucht, die nötigen Befehle erteilt u. s. w. Wie man sieht, sind diese Boot-Convois nach demselben System organisiert, wie die Karawanen, die in der Wüste — beispielsweise zwischen Marokko und Timbuktu oder zwischen Uargla und Insalah — verkehren. Dort sind die Kamele die Schiffe der Wüste, der „Chrebir" ist der Kommandant oder „Guide", die „Schuafs" sind die „Voyageurs". Stößt die Bootbrigade auf einen Wasserfall, oder ist man auf der Stromfahrt an einer Stelle angelangt, von wo aus man quer landeinwärts wandern muß, um ein anderes Stromsystem zu erreichen, so beginnt die schwierigste Arbeit der „Voyageurs"; denn hier müssen die sogenannten „Portages" unternommen, die Boote mitsamt ihrem Inhalt auf dem Rücken der Voyageurs mitunter meilenweit getragen werden. Solche „Portages", welche so manchem Afrika-Reisenden arge Verlegenheiten bereiteten, und so manche Expedition im Sudan und in Südafrika zu Fall gebracht haben, werden von den kanadischen „Voyageurs" täglich, oft sogar mehrmals an einem Tage, unternommen; deshalb besitzen die Halfbreeds auch jene Geschicklichkeit, jene bewundernswerte Ruhe und Kaltblütigkeit, welche nur Erfahrung mit sich bringt.

Mit Rücksicht auf die „Portages" werden auch die Waren schon in den großen Proviantcentren ganz eigen gepackt. Jedes Paket, das von Winnipeg oder anderen Stationen nach den Einöden des Nordens abgesandt wird, hat ein durchschnittliches Gewicht von 50 kg, und jedes Boot wird mit 75 solcher Gepäckstücke beladen. Die Verpackung ist, den schwierigen Verhältnissen entsprechend, auch eine sehr sorgfältige. Die Kisten sind mit Stahlbändern umgeben, mit Handhaben versehen und bei gewissen Waren vollkommen wasserdicht. Kommt die Brigade auf ihrer einsamen, langweiligen Reise zu einer solchen „Portage"-Stelle, so werden die Boote an das Ufer gefahren. Binnen fünf Minuten sind die Gepäckstücke ausgeladen und auf trockenem Grund aufgestapelt, und die „Portage" beginnt. Eigentümlicher-

19. Die „Voyageurs".

weise ist bei den kanadischen „Voyageurs" dasselbe System des Lasttragens eingeführt wie bei den aztekischen Wasserträgern in Mexiko oder bei manchen asiatischen Völkern: ein breiter Lederstreifen, der „Portage Strap", wird um die Stirne gelegt und an die beiden über die Schultern fallenden Enden wird je ein Gepäckstück derart befestigt, daß sie übereinander auf dem Rücken des „Voyageur" aufliegen. Mit einer solchen, 100 kg schweren Last beladen, steht der „Voyageur" etwas vorgeneigt, so daß sich die Last etwa gleichmäßig auf Stirne und Rücken verteilt. Mit den beiden Händen die Gepäckstücke in ihrer Lage erhaltend, trabt er nun raschen Schrittes die Anhöhen hinauf und hinab, über schlüpfrige Stellen, über Felsblöcke und durch dichtes Gestrüpp bis zum nächsten Strome oder zu der Einschiffungsstelle unterhalb des Wasserfalles. Diesen mitunter meilenweiten Weg muß er, da für die 75 Pakete jedes Bootes nur acht Träger vorhanden sind, fünfmal gleich schwer beladen zurücklegen, und man kann sich hieraus allein schon eine Vorstellung der unendlichen Schwierigkeiten und der Langsamkeit des Reisens machen. Der Steuermann hat keine Portage=Arbeiten zu verrichten, dafür aber obliegt ihm die noch schwerere Arbeit, die 75 Pakete vom Boden aufzuheben und auf den Rücken der „Voyageurs" zu legen — ein Beweis der außergewöhnlichen Muskelkraft dieser Männer.

Bei einbrechender Dunkelheit ist das Tagewerk verrichtet, die Boote werden an einer für die Nachtruhe der Wasserkarawane geeigneten Stelle ans Land geschoben, die Segel zur Herstellung von Zelten oder doch Flug= dächern gebraucht, und das überall in Massen vorhandene Treibholz liefert das Material zu einem lustig prasselnden Feuer, über welchem bald der unvermeid= liche Theekessel brodelt. Während die Abendmahlzeit zubereitet wird, wickeln die „Voyageurs" ihre Decken aus der Wachsleinwandumhüllung, breiten diese zuerst auf dem Boden aus, die Decken darüber, und das Nachtlager ist fertig. Mittlerweile sind vielleicht ein paar Fische gefangen und ein paar Vögel geschossen worden, die im Verein mit dem unvermeidlichen Pemmikan und Thee den gar nicht schlechten Imbiß des sonderbaren Völkchens bilden. Dann sitzen die stets munteren, wilden Gesellen, die Pfeife im Munde, noch ein Stündchen um die Lagerfeuer und würden mit ihrem Loose im allgemeinen noch viel zufriedener sein, wenn sich nicht der unangenehmste Gesellschafter, den es bei solchen Ruhestündchen geben kann, zu ihnen gesellte — ich meine die schreckliche kanadische Landplage während des Sommers, die Mosquitos.

Man kann sich bei uns schwerlich eine Vorstellung von der furchtbaren nervösen Aufregung machen, in welcher diese kleinen, gleich wolkenweise herbei= kommenden Untiere den einsamen Wanderer durch die kanadischen Einöden erhalten. Die Indianer und Metis sind von Geburt auf an sie gewöhnt und leiden unter ihren Stichen nicht so sehr, zumal sie dieselben durch eine dicke, auf die bloßen Körperteile geschmierte Fettschicht vom Leibe halten.

II. Die Hudsonsbai-Länder.

Aber Wehe dem fremden Reisenden! Ich wurde an einem einzigen Abend derart zerstochen, daß am nächsten Morgen mein Gesicht über und über mit rotgeschwollenen Beulen bedeckt war. Selbst Beine, Arme und Brust waren mir ähnlich zugerichtet, obwohl ich vorsorglich die Beinkleider und Ärmel fest zusammengebunden hatte. Wie die Peiniger darunter durchkriechen konnten, ist mir noch heute ein Rätsel. Selbst die auch in den Vereinigten Staaten allgemein eingeführten Mosquito-Mützen, mit denen sich die Schlafenden bedecken, nützen nicht viel; denn die winzigen, blutdürstigen Barbaren spüren auch die kleinste Öffnung auf, um den harmlos Schlafenden das Blut aus dem Leibe zu saugen. Um dieser Landplage zu entgehen, bereiten sich die „Voyageurs" ihr Nachtlager wohl häufig auf ihren Booten. Sicher sind sie indessen vor den Mosquitos nur, wenn ein kalter Wind von der Hudsonsbai oder dem großen Sklavensee her weht.

Am frühen Morgen, noch bevor der Nebel sich gelichtet hat, wird das schweigsame Lager auch schon durch das „Levez, levez!" des Führers zum frischen Tagwerk geweckt. In wenigen Minuten ist die spärliche Toilette beendigt, der Bug der Boote wird gegen den See oder den Fluß gestoßen, die „Voyageurs" greifen zu den Rudern, und vorwärts geht es wieder über große, mit bewaldeten Inseln bedeckte Seen, durch enge, klare, reißende Flüsse, durch dichte, jungfräuliche Wälder und über weite, öde Prairien, auf welchen sich höchstens Büffel oder Antilopen zeigen, bis ein fernes Rauschen und Donnern die Nähe eines Kataraktes verkündet.

Stromabwärts, dem rasenden Sturz der Katarakte folgend, gehen die Passagen noch leichter; denn es sind mehr Auge und Geistesgegenwart, weniger Kraftanstrengung nötig, welche die Boote sicher über die tosenden Fälle, durch die Wirbel an ihrem Fuße und die schaumgekrönten Wellen im weitern Laufe führen, bis das ruhige Fahrwasser erreicht ist. Sehen wir uns aber an, wie die „Voyageurs" die Katarakte und Fälle hinaufkommen. Glücklicherweise sind dieselben hier gerade so wie am Oberlaufe des Nil gewöhnlich durch Felsen und Inseln unterbrochen, und diese bilden für die kühnen Reisenden sozusagen die Stufen, über welche sie die Wasserstürze emporsteigen. Kraftvoll rudern sie gegen den Fall an, während die Wellen mit den schweren Booten wie mit Korkpfropfen spielen. Bis zu einem gewissen Punkte unterhalb des Falles können die Ruderer wohl bei der äußersten Kraftanspannung vorwärts kommen, aber dann scheinen die flüchtigen, schäumenden Wellen die Oberhand über ihre Kraft zu bekommen. Jedes weitere Abmühen wäre vergeblich. „Bis hierher und nicht weiter!" scheint ihnen die umgebende Natur zuzurufen; denn dort, zu Füßen des Falles, schäumt und spritzt es hoch auf, drehen sich die wilden Massen in tollen, alles mit in die Tiefen hinabziehenden Wirbeln. Aber Wellen und Wirbel werden von den „Voyageurs" einfach überlistet. Wer einen Wasserfall je beobachtet hat, der weiß, daß

19. Die „Voyageurs".

der mächtige Sturz in der Mitte auch an den Seiten Gegenströme erzeugt, daß das herabgestürzte Wasser, nachdem es eine Strecke weit in der Tiefe geschwommen, wieder an die Oberfläche kommt, und zu beiden Seiten des Stromes nach den Fällen zurückfließt, um dort wieder in den Strudel gerissen zu werden. Nach diesen Gegenströmen lenken die flinken Bootsleute ihre Fahrzeuge in unmittelbarer Nachbarschaft der rasend an ihnen vorbeischäumenden Sturzfluten. Von dem Gegenstrom wird das Boot bis nahe zu dem großen Wirbel am Fuße des Falles getragen. In diesen einzudringen, wäre sicheres Verderben; denn im Handumdrehen werden alle Gegenstände dort hinab in die Tiefe gerissen. Nach dem Hauptstrom lenken, das hieße soviel als mit rasender Schnelle hinabgetrieben werden, von wo das Boot gekommen. Schon ist es im Bereiche des Falles, schon überstäuben die im Sturze zersprühten Wasser das Boot und seine Insassen, schon ist der Bug des Bootes mit dem kühnen Mann an der Spitze in den äußeren Kreis des Wirbels eingetreten. Was nun? Im Boote herrscht die tiefste Ruhe. Die Bootsleute sitzen regungslos, die Ruder erhoben, in der äußersten Spannung den Blick auf den adleräugigen Steuermann geheftet: der Augenblick ist gekommen, wo sie mit aller ihnen innewohnenden Kraft vom Tod zum Leben rudern müssen. Eben, als der Bug die hellgrünen, im wahnsinnigen Kreis umhereilenden Schaumfluten des Wirbeltrichters berührt, stößt der Bootsmann einen kurzen, heisern Schrei aus. Wie Flintenkugeln tauchen die Ruder in die Fluten, und geführt durch die Riesenkraft der Männer schießt das Boot quer über den Hauptstrom, der es dennoch wie ein welkes Blatt abwärts, dem in der Mitte des Bettes emporsteigenden kahlen Felsen zutreibt, an dem es zu zerschellen droht. Aber noch ein Schrei, noch ein Ruderschlag mit aller Kraft, und die That ist geschehen: das Boot sitzt in dem stillen Wasser hinter dem Felsen, zu dessen Seiten die Fluten vorbeischäumen. In diesen Felsen sind von früheren Reisenden Stufen eingehauen, oder es führt ein schwindelnder Pfad über Vorsprünge und durch Spalten aufwärts bis auf die Höhe des Falles. Hier ist der Platz für die „Portage". Das Boot wird mit Seilen am Felsen verankert, die Gepäckstücke werden emporgeschleppt oder emporgezogen. Ihnen folgt das Boot, und man ist auf der Höhe des Falles, in ruhigerem Wasser. Manchmal werden die Fälle nicht in der Mitte, sondern auf den Felsen zu ihren Seiten umgangen; oder falls diese senkrecht oder überhängend den Katarakt einengen und sich kein anderer Ausweg zeigt, schießt das Boot von Fels zu Fels aufwärts, immer in dem stillen Wasser, den „Eddies" hinter diesen, eine Weile ruhend. Ist der Fall zu stark, so muß das Boot die Schnellen emporgezogen werden. Die Hälfte der Bootsleute steigt dann auf den einen Felsen, legt eine Mast- oder Segelstange zum andern, schiebt sich mit den Händen bis zum nächsten Felsen vor und zieht das Boot in die Eddy unter demselben. Oft den ganzen Tag über geht die aufreibende und aufregende Arbeit weiter, und sucht man am Abend ein gutes Plätzchen für die Nachtruhe, so gewahrt man vielleicht noch zu seinem Schrecken kaum einige Hundert Schritte weit zurück die Stelle des vorigen Nachtlagers. Eine Tagesarbeit hat die Reisenden nur um eine so kurze Strecke vorwärts gebracht.

So geht es Tag für Tag, Wochen, ja Monate lang durch die menschenleeren Einöden, auf Flüssen, die vielleicht noch ihres Namens harren, über Seen, die noch auf keiner Landkarte eingezeichnet sind. Endlich nähert man sich dem entlegenen Handelsposten, dem Reiseziele, und aus der Farm hoch über den dunkeln Tannen flattert die eigentümliche Flagge der Hudsonsbai-Gesellschaft mit der Devise: „Pro pelle cutem" — „Haut für Haut". Nun wird ein allgemeiner Reinigungsprozeß vorgenommen: das lange Haar wird wieder mit bunten Bändern geschmückt, die Sonntagskapote und die beste Schärpe angelegt, die perlengestickten Mokassins werden angezogen, und unter lautem Sang fahren die so geputzten Mischlings- „Voyageurs" an die Landungsstelle der Faktorei, das Ziel ihrer Expedition. Ein palissadenumgebenes Blockhaus, ein paar Indianer-Tepees und die Hütten einiger Jäger und Trapper, das ist alles. Eine Woche Aufenthalt und Ruhe, dann drängt die Zeit wieder zum Aufbruch. Die Sommer sind kurz, und eilen die Wackern nicht rasch wieder den Weg, den sie gekommen, zurück, so überfällt sie der Winter und friert sie irgendwo ein. Kommt die Brigade aber noch vor der strengen Jahreszeit nach ihrem Ausgangsposten zurück, so werden den „Voyageurs" ihre durch zahlreiche kleine Vorschüsse allerdings schon stark verminderten Löhne ausbezahlt, und dann beginnt ein süßes Nichtsthun, das um Weihnachten in arges Hungerleiden übergeht, bis die Werbungen für den nächsten Sommer ihnen wieder eine Stelle und damit auch Geldvorschüsse verschaffen. Das ist das tolle Völkchen der kanadischen „Voyageurs".

20. Die Hudsonsbai.

Mit der bevorstehenden Aufschließung der Hudsonsbai-Länder und dem Bau einer Eisenbahn von Winnipeg nach der Hudsonsbai wird auch diese letztere an Bedeutung unendlich gewinnen. Die Befürworter eines regelmäßigen Dampferverkehrs zwischen England und der Hudsonsbai, d. h. zwischen Liverpool und dem an der Mündung des Hayes gelegenen Fort York, werden immer zahlreicher, und es wird sogar behauptet, daß diese neue nördliche Verkehrslinie viel günstiger wäre als jene zwischen Liverpool und Quebec. Die letztere ist allerdings nur 4240 km lang, also um rund 500 km kürzer als jene von Liverpool nach Fort York; dafür ist man aber in Fort York von der Metropole der Hudsonsbai-Länder, der Stadt Winnipeg, nur mehr 960 km entfernt, während die Entfernung zwischen Quebec und Winnipeg nahezu 2560 km beträgt.

20. Die Hudsonsbai.

Die Hudsonsbai, ein Binnenmeer von 1600 km Länge und 960 km größter Breite, umfaßt einen Flächeninhalt von annähernd 1 300 000 qkm und ist mit dem Atlantischen Ocean durch die 800 km lange und 70—240 km breite Hudsonstraße verbunden. Bisher wurde dieses große Binnenmeer noch von keinem einzigen Dampfer befahren, und seine Verhältnisse sind mir nur aus den Berichten der Segelschiff=Kapitäne bekannt geworden. Ihnen zufolge ist die Schiffahrt in der Hudsonsbai lange nicht so gefährlich, als früher — möglicherweise zu Gunsten der exklusiven Hudsonsbai=Gesellschaft — ausgestreut wurde. Wenn Zahlen in der That sprechen, so ist die Schiffahrt in der Hudsonsbai noch viel weniger gefährlich als in anderen, bekannteren Seen; denn von den 750 Schiffen, welche seit dem Jahre 1735 die Hudsonsbai befahren haben, ist nur eines, und zwar ein Walfischfänger, verloren gegangen.

Die Hudsonsbai ist in der Regel in jedem Jahre vier Monate hindurch offen, nämlich von Ende Juni bis Ende Oktober. Dann frieren die Häfen und das Uferwasser bis auf $1^1/_2$ oder höchstens $3^1/_4$ km von der Küste wieder zu. Nur in der viel seichtern, südlichen Fortsetzung der Hudsonsbai, der Jamesbai, ist die Eisbildung viel stärker und ausgedehnter, da das Wasser infolge der zahlreichen hier mündenden Flüsse mehr brackig ist.

Während der genannten vier Sommermonate ist die Fahrt in der Hudsonsbai selbst mit keinerlei Gefahren verbunden, denn es sind weder Riffe noch Sandbänke noch Inseln vorhanden, und die Wassertiefe beträgt durchschnittlich 70 Faden (1 Faden ca. $1^5/_6$ m). Die südlichen und westlichen Ufer der Hudsonsbai sind größtenteils flach und sandig, die östlichen längs des Rupertslandes jedoch steil und felsig, mit einer der ganzen Ausdehnung nach vorgelagerten Reihe kleiner Felseninseln, der „Sleepers". Das Ebbe= und Flutspiel beträgt in der Hudsonsbai $3^1/_2$—$4^1/_2$ m, in der Hudsonstraße jedoch 9—15 m, mit einer Strömung von $9^1/_2$—11 km in der Stunde. Das Südende der Bai ist von den Nordküsten des Oberen Sees in gerader Linie 450 km, über den Nipigon=See längs des Albany=Flusses 750 km entfernt, von welchen 430 auf dem schiffbaren Flusse selbst zurückgelegt werden können. Diese Route zwischen den kanadischen Seen und den vier an der Jamesbai gelegenen Faktoreien der Hudsonsbai=Gesellschaft, Fort Albany, Moose, Kannah Bay House und Rupert House, wird vielleicht schon im nächsten Jahrzehnte dazu benützt werden, die Fischerei= und Jagdprodukte der Uferländer der Jamesbai statt wie bisher zu Schiff nach Fort York über Land nach dem Obern See und damit an die großen Verkehrslinien zu bringen.

Wenn der Verkehr zwischen dem Ocean und der Hudsonsbai überhaupt schwierig und gefahrvoll genannt werden kann, so liegt der Grund in den großen Eismassen, welche aus der Baffinsbai durch die Davisstraße herabtreiben und in der Nähe der Einfahrt in die Hudsonstraße fast immer zu

II. Die Hudsonsbai-Länder.

finden sind. Diese Einfahrt zwischen Baffinsland und der Nordspitze von Labrador ist im ganzen nur etwas über 100 km breit und wird durch zwei Inselgruppen, Resolution Island und die Button-Inseln, in drei Kanäle geteilt, von denen der nördliche und der südliche je 16 km Breite besitzen. Die Kapitäne wählen gewöhnlich den südlichen und trachten, die Einfahrt zwischen dem 1. und dem 15. Juli bewirken zu können, da dann die Straße am wenigsten Treibeis enthält. Zu jeder andern Zeit des Jahres sind in der Hudsonstraße die großartigsten Eismassen angestaut, die aus den nördlichen Meeren durch den Foxkanal herabtreiben und zwischen den Inseln eingeklemmt bleiben. Ist aber diese Zufahrtsstraße zur Hudsonsbai passiert, so ist damit auch jede Gefahr vorüber. Die Segelschiffe brauchen gewöhnlich für die Fahrt durch die Hudsonstraße 15 Tage, und von deren Endpunkt quer durch die Hudsonsbai nach der Hauptfaktorei Fort York noch 9 Tage.

Die Bewohnerzahl der Küstenländer der Hudsonsbai beläuft sich im ganzen auf etwa 5000 Seelen, von denen die Hälfte Maskigon-Indianer, die Hälfte Eskimos sind. In den Faktoreien wohnen nur einige Dutzend Weiße. Die Einwohnerschaft der verschiedenen Forts wird, wie folgt, angegeben:

Fort York	300 Seelen	Moose Factory	180 Seelen
Fort Churchill	400 "	Abbitibbe Factory	350 "
Fort Albany	300 "	Rupert House	250 "

Längs der Hudsonstraße wohnen nur Eskimos, die besonders in der tief in die Nordküste Labradors einschneidenden Ungababai ausgiebigen Fischfang treiben[1]. Vor allem haben sie es auf die hier zu Millionen vorkommenden Porpoisen oder Schweinfische abgesehen, deren jeder 2—3 t Fett ergiebt.

Die Hudsonsbai-Gesellschaft, welche noch immer das Monopol des Fischfangs in der Hudsonsbai und der Hudsonstraße bewahrt hat, besitzt in Fort Churchill an der Mündung des Churchill-Flusses und in Fort Chima, einer Faktorei an der Ungababai, zwei großartige Raffinerieen, wo das Fett der gefangenen Fische geschmolzen und zur Beförderung nach England verpackt wird. Eigentümlich ist der Fang der Porpoisen. Zur Zeit der Hochflut schwimmen sie die zahlreichen Flußläufe und Einschnitte der Ungababai aufwärts; sobald aber mit der Ebbe das Wasser wieder abläuft, ziehen die Eskimos große, sehr starke Netze quer über die Mündungen. Gleichzeitig verteilen sie sich in Booten über die ganze Wasserfläche und halten die Fische

---

[1] Erzbischof Taché von Winnipeg, einer der einflußreichsten und bedeutendsten Männer Kanadas, fand in der Sprache der Cree-Indianer eine treffliche Erklärung des Wortes „Eskimo". Er leitet dasselbe von zwei Cree-Wörtern: Aski (rohes Fleisch oder Fisch) und mowew (er ißt), ab, und die Crees selbst nennen diese Polarländler Ahas Kimew, also Rohfisch-Esser.

Fig. 44. Die Ankunft des jährlichen Proviantschiffes in Fort York.

dadurch zurück, daß sie mit luftgefüllten Blasen auf das Wasser schlagen, was ein eigentümliches, dumpfes Geräusch verursacht. Schließlich fahren die Fische in die Netze oder bleiben, nachdem das Wasser abgelaufen ist, auf dem Sande liegen, wo sie bald tot sind. Nun werden die toten Fische von den Eskimos mittelst Haken an starke Taue gereiht und liegen gelassen. Dringt das nächste Flutwasser wieder aufwärts, so schwimmen die Riesen= körper vermöge ihres Fettgehaltes an der Oberfläche und werden dann mittelst der Seile ans Ufer gezogen.

Auch der Walroß= und Salmfischfang in der Hudsonsbai ist von großer Bedeutung. Es wird behauptet, daß die Salmen desto schmackhafter sind, in je kälteren Gewässern sie gefangen werden, und an Kälte mangelt es hier gewiß nicht. Die Fischmassen in der Hudsonsbai werden als unerschöpflich geschildert.

Der Mittelpunkt des ganzen Verkehrs und sozusagen die Metropole der Hudsonsbai ist Fort York, am Nordufer des Hayes=Flusses, nahe der Mündung des Nelson=Flusses gelegen, eine Faktorei der Hudsonsbai=Gesell= schaft, wo alljährlich der Austausch zwischen den Jagdprodukten des großen Nordwestens und den direkt aus England kommenden Industrie=Erzeugnissen und Lebensbedürfnissen für die Trapper, Jäger und Indianer dieses Gebietes stattfindet. Die Hudsonsbai=Gesellschaft sendet zu diesem Zwecke in jedem Jahre einen großen Dreimaster durch die Hudsonstraße nach Fort York: die Ankunft dieses Schiffes ist dann für die Bewohner der entlegenen Faktorei das große Ereignis des Jahres.

21. Saskatschewan.

Der große, das hauptsächlichste Gebiet des gleichnamigen Stromes um= fassende Bezirk Saskatschewan ist in den letzten Jahren, besonders im Früh= jahre 1885, viel genannt worden. Hier spielte sich vornehmlich längs des Flußlaufes des Saskatschewan der große Aufstand der mit einigen Indianer= stämmen verbündeten Halbindianer unter der Anführung Louis Riels ab, der nach längeren, blutigen Kämpfen mit der Unterdrückung der Aufständischen und der Hinrichtung ihres Anführers endigte. Hier wurden die Schlachten oder vielmehr Gefechte am Fischfluß, von Cut Knife Hill und Batoche ge= schlagen; hier fand auch die große Niedermetzelung der Besatzung von Fort Pitt und die Unterwerfung der Indianer unter Big Bear statt.

Mit diesem Aufstand ist hoffentlich der letzte Widerstand der Indianer und ihrer Halbblut=Verbündeten für immer gebrochen, und Saskatschewan kann seine weiten, fruchtbaren Prairie=Gebiete der Einwanderung und Besie= delung ungehindert öffnen. Es wird jedoch noch lange dauern, bis der schlimme Eindruck desselben vollständig verwischt sein wird.

II. Die Hudsonsbai-Länder.

Der Bezirk wird seiner ganzen Länge nach in west-östlicher Richtung von dem wasserreichen Saskatschewan durchzogen, an dessen Ufern sich die wichtigsten und bis 1880 wohl einzigen Ansiedelungen der Weißen, lediglich Handelsforts der Hudsonsbai-Gesellschaft, befanden. Beiläufig im Mittelpunkte des Bezirkes, nahe der Vereinigung des nördlichen mit dem südlichen Arme des Saskatschewan, liegt Fort Prinz Albert; etwa 65 km weiter westlich, am nördlichen Saskatschewan, liegt Fort Karlton, und 16 km von diesem entfernt, in westlicher Richtung, Battleford, nächst Prinz Albert das wichtigste Fort und die wichtigste Ansiedelung am Saskatschewan, die während dreier Jahre sogar die Hauptstadt und den Regierungssitz des Nordwest-Territoriums bildete. Weitere 160 km westlich davon liegt das 1885 von den Indianern eroberte Fort Pitt, und 240 km von hier weiter stromaufwärts Viktoria; das westlichste und bedeutendste Hudsonsbai-Fort des Saskatschewan-Flusses, Fort Edmonton, liegt 160 km davon entfernt, bereits im Bezirk Alberta. In der Nähe jedes dieser Forts befinden sich Indianer-Reservationen mit kleinen, aus einigen Gendarmen der „Mounted-Police" bestehenden Militärposten.

Mitten durch das von Alkali-Wüsten und weiten Sandflächen unterbrochene Prairie-Gebiet von Saskatschewan führt die hauptsächlichste Verkehrsroute des Nordwestens, der „Trail" von Winnipeg nach Edmonton. Wie früher in den Prairien von Kansas, bilden hier die mit Kanevasdächern versehenen, von Ochsen gezogenen und von Halb-Indianern geleiteten Wagen die hauptsächlichsten Verkehrsmittel; sie sind die sogenannten „Prairie-Schooner": die Prairie ist der Ocean, die einzelnen Handelsforts sind die Prairie-Häfen auf der mehr als dreimonatigen Reise von Winnipeg nach Fort Edmonton. Die Schilderungen der Prairie-Reisen, die ich vor zehn Jahren in den Gebieten des Kansas- und Arkansas-Flusses gegen die Felsengebirge zu unternommen, passen vollständig auf die Prairien von Saskatschewan, nur daß hier die Mücken noch viel schlimmer sind, als im Süden, und der Winter hier schon Ende Oktober beginnt und erst Anfang April ein Ende nimmt. Dafür ist der kurze Sommer desto wärmer. In den Farmen rings um Prinz Albert und Battleford kann infolge der Fröste erst anfangs Mai gesäet werden, der Juni ist gewöhnlich sehr regenreich, der Juli und der August sind heiß und trocken. Im September kommen schon wieder Schneestürme vor. Wäre das Klima nicht so ungünstig, die Prairien von Saskatschewan könnten an manchen Stellen mit den fruchtbarsten Gebieten der Vereinigten Staaten in die Schranken treten.

Das rauhe Klima und die Indianer-Aufstände hielten die Ansiedler bisher von Saskatschewan zurück; auf der Prairie-Fahrt nach Edmonton stößt man auf Strecken von 80—150 km noch immer auf keine Ansiedelung, ja vielleicht ebensowenig auf Reisende. Die Überreste der Nachtlager unserer

21. Saskatschewan.

Vorgänger auf der Prairie=Fahrt sind die einzigen Anzeichen von „Kultur". Der in den weichen Prairie=Boden gegrabene Feuerherd, hie und da zurück= gebliebene Zeltstangen, die Asche der Lagerfeuer, eine Anzahl geöffneter, leerer Blechbüchsen u. s. w. sind jedem Reisenden wohlbekannte Merkmale. Aber in den kanadischen Prairien tritt hierzu noch ein anderes, das in jenen der Vereinigten Staaten nicht zu finden ist, und bei dessen Erinnerung es jedem Besucher Kanadas wohl schaudert: ein viereckiger, eingehegter Platz von etwa 3 m Durchmesser, in welchem vielleicht noch feuchtes Gras, Torf oder belaubte Baumäste glimmen und dichten, erstickenden Rauch emporsenden. Rings um diesen Raucherzeuger sieht man gewöhnlich die Lagerüberreste an= geordnet, und der mit dem Prairie=Leben Vertraute weiß, daß zur Nachtzeit Menschen, Pferde und Vieh hier so dicht als möglich in der erstickenden Atmosphäre sich zusammendrängen, — die einzige Rettung gegen die furchtbare Qual der Mosquitos und Stechfliegen.

Die Reisenden durch Saskatschewan nach den einzelnen Handelsforts bedürfen keines Wegweisers; selbst wenn sie allein sind, brauchen sie sich nach dem Wege kaum zu erkundigen. Der „Trail" über die Prairien ist von den seit einem Jahrhundert hier verkehrenden Frachtkolonnen so tief in den Boden eingeschnitten und es führt eine so große Zahl von Radfurchen parallel nebeneinander durch die weiten Prairien, daß man ihnen nur blind= lings zu folgen braucht. Sobald sich der „Trail" einer Ansiedelung nähert, laufen die manchmal auf Meilen ausgedehnten Radfurchen wie Schienen= geleise in einem Rangierbahnhofe zusammen, um sich erst wieder jenseits der Station weit über die Prairie auszubreiten.

Bis zur Eröffnung der kanadischen Pacific=Bahn war der Edmonton= Trail viel belebter als heute, wo sich der Frachtverkehr zwischen Edmonton und Winnipeg nicht mehr mittelst der ungeschlachten „Red River Carts" oder Frachtwagen über die Prairie bewegt, sondern den Weg mit der Eisenbahn nach Kalgary genommen hat und erst von dort über die Prairie nach Edmonton geleitet wird. Vor der Eröffnung der Eisenbahn kostete die Fracht= beförderung von Winnipeg nach Fort Edmonton 10 Dollars für den Centner, 200 Dollars für die Tonne, und die Rundreise der Frachtenkarawanen von Winnipeg nach Edmonton und zurück erforderte mit einem zehntägigen Auf= enthalt in Edmonton 5—6 Monate!

Der Postverkehr zwischen den beiden Städten längs der genannten Reihe der Hudsonsbai=Forts wurde durch Boten vermittelt, die alle drei Wochen von den beiden Endstationen auf leichten, mit Pferden bespannten Wägelchen ausfuhren und einer Militärbedeckung nur selten bedurften. Post= passagiere gab es in dem einsamen, unbewohnten Lande nur selten. Auch heute wird der Postverkehr in dem größten Teil von Saskatschewan und Alberta durch diese fahrenden Boten vermittelt. Im Winter bedienten sie

II. Die Hudsonsbai-Länder.

sich früher der bekannten charakteristischen Hundeschlitten; aber es bedurfte großer Kunst, die halbwilden, heulenden, kneifenden Tiere in Ordnung zu erhalten. Überdies benötigten sie Fleischnahrung, an der früher, solange Büffel auf den Prairien hausten, allerdings kein Mangel war. Mit dem Aussterben der Büffel jedoch sind auch die Hunde eine Unmöglichkeit geworden, und Pferde werden jetzt fast ausschließlich in den südlicheren Prairie-Gegenden Kanadas für die Post verwendet; denn auch im Winter ist es diesen leicht, den lockern, sandartigen Schnee wegzuscharren und Grasnahrung zu finden.

Im Frühjahr und Sommer sehr wasserreich, wird der Saskatschewan alljährlich um Mitte April eisfrei und würde dann eine vorzügliche und bequeme Wasserstraße für Dampfer abgeben, wäre sein Lauf nicht ebenso, wie jener aller anderen kanadischen Prairie-Ströme, von Stromschnellen, Untiefen, Sandbänken und Felsriffen unterbrochen. Dennoch verkehrt eine Anzahl von Dampfern der Hudsonsbai-Gesellschaft zwischen Winnipeg und Edmonton. Ein kleines Dampfflachboot, die „Lily", befährt den Oberlauf des Flusses zwischen Edmonton und Fort Karlton, eine Strecke von etwa 800 km. Unterhalb Karlton nimmt der Fluß an Tiefe zu; von hier bis zu den großen Stromschnellen an der Mündung des Saskatschewan, also auf einer Strecke von 640 km, verkehrt ein größerer Dampfer, der „Northcote". Die erwähnten Stromschnellen setzen der Schiffahrt zwischen dem Winnipeg-See und dem Saskatschewan ein unübersteigliches Hindernis entgegen, das früher durch das mühselige Übertragen der Waren von unterhalb nach oberhalb der Schnellen — etwa 5 km weit — umgangen wurde. Vor einigen Jahren wurde hier eine Pferdebahn erbaut, die augenblicklich den Verkehr besorgt.

Von der Mündung des Saskatschewan nach jener des Red River, der Länge nach durch den Winnipeg-See, verkehrt ein dritter, viel kräftigerer Dampfer, um den heftigen, plötzlich auftretenden Stürmen hinreichend Widerstand bieten zu können. Bei Hochwasser kann der Dampfer auch den Red River auf 50 km aufwärts bis zu dem untern Fort Garry, 30 km von Winnipeg entfernt, vordringen, wo sich jetzt die Hauptwarenlager der Hudsonsbai-Gesellschaft befinden.

Die Dampfer auf dem Saskatschewan und die „Red River Carts" auf dem großen Prairie-Trail nach Edmonton werden indessen binnen wenigen Jahren durch das Dampfroß überflügelt werden, das jetzt schon den westlichen Teil von Manitoba in der Richtung nach Prinz Albert durchbraust. Portage la Prairie, ein kräftig emporblühendes Dorf an der kanadischen Pacific-Bahn, ist der Ausgangspunkt dieser neuesten Bahn Kanadas, des „Manitoba and Northwestern Railway". Wer den eigentümlichen Bahnbau in den nordwestlichen Prairien kennen lernen will, kann das nirgends besser thun, als an dem gegenwärtigen Endpunkte der neuen Linie, von der etwa 250 km fertiggestellt sind, an dem „End of the track", wie die Amerikaner sagen.

Fig. 45. Eine Hudsonsbai-Faktorei im Winter.

21. Saskatschewan.

Auch wir verließen in Portage la Prairie den Zug, um die Prairie-Fahrt durch Manitoba gegen Saskatschewan zu unternehmen. Portage selbst bietet, mit Ausnahme seiner Getreidespeicher und des Zeltlagers der Sioux-Indianer, deren hier etwa 100 ihr urwüchsiges Leben fristen, ebenso wenig Bemerkenswertes wie die meisten anderen auf die flache, baumlose Prairie hingebauten Plätze. Schon während der ersten Stunden unserer Fahrt konnten wir die großen Schwierigkeiten erkennen, mit welchen der Eisenbahnbau hier verbunden ist. Das ganze Gebiet westlich von dem Winnipeg-See wird von stattlichen Flußläufen durchzogen, die sich tiefe Betten durch den Prairie-Boden gewaschen haben und sich natürlicherweise zu immer tieferen und weiteren Rissen und Höhlungen entwickeln, je mehr die Prairien in westlicher Richtung ansteigen. In diese Hauptflüsse mündet eine ungewöhnlich große Zahl von Nebenflüssen und Bächen, deren Bett am Ursprunge in gleichem Niveau mit dem Hochplateau der Prairie liegt, die sich aber auf ihrem Laufe gegen die Hauptflüsse immer tiefer unter das Niveau senken und immer breitere und tiefere Thäler einschneiden. Die Mehrzahl dieser Flußläufe ist dank der Verbrennung der Wälder, welche einst einen großen Teil des Prairie-Landes bedeckten, ausgetrocknet. Nur die Thäler, sogenannte Coulées, blieben übrig, und in welcher Richtung auch die Eisenbahnlinien diese Prairien durchziehen, überall stellen sich ihnen solche Coulées in den Weg. Die schwerste Aufgabe der Ingenieure ist es hier, längs der Thalwände der Coulées die Bahn auf- und abwärts zu führen, die geringsten Steigungen aufzusuchen und für die Überbrückung die schmalsten Stellen zu finden. Die Eisenbahnbauten sind hier ungemein kostspielig, und auch die Manitoba- und Nordwest-Eisenbahn ist nicht besonders günstig gestellt, obschon die Regierung ihr eine Landschenkung von 6400 Acres für jede Eisenbahnmeile machte.

56 km von Portage hielt unser Zug in Gladstone, einem Dorfe von einigen 50 Häusern. Noch im vergangenen Jahre (1886) hieß es Palestine, aber der Name behagte den zugewanderten Einwohnern nicht, und als sie die Überzahl über die stammsässigen Einwohner erreichten, wurde der Name „Gladstone" angenommen. Hier, wie in dem 65 km entfernten, gleichfalls an der Bahn gelegenen Minnedosa, in Shoal Lake und anderen Miniatur-Prairie-Städten, blüht die Landwirtschaft. Wir fuhren durch ausgedehnte Weizenfelder, die dem Anscheine nach vortreffliche Ernten liefern mußten. Zahlreiche Engländer, Schotten und besonders russische Mennoniten haben sich hier Farmen geschaffen, und es unterliegt gar keinem Zweifel, daß das ganze Prairie-Gebiet von Manitoba und dem östlichen Assiniboia einer ähnlichen Blüte entgegengeht, wie Kansas oder Nebraska.

In der Nähe von Birtle, einer kräftig emporstrebenden Prairie-Stadt, kamen wir an das Ende der Linie, und damit auch in das eigentümliche Zelt- und Hüttenlager, in welchem das mehrere Hundert Arbeiter zählende

II. Die Hudsonsbai-Länder.

Eisenbahnbataillon Unterkunft findet. Solche Eisenbahnstädte sind wohl nur im westlichen Amerika anzutreffen. In dem so stark bevölkerten Europa finden die beim Baue neuer Eisenbahnen Beschäftigten doch in den meisten Fällen benachbarte Dörfer, Meierhöfe oder Städte. Hier, in der auf viele Meilen völlig unbesiedelten Prairie, müssen sie ihre Schneckenhäuser mit sich auf dem Rücken tragen. Die Eisenbahnstädte wandern mit dem Bau der Eisenbahn. Sie waren eine der merkwürdigsten Erscheinungen beim Baue der amerikanischen Pacific-Bahnen und sind es auch hier. Unser Zug blieb mitten in einer Zelt- und Hüttenstadt stehen, welche augenblicklich ziemlich verlassen dalag; denn die Einwohner waren längs der Bahnlinie auf Meilen in die offene Prairie hinaus beim Baue beschäftigt. Auf einem Seitengeleise stand der Konstruktionszug mit allerhand Maschinen und Werkzeugen. Weiterhin standen Waggons, beladen mit Schienen und Schwellen, sowie die „Cabouse", der Hotelwagen des Aufsehers, und der „Pay-Car", der Waggon des Zahlmeisters. Über 100 weißer Leinwandzelte und Bretterhütten waren in der Nähe über die Prairie zerstreut. Einzelne Zelte enthielten die zum Verkauf ausgebotenen Waren der „Traders", andere, größere waren zu gemeinschaftlichen Speiseräumen, noch andere zu Küchen eingerichtet. Die hölzernen Hütten standen fast durchwegs auf Rädern, so daß sie mit Leichtigkeit über den ebenen Prairie-Boden weitergerollt werden konnten. Ein paar „Red Jackets" (Rotjacken), Gendarmen der „Mounted-Police", versahen den Sicherheitsdienst, indem sie zwischen den Hütten auf und ab patrouillierten. In unmittelbarer Nähe der Zeltstadt war eine Arbeiterbrigade damit beschäftigt, die lose auf den Schwellen liegenden Schienen an diese zu befestigen und miteinander zu vernieten. So weit das Auge reichte, in gerader Richtung auf Meilen in die offene Prairie hinaus, lagen die Schwellen, immer kleiner werdend, bis sie sich endlich in der Ferne ausnahmen, wie neben einander gelegte Streichhölzchen. Zu ihren Seiten lagen die Schienen, und ein „Gang" von Arbeitern hob diese vom Boden, um sie in die richtige Lage auf die Schwellen zu bringen. Zu den Seiten der neuen Linie verkehrten schwer mit Schwellen und Schienen beladene Ochsenwagen, um dieses Baumaterial von den Waggons nach den Punkten zu schaffen, wo sie erforderlich waren. Wir fuhren der lose auf dem Prairie-Boden liegenden Schwellenreihe entlang, in die Coulée hinein, wo eine weitere Arbeiterbrigade das in die Thalwand eingeschnittene Eisenbahnbett ebnete, und erreichten endlich den schmalen, vielgewundenen Assiniboine-Fluß. Hier waren etwa 100 Zimmerleute beschäftigt, eine „Trestle Bridge" (Holzbrücke) über denselben zu bauen. Oberhalb der Brücke lagen Hunderte von Baumstämmen auf dem Flusse angestaut, von den Waldregionen des Oberlaufs herabgeschwemmt.

Sobald die Strecke bis zum Flusse und die Brücke vollendet sind, wird die Zeltstadt der Arbeiter abgebrochen, um mit ihrer ganzen Bevölkerung an dem neuen Endpunkt der Linie wieder zu erstehen; an der alten Stelle aber bleiben keine anderen Spuren zurück, als alte Zeltstangen, Düngerhaufen und verrostete Blechbüchsen, die einzigen Ruinen der auf Dampfrossen dahinfliegenden Prairie-Civilisation.

22. Indianer und Kanadier auf dem Kriegspfade.

Saskatschewan und Assiniboia, die beiden großen Territorien westlich des Winnipeg-Sees, waren, wie im vorhergehenden Kapitel erwähnt, im

Fig. 46. Ein Mischling.

Jahre 1885 der Schauplatz eines großen Aufstandes zwischen den ansässigen Halb-Indianern und Indianerstämmen einerseits und den kanadischen Expeditionstruppen unter dem Oberbefehl des englischen Generals Middleton andererseits. Die vielen Kämpfe, Niedermetzelungen und Überfälle, von denen so manche entschieden zu Ungunsten der kanadischen Truppen ausfielen, haben damals auch in Europa so viel von sich reden gemacht, daß es hier wohl am Platze sein mag, die Ursachen des Indianer-Aufstandes näher zu betrachten.

Um die Verhältnisse im Nordwesten Kanadas sofort ins klare Licht zu setzen, braucht man sie nur als eine Fortsetzung jener des großen Westens der Vereinigten Staaten zu betrachten. Es ist der Kampf der Kultur gegen

II. Die Hudsonsbai-Länder.

die Wilden, der Kampf um die Herrschaft über ausgedehnte, fruchtbare Länderstrecken, welche den angestammten Herren entrissen und der Besiedelung und Bebauung unterworfen werden sollen. Überall, wo immer auch die Eisenbahn hingedrungen, entspannen sich längs ihrer Linie die gleichen Kämpfe. Es war so östlich des Mississippi, dann längs der Union- und Central-Pacific-Bahn in den sechziger Jahren; es war so, als die Northern-Pacific-Bahn neue Ansiedler und Trapper nach Dakota, Wyoming und Montana brachte, als das Southern-Pacific-System in das Gebiet der Navajos und Apaches vordrang; und heute ist die Reihe an das westliche Kanada gekommen, wo die kanadische Pacific-Eisenbahn das gleiche Pionierwerk unternehmen will. Es ist, wie gesagt, die alte Geschichte: der Indianer und mit ihm auch der Halb-Indianer oder Mischling wehrt sich gegen das Vordringen des Weißen in seine Jagdgründe; er kämpft um seine Scholle, die ihm die Mittel zu seinem Lebensunterhalte darbietet und ohne die er überhaupt nicht leben kann. Schon 1870, nachdem Kanada die unermeßlichen Länderstrecken der Hudsonsbai-Gesellschaft gekauft, hatten die Halfbreed-Aufstände einen bedenklichen Umfang angenommen, und es bedurfte des damaligen Obersten (und heutigen Generals) Wolseley, um die Indianer und Halfbreeds zu Paaren zu treiben. Auch damals war Louis Riel ihr Anführer. Es gelang ihm, sich über die Grenze nach den Vereinigten Staaten zu flüchten; als er nach fünfjähriger Verbannung nach Manitoba zurückkehrte, wurde er — ein bezeichnendes Streiflicht auf die Stimmung im Lande — in das Haus der Gemeinen gewählt. Aber dort war er nicht auf seinem Platze. Er wußte, daß er auf friedlichem Wege gegen die Majorität nichts auszurichten im stande sei. So kehrte er denn nach den großen Einöden des Nordwestens zu seinesgleichen zurück. Die weißen Ansiedler, welche die Trapper, Halfbreeds und Indianer schon aus der Provinz Ontario und Manitoba verdrängt hatten, zogen mit der immer weiter westlich vorrückenden kanadischen Pacific-Bahn ebenfalls westlich. Das ferne Manitoba wurde zum Mittelpunkte des Auswanderungsbezirkes, und von hier zogen unternehmende Ansiedler in die neugegründeten Territorien Assiniboia, Saskatschewan und nach Alberta. Wie in den „States", so gilt auch hier das geflügelte Wort: „Westward the star of the Empire moves" (gen Westen zieht der Stern des Reiches).

Nun waren den Indianerstämmen Kanadas in der westlichen Hälfte der „Dominion", einem Gebiete, so groß wie zwei Drittel von Europa, Reservationen angewiesen worden; das Land war noch ohne staatliche oder provinziale Einteilung, jeder Ansiedler oder Trapper konnte sich irgend ein Stück Land von meilenweiter Ausdehnung wählen und es bebauen, es war sein Eigentum. Die französischen „Halfbreeds" folgten den Indianern und siedelten sich westlich des Winnipeg-Sees in Saskatschewan und Alberta an. Mit dem Weiterbau der Eisenbahn mußte die Centralregierung in Ottawa daran schreiten, das ungeheure Ländergebiet zu vermessen, in Provinzen einzuteilen und diese der Konföderation von Kanada einzuverleiben. Die Landvermesser gingen in ähnlicher Weise zu Werke, wie es seinerzeit in den Prairien der Vereinigten Staaten geschah: das Land wurde in „townships" von je 36 englischen Quadratmeilen eingeteilt, die einzelnen Quadratmeilen oder Sektionen abgesteckt und vertragsmäßig derart verteilt, daß in jedem „township" auf 20 Meilen Nord und Süd längs der Pacific=Bahn je 2 Quadratmeilen der Hudsonsbai=Gesellschaft, je 16 der Eisenbahn=Gesellschaft und der Rest der Regierung zur Verteilung unter Ansiedler zufallen sollten. Doch nahmen die Landvermesser auf die Ansiedelungen und „Claims" der Mischlinge keine Rücksicht, sondern zogen auch deren Ländereien mit in die Einteilung, da es die betreffenden Ansiedler unterlassen hatten, „to locate their claim", d. h. der Regierung die Lage und Ausdehnung der von ihnen in Besitz genommenen Ländereien anzuzeigen. Die Regierung wies alsdann die den Mischlingen zweifellos rechtmäßig zukommenden Strecken weißen Ansiedlern an. Man kann sich leicht vorstellen, welche Wirkung dieses brüske Verfahren auf die heißblütigen französischen Halb=Indianer hatte.

Sie protestierten, schrieben an die Regierung und verlangten zunächst die Anerkennung ihrer „Claims", dann die Errichtung von freien Regierungs= schulen für ihre Kinder, und endlich — um sich die Unterstützung der In= dianerstämme zu sichern — größere Geldleistungen und die Lieferung von Lebensmitteln an die letzteren. Die Centralregierung in Ottawa ließ die Sache trotz aller Warnungen und Drohungen verschleppen, und das Er= gebnis war der letzte Aufstand, welcher von vielen niemand anderem als der Regierung selbst auf das Kerbholz geschrieben wird. Durch ein bißchen Nachgiebigkeit, so behauptet man, hätte der Krieg vermieden werden können, und bei Batoche, Duck Lake und Fort Pitt wäre nicht soviel Blut vergossen worden. Und doch wurde bisher allgemein die Behandlung der Indianer von seiten der kanadischen Regierung als ein Muster von Weisheit und Ehr= lichkeit angesehen, und die Amerikaner südlich der 49. Parallele blickten fast mit ebenso viel Bewunderung als Neid auf ihren räumlich so großen Nach= barstaat, dem die Schrecken und Grausamkeiten eines Indianerkrieges bisher unbekannt geblieben waren. Aber mit dieser Indianerpolitik ist es nicht so weit her. Wenn sich der große Kampf um die Herrschaft in den Hudsons= bai=Ländern nicht schon längst entsponnen hat und der Indianer noch heute auf unermeßlichen Länderstrecken nördlich des Saskatschewan=Stromes un= bestrittener Gebieter ist, so hat dies zunächst seinen Grund in der weisen, gemäßigten Verwaltung der Hudsonsbai=Gesellschaft, welche den Indianern friedfertig gegenübertrat, die mit ihnen abgeschlossenen Verträge auf das genaueste einhielt und ein für beide Teile recht ersprießliches Tauschgeschäft mit ihnen unterhielt, das besonders für die Indianer unentbehrlich war.

II. Die Hudsonsbai-Länder.

Die Hudsonsbai-Gesellschaft besaß das Handelsprivilegium für jene unermeßlichen Länderstrecken, war also allein berechtigt, den Indianern Waffen, Munition und Lebensbedarf zu liefern, sowie ihnen den Jagdertrag abzukaufen. Die Forts oder Faktoreien der Gesellschaft waren über das ganze Gebiet zerstreut, oft 1500 und 2500 km von der nächsten Ansiedelung der Weißen entfernt und der „Traber" oder Händler somit vollständig in der Gewalt der Indianer. Er mußte sich also, selbst wenn er nicht wollte, mit den Indianern gut vertragen und ihnen gerecht, fest und ehrlich gegenübertreten. In zweiter Linie wurden die Gegensätze zwischen Indianern und Weißen durch die vielfach zwischen ihnen abgeschlossenen Mischehen abgeschwächt; durch die Mischlinge wurde ein Bindemittel geschaffen. Deshalb darf man aber nicht glauben, die den Nordwesten Kanadas bewohnenden Indianerstämme seien minder grausam, minder tapfer, blutdürstig und barbarisch, als jene der Vereinigten Staaten. Die Ereignisse haben bereits gelehrt, daß in den „Schwarzfüßen", den Crees, den „Blut-Indianern" und den „Sarsies" dasselbe Blut rollt, wie in den Sioux und den Arapahoes.

Es ist nicht uninteressant, die Zusammensetzung der im Aufstande von 1885 aufgebotenen Streitkräfte zu untersuchen, zumal sie ja heute noch ebensogut wie vor zwei Jahren die hauptsächlichste Bevölkerung des Saskatschewan-Gebietes bilden.

Die Kanadier besitzen keine stehende Armee. Auf meinen Reisen durch Kanada — vom Atlantischen Ocean bis zu den Felsengebirgen — sah ich nur an zwei Orten reguläres Militär: in Halifax, der Hauptstadt von Neu-Schottland, dem einzigen Garnisonsplatz der englischen Armee, und in den Forts westlich von Winnipeg, wo kanadische Gendarmerie den Wachtdienst versieht. In den Forts von Halifax, wo die englische Kriegsflagge weht, stehen etwa 1500 Mann englischer Truppen aller Waffengattungen. In Quebec, Montreal, Toronto und den anderen Städten der weiten, spärlich besiedelten Dominion sieht man zuweilen Miliztruppen, die in gewissen Zeiträumen für einige Wochen unter die Waffen gerufen werden[1]. Auf dem Exerzierplatze nehmen diese Soldaten sich vortrefflich aus, jeder Mann ein Hüne, groß, gesund und ungemein kräftig, wie sich ja die Kanadier überhaupt durch stattlichen Körperwuchs vor anderen Nationen auszeichnen. Aber es fehlen geschulte, kriegstüchtige Generale und Offiziere, dann ein geordnetes Verpflegungswesen, das in einem straßen- und wegelosen, so ungemein spärlich besiedelten Lande von der größten Wichtigkeit ist. Gerade in jenen Gebieten,

---

[1] Es bestehen für das Einexerzieren der Milizen eigene Militärschulen und zwar: zwei Artillerieschulen zu Quebec und Kingston, jede mit zwei (!) Geschützen; eine Kavallerieschule zu Point Lévis, gegenüber Quebec, und drei Infanterieschulen zu Toronto, St. John (Quebec) und Frederikton, N.-B. Die dort stehenden Soldaten belaufen sich zusammen auf etwa 800 Mann.

22. Indianer und Kanadier auf dem Kriegspfade.

in welchen sich die Aufstände von 1870 und 1885 abspielten, stößt der Reisende, und erst ein Heer, das neben Zelten und Lebensmitteln noch sein Kriegsmaterial mitführen muß, auf Schritt und Tritt auf ungewöhnliche Schwierigkeiten. Dies möge ein Bericht des „Toronto Mail" aus dem letzten Feldzug belegen.

„Die Grenadiere," so heißt es hier, „waren in ‚Calamity Camp' — ca. 70 km vom Hunde-See, nordwestlich vom Obern See, entfernt — den allergrößten Leiden und Entbehrungen ausgesetzt. Der einzige Zug der kanadischen Pacific-Bahn, der behufs Weiterbeförderung der Truppen auf den Kriegsschauplatz zur Verfügung stand, war von einem andern Regiment in Beschlag genommen. Den Grenadieren blieb also nichts übrig, als durch die mit tiefem Schnee überkleidete, durch Wälder und Seen unterbrochene Prairie zu marschieren. Das Thermometer zeigte 22° Kälte. An diesem Tage," so erzählt der Berichterstatter weiter, „konnten wir einen Vorbegriff der Entbehrungen bekommen, die unser noch harrten. Der Schnee lag an manchen Stellen 2 m hoch, und wir versanken bis über die Köpfe darin. Plötzlich ließ die Kälte nach, es begann zu regnen und regnete ununterbrochen während dreier Stunden. Der Schnee verwandelte sich allmählich in eine weiche, schmutzige Schichte, in welcher wir natürlich bei jedem Schritte bis auf den Boden einsanken. Unsere Soldaten hielten sich gegenseitig an den Händen, um in der schlüpfrigen Masse nicht zu stürzen. Einige verloren das Bewußtsein und mußten getragen oder auf die Proviantwagen gelegt werden; andere schliefen vor Erschöpfung während des Marschierens ein. Nach drei Marschtagen hatten wir nur 70 km zurückgelegt, aber wir konnten nicht mehr weiter und lagerten auf der offenen Prairie, ohne jeden Schutz vor den eisigen Stürmen, welche dem Tau gefolgt waren. Endlich kam ein Eisenbahnzug, der uns aus unserer schrecklichen Lage befreite und nach Winnipeg weiterführte."

Das einzige tüchtige, mit allen Finten der Indianer vertraute Korps, welches die kanadische Regierung den Rothäuten und Mischlingen als nahezu ebenbürtig entgegenzustellen vermag, ist die „Mounted-Police" der nordwestlichen Territorien. Es sind durchweg prächtige, gebräunte Gestalten, vorzüglich bewaffnet und beritten. Auf den Schultern dieser 500—600 Mann ruhen Ordnung und Frieden im Lande. Sie haben ihr ganzes Leben auf Streifzügen durch die weiten Einöden, im Kampfe mit Rothäuten und weißen Trappern zugebracht; sie sind vorzügliche Schützen, abgehärtet gegen Sturm und Wetter, tollkühn, tapfer und deshalb weit und breit der Schrecken aller Gesetzlosen. Sie streifen in kleinen Trupps von 2—4, je nach Bedarf auch mehr Mann um die Indianer-Reservationen oder die Ansiedelungen der Weißen umher, und kaum entgeht ihnen in Friedenszeiten irgend ein Verbrecher. Hauptsächlich haben sie es auf die „Yankee-Traders" abgesehen, amerikanische

II. Die Hudsonsbai=Länder.

Händler, welche von Minnesota oder Dakota aus die Grenze überschreiten und das von den Rothäuten mit Leidenschaft begehrte „Feuerwasser" einschmuggeln; außerdem aber auf die Pferdediebe. Ist irgendwo ein Pferde= oder Viehdiebstahl ausgeführt worden, so errät der Gendarm aus gewissen Anzeichen fast immer, ob die Schuld einen Weißen oder einen Indianer trifft, ja selbst der betreffenden Indianerbande kommt er gewöhnlich sofort auf die Spur. Ohne weiter auf Hilfe zu warten, eilt er alsbald nach dem Lager der letztern und fordert von dem Häuptling die Auslieferung des gestohlenen Gutes und des Diebes. Die Krieger und Häuptlinge weigern sich wohl am ersten Tage, aber sie wissen, daß bald ein größeres Expeditions= korps gegen sie aufgeboten würde, sollten sie ernstlichen Widerstand leisten. Überdies sind die Rotjacken die einzige Behörde, bei welcher sie sich gegen etwaige Ungerechtigkeiten oder Verbrechen von seiten der Weißen beschweren können, und die Erfahrung hat sie gelehrt, daß der Gendarm gegen Rot= häute wie gegen Weiße die gleiche Gerechtigkeit übt. Am nächsten Tage sind denn auch Pferde und Pferdedieb wirklich ausgeliefert. Leider ist die „Mounted=Police" nicht zahlreich genug, um einem Gegner die Stange zu halten, der auf 10 000, ja 15 000 und 20 000 Mann anschwellen kann.

Neben den Milizen und der „Mounted=Police" enthält das kanadische Korps auch „Skouts" und „Voyageurs". Die ersteren sind loyal gebliebene Indianerkundschafter, welche den Vorpostendienst versehen, den Feind auf= stöbern, über seine Stärke berichten und durch ihren Scharfsinn, ihre Aus= dauer, Gewandtheit und Schnelligkeit den Führern der Kolonialtruppen ganz unentbehrlich sind. Die „Voyageurs" hingegen, jene Mischlinge, sind mit den Reiserouten, den Lagerplätzen und der Art des Reisens in dem unwirtlichen Lande wohl vertraut. Sie kennen die Furten und Untiefen der zahllosen Gewässer, handhaben die schwachen Kanoes und Transportboote mit erstaun= licher Gewandtheit, kurz, „make themselves generally useful" (machen sich im allgemeinen nützlich), wie der Engländer zu sagen pflegt.

Ohne Hilfe von „Skouts" und „Voyageurs" ist das Reisen, und gar erst ein Indianerfeldzug, in dem einsamen Nordwesten Kanadas ganz un= möglich. Ein Feldherr mag dort die vortrefflichsten Truppen besitzen, aber ohne „Skouts" und „Voyageurs" wird er eine Angriffstaktik niemals ein= schlagen können: er wird vom Feinde unaufhörlich belästigt werden, um seine Lebensmittel=Zufuhren und seine Munition kommen und vielleicht mit seinem Korps vollständig niedergehauen werden, wie dies den amerikanischen regulären Expeditionskorps schon mehrmals zugestoßen ist. Auch General Middleton fiel 1885 zweimal in den indianischen Hinterhalt und konnte sich nur nach bedeutenden Verlusten zurückziehen. Glücklicherweise hatten sich nur einzelne Indianerstämme von dem Führer des Aufstandes bewegen lassen, den Kriegspfad zu betreten; daher gelang es General Middleton, schon mit

22. Indianer und Kanadier auf dem Kriegspfade.

etwa 4000 Milizsoldaten die Aufständischen zu Paaren zu treiben und den Anführer Louis Riel gefangen zu nehmen. Anders hätten sich die Verhältnisse gestaltet, wären die Blackfeet und die Sioux mit in den Kampf getreten. Es war ein eigenartiges Häuflein Menschen, das den Kanadiern in den Urwäldern und Prairien des Nordwestens gegenüberstand, eigenartig in jeder Hinsicht. Gelegentlich meines wiederholten Aufenthaltes in Kanada verkehrte ich vielfach mit ihm, und ich glaube kaum, daß die „Bois-brulés", d. h. die Mischlinge, an Gastfreundschaft, Leichtsinn, Verschwendungswut, Tapferkeit und kameradschaftlichem Geist von vielen anderen Völkerschaften erreicht werden. Ein sonderbares Gemisch der verschiedensten Charakterzüge prägt sich in ihnen lebhaft aus, und wenn auch manche derselben zur Leidenschaft ausarten, bleiben ihnen doch immer einige schöne Grundzüge eigen, wie z. B. der Sinn für Familienleben und Zusammengehörigkeit. Dies gilt hauptsächlich von den französischen Mischlingen, den Métis, wie sie in Kanada heißen. Die schottischen Mischlinge sind von den französischen in mancher Hinsicht verschieden, und die beiden vertragen sich auch nicht sehr gut miteinander. Nicht, daß sie einander feindlich gegenüberstehen, aber die Rassenverschiedenheit kommt zum Durchbruch: sie meiden sich, sie leben neben=, nicht miteinander. Ich habe sie in Winnipeg, dem Hauptsitz der Métis, oft beobachtet. Viele sind derart mit weißem Blute versetzt, daß man sie dem Aussehen nach kaum mehr für Métis halten würde. Achtel= oder Sechzehntel=Blut läßt die äußeren Indianermerkmale, das rabenschwarze, glatte Haar ausgenommen, vollständig verschwinden, und sogar der Bart, welcher den Métis wie den Indianern fehlt, kommt wieder zum Vorschein. Louis Riel, der nun längst gehängte Anführer der Métis und einstige Präsident der Republik des kanadischen Nordwestens, war ein Sechzehntel=Indianer. Seinem Aussehen nach war er Jules Ferry nicht unähnlich; als ich ihn sah, trug er wie dieser schwarze Koteletten. Die vielen Indianer, die ich noch 1883 in Winnipeg sah, schienen mir viel ungeschlachter, dunkler, als ihre Stammesgenossen in Texas und Kolorado. Ihre Hautfarbe war dunklem Leder nicht unähnlich, das Gesicht vollständig bartlos, das Kopfhaar ungemein dicht und struppig. Die Métis der ersten Kreuzung zeigten noch ausgesprochen den Indianertypus, aber je nachdem sie von Schotten oder von Franzosen abstammten, war auch ihr Benehmen verschieden. Zuweilen bewunderte ich diese und jene herkulische Gestalt, die stramm und aufrecht die Straßen entlang marschierte, gerade, wie eine abgeschossene Kanonenkugel, ohne rechts oder links zu blicken, noch auszuweichen; ein anderer, flinker, gelenkiger, höflicher, grüßte diesen oder jenen Kollegen. Der erstere war schottischen, der letztere französisch=kanadischen Ursprungs. Ähnlich zeigen sie sich auch auf der Reise durch das Urland. Hatten wir einen schottischen Métis als „Voyageur", so hieb er sich manchmal im Walde mit der Axt

II. Die Hudsonsbai-Länder.

eine Bahn durchs Gestrüpp, räumte auf einer Furt wohl einen Felsblock aus dem Wege, lenkte das Kanoe gegen den Strom. Der französische „Voyageur" hingegen bahnte sich gewöhnlich mit nicht geringerer Geschicklichkeit den Weg um das Gestrüpp herum, wich dem Felsblock geschickt aus, schwamm mit dem Strom. So sind sie in allem, was sie beginnen. Beide Arten Métis sprechen neben der Sprache der Mutter oder des Vaters auch die andere Landessprache und überdies eine ganze Anzahl indianischer Sprachen, hauptsächlich die Objchibewa- und die Siouxsprache. Begegnen sie sich in der Wildnis, so sprechen sie weder französisch noch englisch miteinander, sondern gewöhnlich eine Indianersprache. Der schottische Métis neigt mehr den anglosächsischen Ansiedlern, sowie der Regierung zu und steht gewöhnlich als „Voyageur" oder Jäger im Dienste der Hudsonsbai-Gesellschaft. Der französische Métis hingegen wirtschaftet auf eigene Faust, ist unabhängiger und mehr den Indianern zugethan, wie er denn überhaupt die allgemeine Abneigung der französischen Kanabier gegen die Anglosachsen teilt.

Aber auch unter den französischen Métis selbst zeigt sich eine gewisse Charakterverschiedenheit, je nachdem das weiße Blut in ihren Adern von der Mutter oder dem Vater stammt. Métis, deren Mutter eine französische Kanabierin war, ziehen selten nach dem wilden Nordwesten, um dort das Trapper- und Jägerleben zu führen: sie bleiben in den Ortschaften und werden vortreffliche Ackerbauer. War die Mutter eine Indianer-Squaw, so folgen sie den betreffenden Indianerstämmen, werden Jäger und „Voyageurs" mit allen guten und schlechten Eigenschaften der beiden Rassen, bleiben jedoch in politischer Hinsicht eifrige Anhänger der Franzosen, wie schon aus ihrem „Folk Lore", den in der Wildnis im Laufe der Jahrhunderte entstandenen, noch ungeschriebenen Volks- und Kriegsliedern, hervorgeht. Bezeichnend in dieser Hinsicht ist beispielsweise allein schon die Flagge, welcher Louis Riel und die französischen Métis im Aufstande von 1870 und auch 1885 wieder sich bedienten: das französische weiße Lilienbanner mit der irischen Harfe in der Mitte — die letztere wohl ein Zugeständnis an die irischen Fenier, welche auch in Kanada mit den Feinden Englands Hand in Hand gehen [1].

Die Métis zeigen dem Fremden gegenüber die gleiche Scheu und Schweigsamkeit, wie die Indianer. Ist aber das Eis gebrochen, dann muß man ihren ungewöhnlichen Scharfsinn, ihren Mutterwitz und ihr Gedächtnis bewundern, welch letzteres sich in mancher leicht hingeworfenen Bemerkung kundgiebt. Sie sind auf Reisen durch die Wildnis dasselbe, was Piloten auf Flüssen oder in Untiefen sind. Sie brauchen eine Reise durch Wald und Schluchten,

---

[1] In Kanada ist dies um so gefährlicher, als von den 4½ Millionen Einwohnern etwa ⅓ französischen und ¼ irländischen Ursprungs sind. Die Franzosen und Irländer zählen zusammen 2½, die Engländer und Schotten nur 1½ Millionen. Der Rest verteilt sich auf Deutsche (¼ Million), Indianer, Holländer u. s. w.

22. Indianer und Kanadier auf dem Kriegspfade.

über Flüsse und Seen nur einmal unternommen zu haben, um sich nach Jahren sofort wieder zurechtzufinden, und dieser Felsen, jener Baum, den sie sich bei der ersten Reise gemerkt, dient ihnen bei der zweiten als Anhaltspunkt und Wegweiser. Die geringsten Kleinigkeiten, die unscheinbarsten Veränderungen fallen ihnen auf. Dabei zeigen sie bewundernswerte Zähigkeit und Ausdauer.

Kein Volk hat sich im Kriege so furchtbar zäh, ausdauernd und todesmutig gezeigt, wie die Indianer. Der Indianer ist ein geborener Soldat; wie der Mischlingstrapper, ist er an die größten Entbehrungen gewöhnt, er kennt alle Schleichwege, Pässe und Furten im ganzen Territorium und ist ein so vorzüglicher Schütze, daß er fast jene sagenhafte Treffsicherheit bewahrheitet, von der uns Cooper so viel erzählt. Da die Indianer eine offene Feldschlacht fast nie annehmen, sondern in der Regel eine Art Guerrilla-Krieg führen, so muß ihnen eine numerisch mehrfach überlegene Kriegsmacht gegenübergestellt werden, um sie zu Paaren zu treiben. Bei der Berechnung der indianischen Streitkräfte darf man nicht etwa, wie bei anderen Völkerschaften, nur ein Drittel des ganzen auf dem Kriegspfade befindlichen Stammes annehmen und die Weiber ausschließen. Wie bei den Beduinen, ziehen auch bei den Indianern Weib und Kind mit der ganzen Habe in den Krieg; aber während die Frauen den ersteren eine Last und ein Hindernis sind, beteiligen sich die indianischen Squaws nicht selten wie Furien an dem Kampfe und sind mitunter grausamer, tollkühner als die Männer. Die älteren Weiber verbinden und pflegen die Verwundeten, bewachen die Ponies, die Herden und die Zelte. Es können also bei einem Indianerstamm von 10 000 Seelen getrost 6000 Streiter angenommen werden.

Die Indianer Kanadas unterscheiden sich in ihren Kriegsgebräuchen nur wenig von ihren Stammesgenossen in den Vereinigten Staaten, bloß daß sie durch die Laster der Weißen körperlich und sittlich noch nicht so heruntergekommen sind wie die ersteren. Unter ihnen findet man noch unverfälscht viele der von Catlin und anderen Reisenden geschilderten Sitten und Gebräuche. Obschon dem Namen nach mehrere Stämme zum Christentum bekehrt worden sind, verehren sie doch noch die großen heidnischen Manitous (Götter), pflegen die Medizintänze, die heidnischen Jagd- und Fischfang-Ceremonien, ja sogar der grauenhafte „Sonnentanz" ist bei den Crees, den Sarsies und Piegans noch heute allgemein. Das Hauptstreben jedes Indianer-„Bucks" (Jünglings) ist darauf gerichtet, „Krieger" zu werden; dann erst, nach gräßlichen Prüfungen, hat er das Recht, zu heiraten, ein eigenes „Tepee" (Zelt) zu bewohnen und in dem Rate des Stammes mitzusprechen. An einem bestimmten Tage versammelt sich der Stamm in dem großen, mit Schilden, Skalpen und Waffen geschmückten Ratszelte; die „Bucks" stellen sich in einer Reihe auf, und der „Medizinmann" macht jedem „Buck"

II. Die Hudsonsbai=Länder.

mittelst eines scharfen Bowiemessers vier tiefe Einschnitte in die nackte Brust. Unter die so entstehenden Haut= und Muskelstreifen schiebt er starke, kurze Holzstücke oder Sehnen ein, ohne daß die „Bucks" es wagen würden, dabei nur eine Miene zu verziehen. Hierauf werden um diese Hölzer lange Schnüre gewunden und das andere Ende derselben an ein in der Mitte des Zeltes errichtetes galgenartiges Gerüst gebunden. Es ist nun die Aufgabe der „Bucks", sich von diesen Fesseln loszureißen. Unter den gräßlichsten Schmerzen zerren sie daran herum, daß die Muskeln weit aus der blutüberströmten Brust hervortreten. Viele verlieren das Bewußtsein, andere zerren ein oder gar zwei Tage an ihren grauenhaften Fesseln, aber schließlich geben die Muskeln doch nach, der „Buck" ist frei, ein Krieger! Die Heilung der weit= klaffenden Wunden dauert ungeachtet vorzüglicher, den Indianern bekannter Heilmittel monatelang.

Unter den Sioux und Crows in Idaho und Montana ist der Sonnen= tanz gleichfalls im Gebrauche. Jedenfalls beweist er, aus welchem Holz diese Indianerkrieger geschnitzt sind. An Entbehrungen aller Art von früher Kindheit an gewöhnt, überdauern sie Kälte, Hunger und Durst, körperliche Anstrengungen u. s. w. in noch viel höherem Grade als die Métis und Trapper. Sie sind die vorzüglichsten Reiter und verrichten auf ihren kleinen, zähen Ponies ganz dieselben Kunststückchen, wie die Kosaken oder Kirgisen. An Treffsicherheit im Schießen dürften sie kaum ihresgleichen haben, zumal sie heute, dank der unglaublichen Sorglosigkeit der kanadischen Regierung, mit vorzüglichen Winchester= oder Remington=Repetiergewehren versehen sind. Schon die erste Schlacht, welche sie General Middleton und den Kanabiern geliefert, legte hiervon glänzende Beweise ab. Ungeachtet der großen Ent= fernungen erreichte die Zahl der Toten unter den Kanabiern die Hälfte der Verwundeten, und auch die Verwundeten waren fast ausschließlich in die Brust oder die Arme, wenige in die Beine getroffen.

Abgesehen von ihrer Ausdauer, Zähigkeit, Schlauheit und Tapferkeit, besitzen die Indianer noch einige andere Eigenschaften, welche sie zu den gefürchtetsten Feinden stempeln. Eine indianische Streitmacht wird fast nie überrumpelt werden, ihr Spioniersystem ist viel zu umsichtig angelegt; dagegen ist es ihre Stärke, den Feind in einen Hinterhalt zu locken und dann niederzumachen. General Middleton, obschon ein alter Indianerkämpfer, der sich seine Sporen in vielen Expeditionen verdient hatte, erfuhr dies mehr= mals gelegentlich des letzten Krieges. Die Indianer nehmen eine offene Feldschlacht selten an, und kommt es wirklich dazu, so befolgen sie eine ganz eigentümliche Taktik. Unter gellendem Geschrei, das nach den Versicherungen amerikanischer Offiziere das Gewehrfeuer übertönt und ganz niederdrückend auf die Truppen wirkt, jagen sie auf ihren flinken Ponies dem Feinde ent= gegen. Sind sie aber auf Schußweite herangekommen, so stieben sie aus=

22. Indianer und Kanadier auf dem Kriegspfade.

einander und sammeln sich an den Flanken des Gegners zu einem Angriff, so rasch, daß kaum Zeit vorhanden ist, gegen sie Front zu machen. Dort wiederholen sie dasselbe Manöver, und binnen ganz kurzer Frist ist die Streitmacht von schreienden, auf und nieder galoppierenden Feinden umzingelt, die eifrig in sie hineinschießen und selten ihr Ziel verfehlen. Bei diesen Umzingelungsritten legen die Indianer sich stets auf die vom Feinde abgewendete Seite ihres Pferdes. Fällt einer der Ihrigen, so sprengen sie an ihm vorbei und werfen den Körper mit staunenswerter Geschicklichkeit vor sich in den Sattel. Sind sie zu schwach, um den Gegner zu schlagen, oder hat dieser die Oberhand behalten, so sind sie im Nu zerstoben und fliehen nach allen Richtungen. Zerteilt sich der Gegner zu ihrer Verfolgung, so locken sie die einzelnen Trupps weit vom Hauptkorps ab und vereinigen sich dann wie auf ein gegebenes Zeichen, um ihnen den Garaus zu machen. In all ihren Kämpfen entwickeln sie eine außergewöhnliche Taktik, kraft deren es erklärlich ist, wie in den amerikanischen Indianerkriegen eine Handvoll Rothäute monatelang ganze Schwadronen und Regimenter beschäftigen konnte.

In Friedenszeiten ist neben der Jagd das Manövrieren ihre Hauptbeschäftigung, und die amerikanischen Offiziere, welche ihren Pferderennen, Scheibenschießen und taktischen Bewegungen beigewohnt haben, sind voll des Lobes ob ihrer Geschicklichkeit. Viele ihrer Finten wurden sogar von der amerikanischen Kavallerie angenommen. Die Häuptlinge leiten die ausgedehntesten Manöver auf Meilenweite einfach durch optische Signale; mittelst eines Stückchens Spiegel in ihrer hohlen Hand, mit welchem sie die Sonnenstrahlen auffangen, geben sie die betreffenden Zeichen, die von den adleräugigen Kriegern auf unglaubliche Entfernungen bemerkt werden. Sind sie auf dem Kriegspfade, so ist es ihre erste und hauptsächlichste Aufgabe, den Feind fortwährend in Fühlung zu behalten. Sie beobachten ihn wochenlang, ohne ihre Gegenwart zu verraten, lassen sogar günstige Gelegenheiten zu Schädigungen ungenützt vorbeigehen, bis er sich unbewußt irgend einem Engpaß oder einem Kessel nähert, wo ihm der Rückzug oder die Verbindung mit seiner Operationsbasis erschwert ist. Dann ist der Augenblick des Hauptschlags gekommen. Die alten Weiber und Kinder werden mit den Zelten und Viehherden in irgend einem Verstecke untergebracht, der große Manitou (Gott) des Krieges feierlich befragt, ob ein Kampf gute oder schlechte „Medizin" sei, und sagt der Medizinmann nach allerhand Hokuspokus und Fetischmitteln, daß der Angriff gewagt werden möge, so ergeht es dem Feinde in der Regel schlimm. Selten lassen sie einen ihrer Verwundeten oder Toten liegen, dagegen fallen sie stets über jene des Feindes her, um ihnen den „Koup" zu geben und sich dadurch das Anrecht auf den Skalp der Betreffenden zu sichern. Derjenige, welcher mit den meisten Skalps am Gürtel ins Lager zurückkehrt, ist der Held des Tages. Durch den Auf-

II. Die Hudsonsbai-Länder.

enthalt, der mit dem Skalpieren verbunden ist, wird der Indianer auf der Verfolgung seiner Gegner nicht so gefährlich wie beim Angriff: wird doch bei jedem Gefallenen Halt gemacht; das aber giebt den Fliehenden einen gewissen Vorsprung.

23. Die kanadische Pacific-Bahn.

Wie in den großen Prairien des amerikanischen Westens die Pacific-Bahnen es waren, welche die über alle Erwartungen rasche Besiedelung der Prairien und der Küsten des Stillen Oceans ermöglichten, so wird sicherlich auch die kanadische Pacific-Bahn zum Pionier der Kultur in den Hudsonsbai-Territorien werden. Schon die bisherigen Ergebnisse zeigen, daß sich die kanadische Regierung in ihrer Politik nicht getäuscht hat, als sie der betreffenden Eisenbahngesellschaft wahrhaft staunenswerte, in der Geschichte des Eisenbahnwesens bisher nicht gekannte Erleichterungen und Schenkungen gewährte.

Allerdings kann der kanadische Nordwesten, d. h. das etwa $2^1/_2$ Millionen Quadratkilometer umfassende Gebiet zwischen dem Winnipeg-See und den Felsengebirgen, nicht entfernt den Vergleich aushalten mit den Prairien von Nebraska und Kansas, aber innerhalb mäßiger Grenzen ist die Besiedelung und Ausnützung der kanadischen Prairien noch möglich und konnte nur durch die Erbauung einer Bahn wie die kanadische Pacific-Bahn erfolgen. Doch liegt die Bedeutung der Bahn nicht allein in der Aufschließung der Prairien: es galt, durch sie die einzelnen, mehrere Tausend Kilometer voneinander entfernten Provinzen Kanadas miteinander zu verbinden und innerhalb weniger Tage einander zugänglich zu machen. Noch vor acht Jahren bedurfte es mehrerer Monate Zeit, um auf dem Landwege von der atlantischen Seeküste aus die fernen Ansiedelungen an den Felsengebirgen und am Athabaska-See zu erreichen; heute sind sie auf ebensoviele Wochen einander näher gerückt. Unter den früheren Verhältnissen war es beinahe ein Ding der Unmöglichkeit für die Central-Regierung, in der weiten, den halben Kontinent von Nordamerika umfassenden Kolonie thatsächlich zu herrschen. Die Unterdrückung eines Indianer- oder Mestizen-Aufstandes, wie jener des Jahres 1870, war mit kaum überwindlichen Schwierigkeiten, Kosten und Zeitaufwendungen verbunden. Vor etwa vierzig Jahren ging der nächste und thatsächlich einzig mögliche Weg nach Winnipeg über die Hudsonsbai, und die englische Regierung sandte sogar im Jahre 1846 von England aus eine Militär-Expedition mit Kavallerie und Geschützen über die Hudsonsbai dorthin. Noch vor fünf Jahren mußte man, um Britisch Kolumbien oder die Prairien des Saskatschewan möglichst schnell zu erreichen, die Eisenbahnen der Vereinigten Staaten in Anspruch nehmen, die jedoch einer Militärmacht nicht zugänglich gewesen wären. Gelegentlich des großen Mestizen-Aufstandes von 1885, wo die kanadische Pacific-Bahn noch nicht vollendet war, mußte

23. Die kanadische Pacific-Bahn.

das Expeditionskorps unter dem Oberbefehl General Middletons mitten im Winter durch 60 cm hohen Schnee über 150 km zu Fuß zurücklegen, um Winnipeg zu erreichen, ja eine Strecke lang marschierten die Truppen sogar auf der Eisdecke des längs der Nordufer zugefrorenen Obern Sees. Als Verbindungslinie zwischen den einzelnen Provinzen Kanadas war also die kanadische Pacific-Bahn eine Notwendigkeit, aber auch als Weltverkehrslinie oder vielmehr als Verkehrslinie zwischen England und dessen Kolonieen im Stillen Ocean — zunächst Australien und Neu-Seeland — besitzt sie für England als Kolonialmacht die höchste Bedeutung. Es mögen also hauptsächlich die politischen Erfordernisse bei der ungemein raschen Erbauung dieses Riesenwerkes, der längsten unter einer Leitung stehenden Eisenbahnlinie der Welt, in Rechnung gezogen sein. England hatte entschieden die Schaffung einer neuen Verbindung mit Ostasien im Auge, als es im Verein mit der kanadischen Regierung in Ottawa den Bau so kräftig unterstützte und mit solchem Nachdruck betrieb[1]. Niemals ist vielleicht ein Werk von so gewal-

---

[1] Bis zur Fertigstellung der kanadischen Pacific-Bahn war der kürzeste Weg, der England nach Ostasien und Australien zur Verfügung stand, jener über Gibraltar und Suez, dessen Offenhaltung ihm jedoch bei kriegerischen Verwickelungen ziemlich schwer fallen würde. Es bliebe der großen Kolonialmacht dann nur der lange Umweg über das Kap der guten Hoffnung übrig. So seltsam es nun auch scheinen mag: mit der Fertigstellung der kanadischen Pacific-Bahn hat England sich eine Verkehrslinie nach Ostasien geschaffen, welche nicht nur kürzer ist als der Weg durch Suez, sondern auch als jener über New-York und San Francisco. Überdies hat diese neue kanadische Linie den gar nicht genug zu schätzenden Vorzug, durchwegs über englisches Gebiet zu führen und durchwegs nur englische Häfen zu berühren. Man wäre zu glauben geneigt, daß Kanada viel zu nördlich liege, um einen kürzern Verbindungsweg mit Japan herzustellen, als jener über New-York und San Francisco, welcher anscheinend der Luftlinie am nächsten kommt. Dennoch liegt Yokohama dem pacifischen Endpunkt der kanadischen Pacific-Bahn, nämlich Vancouver, um 400 km näher als San Francisco. — Von Vancouver nach Montreal ist die Luftlinie um 380 km kürzer als die von San Francisco nach New-York, während die Entfernung zwischen Montreal und Liverpool wieder um 320 km kleiner ist als jene zwischen New-York und Liverpool. Die betreffenden Entfernungen sowie die zu ihrer Bewältigung erforderlichen Zeiträume werden aus der nachstehenden Tabelle leicht ersichtlich.

Von Yokohama nach Liverpool:	Stiller Ocean.		Amerik. Eisenbahn.		Atlant. Ocean.		Gesamt-	
	Entfernung	Zeit	Entfernung	Zeit	Entfernung	Zeit	Entfernung	Zeit
	km	Tage Std.	km	Tage Std.	km	Tage Std.	km	Tage Std.
über Vancouver-Quebec . . .	6809	11.18	4912	3.15	4281	7.09	16002	22.18
über San Francisco-New-York	7192	12.10	5263	5.17	5036	8.16	17491	26.19
Unterschied zu Gunsten b. kanadischen Linie . .	383	0.16	351	2.2	755	1.07	1489	4.1

II. Die Hudsonsbai-Länder.

tigem Umfange binnen so kurzer Zeit ausgeführt worden. Die Eisenbahngesellschaft erhielt ihre Konzessionen im Februar 1881, und im Frühjahr 1886 war der neue Schienenweg über den ganzen Kontinent in einer Länge von

Diese Zeitersparnis gilt allerdings nur während der Sommermonate, da ja im Winter die Häfen von Quebec und Montreal zugefroren und dem Schiffsverkehr nicht zugänglich sind. Im Winter fahren die Schiffe statt nördlich gewöhnlich südlich um Neufundland herum, was den Wasserweg um 235 km verlängert.

Die Panama-Route wird kaum jemals mit der kanadischen in ernstlichen Wettstreit treten können; denn die Entfernung von Southampton nach Aspinwall beträgt 7755 km, ist also viel zu bedeutend, als daß ein Schnelldampfer die ganze Strecke ohne Aufenthalt in einem Kohlenhafen zurücklegen könnte. Die Fahrt nach Aspinwall wird also kaum weniger als 12½ Tage betragen können. Die Durchfahrt durch den einmal fertiggestellten Kanal wird, die unvermeidliche Versäumnis eingerechnet, kaum weniger als einen Tag beanspruchen, so daß die Dampfer schon bis zum Stillen Ocean im ganzen drei Tage mehr brauchen, als die Dampfer- und Eisenbahnroute nach Vancouver.

Die gegenwärtig schnellste Route von England nach Australien geht über Brindisi, Suez, Colombo nach Melbourne oder über San Francisco nach Sydney; beide Wege erfordern eine Fahrt von 42 Tagen. Die Reise über Panama und Auckland nach Sydney erfordert sogar 44 Tage. Der Weg über die kanadische Pacific-Bahn jedoch wird, sobald einmal der Postdampfer-Verkehr auf dem Stillen Ocean im Gange ist, nicht mehr als 30 Tage betragen.

Die gegenwärtig schnellste amerikanische Route nach Sydney ist die nachstehende:

von Liverpool nach New-York	5036 km	9 Tage
„ New-York nach San Francisco	5263 „	7 „
„ San-Francisco nach Honolulu	3366 „	8 „
„ Honolulu nach Auckland	6167 „	14 „
„ Auckland nach Sydney	2053 „	4 „
Total	21885 km	42 Tage.

Die Route über Panama ist um 1770 km kürzer und beträgt nur 20110 km, jene über Vancouver jedoch ist noch um weitere 820 km kürzer und beträgt nur 19790 km.

Diese letztere Route, welche durch die Fertigstellung der kanadischen Pacific-Bahn ermöglicht ist, bietet jedoch noch weitere, so bedeutende Vorteile, daß sie bei guter Verwaltung alle anderen Linien übertreffen könnte, nämlich die ungemein billige Beschaffung von Kohlen. Der kostspieligste Faktor bei den heutigen Oceanreisen ist bekanntlich noch immer das Brennmaterial, und von solchem ist auf der ganzen Strecke England-Colombo-Calcutta-Australien oder England-Panama-Australien nichts zu finden. Die englischen Dampfer müssen demnach die ganz ungeheuerlichen zu so großen Reisen erforderlichen Kohlenmassen gleich bei der Abfahrt mit sich nehmen, oder wenn sie in ihrem Schiffsraum Platz für Frachten gewinnen wollen, jedes Pfund Kohle von England aus durch eigene Frachtschiffe nach den Kohlenhäfen Gibraltar, Malta, Alexandrien, Aden, Colombo senden lassen, bis endlich die australische Kohle in ihren Bereich kommt. Auf der kanadischen Route finden jedoch die Dampfer die nötigen Kohlen an Ort und Stelle, zunächst in ihrem neuschottischen Hafen, dann wieder beim Auslaufen vom Stillen Ocean in Vancouver, wo bei Nanaimo sich ausgedehnte Lager der vorzüglichsten Kohle befinden, und schließlich an ihrem westlichen

23. Die kanadische Pacific-Bahn.

4650 km bereits vollendet. Allerdings waren 1140 km hiervon vorher schon von der Regierung selbst gebaut und der Pacific-Bahn unentgeltlich überlassen worden. Außer diesen 1140 km fertiger Eisenbahnlinie, die einen Wert von 35 Millionen Dollars darstellen, gab die Regierung der Gesellschaft noch 25 Millionen Dollars an Barunterstützungen und 25 Millionen Acres Eisenbahnländereien, ferner das Wegerecht, Bauplätze für sämtliche Bahnhöfe und das Recht der freien Einfuhr des notwendigen Baumaterials. Keine andere Bahn darf während der nächsten 20 Jahre zwischen der gegenwärtigen Pacific-Bahn und der Grenze der Vereinigten Staaten gebaut werden, der ganze Besitz der Pacific-Bahn einschließlich ihrer Ländereien ist für immer von allen Steuern und Abgaben befreit.

Unter so ungewöhnlich günstigen Verhältnissen ist es eigentlich nicht zu verwundern, daß die kanadische Pacific-Bahn statt im Jahre 1891, wie ursprünglich beabsichtigt war, schon im Jahre 1886, also fünf Jahre früher, fertiggestellt und dem Verkehr übergeben wurde. Zwar geht der größte Teil der Linie durch dem Bau günstige Gebiete, dagegen gehören die Strecken längs der Nordufer des Obern Sees und über die Felsengebirge bekanntlich zu den schwierigsten, die jemals in Schienenfesseln gezwängt wurden.

Die Strecke von Montreal bis zum Nipissing-See (560 km) führt durch alte, verhältnismäßig gut besiedelte Gebiete und ausgedehnte Waldungen. Westlich vom Nipissing-See erreicht die Bahn gänzlich unbebaute Wald- und Felsengelände ohne irgend welche Ansiedelungen. Die ganzen 1600 km zwischen dem Nipissing-See und Winnipeg werden innerhalb des nächsten Jahrhunderts wohl schwerlich Einwanderer anlocken; denn das zwischen dem Obern See und der Hudsonsbai gelegene Land gehört zu dem unwirtlichsten des ganzen Kontinents. Erst bei der Grenze von Manitoba erreicht die Bahn das stolze Waldgebiet des Regen-Flusses, bei Winnipeg die ausgedehnten Prairie-Länder Kanadas, die sich auf mehr als 1400 km ohne Unterbrechung bis zu den Felsengebirgen hin erstrecken und in ihrem Wesen den amerikanischen Prairien ähneln. Innerhalb der Grenzen Manitobas und des östlichen Teiles von Assiniboia enthalten diese Prairien den fruchtbarsten Ackerboden; weiter westlich verwandeln sie sich in Weideländer. Nachdem die Bahn endlich die Felsengebirge erreicht hat, beherrschen deren gewaltige Ketten den Rest der Strecke bis zum Stillen Ocean. Es kann vielleicht als ein bedeutsames Vorzeichen für die Zukunft und als Zeugnis für die strategische Wichtigkeit der kanadischen Pacific-Bahn gelten, daß deren erster Güterzug vom Atlantischen Ocean her mit Material zur Erbauung eines

Endpunktes, in Sydney selbst. Dieser Vorteil ist um so wichtiger zu Kriegszeiten, als England dadurch in den Stand gesetzt wird, auch unter möglichst ungünstigen Verhältnissen seine Post-, Frachten- und Truppen-Verbindung mit den entlegensten und bedeutendsten Kolonieen aufrecht zu erhalten.

II. Die Hudsonsbai-Länder.

Docks auf Vancouver für die englische Kriegsmarine beladen war. Der zweite Güterzug aber enthielt schon eine Waggonladung Jamaika-Zucker, für Britisch Kolumbien bestimmt. Die gesamten Kosten der kanadischen Pacific-Bahn bezifferten sich auf beiläufig 250 Millionen Dollars.

Nächst der Pacific-Bahn, die mit ihren Nebenlinien im ganzen eine Länge von nahezu 6900 km besitzt, sind die zwei wichtigsten Bahnen Kanadas: die Interkoloniale Eisenbahn, welche sich an den östlichen Endpunkt der Pacific-Bahn (Quebec) anschließt und diesen mit dem atlantischen Seehafen Halifax, und die Grand-Trunk-Eisenbahn, welche Quebec und Montreal mit einem südlichern atlantischen Seehafen, dem auch im Winter Schiffen zugänglichen Portland im Staate Maine, verbindet. Diese zwei großen Bahnlinien geben der Überlandbahn unmittelbare Anschlüsse an atlantische Häfen und die dort verkehrenden überseeischen Dampferlinien. Die Gesamtlänge der kanadischen Eisenbahnen beträgt augenblicklich (1887) an 17 600 km, mit einem Anlagekapital von nahezu 600 Millionen Dollars. Kanada besitzt demgemäß im Verhältnis zu seiner allerdings gar spärlichen Bevölkerung das ausgedehnteste Eisenbahnnetz unter allen Ländern der Erde.

24. Winnipeg und Manitoba.

Um 15 Uhr verließen wir mit dem eben aus Montreal eingetroffenen Überlandzuge der Pacific-Bahn Port Arthur, um nach 18stündiger Fahrt durch Wald und Prairie am nächsten Morgen in Winnipeg anzulangen.

Um 15 Uhr? Haben die kanadischen Tage etwa mehr Stunden? Verwundert durchsucht man den Fahrplan der kanadischen Pacific-Bahn und findet, daß ihre Zeitrechnung eigentlich keinen Vormittag und keinen Nachmittag, keinen Tag und keine Nacht unterscheidet. Hier giebt es kein „a. m." oder „p. m.", kein „M." und „N.", noch andere Hieroglyphen der europäischen Kursbücher. Eine Verwechslung von 8 Uhr morgens mit 8 Uhr abends ist nicht möglich. 8 a. m. und 8 p. m. werden nach der Schreibweise der kanadischen Pacific-Bahn mit 8 und 20 Uhr, 1 Uhr nachmittags einfach mit 13 Uhr ausgedrückt. Denn zur Vermeidung von Irrtümern beginnt die Zählung der Stunden hier mit 1 Uhr morgens und läuft, statt nach 12 Uhr mittags wieder mit 1, 2, 3 Uhr nachmittags von vorn anzufangen, gleich mit 13, 14, 15 Uhr weiter, um mit 24 Uhr Mitternacht zu erreichen. Diese Stundenbezeichnung, die vielfach auch in den längs der Bahn gelegenen Städten angenommen ist und auch bei der noch immer nicht durchgedrungenen Weltzeitrechnung in Aussicht steht, hat ihre großen Vorteile, nur verwirrt sie anfänglich nicht wenig die damit noch unbetrauten Insassen der Überlandzüge. Zu dieser verschiedenen Zeitrechnung tritt noch der Umstand hinzu, daß der Zeiger der Uhr bei der Fahrt nach Westen an vier verschiedenen

Fig. 47. Fort Garry.

24. Winnipeg und Manitoba.

Punkten um je eine Stunde vorgerückt, bei der Fahrt nach Osten um je eine Stunde zurückgestellt werden muß, um mit der Sonne gleichen Schritt zu halten. So kommt es, daß der Zugführer mitunter 17½ Uhr ausruft, und wir Passagiere auf unseren Uhren erst 3.30 oder 4.30 nachmittags haben. Aber dank den Neckereien, mit denen sich die Passagiere, besonders wenn Damen in der Gesellschaft sind, gerne gegenseitig bedenken, macht man die neue Zeitrechnung sich bald zu eigen, und kommt man endlich nach fünftägiger Fahrt an den Stillen Ocean, dann wundert man sich, daß diese Stundeneinteilung nicht schon längst in aller Welt eingeführt ist.

In Winnipeg brachten uns bequeme, elegante Mietwagen nach dem schönen „Queens Hotel", das mit seinen Einrichtungen lebhaft an Alt-England erinnert, und bald darauf spazierten wir in den breiten, geraden Straßen, um uns die Veränderungen der letzten Jahre anzusehen. Ich kenne die Stadt schon seit zehn Jahren. Damals war sie nichts weiter, als ein aus einigen Hundert Bretterbuden und Indianerzelten bestehendes Lager, an und um Fort Garry, das alte Hauptquartier der Hudsonsbai-Gesellschaft, gruppiert. Heute ist Winnipeg eine Stadt von 40 000 Einwohnern. Zuerst lenkte ich meine Schritte die breite, zum Assiniboine-Fluß führende Straße hinab nach dem alten Fort, das schon im vorigen Jahrhundert den kühnen Trappern und Pelzjägern des „großen, einsamen Landes" als Hauptquartier, den obersten Beamten der Hudsonsbai-Gesellschaft jedoch als Residenz diente. Die Geschichte des Nordwestens ist mit jener des Fort Garry aufs innigste verknüpft, ja sie hat fast niemals einen andern Schauplatz gehabt als diese Landzunge an der Vereinigung des Assiniboine mit dem Red River. Fort Garry war der Schlüssel zu den Hudsonsbai-Ländern, und als im Jahre 1870 der erste große Aufstand der Halbblut-Indianer stattfand, bemächtigte sich deren Anführer Louis Riel zuerst dieser Feste, um sie zum Sitze seiner Regierung zu machen und der erschreckten Bevölkerung von hier aus seine Gesetze zu diktieren. Die Niederdrückung dieses Aufstandes durch englische Truppen gab dem seither so berühmt gewordenen General Lord Wolseley, damals noch Oberst, die erste Gelegenheit, sich als Heerführer auszuzeichnen und die Aufständischen aus Fort Garry zu vertreiben.

Dieselben Gebäude, die schon vor 100 Jahren hier standen, die einzigen auf einem Ländergebiete von über 2½ Millionen Quadratkilometer, stehen heute noch da, und das alte, morsche, halbverfallene Haus, welches dem Leiter der beinahe souveränen Hudsonsbai-Gesellschaft als Residenz diente, ist heute die Residenz des Lieutenant-Gouverneurs der neugeschaffenen Provinz Manitoba. Rings um die Wohngebäude, Stallungen und Warenniederlagen von Fort Garry erheben sich heute noch die alten Ringmauern und Gräben, kaum stark genug, um einem einzigen Kanonenschuß zu widerstehen. Das alte Fort Garry wird heute wohl nur mehr aus Pietät stehen gelassen, und das

II. Die Hudsonsbai-Länder.

ist recht; denn es muß als die Wiege des großen, so mächtig emporstrebenden Nordwestens angesehen werden. Neben dem alten Gemäuer entstanden in den letzten Jahren große Paläste für die Regierungsämter und die Hudsonsbai-Gesellschaft, deren Hauptsitz sich noch immer in Winnipeg befindet. Sie hat ihre Privilegien wohl an die kanadische Regierung abgetreten, aber sie ist darum nicht minder mächtig und einflußreich geblieben: der Handel mit den Hudsonsbai-Ländern bis weit nach den Felsengebirgen und dem großen Sklaven-See liegt noch immer hauptsächlich in ihren Händen.

Den breiten Straßen, den prächtigen Gasthöfen, Theatern, Regierungsgebäuden, Banken und Geschäftshäusern Winnipegs würde man es gewiß nicht ansehen, daß sie alle erst seit den siebziger Jahren entstanden sind. Die Stadt hat dank der Fruchtbarkeit der Provinz Manitoba und dank ihrer günstigen Lage im Mittelpunkte des großen Nordwestens eine derartige Bedeutung erlangt, daß hier alle großen Banken der Vereinigten Staaten und Kanadas Filialen errichtet haben, die fremden Mächte, darunter auch Deutschland, durch Konsuln vertreten sind, und sie zur großen Frachtenniederlage für den ganzen Nordwesten geworden ist — ein kanadisches St. Louis oder St. Paul.

Noch vor zehn Jahren wandelte ich hier auf offenem, staubigem Prairie-Boden, ohne Baum und Strauch, ohne Haus oder Zelt: heute ist aus diesem einsamen Fußpfade ein kanadischer Broadway geworden, mit Pferdebahnen, Gas- und elektrischer Beleuchtung, zahlreichen Telegraphenleitungen und dem lebhaftesten Verkehr — ein modernes Kolonisationsmärchen aus dem fernen Westen.

Aber Winnipeg wäre heute vielleicht noch viel größer und volkreicher, wenn nicht die Spekulation sich seiner bemächtigt hätte. Baugründe in der Stadt und die Prairien der Umgebung wurden von Spekulanten aufgekauft, die so unerhörte Preise fordern, daß Einwanderer von Winnipeg wieder weg, weiter nach Westen zogen. In den Prairien Manitobas stockt die Besiedelung und der Ackerbau, da der Preis der Ländereien auf unerschwinglicher Höhe erhalten wird. Hoffentlich wird es bald besser werden.

Seit meinem letzten Besuche Winnipegs waren u. a. auch ein Klub, ein Theater, eine Kirche und — ein Gefängnis entstanden, von denen ich zuerst das letztgenannte besuchte; denn es befand sich hier gerade ein namhafter Sträfling: „Big Bear", der Häuptling der tapferen Cree-Indianer, der im Jahre 1885 mit seinem Stamme den Kriegspfad betreten und Louis Riel während des letzten Aufstandes gegen die Kanabier unterstützt hatte. Big Bear sah in seiner Sträflingskleidung recht kläglich aus, und bei seinem verhältnismäßig hohen Alter wird er wohl bald seinem Kollegen, dem Häuptling Poundmaker, in die glücklichen Jagdgründe nachfolgen. Bis dahin vertreibt er sich die Zeit mit Gartenarbeit und der

Zu S. 157.

Fig. 48. Winnipeg während eines "Blizzard".

v. Hesse-Wartegg, Kanada.

Fütterung einiger Bären, die hier in einem Zwinger gehalten werden. Furchtlos tritt er in den Zwinger mitten unter sie, ohne daß sie ihrem Gefährten aus der Wildnis etwas anhaben würden. Aber das Gefängnis hat noch andere, nicht minder bemerkenswerte Häftlinge aufzuweisen: auf einer mehrere Quadratkilometer weiten Reservation wandern nämlich einige 60 Büffel, Eigentum des Strafhaus-Direktors, wild umher: ein letzter Überrest jener nach Millionen zählenden Büffelherden, die einst in den großen Prairien westlich vom Mississippi und vom Red River hausten.

25. Durch die Prairien von Winnipeg nach Kalgary.

Zur Zeit meines vorletzten Besuches von Winnipeg, im Jahre 1883, stand ganz Manitoba, um nicht zu sagen ganz Kanada, unter dem Banne eines jener Spekulationsfieber, wie sie während der letzten zwanzig Jahre in verschiedenen Teilen des Kontinents aufgetreten sind, in den Petroleumbezirken, im Silberlande Nevada, im goldreichen Kalifornien wie in dem Orangenlande Florida. Jenseits des 49. Breitegrades war alles in fieberhafter Aufregung. Die kanadische Pacific-Bahn war mehrere Hundert Kilometer weit nach Westen fertig gestellt, und Tausende über Tausende eilten auf den vollgepfropften Zügen in das neueröffnete Weizen-Paradies, jene neue Auflage von Kansas oder Nebraska, über welche gewissenlose Einwanderungs-Agenten und Landspekulanten die überschwenglichsten Berichte in alle Welt gesandt hatten. Manitoba hatte, wie die Amerikaner sagen, seinen „Boom". Auf den Banken und in den Gasthöfen von Winnipeg wurden „Townlots" oder Baugründe der neu zu schaffenden westlichen Prairie-Städte feilgeboten und zu Unsummen thatsächlich an den Mann gebracht. Selbst ruhige, kaltblütige Leute schienen den Kopf verloren zu haben. Alles wollte mit einem Male reich werden, im Handumdrehen seine Dollars vervielfältigen, und nichts schien den Leuten hierzu besser geeignet, als in den eben erschlossenen Prairien des Westens Städte zu gründen. Kaum hatte ich meinen Namen ins Hotelregister eingeschrieben und ein Zimmer angewiesen erhalten, als schon Landagenten ihre Karten zu mir sandten, oder gar in eigener Person an meiner Thüre Einlaß begehrten, um mir prächtige Baugründe in Portage, in Brandon oder Regina zum Kaufe anzubieten. Regina war zur zukünftigen Hauptstadt des Nordwest-Territoriums ausersehen, „it was bound to be a big city": es mußte zu einer Großstadt anwachsen, wie sie meinten, und sie hielten mich für einen Narren, weil ich so kaltblütig die künftigen Millionen von mir wies.

Das war im Winter 1883; bei der furchtbaren Kälte, die eben herrschte, bei den eisigen, schneidenden „Blizzards" (Schneewehen), die über die Prairien fegten, schien mir der Besuch des gepriesenen Paradieses von Kanada nicht sonderlich verlockend. Erst drei Jahre nachher, im Jahre 1886, fand ich

II. Die Hudsonsbai=Länder.

wieder Gelegenheit, Manitoba zu besuchen und die Fahrt auf der kanadischen Pacific=Bahn nach dem Westen zu unternehmen.

Das Spekulationsfieber war verschwunden, und damit auch die Hoffnungen auf die Millionen. Wie nach einem Regengusse Wasserströme sich an gewissen Stellen ansammeln und stauen, bis sie irgendwo einen Abfluß nach tieferen Lagen finden und dann dorthin abfließen, so hatten sich in Winnipeg vor drei Jahren Tausende von Abenteurern, Spekulanten, Ackerbauern und Viehzüchtern angesammelt, die auf die Eröffnung der Pacific=Bahn warteten, um dann in die Prairien oder die Felsengebirge abzufließen. Die Pacific=Bahn war das Rinnsal dieses Menschenstromes. Der Überfluß der Bevölkerung war abgelaufen, und in Winnipeg war es ruhiger geworden. Dem „Boom" war eine Katastrophe gefolgt, welche die Stadt viele Millionen kostete. Die Mehrzahl der Bewohner hatte sich die Finger verbrannt und die Begeisterung war verraucht und verflogen.

Hätten sich die guten Leute das Land westlich, zwischen Winnipeg und Kalgary, zwischen dem Red River und den Felsengebirgen, ein wenig angesehen, so wären sie vielleicht inmitten der Spekulationswut nüchtern geblieben. Ich kann mich kaum entsinnen, von einer Eisenbahnfahrt in Amerika in Bezug auf die durchflogenen Länderstrecken einen ungünstigern Eindruck empfangen zu haben, als gelegentlich meiner Sommerfahrt nach Kalgary.

Schon die ersten Stunden führen durch trauriges, einförmiges Steppenland, auf welchem große Viehherden weiden. Erst hinter Portage la Prairie, zwischen diesem und dem ca. 125 km weiter westlich gelegenen Städtchen Brandon, ist das Land bedeutend besser besiedelt. Das weite Gebiet des Assiniboine und seiner Nebenflüsse enthält vorzüglichen Ackerboden, und die in manchen Jahren hier erzielten Ernten waren in der That überraschend reich. Von den etlichen Tausend ausländischer Emigranten, die sich in den letzten Jahren nach den kanadischen Prairien gewendet, ist die große Mehrzahl hier, sowie im Flußgebiete des wasserreichen Qu'Appelle=Flusses zu finden, und nach dem, was ich von ihnen selbst hören konnte, scheinen sie mit ihrer neuen Heimat nicht unzufrieden zu sein. Nur die furchtbare Kälte der langen Wintermonate und die zahllosen Mückenschwärme während des kurzen, heißen Sommers verfauern ihnen den Aufenthalt. Hier giebt es an tausend russisch=deutsche Mennoniten, einige Hundert schottische Farmer von der Insel Skye und einige Hundert Ungarn, welche ein Graf Esterhazy hierher gebracht hatte. In diesem fruchtbaren Qu'Appelle=Distrikte ist auch die berühmte Bell=Farm gelegen, eine der größten Farmen des Kontinents. Sie gehört einer Anzahl englischer Kapitalisten und ist nach dem Verwalter, Major Bell, benannt. Die Gesellschaft besitzt nicht weniger als 240 qkm oder beiläufig 60 000 Acres Landes, von denen bisher ungefähr 10 000 Acres angebaut sind. Zur Zeit meines Besuches waren etwa 200 weiße Arbeiter

25. Durch die Prairien von Winnipeg nach Kalgary.

und 150 Sioux-Indianer mit dem Einernten und Dreschen beschäftigt; die unabsehbaren goldenen Weizenfelder gewährten einen ungemein stattlichen Anblick. Aber der Gewinn hält mit dem Anblick nicht gleichen Schritt. Die Gesellschaft hat bisher, trotz eines Auslagenaufwandes von beinahe einer Million Dollars, noch keine Dividende eingeheimst; wie ich vor kurzem erfuhr, soll nun das Farmen im großen überhaupt aufgegeben und das Land in kleine Farmen von 200 Acres zerteilt werden. Allerdings muß ein Teil des Mißerfolges dem letzten Aufstande (1885) der Halbindianer zugeschrieben werden, der gerade in diesen Gegenden seinen Schauplatz hatte. Rings um die Bell-Farm liegen vier große Reservationen der Sioux und der Cree-Indianer, unter denen es zur Zeit des Aufstandes beträchtlich gärte. Ein Teil derselben hatte sogar den Kriegspfad betreten. Bei so gefährlicher Nachbarschaft kann der Mißerfolg der Bell-Farm nicht Wunder nehmen. Auf jeder Station fanden wir eine Anzahl Indianer in roten oder blauen Mänteln, mit Flinten und Tomahawks und Adlerfedern im Haare; neben jeder Ansiedelung der Weißen standen in einiger Entfernung ein paar Indianerzelte. Den Herren Rothäuten scheint es auf ihren Reservationen nicht zu gefallen. In ihrem angeborenen Wandertrieb und Vagabundenwesen ziehen sie mit Weib und Kindern, mit Pferden und Zelten von Ort zu Ort, erbetteln sich ihren Lebensunterhalt oder stehlen sich das Nötigste. Ihre einzige Überwachung bildet die mehrerwähnte „Mounted-Police".

Die Bell-Farm liegt nahe bei der Westgrenze des fruchtbaren Prairie-Landes. Auch wenn der kanadische Westen überhaupt in den nächsten Jahrzehnten das Ziel eines ausgiebigen Einwandererstromes werden sollte, so werden doch die wenigsten über das Gebiet des Assiniboine und des Qu'Appelle-Flusses sich hinauswagen. Die kanadische Regierung thut ihr möglichstes, Ansiedler in diese Bezirke zu locken, und gewährt ihnen viel namhaftere Erleichterungen als die Regierung der Vereinigten Staaten. In Kanada hat jeder junge Mann, sobald er das 18. Jahr zurückgelegt hat, Anspruch auf eine „Homestead" von 160 Acres, und er braucht nur drei Jahre auf seiner Farm zu bleiben, um sie sein eigen zu nennen. In den Vereinigten Staaten ist das vorgeschriebene Alter 21 Jahre, die Zeit, während welcher der Ansiedler behufs Erwerbung auf seiner Farm bleiben muß, fünf Jahre; statt 160 Acres bekommt er nur mehr 80 Acres. Nicht weniger als 80 Millionen Acres Regierungsländereien liegen innerhalb des Eisenbahnbereichs; aber trotzdem die Bahn jetzt schon seit einigen Jahren durch die Prairien fährt, ist die Einwanderung doch gar spärlich geblieben. Des verbindlichen Entgegenkommens der kanadischen Regierung und aller denkbaren Vorteile ungeachtet, wenden sich von 100 Einwanderern in Nordamerika nur 16 nach Kanada, 84 nach den Vereinigten Staaten. Der Grund dieser spärlichen Einwanderung ist nicht weit zu suchen. Entgegen den Anpreisungen der Land-

II. Die Hudsonsbai=Länder.

agenten und den Berichten einiger begeisterten Touristen, welche die kana= dischen Prairien in den bequemen Pullman=Palastwagen durchflogen haben, können diese Prairie=Länder mit gutem Gewissen zur Besiedelung nicht em= pfohlen werden, solange es in den Vereinigten Staaten und anderwärts ebenso vorzügliche Ländereien giebt; denn das Klima Kanadas kann den Vergleich mit jenem der Vereinigten Staaten in keiner Weise aushalten. Trotz seiner furchtbaren Kälte, trotz der verheerenden Stürme und Schneewehen ist der Winter in Kanada dem Sommer eigentlich noch vorzuziehen. Frühling und Herbst sind kurz. Der Winter springt in den Sommer, der Sommer in den Winter hinein, ehe man sich dessen versieht; dabei ist der Sommer ebenso unerträglich heiß wie der Winter kalt ist. Im vergangenen Jahre (1886) war die größte Kälte 58° und die größte Hitze 106° (Fahrenheit). Während des langen Winters müssen sich die Ansiedler der baumlosen Prairien Brennmaterial um schweres Geld kaufen, im Sommer herrscht bei sengender Hitze oft monatelang Trockenheit. Im vergangenen Jahre fiel hier während dreier Monate kein Regen, und die Folge davon war, daß der Ertrag der Felder beträchtlich geschmälert wurde, ja in vielen Fällen wurden die Ernten auf den Feldern stehen gelassen, da sie kaum die Kosten des Erntens eingebracht hätten. Es ist allerdings wahr, daß der jährliche Regenfall mit der fortschreitenden Urbarmachung und Bebauung der Prairien zunimmt. Das deutlichste Beispiel davon sah ich in den Prairien von Kansas und Nebraska, welche vor 12 Jahren, zur Zeit meiner ersten Prairie= Fahrten, ebenfalls regenlos waren, mit jedem Jahre aber stärkeren Regenfall aufwiesen, so daß heute sich niemand mehr über Trockenheit beklagt. Dieselbe Veränderung mag auch in den kanadischen Prairien eintreten, aber für die nächste Zeit wird es mit dem Regenfall jedenfalls schlecht bestellt sein.

Je weiter wir auf unserer Fahrt nach Westen kamen, desto spärlicher wurde auch die übrigens selbst in Manitoba nur spärliche Besiedelung. Auf unserer Eisenbahnkarte waren allerdings prunkende Städte verzeichnet mit ebenso prunkenden Namen; aber in der Wirklichkeit bestehen sie aus einigen elenden, auf die trockene, kahle, unendliche Prairie hingesetzten Holzhütten.

In Winnipeg und anderen kanadischen Städten wurden, wie gesagt, Baugründe in diesen neugegründeten Ansiedelungen um kaum glaubliche Summen feilgeboten. Der Prairie=Boden ist an jeder dieser Eisenbahnstationen in prächtige Avenues, Boulevards und Squares eingeteilt, die alle schon ihren Namen haben, die Baugründe sind mit Pflöcken abgesteckt; es fehlt diesen Großstädten des Westens nichts weiter als — die Häuser und die Bewohner.

Die Stadt der maßlosesten Spekulation war Regina, die Hauptstadt des Nordwest=Territoriums, 570 km westlich von Winnipeg an dem kleinen „Knochenhaufen=Fluß" gelegen. Von Regina hatte ich mir große Vor=

25. Durch die Prairien von Winnipeg nach Kalgary.

stellungen gemacht; denn die Stadt war „schon" mehrere Jahre alt, der Sitz der Regierung eines Landes, beinahe so groß wie der europäische Kontinent. Hier tagten Senat und Abgeordnete, hier war das Hauptquartier der „Mounted-Police" der nordwestlichen Territorialarmee. In Qu'Appelle war mir eine Reginaer Morgenzeitung in die Hände gefallen, in welcher gleich auf der ersten Seite die Anzeigen dreier großer Hotels prangten: des Grand Pacific, des Palmer House und des Windsor Hotel, lauter bekannte und geachtete Namen, die auch von den ersten und größten Hotels von New-York und Chicago mit Stolz getragen werden. Der Rest der Zeitung war mit Anzeigen von guten Baugründen und Farmen gefüllt; der eigentliche Lesestoff beschränkte sich auf ein paar Spalten Lokalberichte.

Als unser Eisenbahnzug endlich in den Bereich der „Metropole des Nordwestens" kam, zeigte sich dieselbe als ein elendes Dorf von 200—300 Holzhütten, über welche der „Watertank", der Wasserbehälter der Eisenbahnstation, als höchstes Gebäude emporragte. Die Hotels mit den prunkenden Namen waren roh gezimmerte Blockhäuser, mit Schindeln eingedeckt; die Wohnhäuser der Bevölkerung lagen, auf weite Entfernungen zerstreut, vereinzelt zu beiden Seiten der breiten Avenues und Boulevards, in welche der kahle, staubige Prairie-Boden auch hier eingeteilt worden war, augenscheinlich in der sichern Erwartung, daß binnen wenigen Jahren eine Großstadt in der Art von Chicago entstanden sein würde. Diese kanadischen Prairie-Städte schienen sich alle Chicago zum Vorbild genommen zu haben, die Baugründe von Regina wurden in der That eine Zeitlang zu ebenso hohen Preisen feilgeboten, wie jene der heutigen Halbmillionenstadt am Michigan-See. Die kanadische Regierung, welche hier ihre Verwaltungsbauten errichten wollte, fand diese Preise so unverhältnismäßig hoch, daß sie die ersteren außerhalb der „Stadt", 1½—3 km von den centralen, im Besitz der Spekulanten befindlichen Baugründen, aufführen ließ. So kommt es, daß sich die eigentliche Stadt Regina in einem Kranze außerhalb der „Stadt" befindet. Da ist zunächst der „Gouverneurspalast", ein langgestrecktes, einstöckiges Gebäude, weit draußen in der baumlosen, öden Prairie; ferner der „Parlamentspalast", ein Blockhaus, in welchem die Territorial-Regierung tagt; die „Bank von Montreal", die „Landoffice" der Centralregierung, der „Palast" des Militär-Kommandanten und die Kasernen der 180 Mann betragenden Garnison mit ihrem „Arsenal", dem Zeugdepot und den Stallungen für die Pferde. Ein niedriges, festes Blockhaus in der Nähe ist das Territorial-Gefängnis, in welchem vor zwei Jahren (1885) Louis Riel, der berüchtigte Anführer des Halbindianer-Aufstandes, gefangen saß. Dahinter wird die Stelle gezeigt, an welcher er an den Galgen gehängt wurde: vorläufig die Hauptsehenswürdigkeit von Regina.

Die „Hauptstadt des Nordwestens" bietet uns auch ein bezeichnendes

II. Die Hudsonsbai-Länder.

Beispiel, wie hier in den Prairien „Civilisation" gemacht wird. Etwa 40 km nördlicher liegt das breite, fruchtbare Thal des Qu'Appelle-Flusses, darüber hinaus der schmale, 96 km lange Long Lake. Obschon man die Ansiedler dieser Gegenden beinahe an den Fingern aufzählen könnte, läuft doch schon eine Eisenbahn, die Regina- und Long-Lake-Eisenbahn, dahin, und längs derselben stehen auf der Landkarte ein Dutzend Städte-Ringelchen mit Namen daran verzeichnet. Ich ließ mich nach der grausamen Enttäuschung, die ich in Regina erfahren, zum Besuch dieser Großstädte nicht mehr verleiten. In Regina hatte indessen ein junger Engländer unsern Zug bestiegen, der mir während der Weiterfahrt durch das kanadische Weizenparadies die beste, allerdings mit derben Flüchen untermengte Auskunft über die Eisenbahn gab. Er war nämlich auch Aktionär derselben. „By Jove," meinte er, „ich war der einzige Passagier auf dem Zuge nach Long Lake. Die Eisenbahn hat nur eine Lokomotive und einen Personenwagen. In den Städten, die Sie hier auf der Karte sehen, sind nicht einmal die Stationsgebäude vorhanden, einige Städte haben auch nicht einen Bewohner. Ich fuhr 87 km weit durch die Prairie, glatt und kahl wie ein Teller, und plötzlich blieben wir mitten in der Einöde stehen. Der Zugführer schrie: ‚Station Kraven!' Das war der Endpunkt der Bahn. Und denken Sie sich, Craven, das nur ein einziges Haus besitzt, hat in dem Bewohner dieses Hauses seinen von der kanadischen Regierung besoldeten Postmeister!"

Die Schilderung dieser Bahn könnte beinahe ebenso gut auf jene Strecke der kanadischen Pacific-Bahn Anwendung finden, über welche wir nun von Regina nach der 770 km entfernten Hauptstadt des Distriktes Alberta, nach Kalgary, fuhren. Dieselbe kahle, tote, alles Wachstums bare Steppe, ohne irgend nennenswerte Abwechslung, ohne jede Bodenerhebung, ja auf Hunderte von Meilen auch ohne Coulées, jene ausgetrockneten Rinnsale von Steppenflüssen, die weiter nördlich dem Eisenbahnbau so große Hindernisse entgegensetzten. An manchen Stellen fährt die Bahn an Sümpfen und Salzwasser-Seen vorbei; von letzteren sind die beiden „Altweiber-Seen" die größten. Der erste Steppenfluß, über den wir setzten, liegt einige 80 km westlich von Kalgary, hat jedoch einen so langen, unaussprechlichen indianischen Namen, daß mir seine Nennung erspart bleiben mag. Zu deutsch heißt er: „der Bach, wo der weiße Mann seinen gebrochenen Wagen mit einem Elentier-Kiefer ausbesserte". Auch die kleine erbärmliche Ansiedelung, die sich an den Flußufern bei der Kreuzungsstelle mit der Eisenbahn befindet, führt diesen Namen, aber das Leben ist zu kurz, um ihn häufig auszusprechen, weshalb er auf „Elentier-Kiefer" (Moose-Jaw) abgekürzt wurde. Moose-Jaw ist heute die wichtigste „Stadt" zwischen Regina und Kalgary und zur Hälfte von zerlumpten Indianern bewohnt, die ihre Zelte hier aufgeschlagen haben und in ihren roten Mänteln auf der Station herumlungern.

420 km weiter fuhr unser Eisenbahnzug über den Kleinen Saskatschewan-Fluß, in dessen tief in den Steppenboden eingeschwemmtem Thale die Stadt „Medicine-Hat" oder, wie sie hier kurzweg heißt, „The Hat" (der Hut), gelegen ist. „Medicine-Hat" mit seinen elenden Holzhütten und Indianerzelten bietet dem Reisenden ebenfalls kaum Bemerkenswertes genug, um hier Aufenthalt zu nehmen. Es ist ein trostloser Platz in trostlosem Lande und nur deshalb von einigem Werte, weil in der Nähe eine schmalspurige Eisenbahn nach den ergiebigen, 175 km weiter westlich am Fuße der Felsengebirge gelegenen Steinkohlenlagern von Lethbridge abzweigt. Wie vollständig flach und kahl die Steppe auf dem Wege dahin ist, kann man schon aus den Kosten des Eisenbahnbaues entnehmen, die nicht mehr als 4000 Dollars für die Meile betrugen. Die Schwellen wurden einfach auf die Steppe gelegt, die Schienen darüber genagelt, und die Eisenbahn war fertig. Die Zechen von Lethbridge versehen den Nordwesten bis nach Winnipeg mit Kohlen; erst dort treten die Pittsburger Kohlen mit in die Konkurrenz. Auf den Prairien werden die kanadischen Kohlen für etwa 4—5 Dollars die Tonne verkauft.

Die Strecke zwischen „Medicine-Hat" und Kalgary führt durch ähnliches Land, wie das bisher durchfahrene: ein großer, leerer Papierbogen, auf dem sich die Eisenbahn wie eine Bleistiftlinie hinzieht. Nirgends die geringste Spur menschlichen Lebens; ja, selbst das Tierleben ist verschwunden und hat nur traurige Reste zurückgelassen: gebleichte, hie und da auf der Steppe zerstreute Knochen und die fußtief in den Boden eingefurchten Pfade der Büffel, die in Abständen von wenigen Meter die Bahnlinie auf meilenweite Strecken kreuzen. Ihre Zahl allein spricht heute für die Millionen von Büffeln, die einst auf diesen Steppen gehaust haben, jetzt aber verschwunden und vernichtet sind. Auf Tausenden von Quadratkilometer im Norden und im Süden wird man auch nicht einen Büffel mehr finden; erst im äußersten Norden, im Gebiete des Peace-River (Friedens-Flusses) und des Athabaska-Sees, sollen noch einige vorkommen.

Um 23 Uhr, d. h. eine Stunde vor Mitternacht, erreichten wir endlich Kalgary. Wir hatten in 36 Stunden nahezu 1360 km der vielgerühmten kanadischen Prairien durchfahren, aber der Eindruck, den sämtliche Fahrgäste von dem Lande empfingen, stand in schreiendem Gegensatze zu den Berichten, die man in den Flugschriften der Eisenbahngesellschaft zu lesen bekommt.

26. Alberta und der „Viehdistrikt".

Die Länderstrecken zwischen dem Winnipeg-See und den 1440 km weiter westlich gelegenen Felsengebirgen zeigen eine ausgesprochene Teilung in drei auf verschiedenem Niveau gelegene Steppen oder Prairien, die terrassen-

II. Die Hudsonsbai-Länder.

artig gegen Westen zu ansteigen. Die östlichste dieser Terrassen nimmt das fruchtbare, verhältnismäßig dicht bevölkerte Red-River-Gebiet ein, das 240 m über dem Meeresspiegel liegt und etwa 18 000 qkm umfaßt. Zweifellos war dieses weite Thal einstens mit Wasser bedeckt und bildete einen Teil des großen Winnipeg-Sees, der die Wassermassen und festen Bestandteile der Prairie-Ströme, des Saskatschewan, des Assiniboine u. s. w., aufnahm. Als die Gletscher schmolzen, welche in vorgeschichtlicher Zeit die nördliche Hälfte des Festlandes bedeckten, flossen die im ganzen Gebiete des Winnipeg- und des Manitoba-Sees aufgestauten Wassermengen gegen die Hudsonsbai ab und legten einen großen Teil des einstigen Seebodens trocken. Später verheerten Feuer die ungeheuren Wälder, die einst die Prairien bedeckten, die Flüsse führten den Seen nicht mehr die alten Wassermengen zu, und die Verdunstung ließ die Seen immer mehr zusammenschrumpfen. So entstand der ungemein fruchtbare, heute dem Landbau gewidmete Alluvial-Boden rings um Winnipeg.

Die Grenze des einstigen Sees ist heute noch deutlich etwa 160 km westwärts von Winnipeg zu erkennen, wo kurz vor der Station Brandon die zweite Terrasse, ein wellenförmiges Prairie- und Steppenland, im Durchschnitt 480 m über dem Meeresspiegel, erreicht wird. Durch dieses höhere Plateau haben sich die Flüsse tiefe Coulées gegraben, in denen der hauptsächlichste Baumwuchs dieses Gebietes zu finden ist. Der Boden ist hier lange nicht so reich und fruchtbar wie in dem Alluvial-Gebiete des Red River, allein er ist stellenweise doch noch ergiebigem Anbau zugänglich.

480 km weiter, also etwa 640 km westlich vom Winnipeg-See, beginnt die dritte, durchschnittlich 900 m über dem Meeresspiegel gelegene Terrasse, eine einförmige, baum- und strauchlose Steppe mit zahlreichen Salzlagunen, jeglichem Anbau verschlossen. Diese Steppe war bis vor 20 Jahren der beliebte Tummelplatz der Millionen von Büffeln, die heute, wie schon bemerkt, gänzlich verschwunden sind. Gegen Westen zu und hauptsächlich längs des östlichen Abfalls der Felsengebirge wird die Steppe pflanzenreicher; Gebirgsströme mit frischem, klarem Wasser durchziehen sie in Menge, und in ihren Thälern findet man reichlichen Baumwuchs.

Diese westliche Hälfte der kanabischen Steppe wurde von der Regierung abgegrenzt und zu einem eigenen Bezirk, Alberta, gestaltet. Wie Manitoba in der blumenreichen Sprache der Landagenten und besoldeten Federhelden der kanadischen Pacific-Bahn als das Paradies der Ackerbauer, so wird Alberta allenthalben als das Paradies der Viehzüchter angepriesen. Kalgary ist die Hauptstadt des Bezirkes.

Wir waren, wie berichtet, spät abends in Kalgary angekommen und hatten in einem ganz annehmbaren Hotel übernachtet. Als wir uns am andern Morgen die Stadt ansehen wollten, war dies einfach unmöglich;

26. Alberta und der „Viehdistrikt".

unmöglich nicht nur zur Zeit unseres Besuches, sondern im vergangenen Jahre (1886) überhaupt. Man sah den Wald vor lauter Bäumen nicht. In den breiten Straßen wurde genagelt, gehämmert und angestrichen, als gälte es, binnen wenigen Wochen eine Großstadt aufzubauen. Die Straßen waren mit Baumaterial, Balken, Quadersteinen und Sandhaufen, verrammelt. Jedes dritte Haus stak in einer Hülle von Gerüsten, in jeder Lücke der langen Häuserreihen wurde der Grund für ein neues Haus gegraben. Kalgary hatte seinen „Boom". Von den 1500 Einwohnern waren 1400 seit der Vollendung der Bahn zugeströmt, und alle Welt war so eifrig mit der Erbauung des eigenen Heims beschäftigt, daß man noch keine Zeit gefunden hatte, auch nur hölzerne Trottoirs anzulegen. Die Straßen waren jungfräulicher Steppenboden, von Karren und Pferdehufen zu Staub zerstampft, der eine fußtiefe, weiche Unterlage bildete. Baugründe in den Hauptstraßen wurden zu 50—150 Dollars der Fuß feilgeboten, so daß der Grund für ein bescheidenes Häuschen um kaum weniger als 2000 Dollars zu erstehen war. Die Bewohner waren zur Hälfte eingewanderte Engländer oder amerikanische „Border Folks", aus dem nahen Dakota und Montana zugeströmt. Jedes Haus hatte seinen „Store", und die Mehrzahl derselben enthielt den gewöhnlichen Prairie-Bedarf: glänzende Revolver, Gewehre und Munition, Sattelzeug, Pferdegeschirr, Küchengerätschaften und ganze Pyramiden von Blechkannen mit konservierten Lebensmitteln. Die Stadt wimmelte von Indianern in den absonderlichsten Trachten — hier ein baumlanger, kupferfarbener Kerl in Lederhosen, perlengestickten Mokassins und schmutzigem Kanevashemd, eine feuerrote Pferdedecke über die Schultern geworfen; dort ein Bravado zu Pferd, mit einer langen Jagdflinte vor sich auf dem Sattel, aber einen alten, hohen Cylinderhut auf dem in Zöpfe geflochtenen schwarzen Haar; ein dritter stolzierte in einem alten, zerlumpten Überrock von NewYorker Schnitt umher, aber die „Civilisation" hatte bislang nicht sein Haupt erreicht, das noch im alt-indianischen Federschmuck prangte. Hie und da galoppierten ein paar wilde Gesellen auf kleinen, ungesattelten Ponies durch die Straßen, oder zogen mit Weib und Kind, mit Zelt und ihrer sonstigen Habe nach irgend einem freien Platz außerhalb der Stadt, wo schon ein paar Indianer-Tepees aufgestellt waren. Die kanadische Regierung zahlt ja jedem Indianer, Mann, Weib und Kind, eine jährliche Pension von 5 Dollars, und dieses Geld wird von den zahlreichen in Alberta hausenden Rothäuten in Kalgary für allerhand Tand, billigen Schmuck, Messingknöpfe u. dgl., ausgegeben — eine ganz bedeutende Einnahmequelle für die dortigen Traders.

Als „City Hall", d. h. Bürgermeisterei, wurden uns zwei verschiedene hölzerne Gebäude gezeigt. Das eine war wohl die Privatwohnung, das andere die Kanzlei des Bürgermeisters? Mit nichten. Wir erfuhren zu unserer Überraschung, daß Kalgary eben zwei Bürgermeister und zwei ver-

II. Die Hudsonsbai-Länder.

schiedene Stadtverwaltungen besaß, die einander in den Haaren lagen und sich die Herrschaft von Kalgary streitig machten. Das dauerte schon einige Monate; aber wie ich nachträglich erfuhr, wurde schließlich die eine Bürgermeisterei über den Haufen geworfen. Beendet war der verderbliche Streit, und ein Richter war wieder auf Erden; seine Gattin war eine Vollblut-Indianerin.

Der Bezirk Alberta hat aber noch eine andere Stadt dieser Art aufzuweisen, nämlich „Fort Mc Leod", etwa 210 km südlich von Kalgary, auf dem Wege zur Grenze der Vereinigten Staaten gelegen. Mc Leod hat indes noch keine Lokomotive gesehen, aber es wird kaum lange dauern, bis eine Zweigbahn nach dieser wichtigen Garnisonsstadt der „Mounted-Police" gebaut sein wird. Der grausame, kriegerische Stamm der Blut-Indianer, die unter dem Befehl des Häuptlings „Red Crow" (rote Krähe) stehen, hat nämlich hier sein Hauptlager, und weiter nördlich befindet sich auf verschiedenen „Reserven" eine große Zahl der immer noch wilden Blackfeet (Schwarzfüße), deren Häuptling der berüchtigte „Crow-Foot" (Krähenfuß) ist. Im ganzen beträgt die Zahl der im südwestlichen Teile von Alberta hausenden Indianer immer noch an 12 000, und für die 100 Gendarmen von Fort Mc Leod ist dieser Posten gerade keine Sinekure, zumal die Sioux und Ogallalas aus dem benachbarten Montana nicht selten Kanada mit ihrem Besuche beglücken.

Überdies liegt Fort Mc Leod inmitten des reichsten Weidelandes und ist somit das Paradies der „Cowboys" oder Viehzüchter, die, großenteils aus Texas, Nebraska, Dakota und Montana zugewandert, die dortigen „Sitten und Trachten" über die Grenze mitgebracht haben. Der breitkrämpige Mexikanerhut, die gewaltigen Sporen, das Lederwams und die Lederbeinkleider, der breite Patronengürtel und der Revolver sind hier nichts Ungewohntes, ebensowenig die mit Flüchen und Flintenschüssen untermengte Cowboy-Gemütlichkeit. Fort Mc Leod wäre das Urbild einer Grenzstadt des amerikanischen Westens, wenn nicht eine Hauptsache fehlte: die Wirtshäuser und Schnapsläden. Im ganzen Nordwesten ist nämlich die Einfuhr und der Verkauf von Feuerwasser unter den strengsten Strafen verboten, und die „Mounted-Police" hat mit der Überwachung der Whisky-Schmuggler an der Grenze vollauf zu thun. Es kommt dabei nicht selten zu blutigen Zusammenstößen. Häufig genug verstehen es jedoch die pfiffigen Yankees, den gefürchteten Rotröcken auszuweichen; denn auf den „Ranches" (Viehzüchtereien) hat wohl jeder Cowboy sein Fläschchen ebensogut gefüllt wie sein Pulverhorn — nur steht der Name Whisky nicht darauf zu lesen. Alle möglichen Bezeichnungen, von dem Magenbitter und dem Kölnisch Wasser bis zu dem Haaröl und dem Hunyadi Janos (dem bekannten Bitterwasser), müssen dem Whisky-Schmuggel als Deckmantel dienen; wollte man nach ihnen gehen, so müßte man sich die

v. Hesse-Wartegg, Kanada.

Fig. 49. Blockhaus im Alberta-Bezirk.

26. Alberta und der „Viehdistrikt".

Cowboys als gestriegelte, pomadisierte, parfümierte, schwächliche Dandies vorstellen. Aber all die Toilette-Mittelchen werden nicht äußerlich, sondern mit überraschender Wirkung innerlich gebraucht. Ein Apothekerladen mit derlei Medikamenten würde hier glänzende Geschäfte machen. Das Weideland in der Südhälfte von Alberta umfaßt nahezu vier Millionen Acres längs dem Ostfuß der Felsengebirge und auf 80—160 km in die Steppe hinaus. Der Graswuchs ist hier so üppig, daß sogar amerikanische Viehzüchter ihre mitunter nach Tausenden zählenden Herden aus Montana und Dakota nach Alberta treiben und hier Strecken bis zu 250 qkm von der kanadischen Regierung mieten. Die jährliche Miete für Weideland betrug bis zum vergangenen Jahre (1886) 1 Cent oder 4 Pfennig per Acre, und es war gestattet, Länderstrecken bis zu 100 000 Acres auf 21 Jahre um diesen Preis zu mieten. Im letzten Jahre wurde der Mietzins jedoch auf 2 Cents oder 8 Pfennig für den Acre erhöht. Von diesem Entgegenkommen der Regierung wurde denn auch begreiflicherweise der ausgiebigste Gebrauch gemacht; waren doch Ende 1885 in Alberta nicht weniger als 2 Millionen Acres Weideland an 58 Viehzüchter vermietet, was der kanadischen Regierung 20 000 Dollars Miete eintrug. Der Viehstand betrug an 47 000 Stück Hornvieh, 5000 Pferde, und es wird angenommen, daß sich Hornvieh hier in 24—30 Monaten in der Zahl verdoppelt. Vorderhand erweisen sich diese „Ranches" in Alberta nicht besonders einträglich: die Ausfuhr nach dem Osten ist noch verschwindend klein, da in den bevölkerten Teilen des Festlandes der ganze Bedarf durch das amerikanische Vieh gedeckt wird. Die Viehzüchter müssen sich also vorläufig mit der Hoffnung auf bessere Zeiten zufriedengeben und ein wenig Kapital zusetzen.

Die Verwalter und Eigentümer der großen „Ranches" sind der Mehrzahl nach Engländer und Schotten, während das Heer von Cowboys und „Herders" aus Texas, Kolorado, Montana und anderen amerikanischen Steppenländern stammt. Anerkannt ist der Ruf ihrer Ausdauer und Geschicklichkeit; sie wetteifern miteinander im Reiten, Lassowerfen und raschen „Round-up" oder Zusammentreiben der großen Herden. Der Cowboy, der in der kürzesten Frist die größte Herde zum „Round-up" bringt, wird zum Helden des Tages, gefeiert in Kalgary und umworben von den Herdenbesitzern. Ungeachtet ihrer rohen, ungeschlachten Lebensweise und ihres beständigen Verkehrs mit wilden Indianern, tragen die Cowboys doch ein warmes Herz im Leibe, sind großmütig und gastfreundlich. Bei der Abwesenheit von Städten und Ansiedelungen ist der Reisende hier ausschließlich auf die Gastfreundschaft der „Ranches" angewiesen, und er klopft an keine Thüre vergeblich. Die „Ranches" bestehen gewöhnlich aus roh gezimmerten Hütten oder Blockhäusern, womöglich auf kleinen Erhebungen, einem Flußlauf nahe, erbaut und vielleicht mit Palissaden zur Verteidigung gegen

II. Die Hudsonsbai-Länder.

Indianer umgeben. Ein Blockhaus dient gewöhnlich als Wohnung für den Eigentümer der Herde oder den Verwalter und als Magazin für die Lebensmittel, ein anderes enthält die Kammern für die Cowboys, ein drittes vielleicht die Stallungen für die wertvolleren Pferde und die Sattelkammer. Die Lebensmittel beschränken sich fast ausnahmslos auf Konserven. Alles, von der Suppe bis zum Dessert, wird in Konserven vom Osten her eingeführt; selbst Milch und Butter kommen in Blechbüchsen aus den Vereinigten Staaten; denn wo würde sich der kriegerische, im Kampfe mit den Indianern und Raubtieren großgewordene Cowboy herablassen, Revolver und Flinte abzulegen, um friedlich Kühe zu melken oder Butter zu schlagen? Auf den wenigsten „Ranches" wird man ein weibliches Wesen finden, das etwa die Haushaltung besorgen könnte. Im Blockhause des Ranche-Herrn befindet sich das gemeinschaftliche Speisezimmer, das gleichzeitig auch zur Küche dient. Roh gezimmerte Bänke und Tische sind die ganze Einrichtung; an den Wänden prangen vielleicht ein paar Hirschgeweihe, ein buschiger Büffelkopf oder einige Holzschnitte aus illustrierten Zeitungen. Die Lücken und Spalten zwischen den Balken der Wände sind mit Lehm verschmiert, das Dach ist mit Rasenziegeln eingedeckt, auf denen das Gras üppig weiterwächst. In den Schlafkammern findet man nur selten ein Bett. Gewöhnlich bilden ein paar Tierfelle und Pferdedecken das Lager des Cowboy, und seine Toilette macht er im Freien am Flußrande.

Vorderhand befinden sich die „Ranches" von Alberta größtenteils in der kleinern Bezirkshälfte, südlich der Eisenbahn; in den folgenden Jahren werden, wenn sich die Viehzucht in so großem Maßstabe überhaupt bewährt, wohl auch die weiter nördlich um die Quellen des Großen Saskatschewan gelegenen Länderstrecken von Viehzüchtern gemietet werden. Es wird behauptet, daß die nördliche Hälfte von Alberta ein milderes Klima besitze als die südliche oder sogar als die Prairien von Manitoba, und als Ursache giebt man die vom Stillen Ocean herüberwehenden Tschinuk-Winde an, welche, dank der geringen Höhe der Felsengebirge in den nördlicheren Breiten, von diesen nicht mehr aufgefangen und zurückgehalten werden.

In der That findet man in diesen Gegenden viel mehr Ansiedelungen und auch Feldbau, als in irgend einem andern Teile Kanadas unter den gleichen Breitegraden. Dort am Oberlaufe des nördlichen Saskatschewan steht auch das Fort Edmonton, das wichtigste und größte Handelsfort der Hudsonsbai-Gesellschaft im ganzen Nordwesten. Die Reisenden, welche diesen entlegenen Außenposten der Civilisation der Weißen besucht haben, schildern das ganze Gebiet als ungemein fruchtbar und dem Ackerbau zugänglich.

27. Das nördlichste Kulturgebiet Amerikas.

Der Strom „weißer Civilisation", der sich seit Beginn dieses Jahrhunderts mit immer zunehmender Stärke über das nordamerikanische Festland ergoß, die „weiße Eroberung", "the white conquest", wie sie Hepworth Dixon nennt, hat sich mit den Millionen Quadratkilometer Landes der gemäßigten Zonen nicht zufriedengegeben. Eine Rasse von mehr als 60 Millionen ist in der Neuen Welt entstanden, und obschon ihr ein Ländergebiet so groß wie ganz Europa zur Besiedelung offen gestanden, ist ihr Drang nach der friedlichen Eroberung neuer Länderstriche noch nicht ersättigt. Hunderte von Jahren können noch vergehen, bis der neue Weltteil dieselbe Bevölkerungsdichtigkeit wie Europa aufzuweisen haben wird; nach Hunderten von Millionen berechnet man die Acres Landes, die innerhalb der gemäßigten Zone noch brach liegen, des Pfluges und Spatens des Ansiedlers harrend; aber der Drang nach raschem Gelderwerb, der Unternehmungsgeist ist zu groß, als daß er sich mit dem langsamern, sichern Gewinn des mittlern Teiles von Nordamerika zufriedengäbe. Kaum wird durch eine Eisenbahn irgend ein Landgebiet eröffnet, als sich auch schon Spekulanten und Abenteurer zu Hunderten finden, um das neuerschlossene Land auf irgend eine Weise auszubeuten und rasch ihr Glück zu machen. Wie den Eisenbahnen Amerikas, so geht es auch dieser eigentümlichen, in der Neuen Welt so zahlreichen Menschenklasse: sie eilen dem Bedarf voraus, sie kommen ihm zuvor, und erreicht derselbe langsam vorwärtsschreitend wirklich ihre Gebiete, so sind sie schon auf dem Posten und ernten den Gewinn. So ging es in den Prairien, so in Texas, in Kalifornien und in Kanada. Das letzte und neueste Land, dessen sie sich bemächtigt haben, ist der Bezirk Athabaska, im äußersten bewohnbaren Norden, im Flußgebiete des nördlichen Eismeeres, auf gleicher Höhe mit der Nordspitze von Labrador und der Hudsonsbai. Übrigens sind sie nicht die ersten Weißen, die sich in diese unwirtlichen Winterländer gewagt haben; denn die Hudsonsbai-Gesellschaft hatte ja an einzelnen Flüssen und Seen der großen kanadischen Wildnis schon vor einem Jahrhundert starke Handelsforts errichtet [1].

Mit der Besiedelung des Bezirkes Athabaska wird es freilich noch seine gute Weile haben. Er ist allerdings schon zu einem politischen Begriff vorgeschritten, er hat seine Grenzen und sein über 300 000 qkm umfassendes Areal; aber er harrt noch immer der Bevölkerung. Die weiße Einwohnerschaft ist vorderhand nicht einmal groß genug, um die Bezirksregierung zu bilden, sie muß mit 100 Personen hoch angeschlagen werden. Athabaska hat auch noch keine Hauptstadt, ja nicht einmal ein Dorf, oder

---
[1] Vgl. oben S. 133 f.

II. Die Hudsonsbai-Länder.

eine Ansiedelung, die aus mehr als vier Häusern bestände. Die weiße Rasse ist nur durch einige Händler oder Faktoren der Hudsonsbai-Gesellschaft vertreten; wohl die bedeutendste Faktorei der Gesellschaft und gleichzeitig die bedeutendste Ansiedelung im Lande ist das Fort Chippewyan, an den Ufern des Athabaska-Sees, mit einem halben Dutzend weißer Bewohner. Die zweitwichtigste Faktorei ist Fort Dunvegan am Oberlaufe des Friedens-Flusses. Ist einmal die teilweise schon im Bau begriffene Eisenbahn von Winnipeg nach dem im nördlichen Alberta gelegenen Fort Edmonton fertiggestellt, so muß man sich auch auf die teilweise Besiedelung von Athabaska durch Viehzüchter und Cowboys gefaßt machen.

Athabaska enthält im Stromgebiete des Friedens-Flusses (Peace River) einige 50 000 qkm guten und reichen Prairie-Bodens. Ein Teil davon reicht in das nördliche Alberta bis zum Oberlaufe des Saskatschewan, also in die Umgebung von Fort Edmonton; dieses größte und wichtigste Handelsfort des ganzen Nordwestens kann auch als die Hauptstadt des Friedens-Fluß-Bezirkes angesehen werden.

Fort Edmonton besteht allerdings heute noch aus nur vier Blockhäusern, welche, von starken Palissaden und Gräben umgeben, auf einer Erhöhung an den Ufern des Saskatschewan, 350 km in gerader nördlicher Richtung von Kalgary liegen; aber es ist hier in dem „großen, einsamen Lande" vielleicht von größerer Wichtigkeit, als in Europa eine Stadt von 50 000 Einwohnern. Man schaue nur die Dampfer, welche auf den Strömen, und die Warenkarawanen, welche auf den endlosen Prairien verkehren! Der Saskatschewan wird seiner ganzen Länge nach, vom Winnipeg-See bis Edmonton, von Dampfern befahren; ebenso der Unterlauf des Friedens-Flusses, der Athabaska-Fluß und der Athabaska-See. Vor der Vollendung der kanadischen Pacific-Bahn verließen bekanntlich lange Wagenkolonnen, Dutzende mit Ochsen bespannter, von Halbindianern gelenkter Frachtwagen, die Stadt Winnipeg, um durch die Prairien die drei Monate dauernde Überlandreise nach Fort Edmonton zu machen; ebenso wurden Dampfer den Saskatschewan hinaufgesandt. Seit der Vollendung der Pacific-Linie werden die Frachten für Fort Edmonton mittelst der Bahn nach Kalgary befördert und erst von dort mittelst der schon erwähnten Frachtwagen, der sogenannten Red River Carts, über Land nach Edmonton geführt, was noch immer etwa zwei Wochen Zeit erfordert. Obwohl Edmonton weit über die Grenzen des bekannten und teilweise besiedelten Landes hinaus in die Wildnis vorgeschoben ist, hat es doch schon seine Telegraphenlinie.

Unter dem fruchtbaren Friedens-Fluß-Bezirke ist nicht etwa das weite, tief in das Hochplateau am Ostabhang der Felsengebirge eingeschnittene Flußthal allein gemeint, sondern gerade dieses Hochplateau selbst, das an den Ausläufern der Felsengebirge etwa 270 m über den Fluß erhaben ist

27. Das nördlichste Kulturgebiet Amerikas.

und sich allmählich gegen Osten zu, also gegen den Athabaska-See, bis auf 10 m senkt. Die alten „Voyageurs" der Hudsonsbai-Gesellschaft nannten diese vollständig flache Hochebene „La Grande Prairie" (die Große Prairie), und nicht mit Unrecht; denn üppiger Graswuchs bedeckt diese weite, wasserreiche Ebene, die sich in südlicher Richtung bis nahe an den Saskatschewan erstreckt. Die zahlreichen Flußläufe der Großen Prairie sind an ihrem Ursprung nahezu im Niveau der Prairie, schneiden sich aber auf ihrem Laufe gegen den Friedens- oder den Athabaska-Fluß immer mehr ein, bis sie nahe ihrer Mündung durch tiefe, breite Thäler fließen, die gewöhnlich reichen Baumwuchs zeigen.

Im südlichsten Teile dieser fruchtbaren Hochebene, schon im Bezirke Alberta, in einem Umkreise von etwa 150 km von Fort Edmonton, sind große Strecken bereits dem Weizenbau unterworfen. Daniel M. Gordon, dessen lehrreichem Buche „Mountain and Prairie" die vorstehenden Angaben hauptsächlich entnommen sind, versichert, die Ernten hätten die spärlichen Ansiedler dortselbst vollständig befriedigt.

Ob aber die Große Prairie in den nördlicheren Bezirken längs des Friedens-Flusses und des Athabaska dem Ackerbau gewonnen werden kann, ist noch nicht erprobt worden. Rings um die gewöhnlich gegen Witterungsunbilden geschützt gelegenen Forts der Hudsonsbai-Gesellschaft wurden wohl kleinere Strecken mit Gemüse und Kartoffeln bebaut, die ziemlich gut gediehen. Jedoch auf dem Hochplateau selbst sind hinreichende Versuche noch nicht gemacht worden. Professor Macoun, der von der kanadischen Regierung beauftragt war, Untersuchungen darüber anzustellen, fand in Fort Vermillion am Unterlaufe des Friedens-Flusses am 12. August auf kleinen Feldern schon gemähte Gerste, welche am 8. Mai gesäet worden war. Andere Versuche hingegen fielen minder glücklich aus, da der kurze Sommer gewöhnlich nicht ohne harte Fröste abläuft, welche die Saaten in einer Nacht vernichten. Gordon, der den Monat August im Friedens-Fluß-Bezirke zubrachte, erzählt von mehreren Frösten am 20., 25. und 30. August, welche die Saaten auf den kleinen Feldern in der Umgebung der Forts vollständig zerstörten. Diese vorzeitigen Fröste machen den Anbau von Weizen in Athabaska wohl unmöglich; aber Gerste, Hafer und andere Feldfrüchte leiden, wenn zur günstigsten Jahreszeit gesäet, weniger darunter.

Besser wird die Grande Prairie sich zum Weideland für Vieh eignen. Der Winter ist in diesen hohen Lagen natürlich ungemein rauh, der Sommer bringt hier etwa die gleiche Temperatur, wie in der Provinz Quebec. Größere Ausbeute als Landwirtschaft und Viehzucht versprechen die ausgedehnten Waldungen am Athabaska und die Kohlenlager am Friedens-Fluß zu liefern; doch all das wird seine gute Weile haben. Auf die Kohlen des Friedens-Flusses und das Holz vom Athabaska wird man es im Laufe dieses Jahrtausends

II. Die Hudsonsbai-Länder.

schwerlich absehen; denn Kanada hat anderwärts, an Stellen, die durch Eisenbahn und Flußschiffahrt leicht zugänglich sind, mehr als ausreichend davon aufzuweisen.

Der größte Teil des Bezirks Athabaska wird jeder Besiedelung wohl für immer verschlossen bleiben; denn, die Große Prairie und die Flußthäler, sowie die südliche Hälfte des Friedens-Fluß-Gebietes ausgenommen, ist das Land unfruchtbar, eine viele Tausend Kilometer umfassende Sumpf- und Felsenwüste. Dies gilt besonders von der zwischen dem kleinen Sklaven-See und dem Athabaska-See gelegenen Strecke östlich vom Friedens-Fluß, die aber dafür als ein wahres Paradies für die Biberjagd angesehen werden kann.

Die zahllosen Bäche und Gebirgsströme, Abflüsse der Sümpfe, beherbergen noch jetzt Hunderttausende von Bibern, die mit ihren Wohnungen, Dämmen und Wasserbauten ganze Städte bilden. Aus diesem Bezirk allein wurden der Hudsonsbai-Gesellschaft von ihren Trappern und indianischen Jägern in manchen Jahren an 8000 Biberfelle abgeliefert. Früher betrug der durchschnittliche Preis der Biberfelle 2—4 Dollars für das Pfund. Heute ist derselbe auf 5—6 Dollars gestiegen; bei dem gewöhnlich 2—3 Pfund erreichenden Gewicht eines Felles ein ganz erklecklicher Gewinn. Das Gewicht des amerikanischen Bibers erreicht nicht selten 60—70 Pfund; das zarte, fette Fleisch hat einen eigentümlichen Geschmack, wird aber im Nordwesten doch sehr gerne gegessen; besonders gilt der Schwanz des Bibers als großer Leckerbissen. Die Felle der amerikanischen Biber sind im allgemeinen etwas dunkler als jene der europäischen; es kommen jedoch auch weißgefleckte und weiter südlich ganz gelblichweiße Biber vor.

Das nördliche Athabaska ist auch ein gutes Jagdgebiet für den berühmten kanadischen Hirsch, der an Größe selbst die deutschen Edelhirsche übertrifft und dessen Geweih nicht selten von der Rose bis zur Spitze in gerader Linie über 120 cm mißt.

III.
Britisch-Kolumbien.

28. Über die Felsengebirge.

Wir mußten uns durch ein sonderbares Völkergemisch den Weg bahnen, als wir vom Stationsgebäude in Kalgary aus den eben eingetroffenen großen Postzug der kanadischen Pacific-Bahn erreichen wollten, um ihn zur Fahrt über die Felsengebirge von Britisch-Kolumbien nach dem Stillen Ocean zu benutzen. Schottische und englische Kuhhirten, in der malerischen Tracht der mexikanischen Rancheros und Vacqueros, tummelten sich auf ihren kleinen, zähen Ponies herum oder lungerten, an das hölzerne Stationsgebäude gelehnt, den gewaltigen Sombrero nach hinten geschoben, das kurze englische Pfeifchen im Munde, die Hände in den ledernen, mit Fransen besetzten Beinkleidern vergraben. „Bürger" von Kalgary, in roter Bluse, die Beinkleider in die hohen Stiefelschäfte gesteckt, Revolver im Gürtel, standen in Gruppen beisammen, die Ankunft des Zuges mit den östlichen Zeitungen erwartend. Hier und dort Horden von schmutzigen Indianern, in ihre roten oder lichtblauen Wolldecken gehüllt, große Adlerfedern im Haare, den Tomahawk oder eine Flinte in den Händen, die Füße in perlengestickten Mokassins steckend; neben ihnen kleine bronzehäutige Squaws mit langem, in dichten Strängen herabfallendem schwarzem Haar, die Wangen ganz mit ziegelroter Farbe eingerieben; schmutzige Indianerkinder ohne Bekleidung spielten mit kleinen Bogen und Pfeilen; langbezopfte Chinesen in lichtblauen Hemden und weiten, dunkelblauen Beinkleidern eilten stumm und schüchtern an uns vorbei, und ein baumlanger Ungar stand gerade am Billetschalter, um sich ein Billet nach Vancouver zu lösen. Er hätte genug von dieser „darned city" unter diesen „darned Indschuns", brummte er uns zu, als er seinen Geldbeutel wieder am Kragen abwärts unter seinem Hemde verschwinden ließ. Ein paar berittene Polizisten, die in ihren roten Uniformen und kühnen Helmen ganz wie englische Leibgardisten aussahen, eilten zu dem Eisenbahnzuge und sprangen von Waggon zu Waggon, um nach Spirituosen zu fahnden. Die Passagiere des Zuges, Kanabier, Engländer, Amerikaner, mischten sich für die kurze Zeit des Aufenthalts unter diesen Völker-Farben-

III. Britisch-Kolumbien.

lasten, und während ich von meiner „Section" im Pullmanwagen aus durch die glänzenden Spiegelscheiben das sonderbare kanadische Babel betrachtete, meinte mein Nachbar, ein neu-schottischer Franzose: „Wunder, wie dieses Mischvolk wohl hierher geschneit wurde!"

Bald nachdem wir Kalgary mit seinen Holzbuden und Indianerzelten verlassen hatten, drangen wir, im Thale des klaren, hellgrünen Bow-Flusses dahineilend, in die wüsten, öden, toten Vorberge der gerade vor uns zu 3000 und 3600 m Höhe emporstrebenden Felsengebirge ein. Den romantischen, über Stock und Stein stürzenden Fluß schien Mercurius in höchsteigener Person den Kanadiern entgegengesandt zu haben, als wäre er selber Hauptaktionär der Pacific-Bahn. Fleißig schabten und wuschen und hobelten die krystallenen Gletscherfluten ein breites, bequemes Flußthal durch die aller Beschreibung spottenden wilden und unzugänglichen Felsmassen, und während ihre mehrere tausend Meter hohen, kahlen Abstürze uns ein stummes „Bis hierher und nicht weiter" zuzurufen schienen, eilte unsere Lokomotive mit Leichtigkeit durch das Flußthal aufwärts bis an den Kamm des Gebirgszuges.

Mit dem einen Gebirgszug hat die Arbeit der Übersteigung erst begonnen. Auf dem 960 km langen Wege von dem Westrande der Prairien nach den Küsten des Stillen Oceans muß die Bahn nicht weniger als vier parallele Ketten der Felsengebirge übersteigen, eine Aufgabe, die nur unter den großartigsten Schwierigkeiten und mit enormen Kosten gelöst werden konnte. Die östlichste der vier Ketten, welche wir eben im Begriffe waren zu überschreiten, ist die Hauptkette der Felsengebirge. Der Sattel, durch welchen die Bahn gelegt wurde, ist allerdings nur 1589 m hoch, und wir befanden uns in Kalgary bereits auf 1014 m. Allein die Bahn muß viermal bergauf und bergab, wie ein Rennpferd beim Hürdenrennen, ehe sie das Ziel, die Westküste des Kontinents, erreicht. Von den amerikanischen Überland-Bahnen hat die nördliche Pacific-Bahn nur zwei Ketten, beide etwa 1650 m hoch, die Central-Pacific drei Ketten zu übersteigen. Diese drei Überstiege geschehen über Höhen von 2470, 2360 und 2100 m; aber dennoch wird die Erbauung der Central-Pacific-Bahn kaum größere Schwierigkeiten geboten haben, als jene der kanadischen Bahn auf ihrem ganzen Wege durch das waldreiche Hochgebirgsland von Britisch-Kolumbien, dem Graubünden von Nordamerika.

Es sind wahrhaftig Graubündener Landschaften, die uns auf der Fahrt im Thale des Bow-Flusses überall entgegentreten. Ich habe die Felsengebirge ihrer ganzen Ausdehnung nach bereist, vom Popokatepetl bis zum Mount Baker, aber nirgends den Namen Felsengebirge so passend gefunden, nirgends so unglaublich kühne Formen, Zacken, Pyramiden, Grate und Türme angetroffen, wie hier. Die Wildheit des Gebirges wird noch durch die öden, kohlschwarzen Flächen erhöht, welche die verheerendsten Waldbrände hier zurück-

28. Über die Felsengebirge.

gelassen haben. Verkohlte Baumstämme ragen hie und da zu Hunderten und Tausenden empor, und ihre Größe zeigt uns, welche kolossalen Baumriesen hier dem wütenden Elemente zum Opfer gefallen sind. Etwa auf 1200 m Höhe tritt uns die gewaltige Felswand des noch weitere 1800 m in die Wolken ragenden Kaskadenberges entgegen; schon fürchtet man, die auf dieselbe zueilende Lokomotive würde ihre Stirn daran zerschmettern, so vollständig ist der enge, dunkle Paß verborgen, durch welchen die Bahn binnen wenigen Minuten die Station Banff erreicht.

Banff ist noch auf keiner Landkarte zu finden; denn es ist erst wenige Monate alt. Und doch wird sein Name sicherlich bald ebenso bekannt werden und einen ebenso guten Klang bekommen, wie Saratoga oder Manitou. Ist Britisch-Kolumbien das Graubünden Amerikas, so ist Banff ein im Werden begriffenes Davos — ein Gebirgsthal, umgeben von bewaldeten Bergen, hinter denen die schneeigen Gipfel der Felsengebirge emporragen. Vorderhand ist Banff noch ein balneologisches Wickelkind, wohl der urwüchsigste Badeort, den ich in verschiedenen Weltteilen bisher angetroffen habe. Station Banff ist vom Badeort Banff ein gutes Stück Weges entfernt, und da man mir von den Heilquellen viel erzählt hatte, beschloß ich, hier mitten im Gebirge zu übernachten und erst mit dem nächsten Zuge — die kanadische Pacific-Bahn hat nur einen Passagierzug täglich — weiterzufahren. Ein Ritt über das trockene, staubige Hochplateau brachte mich in einer halben Stunde nach der Wiege des künftigen Badeortes, an den Ufern des romantischen, hier einen kleinen, krystallhellen See bildenden Bow-Flusses. Vor sechs Monaten war das ganze Thal noch eine vollständig unbewohnte Wildnis, die vom Fuße eines Weißen kaum jemals betreten worden war. Heute hatte es bereits Hunderte von Einwohnern, darunter an die 50 Badegäste. Man hatte mir erzählt, Banff besitze schon zwei Hotels, aber dieselben entsprächen, wie ich nun sehen konnte, kaum den Begriffen, die wir uns von Hotels zu machen pflegen. Zwei niedrige Blockhäuser, aus rohen, unbehauenen Baumstämmen zusammengefügt, mit offenen Luken an Stelle von Fenstern und Thüren, bildeten die Speisesäle und einige Dutzend zwischen niedrigem Strauchwerk errichtete Zelte die „Schlafzimmer" dieser „Hotels". Die heißen, schwefel- und eisenhaltigen Quellen, welche Banff zu künftiger Größe und Berühmtheit verhelfen sollen, entspringen an verschiedenen Stellen der nahen Bergwände. Die größte entleert sich in einen mit klarem, hellgrünem Wasser gefüllten offenen Tümpel, in welchem eben einige „Kurgäste" ihr Bad nahmen. Aber die heilkräftigste Quelle befindet sich in einer etwa 12 m tiefen, finstern Höhle, auf deren Grund man mittelst Leitern hinabsteigt. Sie hat den Vorteil, daß man sich beim Baden in kein anderes Badekostüm zu hüllen braucht, als in die natürliche Dunkelheit. Zu einer dritten Quelle mußte ich einen steilen, steinigen Pfad längs der südlichen Felswand emporklettern.

III. Britisch-Kolumbien.

Auf 150 m Höhe über dem Thale quillt sie in starkem Strom aus den Felsen hervor, und hier stehen einige aus rohen Stämmen zusammengenagelte „Badekabinen", die aber trotz ihrer spiegel- und handtuchlosen Einfachheit verlockend genug waren, um mich zu einem köstlichen Bade zu bewegen. Die Eisenbahn hat Banff unter ihren mächtigen Schutz genommen; schon arbeiteten Dutzende von Chinesen fleißig an der Herstellung von Wegen durch den schönen Naturpark, schon war der Grund zu einem großartigen Hotel nach europäischen Begriffen gelegt. Einige Jahre noch, und Prinzessin Mode wird hier ihren Einzug feiern, gerade so gut, wie in südlicher gelegenen Felsengebirgsbädern, in Idaho, in Manitou oder Las Vegas. Als ich Las Vegas in Neu-Mexiko vor zehn Jahren zum erstenmale besuchte, war es von fast ebenso rührender Einfachheit wie Banff. Sechs Jahre nachher war es zu dem fashionabelsten Bade der Felsengebirge geworden, und das großartige Hotel Montezuma, von der Atchison-Topeka- und Santa-Fé-Eisenbahn erbaut, war das eleganteste und beste Hotel zwischen Chicago und San Francisco. Allerdings brannte es zwei Jahre nach seiner Erbauung bis auf den Grund nieder, aber einige Monate nachher war es — ein Phönix — womöglich noch großartiger auferstanden.

Am frühen Morgen hieß es das harte Zeltlager wieder verlassen. Der Zug passierte Banff um 3 Uhr morgens, hier im Hochgebirge keine angenehme Stunde, um sich reisefertig zu machen. Ich brauche kaum zu sagen, daß ich der einzige Passagier war, der in Station Banff einstieg. Kurz oberhalb Banff betritt die Bahn den schwierigsten Teil ihres ganzen, 4800 km langen Weges, nämlich den Kicking-Horse-Paß (der Paß zum ausschlagenden Pferde), von dem Entdecker desselben mit diesem profanen Namen belegt, weil er an dieser Stelle von einem der kleinen Gebirgsponies geschlagen wurde. Die Großartigkeit und Wildheit der Felsen auf diesem höchsten Kamm des Gebirges spottet jeder Beschreibung. Es scheint, als hätte hier eine furchtbare Macht den Gebirgsstock gehoben und in Stücke zerbrochen, deren jedes an Ausdehnung eine Kubikmeile umfaßt. Sie liegen auf- und nebeneinander, die kühnsten Formen in die Lüfte streckend, so steil und glatt, daß kaum der Schnee hier einen Halt findet und in Lawinen in die engen Schluchten und Thäler hinabstürzt. Einige der letzteren werden durch klare, hellgrüne Gebirgsseen ausgefüllt, deren Tiefe noch niemand erforscht hat, anderen haben die rauschenden Gebirgsgewässer hinreichend Erde und Schlamm zugeführt, daß zwerghaftes Nadelholz in ihnen Nahrung findet. Die wenigsten der kühn emporstrebenden, 3000—3600 m hohen Spitzen haben Namen erhalten; nur die gewaltigsten Wahrzeichen, wie der Kastle-Mountain und Mount Lefroy, sind von den Erbauern der Bahn getauft worden. Dennoch waren die Weißen schon an den Kastle-Mountain vorgedrungen, lange bevor man noch an die Erbauung einer Bahn hier gedacht hatte. Ja sogar eine

28. Über die Felsengebirge.

Stadt von mehreren Tausend Einwohnern war hier entstanden und wieder vergangen. Es war das, als das Silberfieber vor einigen Jahren sich dieser Gebiete von Britisch-Kolumbien bemächtigt hatte und in der Nähe des Kastle Mountain reiche Silberadern entdeckt wurden. Binnen wenigen Monaten war eine große Minenstadt, Silver City, aus dem Boden geschossen; aber die Minen waren bald ausgebeutet, und Silver City besteht heute aus einer Anzahl verlassener, morscher Bretterhütten, in denen kaum mehr ein Dutzend Einwohner zurückgeblieben sind! Wir eilen, an diesen traurigen Ruinen moderner „Civilisation" vorbei, immer höher und höher in die Felsen hinein. Die Gegenden werden immer wilder und großartiger, und endlich verlassen wir auch das Thal des Bow-Flusses, der uns während des Aufstiegs ein so treuer Begleiter gewesen, um einen engen, sumpfigen Sattel zu erreichen, eingefaßt von schneebedeckten Höhen: den Kicking-Horse-Paß. Am andern Ende dieses Sattels entströmt ein winziges Flüßchen dem Sumpfe, die ersten Wassertropfen, die nicht mehr dem Stromgebiete des Atlantischen Oceans angehören. Es ist der Ursprung des Kicking-Horse-Flusses, der auf seinem Laufe nach Westen immer größer und wasserreicher dem Kolumbia-Strom und mit diesem dem Stillen Ocean zueilt. Wir waren auf der Wasserscheide des Kontinents angelangt.

Würde die Herkunft des Namens „Kicking Horse" nicht bestimmt auf ein ausschlagendes Pferd zurückzuführen sein, so könnte man vermuten, die Entdecker des Flusses hätten die Wildheit desselben damit kennzeichnen wollen: so stürmt und tost und schäumt der mit jeder Meile an Wassermasse zunehmende Fluß den westlichen Abhang der Felsengebirge hinab, dem mächtigen Kolumbia-Strom zu. Die Fluten bohrten, wuschen, sägten sich eine wahre Teufelsschlucht durch die Felsen, und von den mehrere Tausend Meter hoch zu beiden Seiten in den kühnsten Formen emporsteigenden Felsen stürzen rauschend und schäumend andere Sturzbäche in die Schlucht.

Wohl mögen die Pioniere der Bahn lange gezögert haben, ehe sie sich entschlossen, die Schienenstränge da hinein zu lenken; aber es blieb ihnen kein anderer Weg übrig. Die ganze Kette zeigt auf Hunderte von Kilometer im Nord und im Süd keine günstigere Stelle, und selbst hier erforderte es die kühnsten und gewagtesten der bisher bekannten Eisenbahnbauten, um die Züge von der Kammhöhe in das Thal des Kolumbia hinabzuführen. Während sich die Steigung von Kalgary aus zur Kammhöhe, also 570 m, auf 198 km verteilt, muß der Abstieg zum Kolumbia, 834 m tief, innerhalb 98 km gemacht werden. Die Eisenbahn wendet sich deshalb, tief in den Felsen eingeschnitten, längs der Abgründe dahin, den Fluß hinüber und herüber, durch lange, aus den Felsen gesprengte Tunnels, fortwährend abwärts mit einem Fall von 2,8—3,96 m auf 100 m. Für diesen Abstieg muß denn auch eine zweite Lokomotive angekoppelt werden, und beide Loko-

III. Britisch-Kolumbien.

motiven halten mit reversiertem Dampf den Zug zurück. Mit zurückgehaltenem Atem, in Ermangelung eines Besseren an die Sitze des eigenen Waggons sich klammernd, bewundern die Passagiere das großartige Werk, wohl mit dem geheimen Wunsche, so rasch als möglich wieder in minder halsbrecherische Gegenden zu kommen. Erst nach etwa dreistündigem Langen und Bangen auf schwebender Bahn fahren wir endlich bei Golden City in das Thal des großen Kolumbia ein. Aber die wenigen armseligen „Log Kabins" und Zelte der „goldenen Stadt" interessieren uns weniger, als die gewaltigen Felsmauern der berüchtigten Selkirk-Kette, welche jenseits des Stromes dräuend ihre Schnee- und Gletschergrate in die Wolken strecken. Denn auch diese Kette müssen wir übersteigen, gerade so wie unser nunmehriger Reisebegleiter, der Kolumbia. Vergeblich hatte dieser im Laufe der Jahrtausende seine Wellenbatterieen gegen die Felsen gerichtet, vergeblich seine Fluten als Mauerbrecher verwendet: die Felsen gaben nicht nach, und er mußte sich seinen Weg, statt durch die Felsen, um sie herum bahnen. 320 km fließt er nordwärts, bevor er seinen Weg durch die Selkirk-Kette findet, und 320 km fließt er längs des westlichen Fußes derselben wieder südwärts, nur 80 km von seinem ursprünglichen Laufe entfernt. Aber was er nicht vermocht, das hat die Kunst der Ingenieure doch zu überwinden verstanden. Wohl folgen wir dem Laufe des goldreichen Stromes einige 30 km, dann aber wendet sich die Bahn durch den Biber-Fluß-Cañon direkt auf die Gebirgskette zu und beginnt diese hinaufzuklettern. Vom Kolumbia-Strom bis zu dem 1200 m über dem Meeresniveau gelegenen Rogers-Paß steigt die Bahn auf einer Strecke von 35 km 506 m und findet auf der Westseite, noch 72 km von der Paßhöhe, den Kolumbia wieder. War der Übergang über die erste, östliche Kette der Felsengebirge schon ein ungemein schwieriger, so ist er doch kaum zu vergleichen mit den großartigen Hindernissen, welche sich dem Bahnbaue hier in der Selkirk-Kette entgegenstellen. Nirgends fand ich auf meinen Reisen eine Gebirgswüste von so unbeschreiblicher Wildheit, Felsen von solcher Kühnheit und Großartigkeit der Formen, Gletschermassen und Lawinenbahnen in solcher Menge und in solcher Nähe einer Bahn wie hier. Als würde Mutter Natur selbst das grausige Gebirgsbild bereuen, das sie hier geschaffen hat, bedeckte sie einzelne Abhänge mit Riesen-Cedern; aber auch diese fielen an manchen Stellen verheerenden Waldbränden zum Opfer, denen sie mit ihren hohlen, kerzengeraden Stämmen so reiche Nahrung gewähren. Auch während wir diese bei aller Großartigkeit doch ungemein trostlosen Gebirge durchfuhren, beleuchteten brennende Riesenbäume wie Fackeln unsere Bahn. Wie Zunder fangen die morschen Stämme Feuer, die Flammen schießen durch das hohle Innere aufwärts und züngeln aus Spalten und Astlöchern hervor, so daß im Handumdrehen der ganze Riesenbaum an vielen Stellen gleichzeitig in Brand gerät. Endlich kann der verkohlte Stamm die große Last nicht mehr tragen:

28. Über die Felsengebirge.

ächzend und krachend stürzen Stamm und Krone, beim Fallen Lawinen von Funken durch die Finsternis sendend, während die Flammen die dichten

Fig. 50. Gebirgsansicht aus der Selkirk-Kette.

Rauchwolken wie in Abendrotglut hüllen. Bald haben die Stämme der nächststehenden Bäume Feuer gefangen. Bald rasen die Flammen auch durch ihre Äste und Zweige, verbrennen das Holz, versengen die Nadeln.

verbreiten Verderben weit ringsum. Ein Waldesabhang fällt zum Opfer, ein zweiter folgt, und so fort, bis kalte, starre, baumlose Felsmauern dem Flammenmeer Halt gebieten. Nichts bleibt von solchen Waldbränden übrig, als die kurzen, schwarzgebrannten Stümpfe, die wie klagend kahle, verkohlte Äste gegen den Himmel strecken.

Aber diese Bäume haben noch andere, stärkere, unbarmherzigere Feinde, als das Feuer: die Schneelawinen. Es ist, als wollte die Natur hier oben, inmitten von Felsen, Schnee und Eis, alles Leben im Keime erdrücken oder in vollster Blüte zerstören. An zahlreichen Hängen sehen wir die Bahnen solcher Schneestürze genau abgegrenzt. Nicht nur die Riesenstämme mähen sie von Grund und Boden wie Halme, auch Felsblöcke und Vorsprünge rasieren sie förmlich von ihrer Bahn, den Abhang während ihres Sturzes glatt schürfend. In der Selkirk-Kette bedurfte es der Erbauung von 29 km Schneetunnels, um die Eisenbahn gegen die Lawinen zu schützen. Die Bahn ist an gefährlichen Stellen in den Felsen gehauen, und die schweren dicken Balken des Schutzdaches wurden in die Ebene des Abhanges gelegt, so daß sie den herabstürzenden Massen keinen Widerstand entgegensetzen und diese über sie hinweggleiten. An anderen Stellen mußten großartige Brücken über die beiden Gebirgsbäche gebaut werden, deren Schluchten die Bahn bei der Übersetzung der Felsenkette folgt. Der Mountain Creek wird auf einer hölzernen Brücke — sogenanntem „Trestle-Work" — von 180 m Länge und 54 m Höhe gekreuzt, und über den tiefen Cañon' des Stoney Creek führt eine hölzerne Bahn von 135 m Länge, die auf Holzpfeilern von 90 m Höhe ruht, die höchste bisher erbaute Brücke dieser Art. Der Zug hielt auf dieser Brücke zum Speisen der Lokomotive mit Wasser, und wir sprangen aus den Waggons, um nicht nur das kühne Werk der Menschenhand, sondern auch die wilde Schlucht zu bewundern, durch welche der wasserreiche Bergstrom in 30 m hohem, schäumendem Falle dem Hauptflusse zueilt.

Auf der Höhe des Rogers-Passes erreichen wir die Quelle des Biber-Flusses, dem wir bisher gefolgt waren. Hier wechselt der Charakter der Gebirgsschau. An Stelle der Schluchten und Katarakte treten schneebedeckte Höhen, die bis auf 3000 m emporsteigen, und zwischen ihnen eingesattelt ruht ein massiger Gletscher, der bis unmittelbar an den Paß hinabreicht, der einzige Gletscher, den Reisende in Amerika auf den gewöhnlichen Touristenbahnen zu sehen bekommen; denn die Felsengebirge südlich der kanadischen Grenze sind ungeachtet ihrer bis über 4200 m reichenden Höhen gletscherlos. Die blaugrünen, durchsichtigen Kryftallflanken der Eisriesen winkten uns so verlockend zu, daß wir einen unfreiwilligen, durch einen Unfall an der Maschine bedingten Aufenthalt benützten, um über das Geröll und den Schutt des Gletscherthales bis zum Fuße der Eismassen emporzuklettern. Die Eisenbahngesellschaft vollendete hier eben ein hübsches Schweizerhäuschen, das „Glacier-Hotel", und obschon noch kaum angestrichen und mit Fenstern versehen, barg dasselbe doch bereits einige englische Bergfexen, welche dieses amerikanische Zermatt zum Mittelpunkt ihrer Entdeckungskletttereien gemacht hatten. Ich schlug ihnen vor, bei ihren Ersteigungen der umliegenden Bergriesen doch Höhenmessungen vorzunehmen; aber zunächst waren leider keine Instrumente vorhanden, zweitens hätten sie damit auch gar nicht umzugehen vermocht, und drittens zeigten sie auch gar keine Lust zu „scientific business" (wissenschaftlicher Beschäftigung). Sie wären, so meinten sie, simple Touristen und überließen die Messungen anderen. Ich bedauerte ihre Dummheit lebhaft; denn bezüglich der Höhen der Selkirk-Kette kursieren in der Welt erkleckliche fette, großschnablige Enten [1]. Wir wollen dem gewaltigen Bergkoloß, der vor uns am Südende des Rogers-Passes sichtbar wurde, dem Mount Sir Donald, kühnlich 3600 m zusprechen, aber gleichzeitig auch unserer Bereitwilligkeit Ausdruck geben, jede niedrigere Angabe widerspruchslos anzunehmen. Selbst die Hälfte dieser Höhe würde ja hingereicht haben, um den kühnsten aller Ingenieure eine harte Nuß knacken zu lassen. Auf die Höhe des Rogers-Passes kamen wir verhältnismäßig leicht. Hier oben aber standen die technischen Nußknacker wie — Ingenieure am Berge; denn es galt, innerhalb 3,2 km 192 m tief hinabzusteigen. Sie nahmen sich am St. Gotthard ein Beispiel und bohrten Spiralen durch die Felsen, so daß die Bahn von 3,2 auf 9,7 km verlängert wurde. An einer Stelle sahen wir sechs Stücke des Schienenbettes die Felsen hinauf übereinander gelagert.

29. Durch Britisch-Kolumbien.

Mit der östlichen Felsengebirgs- und der Selkirk-Kette hatten wir die Wasserscheide der beiden Weltmeere überschritten und befanden uns im Herzen

---

[1] Mir fällt da der berühmte Mount Hood in Oregon ein, den ich einige Wochen zuvor von meinen Fenstern im „Esmond House" zu Portland bewundert hatte. Ursprünglich wurden diesem Wahrzeichen Oregons mit echt amerikanischer Freigebigkeit 5100 m zugesprochen; eine spätere Schätzung verschwendete an ihn nur mehr 4800 m; Winkelmessungen ergaben darnach ungefähr 4350 m, und die vor einigen Jahren ausgeführte Triangulation schob den so dehnbaren Berg auf 3900 m zusammen. Dann kam eine Messung mit einem Aneroid-Barometer, die 3600 m ergab, und als dann noch einmal mit einem Merkurial-Barometer nachgemessen wurde, schrumpfte dieser Kaiser unter den Bergriesen der Stillen-Ocean-Küste zu einem Negligée von 3360 m zusammen, wogegen die Bewohner von Portland indessen mit lebhafter Entrüstung Einsprache erhoben und sich mit lobenswertem Lokalpatriotismus jedes weitere Messen und Beschneiden verbaten. „Wenn das so fortginge," meinte ein guter Portländer Bürger einmal zu mir, „so würde aus unserem schönen Berge gar noch ein Loch im Boden." Dieselbe Geschichte erzählt auch ein Mitarbeiter der Londoner „Times" in einer seit dem Niederschreiben der obigen Zeilen erschienenen interessanten Broschüre „A Canadian Tour".

III. Britisch-Kolumbien.

des goldreichen Britisch-Kolumbien, das bisher Gold von über 50 Millionen Dollars Wert geliefert hat. Das Gold ist bisher aber auch die Haupteinnahmequelle der spärlichen Bevölkerung gewesen; denn abgesehen von den Wäldern und dem Fischreichtum der Flüsse hat das große Land nicht viel zu bieten. Nachdem wir auf unserer Dampffahrt nach Sonnenuntergang den Kolumbia zum zweitenmale überschritten hatten, begann sofort wieder der Aufstieg über die dritte Parallelkette der Felsengebirge, die Gold-Range, und dem Laufe kleiner, viele romantische Gebirgsseen bildender Flüsse folgend, übersetzten wir den gerade 600 m hohen Eagle- (Adler-) Paß. Jenseits desselben, nahe dem Großen Schuswap-See, wurde im November 1885 die letzte Schiene gelegt zwischen dem östlichen und dem vom Stillen Ocean aus begonnenen westlichen Teile der kanadischen Pacific-Bahn. Der Schuswap-See, an dessen felsigen Ufern entlang wir bald darauf fuhren, ähnelt mit seinen vielen Armen wie auch in Bezug auf seine romantische Umgebung dem Vierwaldstätter-See; aber keine freundlichen Hotels öffnen dem Touristen hier ihre gastlichen Pforten. See und Umgebung sind noch im unbestrittenen Besitze der Indianer, von denen wir im Vorbeifahren eine Anzahl beim Salmfischfang antrafen. Der Schuswap-See, wie all die Hunderte großer und kleiner Seen, die Flüsse und Ströme von Britisch-Kolumbien, strotzt im wahrsten Sinne des Wortes von Fischen, die von den Indianern nach der Meeresküste gebracht und dort in großen „Canning Establishments" in Blechbüchsen präserviert werden. Das Gebiet zwischen der Gold-Range und der nächstfolgenden Parallelkette, der Cascade-Range, kann als Fortsetzung der großen amerikanischen Wüste bezeichnet werden, die von Nevada und Wyoming aus durch Idaho und den östlichen Teil des Washington-Territoriums streicht und sich immer mehr verengend erst an der Nordgrenze von Britisch-Kolumbien ihr Ende erreicht. Wir waren wohl aus den in großartiger Wildheit starrenden Felsengebirgen heraus auf die Ebene gekommen, aber auch diese hat dem Ansiedler nichts Besonderes zu bieten und eignet sich höchstens als Weideland. Dem Ausflusse des Schuswap-Sees entlang eilend, gelangten wir zunächst an den Kleinen Schuswap-See, an dessen Ufern sich die größte „Stadt" des gewaltigen Steppengebietes befindet, Kamloop, die erste bedeutendere Ansiedelung, seit wir Kalgary verlassen haben, und thatsächlich die einzige auf der ganzen, 1015 km langen Fahrt von den Prairien zum Ocean. Kamloop, obschon nur von etwa 200 Weißen und doppelt soviel Indianern und Chinesen bewohnt, erschien uns, die wir auf den Prairien und in den Gebirgen des Anblicks von Städten oder sogar Dörfern gänzlich entwöhnt worden, viel größer und bedeutender, als es in Wirklichkeit ist. Der Eisenbahnzug fährt mitten durch die „Stadt", und den Einwohnern schien die Ankunft der Atlantischen Post ein noch größeres Ereignis zu sein als in Kalgary. Der

29. Durch Britisch-Kolumbien.

erste Gruß pacifischer „Civilisation" wurde uns durch einen Zeitungsjungen gebracht, der uns eine frischgedruckte Kamloop-Zeitung zum Kaufe unter

Fig. 51. Der Fraser-Fluß.

die Nase hielt. Ganz wie die jungen Prairie-Städte in den Staaten Kansas und Nebraska, hatte Kamloop also schon seine Zeitung — und, wie wir vom Waggonfenster aus bemerkten, auch sein großes Hotel, seine Kirchen und

III. Britisch-Kolumbien.

Billardsalons. Nahe dem durch den See fließenden Thompson River klapperte und kreischte eine Sägemühle, und auf der Seefläche schwammen in der Ferne Schwanen gleich zwei kleine Dampfboote. Rinder und Pferde wurden auf der Straße zum Verkaufe ausgeboten, anscheinend die einzigen Produkte des unwirtlichen, trockenen, staubigen Steppenlandes, in dessen Mittelpunkt Kamloop so malerisch gelegen ist.

Den tief in dieses weite, öde Plateau eingeschnittenen Lauf des Thompson-Flusses entlang fuhren wir bald darauf durch finstere Cañons, die sich an manchen Stellen hinreichend erweitern, um Viehherden das Grasen zu gestatten. Die wenigen menschlichen Wesen, die wir vom Zuge aus an den Ufern des Flusses oder an den Thalwänden erblicken, sind Chinesen oder Indianer, und wohl nirgends in dem weiten Weltteil wird man in unmittelbarer Nähe einer neuen, großen Weltverkehrslinie das Bild einer so fremdartigen, wenn auch dabei armseligen, „Civilisation" wieder finden, wie hier. Es ist ein trauriges Land, dem die Zukunft nicht so rosig lächelt wie den Prairien südlich der kanadischen Grenze. Immer tiefer wird das Thal, welches sich der schäumende, wasserreiche Thompson-Fluß durch das Plateau gewaschen, immer näher rücken die Wände aneinander, immer steiler und höher werden die Felsen zu den Seiten der einsamen Schlucht, an deren Wänden entlang, hoch über dem Flußbett, wir auf dem kühn angelegten Schienenweg dahinsausen. Durch die Seiten-Cañons, die wir auf schwindelnden, hölzernen Brücken übersetzen, aufwärtsblickend sehen wir auf den Gipfeln wieder Schnee; kaum merken wir's, wie wir aus der tiefen, wilden Schlucht des Thompson- in jene des großen Fraser-Flusses (Fig. 51), des größten Wasserlaufes von Britisch-Kolumbien, einfahren. Die Felswände sind hier noch höher, der Fluß unten in der Schlucht ist noch wilder und größer, so daß sein Tosen das Donnern des Eisenbahnzuges übertönt. Die Schlucht, die uns in den ersten Minuten als ein wildromantisches, anziehendes Bild erschien, und von der ein Stückchen, in die östlichen Prairien verpflanzt, ein vielbesuchtes Naturwunder wäre, wird uns immer langweiliger, monotoner, einsamer, und unwillkürlich fragen wir uns: „Warum wurden Hunderte von Millionen Kapitals und so riesenhafte Arbeitskraft verschwendet, um eine Bahn durch eine solche Wildnis zu bauen?" Immer zuversichtlicher kommen wir zur Überzeugung, daß dem großen Werke nur politische Rücksichten zu Grunde liegen; denn es wird vieler Jahrzehnte bedürfen, ehe sich diese westliche Strecke der Pacific-Bahn bezahlt, wenn dies überhaupt jemals eintreten sollte. Es galt eben, wie gesagt, der britischen wie der kanadischen Regierung, die einzelnen Teile Kanadas miteinander zu verbinden und überdies einen auf kanadischem, somit englischem, Boden gelegenen Weg nach Australien und Indien zu beschaffen für den Fall, daß der Weg durch den Suezkanal durch Krieg oder andere Zwischenfälle

29. Durch Britisch-Kolumbien.

versperrt würde. Und dieser Zweck wird durch die kanadische Pacific-Bahn allerdings erreicht.

Fig. 52. Fjord an der Küste von Britisch-Kolumbien.

Erst bei dem tief im Thale des Fraser-Flusses nistenden Städtchen Yale, 140 km oberhalb der Mündung des Flusses in den Stillen Ocean,

III. Britisch-Kolumbien.

erweitert sich die Schlucht zu einem fruchtbaren, mit üppiger Vegetation bedeckten Thale; denn bis hierher macht sich der Einfluß der milden Seeluft bemerkbar. Menschliche Ansiedelungen mehren sich, den sanfteren Thalwänden entlang erscheinen Felder, ja sogar Obstgärten, und weiterhin, gegen die auf 10—25 km zurücktretenden Berge zu, werden sie von dichten Wäldern hochstämmiger Douglas-Tannen begrenzt.

Aber unser Augenmerk ist jetzt darauf gerichtet, einen Blick auf die unfernen Fjorde und Buchten des Stillen Oceans zu erhaschen, dem wir uns nun auf ebenem Bette dahinrasend nähern. Plötzlich, nahe bei Neu-Westminster, der frühern Hauptstadt von Britisch-Kolumbien, verläßt die Bahn die Ufer des mächtigen, breiten, hier schiffbar gewordenen Fraser-Flusses, um, sich nordwärts wendend, dem Endpunkt der kanadischen Bahn, Port Moody, zuzueilen. Es ist 14 Uhr, als wir in Port Moody, einer funkelnagelneuen Ansiedelung, einfahren, und eine Minute darauf verlassen wir den Eisenbahnzug, neben welchem, an den hölzernen Quai gelehnt, ein kleiner Dampfer auf den Salzfluten des Stillen Oceans schaukelt. Binnen wenigen Minuten sind Passagiere und Gepäck an Bord und dampfen die wenigen Meilen seewärts der Stadt Vancouver zu, die, zwischen zwei Meeresbuchten oder vielmehr Fjorden gelegen, zum schließlichen Endpunkte der Überland-Eisenbahn ausersehen ist. Die Bahn dahin ist auch schon im Bau begriffen. Anfänglich sollte die auf der gegenüberliegenden Insel Vancouver gelegene größte Stadt und gleichzeitige Hauptstadt Britisch-Kolumbiens, Viktoria, zum pacifischen Haupthafen der Bahn gemacht werden. Aber Viktoria ist größeren Schiffen nicht zugänglich, und so wurde denn vor einem Jahre (1886) die dichtbewaldete Halbinsel südlich des Burrard-Fjord zum Endpunkte gewählt, da dort das Wasser der Meeresstraße bis dicht an die Ufer hinreichende Tiefe hat und überdies genügender Raum für Docks, Bahnhöfe und Warenhäuser vorhanden war. Diese Wahl war, wie gesagt, vor einem Jahre erfolgt, und auf der Stelle, wo im vergangenen Sommer unter den Riesenstämmen des Urwaldes noch niemals ein Weißer gesehen worden war, erhob sich zur Zeit unserer Ankunft eine Stadt von nahezu 2000 Einwohnern, mit großen Hotels, Banken, Geschäftshäusern und Warenschuppen. So rasch ging die Erbauung dieser Großstadt der Zukunft voran, daß man sich gar nicht Zeit nahm, aus der Umgebung Bausteine zu holen, oder auch nur einen Ziegel zu brennen. Es wurden einfach die Urwaldriesen gefällt und aus ihrem Holze die Häuser gebaut. Auf der Stelle des Waldes von Bäumen steht jetzt ein Wald von Häusern; die gewaltigen Stämme, welche noch vor einem Jahre die Riesenkronen der Douglas-Tannen trugen, liegen heute zu schmächtigen Schindeln zersägt auf den Dächern der Häuser. Alles ist Holz: die Häuserwände, das Pflaster der Straßen, die Trottoirs zu ihren Seiten, die Hafenquais; ja sogar die Firmentafeln sind dünne Stammabschnitte von

180—240 cm Durchmeſſer, ein Beweis von der Größe der Bäume, die hier geſtanden haben. Drei oder vier der mächtigſten Baumrieſen ſtehen übrigens noch heute hier, und einer darunter wird zu Ehren des Beſuchs der Prinzeſſin Luiſe, der Tochter der Königin von England, Luiſentanne genannt. Groß, wie dieſes modernſte Städtewunder auch iſt, es wird doppelt groß durch die Geſchichte der Stadt. Ich ſagte vorhin, ſie ſei vor einem Jahre entſtanden. Ganz richtig; aber ſechs Monate nach ihrer Geburt, im Juni 1886, brannte ſie total nieder, und die Stadt von heute mit ihren 2000 Einwohnern iſt bereits die zweite, die an dieſer Stelle erbaut wurde. Wer weiß, ob ſie, während ich dieſe Zeilen ſchreibe, nicht ſchon zum zweitenmale brennt?

Während das vorſtehende Kapitel in den Händen des Buchdruckers lag, teilte uns eine Kabeldepeſche die Fertigſtellung der kurzen Bahnſtrecke zwiſchen Port Moody und Vancouver mit. Die Überlandbahnzüge fahren ſomit ſeit Juni 1887 bis nach dem von den Fluten des Stillen Oceans oder vielmehr des Golfes von Georgien beſpülten weſtlichen Endpunkte der kanadiſchen Pacific-Bahn, bis an die Werften von Vancouver ſelbſt. Mit der Herrlichkeit der kurzlebigen „Großſtadt" Port Moody hat es damit ein Ende. Vancouver iſt die Stadt der Zukunft, und es wird gar nicht lange dauern, bis ſie ſogar die gegenwärtige Hauptſtadt Britiſch-Kolumbiens, Viktoria, an Größe und Bedeutung wird überflügelt haben.

30. Viktoria und Vancouver.

Verfolgt man auf einer Weltkarte die öſtlichen Geſtade des Stillen Oceans vom Feuerlande nördlich, ſo wird man auf der ganzen, über 19 000 km langen Strecke nirgends eine ſo ausgeprägte Gliederung des Feſtlandes, eine ſo große Anzahl von Inſeln und Inſelgruppen vorfinden, wie im äußerſten Nordoſten, an der Küſte von Britiſch-Kolumbien. Tauſende von Inſeln aller Größen bilden hier in langer Reihe eine Art Vorwall gegen das Anſtürmen des Weltmeeres, das hier trotz ſeines Namens „das ſtille" mitunter doch gewaltig wütet.

Obwohl in dem Milliönchen Quadratkilometer des amerikaniſchen Nordweſtendes kaum mehr Einwohner zu finden ſind, als in den beiden Fürſtentümern Reuß-Greiz und Reuß-Schleiz, pfeifen die Lokomotiven doch ſchon nach allen Richtungen durch die Urwaldswildnis. Von Portland in Oregon geht es nordwärts nach dieſer abgeſchiedenen Inſelwelt, zunächſt nach dem Kolumbia-Strome zurück, längs des Willamette-Fluſſes mit ſeinen lieblichen, für europäiſche Augen indes etwas frembartigen Ufern. Bei Kalama verſchlingt eine Dampffähre den ganzen Zug mit Lokomotive und Laſtwaggons und führt denſelben über die reißenden, blauen, klaren Fluten nach dem nördlichen Ufer zur Weiterfahrt auf dem Schienengeleiſe. Brauſend durch-

III. Britisch-Kolumbien.

jagt er nun die dichtesten Waldungen mit ihren stolzen, Hunderte von Fuß hohen Douglas-Tannen. Nirgends auf der ganzen sechsstündigen Fahrt bis Seattle, dem vorläufigen äußersten Endpunkte der nördlichen Pacific-Bahn, ist auch nur eine Baumschlägerhütte oder eine Waldlichtung zu schauen.

In Seattle sollten wir übernachten, um am nächsten Morgen den Dampfer nach Viktoria zu nehmen. Schon fürchteten wir, wieder einmal im Freien unter unseren Reisezelten lagern zu müssen. Doch welche Überraschung, als uns mitten in der Urwaldswildnis moderne Landauer empfingen und durch glänzende, belebte Geschäftsstraßen nach einem vierstöckigen, steinernen Hotel kutschierten, wo uns prächtige Zimmer mit allerhand modernem Zubehör erwarteten! Am Abende spielte eine New-Yorker Theatergesellschaft ein Sardou'sches Sensationsdrama in dem neuen, von Vergoldungen strotzenden Opernhause, und während der Zwischenakte bot man drei verschiedene Abendblätter feil, welche Kabeldepeschen aus Berlin, Paris und London enthielten. In Europa glaubt man, der Puget-Sund mit seiner malerischen Inselwelt schlummere noch in unentweihter Jungfräulichkeit, und mittlerweile blüht hier nicht nur Seattle, sondern ein ganzes Diadem kräftig aufstrebender Städte von 6—15000 Einwohnern: Tatoma, Olympia, Port Townsend, Port Moody, Neu-Westminster.

Der Puget-Sund ist eine zehnfach vergrößerte Ausgabe des Vierwaldstätter-Sees, an die Küste des Stillen Oceans verpflanzt; im Westen ragen die malerischen Zacken der Olympia-Kette 2400 m hoch in die Lüfte, im Osten der mächtige Gebirgszug der Kaskadenkette, mit zwei 4200 m hohen, stark vergletscherten Flügelmännern: der Eispyramide des Mount Tatoma im Süden und dem herrlich geformten Mount Baker im Norden. Die Vorberge und Abhänge zwischen den beiden Gebirgszügen und der weiten, ruhigen Wasserfläche, die unser Dampfer durchfurcht, sind mit dem üppigsten Urwaldwuchs bekleidet, die dunklen Douglas-Tannen reichen bis knapp an den Wasserrand. Unzählige kleine und große, gleichfalls bewaldete Inseln unterbrechen die Eintönigkeit der Wasserfläche. Auf einzelnen sahen wir, durch den Kapitän aufmerksam gemacht, zwischen den dichten Bäumen halb verborgene Indianerzelte, deren Eigentümer mit ihren Familien sich hauptsächlich vom Fischfang ernähren. Wie ergiebig dieser in den Gewässern Britisch-Kolumbiens sein muß, kann man aus der merkwürdigen Fangart, die hier gebräuchlich ist, entnehmen: die Indianer stecken eine mit spitzen Nägeln versehene lange Stange in das Wasser und schwenken sie hin und her; fast in jeder Minute gelingt es ihnen, einen Fisch damit aufzuspießen.

In den stillen, träumerischen Buchten begegneten wir häufig fischenden Indianern, die mit Weib und Kindern, manchmal 20—30 Personen stark, in ihren charakteristischen, aus ausgehöhlten Baumstämmen bestehenden Kanoes lagerten. Aber sie sahen kaum auf, als wir in unserem modernen

Dampfer mitten durch die altmodische Kanoe-Flottille hindurchfuhren. Leider wurde der weitere Ausblick gegen Osten hin durch den Rauch eines verheerenden Urwaldbrandes getrübt, der dort schon seit Wochen wütete. Kein Mensch kümmert sich um derlei Verheerungen. Wo so viel Überfluß vorhanden ist, kommt es auf einige Quadratkilometer gar nicht an — im Gegenteil, das Dickicht wird dadurch gelichtet und es wird Ackerboden geschaffen, von dem es in ganz Britisch-Kolumbien und Washington gewiß nicht zu viel giebt.

Nach mehrstündiger Fahrt legten wir an der Rhede von Townsend an und kreuzten dann die Grenze zwischen dem Sternenbanner und der Königskrone, die Meeresstraße von San Juan de Fuca, die vor Jahrhunderten, wie ganz Britisch-Kolumbien, unter spanischer Herrschaft gestanden; gegen Abend bei sinkender Sonne liefen wir in den kleinen Hafen von Viktoria ein.

Welch entzückenden Anblick bot doch die Stadt von unserem Dampfer aus dar! Die üppigste Vegetation, hohe Bäume von fremdartigem Aussehen, Blumen in nie gesehener Form und Farbenpracht, die saftigsten grünen Matten überall. Die ganze Südostspitze der großen Insel erschien uns wie ein einziger, wohlgepflegter Park. Dazwischen halb verborgen, im Mittelpunkte des von hohen Bergen umrahmten Bildes, die flachen Dächer, und oben auf dem höchsten Punkte einer sanft ansteigenden Höhe der große graue Gouverneurs-Palast, über dem auf schlankem Flaggenstocke die englische Flagge weht. Gegen Westen, in der Fuca-Straße, lagen träge zwei englische Kriegsschiffe vor Anker, wie grimmige Hunde in einer Portierloge. Wir standen wie verzückt vor dem herrlichen, von der sterbenden Sonne goldig beleuchteten Bilde, und unwillkürlich stemmte ich mich mit dem Rücken gegen den Mastbaum des Schiffes, als könnte ich es im Fortgange zurückhalten und allen den Ausblick auf dieses Kompendium von Italien, Schweiz und Ostasien noch länger gewähren.

Viktoria war anfänglich eine Minenstadt. Gold hatte sie geschaffen, Gold hatte sie groß, reich, belebt gemacht; aber sie war, nachdem das Gold gehoben war, nicht nach dem Muster der kalifornischen Stapelplätze urplötzlich abgestorben. Viktoria wurde im Jahre 1843 von den Jägern und Trappern der Hudsonsbai-Gesellschaft als Handelsfort gegründet. Aus den festen, mit Palissaden und Wällen umgebenen Blockhäusern dieser Faktorei wäre wahrscheinlich niemals etwas anderes geworden, hätte man nicht 1856 auf dem Festlande, Vancouver gegenüber, Gold entdeckt. Das Goldfieber war damals infolge der kalifornischen Goldfunde epidemisch aufgetreten, ganz wie die Cholera oder die Pest, nur mitunter noch viel verheerender; es forderte seine Opfer aus allen Gesellschaftskreisen. Die Kunde von den rasch erworbenen, über Nacht in den Bergen gefundenen Reichtümern war überall hingedrungen,

II. Britisch-Kolumbien.

und Zehntausende eilten mit einer fieberhaften Hast nach Kalifornien. Doch bald zerplatzten die Seifenblasen. Aus den erschöpften Goldlagern Kaliforniens eilte alles zu Fuß, zu Pferde, zu Wagen, zu Schiffe wie in einer Völkerwanderung bald hierhin, bald dorthin. Der Strom erreichte auch Vancouver, und da Viktoria auf Hunderte von Meilen in der Runde die einzige Ansiedelung der Weißen war, so bildete es bald das Hauptquartier der modernen Argonauten. „Ach, Gentlemen," meinte unser Kapitän, als er uns die Geschichte Viktorias erzählte, „das hätten Sie sehen sollen. Ich fuhr zur Zeit der Fraser-River-Erregung mit einem Segelboot zwischen Viktoria und dem Festlande. Das Gold, das ich damals hatte! Münzen gab es hier nicht — meine Passagiere zahlten die Fahrt in Goldkörnern. Binnen zwei Jahren war Viktoria bis auf 30 000 Einwohner angewachsen. Tausende kamen von San Francisco, von Panama, oder aus den Prairien. Tausende zogen dort hinüber in die Berge, wo Sie den Sattel nördlich vom Mount Baker sehen. Dutzende kamen wohl mit Goldkörnern schwer beladen nach Viktoria zurück und machten für die Goldminen Propaganda. Sehen Sie, da war ein Kerl, der gab mir dieses Nugget für die Überfahrt!" — Damit wies er auf einen nußgroßen Goldklumpen, der schwer an seiner Uhrkette hing und seinen Rock in Falten zog. — „Er nahm mich mit hinauf in die Stadt, und ich mußte mit ihm trinken. Als er in die erste Wirtschaft trat — er war schon ein wenig angeheitert —, nahm er eine Handvoll Goldkörner aus der Tasche und warf damit den großen Spiegel ein, der über dem Schenktische hing, dann hielt er dem „Bar-Keeper" (Schenkhalter) einen Revolver vor die Nase. ‚Na, Wirt,' stammelte er, ‚jetzt klaubt Euch mal die gelben Dinger wieder zusammen, und nehmt Euch soviel, als der Spiegel kostet!' — strich den Rest der Goldkörner in die Tasche und ging davon. Aber, Gentlemen, das dauerte nicht lange. Dutzende waren, wie gesagt, reich geworden, Hunderte hatten gerade Gold genug gewaschen, daß sie die Heimfahrt bezahlen konnten, und Tausende kehrten in größtem Elend nach Viktoria zurück, um allmählich wieder zu versickern."

Von der aus Tausenden von Bretterbuden, Spielhöllen, Trinkstuben und Zelten bestehenden Minenstadt Viktoria ist nichts mehr übrig: der vornehmen, stillen, wohlhabenden Residenzstadt von heute sieht man es nicht mehr an, was für eine tolle, verlotterte Jugend sie gehabt hat.

Bei unserer Landung in dem kleinen, reizenden Hafen umdrängte uns ein Heer zudringlicher Kutscher, ebenso lärmend und schreiend, wie die Eseltreiber am Fuße des Vesuv oder beim „Shephard-Hotel" in Kairo. Einige Minuten Fahrt durch große, breite Geschäftsstraßen brachten uns nach dem „Driard House", einem unverfälschten Stück vornehmen Englands. In seinem großen, mit alten Ölgemälden geschmückten Speisesaale saßen statt der erwarteten Minenarbeiter englische Gentlemen in Frack und weißer Krawatte

30. Viktoria und Vancouver.

an der Seite englischer Damen in Abendtoilette. Man trank Champagner zu einem Mahle, das ebenso gut am Belgravia-Square (in London) hätte serviert werden können. Im Lesesaale lagen die „Times" und die „Morning Post", der „Graphic" und die „Illustrated London News" auf. Überhaupt ist das ganze Aussehen der Stadt mit ihren rührigen Geschäftsstraßen und ihren stillen Wohnungsvierteln durchaus englisch. Stünde Viktoria auf den Bermudas, es könnte als Port Hamilton, stünde es auf einer Insel der Bahamas, es könnte als das idyllische Nassau gelten. Nur die Palmen und Bananenbäume fehlen hier. Die Häuser sind ähnlich gebaut und mit wohlgepflegten Gärtchen umgeben, die Firmentafeln und Aufschriften scheinen in High-Holborn gemacht zu sein, und die britisch-kolumbianischen Milizsoldaten stolzieren mit ihrem Spazierstöckchen und dem Cerevis-Käppchen schief auf dem Ohr ebenso unternehmend einher wie auf dem Trafalgar-Square zu London. Aber bei allem englischen Äußeren wogt hier ein so buntes internationales Leben, daß ich Viktoria schier als die internationalste Stadt des Erdballs bezeichnen möchte. Diese Wahrnehmung drängt sich einem allenthalben auf. So waren die Kellner im Hotel Engländer, der Eigentümer ein Österreicher, der Erbauer des mit dem Hotel verbundenen Viktoria-Theaters ein ungarischer Graf A—y, Sohn eines bekannten Diplomaten; die Stubenmädchen im Hotel waren langzöpfige Chinesen (aber männlichen Geschlechts, soweit man es wenigstens von ihren jungen, bartlosen Gesichtern ablesen konnte); in der Küche herrschte ein Franzose über ein halbes Dutzend italienischer Gehilfen. Die Bierwirtschaften in der Stadt befinden sich größtenteils in den Händen Deutscher; die Pelzhändler sind aus dem benachbarten Alaska eingewanderte Russen, und in dem ältesten Teile der Stadt wohnen noch heute einige spanische Familien aus früherer Zeit. Aber damit ist die Völkerkarte Viktorias noch lange nicht erschöpft; denn von den 12000 Einwohnern der Stadt sind nicht weniger als 4000 Chinesen, 1000 Indianer, 500 Neger.

Unser erster Gang galt dem Postbureau, wo eine Anzahl Briefdurftiger die Verteilung der eben eingetroffenen Post erwartete. Wie wir uns den Weg zum Schalter bahnten, stießen wir auf einen ganzen Farbenkasten von Gesichtern, auf Rothäute, bleichgesichtige Weiße, schwarze Afrikaner, gelbe Mongolen, und in diese Hautfarben mischte sich dann eine Unzahl anderer Schattierungen, wie sie die Vermengung der einzelnen Rassen untereinander hervorbringt: Halbindianer, Mischlinge zwischen Schwarzen und Chinesen, Mulatten, Quadronen.

In Viktoria wohnen nur die Weißen mit den Schwarzen friedlich beisammen. Les extrêmes se touchent (die Gegensätze berühren sich). Die Chinesen haben einen eigenen großen Stadtteil, die Indianer ein Zeltlager außerhalb der Stadt inne, auf dem Wege nach dem Seehafen von

III. Britisch-Kolumbien.

Viktoria, Esquimault, und die weiße Aristokratie wohnt in entgegengesetzter Richtung, in der Nähe eines prachtvollen öffentlichen Parks, von welchem aus sich eine herrliche Aussicht auf den einem Alpensee gleichenden Meeresarm mit den vergletscherten Spitzen der Kaskadenkette im Hintergrunde erschließt[1].

Von den 50 Millionen Dollars, welche in den Goldfieber-Jahren aus den Flüssen Kolumbiens gewaschen wurden, ist doch ein guter Teil in Viktoria liegen geblieben; es herrscht viel Luxus, und das Leben ist nicht gerade billig. Wir zahlten in unserem Hotel vier Dollars täglich; Cigarren mußten wir mit einer Mark, Zeitungen mit 20—30 Pfennig bezahlen. Kupfermünzen sind in Viktoria gänzlich unbekannt; als ich einmal dem Hotel-Klerk für eine Briefmarke einige aus Manitoba mitgebrachte Kupfer-Cents hinreichte, schob er sie mit dem Handrücken stolz zurück, wie Brutus die Königskrone, und meinte, sein Hotel sei kein Raritäten-Kabinet. Die kleinste gangbare Münze ist der englische Sixpence, oder wie er längs der ganzen Stillen-Ocean-Küste heißt, der „Bit", im Werte von 50 Pfennig. Kanadische Banknoten, mit Ausnahme jener der Bank von Britisch-Kolumbien, findet man nur selten, die beliebtesten Münzen sind die amerikanischen Golddollars.

Die zwei bedeutendsten Sehenswürdigkeiten von Viktoria sind das Indianer- und das Chinesen-Viertel. Die Indianer von Britisch-Kolumbien, die den Stämmen der Komox und der Kowichans angehören, darf man sich nicht als jene nackten, tättowierten Kerle vorstellen, die im Westen Amerikas mit Skalpmesser und Tomahawk herumspazieren und jedes Bleichgesicht als Zielscheibe für ihre Pfeile benutzen. Hier im kolumbischen Archipel sind sie durchaus gutmütig, vorzügliche Salmfischer, gute Farmer und Viehzüchter. Viele von ihnen zeigen einen so ausgesprochen asiatischen Typus, daß ich auch hier, gerade so wie seiner Zeit in Mexiko und Central-Amerika, in meiner Ansicht bestärkt wurde, sie seien keine autochthone Rasse, sondern von Westen her eingewandert. Zu Hunderten arbeiten sie auf Dampfern, in Sägemühlen und Fabriken und geben selten Anlaß zu Unzufriedenheit, es wäre denn Whisky oder Brandy in ihrem Bereich. Die Indianerinnen, denen man in den Straßen Viktorias begegnet, haben ihre ursprünglich recht einfachen

---

[1] Man darf sich über die Bezeichnung Aristokratie nicht verwundern. Britisch-Kolumbien hat eine ganze Anzahl von Namen aufzuweisen, die im englischen Hofkalender, in „Burke's Peerage", verzeichnet sind: den Gouverneur, die Regierungsbeamten, die Offiziere der Kriegsschiffe, den Lordrichter und einige Lords, denen es in Viktoria so gut gefiel, daß sie sich hier „ihre Hütten bauten". In gesellschaftlicher Hinsicht blicken deshalb San Francisco, Portland und die Puget-Sund-Städte eigentlich zu Viktoria empor; ja, die Soireen, Rennen, Gartenfeste und Empfänge, denen wir während unseres Aufenthaltes in der Stadt beiwohnen durften, versetzten uns wahrhaftig in die Londoner „Season" und ließen uns beinahe vergessen, daß wir an den Gestaden des Stillen Oceans weilten.

30. Viktoria und Vancouver.

Trachten der europäischen Mode insoferne anbequemt, als sie Kattunröcke und bunt bedruckte Shawls tragen. Ihr reiches, strammes schwarzes Haar fällt gewöhnlich glatt auf die Schultern; durch Ohren und Nase ziehen sie häufig bronzene und silberne Ringe. Ihre Sprache ist die Chinook-Sprache, ursprünglich eine rein indianische Sprache, heute aber derart vermengt mit spanischen, französischen und englischen Wörtern, daß auch der Europäer sie leicht erlernen kann. Chinook ist in Britisch-Kolumbien dasselbe, was die lingua franca in der Levante, es wird dem Reisenden in diesen Gegenden bis hinauf an die Aleuten nützlicher sein als alle modernen Sprachen zusammengenommen.

Neben den Indianern bilden die Chinesen das bedeutendste Arbeiter-Element nicht nur in Viktoria, sondern in ganz Britisch-Kolumbien, ja längs der ganzen Küste bis nach Mexiko hinunter. Wie San Francisco und Portland, so besitzt auch Viktoria seine Chinesenstadt mit Götzentempeln und Opiumhöllen, Spielhäusern und Theatern, gerade so unverfälscht chinesisch, als befänden sich ihre bezopften Insassen nicht in der Neuen Welt, sondern im heimatlichen Reiche der Mitte. Meine Reisegefährten, einige Weltspaziergänger, die kürzlich erst Shanghai und Hongkong verlassen hatten, fühlten sich ordentlich angeheimelt in den schmutzigen Straßen mit ihren grellbemalten Häusern, den kleinen Kaufläden mit riesigen chinesischen Überschriften, den mit Lampions behängten sonderbaren Thee- und Speisehäusern, in denen Reis und Schöpsenköpfe à la Chinoise mit zwei Stäbchen als Eßbesteck serviert werden. Eben zur Zeit unseres Besuches nagelten und hämmerten die bezopften Söhne des Himmels an der Einrichtung eines neuen Götzentempels. Sie ließen uns ohne weiteres eintreten und die Treppen hinauf das „Allerheiligste" steigen, in welchem bereits die kostbarsten, aus China eingeführten Vergoldungen und Holzschnitzereien, Bilder und Inschriften angebracht waren und in den Sandschüsseln Opferhölzchen glimmten. Auch der nie fehlende Theekessel stand schon auf den Kohlen in einer Ecke. Nur der Götze selber lag noch wie eine Mumie mit Bandagen umwickelt in einer geöffneten Kiste, seiner Aufstellung auf den kunstreich geschnitzten Altar harrend. Die Erbauung und Einrichtung des Tempels hatte den Chinesen an 30 000 Dollars gekostet, ein Beweis, in welch günstige Verhältnisse ihre sprichwörtliche Sparsamkeit und Mäßigkeit sie versetzt hatte.

Für die weißen Einwohner Viktorias sind die Chinesen augenblicklich unbezahlbar. Sie sind gute Köche, prächtige Stubenmädchen, gute, schweigsame Waschfrauen, arbeitsame, nüchterne Hausknechte, sie sind Maler, Anstreicher, mit einem Worte die beste Dienerschaft und die genügsamste, wohlfeilste Arbeiterklasse. Aber dennoch empfand ich stets, wenn ich diese stummen, stillen, scheuen Kerle mein Schlafzimmer in Ordnung bringen sah oder sie in Haus und Hof in emsiger Thätigkeit beobachtete, eine eigentümliche Abneigung, und dieses Gefühl teilen viele Bewohner der pacifischen Küste mit mir, in Portland wie in San Francisco oder Los Angeles. Bei den unteren Schichten der weißen Bevölkerung ist es Eifersucht und Brotneid, bei den Damen ein unwillkürlicher Abscheu, bei den Denkenden aber Furcht. China hat heute schon, von unten hinauf arbeitend, Australien, Ostasien und Polynesien erobert, es hat die gesellschaftlichen Zustände dort untergraben, es kann in Zukunft vielleicht einen Teil Amerikas auf diesem stillen, friedlichen Wege erobern. Wer Batavia, Singapore, Melbourne, Auckland, San Francisco besucht hat, der kann das beurteilen und auch verstehen, warum man bei aller Menschenliebe so nachdrücklich Front macht gegen diese Mongolen-Wanderung.

Vancouver selbst wird in Bezug auf Handel, Industrie oder Ackerbau niemals eine wichtige Rolle spielen können. Die Umgebung von Viktoria ist allerdings auf etwa 16 km in der Runde reich gesegnet und fruchtbar, aber der Rest der Insel wird ganz von kahlen, grauen, bis auf 2400 m Höhe emporstrebenden Gebirgszügen eingenommen, die wohl dem Touristen, dem Sportsman und Angler ein wahres Paradies sind, dem Pflug und Spaten aber nirgends festen Halt bieten. Das einzige wertvolle Erzeugnis der Insel sind die vorzüglichen Kohlen, welche in Nanaimo, einer kleinen Stadt am Georgia-Sund, gewonnen werden und die ganze pacifische Flotte Nordamerikas mit Heizmaterial versehen. Acht Tage vor unserem Besuche wurde eine Eisenbahnlinie von Nanaimo nach Esquimault, dem Seehafen von Viktoria, dem Verkehr übergeben. Wir unternahmen die mehrstündige Fahrt nach diesem Kardiff des Stillen Oceans; aber an Reise-Eindrücken brachten wir davon nichts weiter mit als geschwärzte Gesichter und die Erinnerung an die wahrhaft majestätischen Gebirgslandschaften, an welchen der Zug längs der Küste im Fluge vorübereilte.

Neu-Fundland.

1. In den Nebeln Neu-Fundlands.

Unter den zahlreichen, über den ganzen Erdkreis zerstreuten Kolonieen Englands ist Neu-Fundland zwar die älteste und dem Mutterlande zunächst gelegene, aber trotzdem ist sie so unbekannt, verlassen und vergessen, als wäre sie der entferntesten eine, in irgend einem Winkel des Stillen oder des Antarktischen Oceans versteckt. Ja, sogar ihr Name wäre vielleicht vergessen, hätte nicht eine Hundegattung denselben über alle Welt verbreitet. Eine seltsame Ironie will es indessen haben, daß man in Neu-Fundland selbst von den berühmten Neu-Fundländer Hunden kaum etwas weiß, und daß achtungswerten Quellen zufolge die wenigen dort vorhandenen Hunde dieser Art aus England stammen.

Neu-Fundland liegt fast auf halbem Wege zwischen England und den großen atlantischen Seehäfen Amerikas. In den letzten Jahren wurden alle nur erdenklichen Mittel angewandt, die Seereise, wenn auch nur um einige Stunden, zu verkürzen; aber auf das naheliegende Mittel, die Schiffe in dem großen, sichern Hafen der Hauptstadt Neu-Fundlands, St. Johns, anlaufen zu lassen und eine Eisenbahn quer über die Insel zu erbauen, verfiel niemand. Und doch würde diese Route nicht nur die geographisch kürzeste sein, sondern auch die Seereise um 4—5 Tage verkürzen, gleichzeitig aber auch einer der größten Gefahren der atlantischen Seereisen, den berüchtigten Neu-Fundländer Nebeln, ausweichen.

Ein seltsames Verhängnis scheint über Neu-Fundland zu lasten. Während im Innern der Insel weite, fruchtbare Strecken, große Wälder, bedeutende Erzlager, fischreiche Seen und Flüsse zu finden sind, fristet die Bevölkerung längs der felsigen, eisumgürteten Küsten ein Dasein voll Elend und Entbehrung. Bis auf 10 km landeinwärts von der Küste ist der ganzen Ausdehnung des Landes nach, das einen Flächeninhalt von 110 670 qkm einnimmt, auch nicht eine einzige Ansiedelung vorhanden. Große Herden von Renntieren und Hirschen, zahlreiche Biber, Füchse und andere Pelztiere hausen im Innern, und dennoch liegt die Jagd ausschließlich in den Händen einiger Indianer. Die Urbevölkerung des Landes ist ausgestorben; der letzte Abkömmling derselben, eine Indianerin Namens Schawnadithit, wurde von den aus Neu-Schottland eingewanderten Rothäuten vom Stamme der Mikmals getötet, und diese sind nunmehr, etwa 100 Köpfe stark, die einzigen Bewohner des Innern von Neu-Fundland. Meine Reisen in Neu-Fundland beschränkten sich auf einen kurzen Besuch der Hauptstadt St. Johns; die nachstehenden Mitteilungen beruhen hauptsächlich auf dem, was ich dort von den gastlichen Einwohnern, sowie von Offizieren der englischen Kriegsschiffe erfahren habe, welche dort stationiert sind und in jedem Jahre eine Kreuzfahrt um die ganze Insel herum unternehmen. Neu-Fundland ähnelt mit seinen zahlreichen, weit in die See vorspringenden Halbinseln, den tief ins Land einschneidenden Fjorden, mit seiner Küstenentwicklung und beinahe auch im Charakter des Landes auffällig der nördlichen Hälfte Großbritanniens. Es ist ein zweites, vor die Mündung des großen St.-Lorenz-Stromes gesetztes Schottland, jedoch ohne dessen Bodenreichtum und Fruchtbarkeit. Den größten Teil der Insel bilden kahle, völlig pflanzenarme Felsen, die im südlichen Teile bis zu 480 m emporsteigen, gegen Norden hin allmählich abfallen. Ähnlich ist auch der Charakter der Küsten. Im Süden und Osten umgürten die Insel graurote, fast senkrecht ins Meer abstürzende Klippen von 150—180 m Höhe, vielfach durchschnitten von tief eindringenden Meeresarmen, die mit furchtbarer Gewalt ihre Brandung an diesem natürlichen Festungswalle emporsenden. Gegen Westen und Norden fallen die Küsten weniger steil ab, an der Nordspitze längs der Meerenge von Belle-Isle werden sie flach und sandig. Zahlreiche Inselgruppen sind besonders der Nordostküste vorgelagert, während an der Südküste nur zwei Inseln von einiger Bedeutung zu finden sind, St. Pierre und Miquelon, die einzigen Überreste der französischen Herrschaft, welche sich ja im vorigen Jahrhundert nicht nur über ganz Kanada, sondern auch über Neu-Fundland erstreckte. Heute bildet Neu-Fundland eine englische Kronkolonie, deren Unabhängigkeit nur durch einen vom Mutterlande eingesetzten Gouverneur und ein paar im Hafen von St. Johns stationierte Kriegsschiffe eingeschränkt wird. Frankreich wahrte sich bei der Abtretung der Insel bloß das Recht der Fischerei an der ganzen Nord- und Nordwestküste[1].

Längs der Nordwestküste und an den großen Seen und Flußläufen im Innern befinden sich vereinzelt fruchtbare Länderstrecken, deren Ausdehnung jedoch nur auf ein Zehntel des ganzen Flächenraumes der Insel geschätzt wird. Der südöstlichste Teil Neu-Fundlands, die Halbinsel Avalon, wird durch zwei von Nord und Süd tief ins Land schneidende Buchten fast vollständig von dem Reste der Insel abgetrennt. Hier allein wohnen zwei Drittel

---

[1] Dieser Teil Neu-Fundlands findet sich deshalb auch noch auf manchen Karten als zu Frankreich gehörig angegeben, und in der That übt Frankreich, gestützt auf die unklaren Verträge, dort bis auf 10 km im Inlande Hoheitsrechte aus, ein Anlaß zu unausgesetzten Streitigkeiten.

1. In den Nebeln Neu-Fundlands.

aller Einwohner Neu-Fundlands; der Rest zerstreut sich in elenden, kleinen Ansiedelungen längs der Küsten bis auf etwa 8 km landeinwärts.

Es genügt indes nicht, bloß von den felsigen Küsten zu reden, die einen Umfang von nahezu 3200 km umspannen: die ganze Insel ist eigentlich nichts weiter als ein gewaltiger Felsen, der bald ein Hochplateau bildet, bald zu kühnen Felsnadeln und -türmen emporschießt, aber fast durchweg allen Erdreichs und demzufolge auch aller Vegetation entbehrend. Wo sich Mulden und Senkungen zeigen, finden sich Sümpfe mit Moos und spärlichen Zwergpflanzen; nur längs der tiefen Fjorde wie an den Stromläufen und Binnenseen trifft man auf Wälder und Pflanzenwuchs. Große Strecken im Innern sind noch vollständig unerforscht; wer von irgend einem Punkte der Küste sich landeinwärts wendete, käme schon nach einigen Kilometer in ein Gebiet, das der Fuß des Weißen noch niemals betreten hat. Allerdings scheint dies auch nicht, es sei denn im Dienste der geographischen Wissenschaft, der Mühe wert zu sein. Der Wert Neu-Fundlands beschränkt sich auf die großartigen Stockfisch- und Robbenfischereien in den umliegenden Gewässern; diese Fischereien bilden das einzige Interesse, die einzige Erwerbsquelle und den einzigen Lebensunterhalt seiner 200 000 Küstenbewohner. Flotten von mehreren Hundert Schiffen, mit Zehntausenden von Fischern bemannt, fahren alljährlich aus den französischen, schottischen und amerikanischen Häfen aus, um längs der Nordostküste Neu-Fundlands in den Frühjahrsmonaten Robben, längs der Südküsten in den Sommermonaten Stockfische zu fangen, und diese Flotten kehren stets reich beladen nach ihren heimatlichen Häfen zurück. Der jährliche Ertrag dieser Fischereien kann getrost auf 20 Millionen Dollars angeschlagen werden, wovon auf die neufundländischen Fischer allein etwa 8 Millionen entfallen.

Die Bevölkerung Neu-Fundlands bestand bisher fast ausschließlich aus Fischern, die mit ihrem ganzen Sinnen und Trachten auf die See hingewiesen waren und, solange die letztere ihnen hinreichende Beschäftigung und Nahrung gab, es unnötig fanden, sich auch im Innern ihrer Heimatsinsel umzusehen. Bei der stetigen Zunahme der Bevölkerung reichen jedoch seit den letzten Jahren die Fischereien nicht mehr aus; ein Teil der Bewohner muß sich daher ernstlich nach anderem Erwerb im Binnenlande umsehen, soll er nicht im größten Elende zu Grunde gehen.

Obwohl Neu-Fundland mit seiner Südwestspitze von der Nordostspitze Neu-Schottlands nur etwa 60 Seemeilen entfernt ist, kann man einen Besuch der Hauptstadt doch nur mittelst eines der Allan-Dampfer ausführen, die alle 14 Tage von Halifax nach St. Johns fahren, oder man müßte sich einem Fischerboote anvertrauen, das vielleicht einen Monat Reisezeit bedarf. Auch die Dampfer brauchen mitunter für diese Strecke 1—2 Wochen Zeit — dank dem berüchtigten Neu-Fundländer Nebel.

Neu-Fundland.

Fast das ganze Jahr über hängen an und über den Felsenklippen der Süd- und der Ostküste und weit hinaus über dem Ocean selbst die dichtesten Nebel. Hunderte von großen Schiffen wie von kleineren Fischerbooten fahren, durch die Nebelwolken irregeleitet, auf die Klippen auf, um daran zu zerschellen; schon viele Tausende von Seeleuten mußten hier das Leben lassen. Eine der gefährlichsten Stellen an der Küste, etwas westlich von Kap Race, ist „Mistaken Point", eine Klippe, die in der unaufhörlichen Dunkelheit häufig für das Kap selbst angesehen wird. Gerade vor 10 Jahren (1877) gingen hier innerhalb weniger Tage zwei große Dampfer, „Washington" und „Cromwell", mit ihrer ganzen Bemannung unter. In jedem Jahre werden eine Anzahl großer Fischerbarken auf den südöstlich vorgelagerten Bänken von den großen transatlantischen Passagierdampfern über den Haufen gerannt und sind mit Mann und Maus rettungslos verloren.

Von den Schrecken und Gefahren der Reise durch diese Nebelnacht, die über Tausende von Quadratkilometer gebreitet liegt, kann man sich kaum eine Vorstellung machen. Der Dampfer, auf welchem ich, noch dazu im Sommer, die Fahrt nach St. Johns unternahm, hatte nur während der ersten zwei Tage klares Wetter. Für den Rest der Fahrt, während fünf Tagen, mußten wir uns sozusagen durch die bald düstere, bald wieder weiße Nebelwand hindurchtasten. Manchmal sah es aus, als wäre unser Schiff vollständig in lose weiße Watte gehüllt. Wir konnten selbst mittags nicht fünf Schritte vor uns hin sehen, und von der Kommandobrücke aus war der Bug des Schiffes gar nicht zu entdecken. Mit jedem Schritte vorwärts drohte die Gefahr eines Zusammenstoßes. Die Wachen wurden verdoppelt, um Tag und Nacht über „look out" (Ausschau) zu halten. Auf den Masten erglänzten elektrische Lichter, die Geschwindigkeit des Dampfers wurde auf die Hälfte vermindert, und alle 2—3 Minuten ertönte die „Sirene", das Nebelhorn, dessen schauerliche, Mark und Bein durchdringende Töne auf weite Entfernungen andere Schiffe warnen, dabei aber auch natürlich den Schiffsinsassen die Nachtruhe gänzlich verleiden. Zuweilen hörten wir ganz aus unmittelbarer Nähe das Nebelhorn eines andern Schiffes, ohne auch nur das Geringste davon zu sehen, ein entsetzlicher Augenblick für uns alle — für Kapitän, Mannschaft und Passagiere. Von den Küsten Neu-Fundlands, in deren unmittelbarer Nähe wir uns befanden, sahen wir nicht die geringste Spur; ebensowenig von den zahlreichen Eisbergen. Die Neu-Fundländer Nebel entstehen an der Südküste der Insel durch die Begegnung des kalten Polarstromes mit dem warmen Golfstrome.

Unter solchem Wetter fuhren wir um das berüchtigte Kap Race bis zur Hafeneinfahrt von St. Johns, wohl der bedeutendsten Fischerei-Metropole der Welt. Erst hier lichtete sich, durch einen tüchtigen Nordwind aus seinem trägen Schlafe aufgerüttelt, der Nebel, und wir konnten zum wenigsten die

Zu S. 201.

v. Hesse-Wartegg, Kanada.

Fig. 53. Ansicht von St. Johns.

prächtige Lage der Stadt bewundern. Graurote, kahle Klippenmauern steigen fast senkrecht mehrere Hundert Fuß hoch aus dem stets heftig bewegten Meere empor, anscheinend ohne die geringste Unterbrechung, so daß uns beinahe der Atem benommen wurde, als wir unser Schiff direkt auf die Klippen lossteuern sahen.

Erst ganz unmittelbar unterhalb der Felsen gewahrten wir die enge Einfahrt in den Hafen, die 1,6 km lang zwischen den bis auf wenige hundert Meter einander sich nähernden Felsmauern hindurchführt. Fast schien es, als bewegten sich die beiden Felsen auf uns zu, wie weiland Scylla und Charybdis. Früher befanden sich auf ihnen kanonengespickte Batterieen, Festungswerke und Kasematten, welche jedem feindlichen Schiffe die Einfahrt unmöglich gemacht hätten. Heute sind die Festungswerke aufgelassen. Die englische Garnison wurde schon vor Jahren aus Neu=Fundland gerade so wie aus ganz Kanada zurückgezogen; die gesamte Militärmacht der Insel besteht aus 100 Konstablern, von welchen 50 in der Hauptstadt stationiert sind und die Leibwache des Gouverneurs bilden. Die Kavallerie der Insel beschränkt sich auf zwei berittene Konstabler.

2. St. Johns.

St. Johns steigt amphitheatralisch im Hintergrunde des felsumschlossenen Hafens von den Ufern bis an den Gipfel der Höhen empor, gekrönt von dem bedeutendsten Gebäude der Stadt, der katholischen Kathedrale mit ihren zwei hohen Seitentürmen. Unten, längs des sichern Hafens, stehen in langer Reihe Lagerhäuser und Fabriken und strecken lange Werften ihre hölzernen Arme weit ins Wasser hinaus. Auf der Ostseite des Hafens sieht man die terrassenförmig längs der Anhöhe sich hinziehenden Trockendächer für den großen, allumfassenden Stapelartikel Neu=Fundlands: den Stockfisch. Auf einer Seite an die Felswand gelehnt, auf der andern von Holz= pfeilern getragen, hebt sich Dach über Dach, jedes mit Reisig überdeckt, ein neu=fundländisches Seitenstück zu den schwebenden Gärten der Semiramis, nur daß sich hier statt wohlriechender Blumen Tausende und aber Tausende ebenso kräftig wie nachhaltig duftender Stockfische zum Trocknen ausgebreitet befinden.

St. Johns ist keine schöne Stadt; schon nach mehrstündigem Auf= enthalt in dem elenden Hotel wie in den ärmlichen, von hölzernen Häusern besetzten Straßen kam ich zur Überzeugung, daß es sich am schönsten aus der Ferne zeige. Nur in der Hauptstraße der Stadt, in der Water=Street, sieht man eine Anzahl aus Stein gebauter, bemerkenswerter Geschäftshäuser. Die Kaufläden sind ärmlich ausgestattet, die Straßen schmutzig, die Häuser ziemlich verwahrlost; die moderne Civilisation ist noch nicht so weit vor=

geschritten, daß man in St. Johns eine gute Mahlzeit einnehmen oder in einem reinlichen Bette schlafen könnte. Nur eine kleine Anzahl wohlhabender Familien, die Aristokratie oder vielmehr die Kabeljaukratie des Landes, hat sich in einem eigenen Viertel im obersten Teile der Stadt, nahe der Kathedrale, zusammengefunden — und diese wenigen Familien versuchen allerdings durch weitgehende Gastfreundschaft und Liebenswürdigkeit dem fremden Besucher eine günstigere Meinung von ihrem Heimatlande beizubringen.

Wenn St. Johns mit seinen verhältnismäßig nahen Städteschwestern in Neu-Schottland und Neu-Braunschweig nicht gleichen Schritt hält, so liegt die Hauptursache in seiner großen Abgeschiedenheit. Die Ankunft des halbmonatlichen Postdampfers ist stets ein Ereignis, welches die ganze Bevölkerung in Aufregung versetzt und nach dem Hafen herunterlockt. Bei unserer Landung wurden wir wenigen Ankömmlinge wie Wundertiere angestaunt. Gleichzeitig mit uns wurde eine seltsame Ladung ans Land gebracht: Hunderte von Kisten und Fässern voll edlen europäischen Weines, der zu dem ärmlichen, um nicht zu sagen erbärmlichen, Aussehen der Stadt gewiß im Widerspruche stand. Erst nachträglich erfuhren wir, das elende Klima von St. Johns wie überhaupt Neu-Fundlands sei dem Weine ungemein zuträglich und verbessere denselben — ein neuer Beweis für die Wahrheit des englischen Sprichwortes: „An ill wind, that blows nobody good." (Ein schlimmer Wind, der recht bläst, d. h. der nicht für jemanden gut wäre.)

Auch St. Johns ist nahezu das ganze Jahr über in dichten, kalten Nebel gehüllt; nur an wenigen Tagen im Juli und August ist die Stadt gänzlich nebelfrei. Mit dem Klima von St. Johns ist es gar traurig bestellt; was man von Schottland sagt, könnte in noch höherem Maße auf den Südosten Neu-Fundlands Anwendung finden: „Wenn es hier nicht regnet, so schneit es." Der Sommer ist kurz und nur mäßig warm, der Winter sehr kalt und von starkem Schneefalle begleitet, welcher Seen, Flüsse und Wege gänzlich verweht und allen Verkehr zwischen den entfernteren Ansiedelungen unterbricht. Auf unseren kleinen Ausflügen landeinwärts sahen wir hohe Stangen, wie Telegraphenstangen, aber ohne Drähte, längs einzelner Pfade aufgepflanzt: sie bezeichnen im Winter die Richtung der letzteren, und die monatlich einmal abgesandten Postboten gehen dann auf großen kanadischen Schneeschuhen den Stangen entlang über den Schnee hinweg.

Unter solch ungünstigen Verhältnissen ist es in der That nicht zu verwundern, daß Neu-Fundland und seine Bevölkerung weit zurückgeblieben sind. Drei Viertel der Fischer darben in Elend und Unwissenheit. Was hier an Kultur überhaupt zu finden ist, hat in der Hauptstadt seinen Sitz; aber auch hier ist das Leben, besonders im Winter, eher ein Vegetieren, weder durch Theater noch durch Musik oder geistige und gesellige Unterhaltung gewürzt. Die langen

2. St. Johns.

Winterabende werden selbst in der besten Gesellschaft hauptsächlich mit Kartenspiel verbracht, und die Neu-Fundländer Damen sind in Amerika als vorzügliche Pokerspielerinnen bekannt. Um 10 Uhr abends geht alles zur Ruhe, und die Grabesstille der Stadt zur Nachtzeit wird nur durch den Nachtwächter gestört, der hier, ein Überbleibsel früherer Jahrhunderte, mit Hellebarde und Horn versehen, die Straßen durchstreift, ohne jemals irgend eine andere Obliegenheit seines Berufes ausüben zu können, als das Ausrufen der Stunden.

Was die Bewohner von St. Johns mit ihrem nebeligen, einförmigen Dasein vielleicht einigermaßen versöhnen mag, ist das billige Leben und wohl auch die vollständige Abwesenheit irgendwelcher Steuern oder Abgaben. Die gesamten Staatsausgaben, ja sogar jene für den Schulunterricht, werden aus dem 15prozentigen Einfuhrzoll gedeckt, der von allen Waren erhoben wird. Eine Staatsschuld ist nicht vorhanden.

Die Haupterwerbsquelle der Bevölkerung ist, wie gesagt, der Stockfisch-, sowie der Robbenfang. Wohin man schaut, ist Stockfisch König. Sein Bild ziert das Neu-Fundländer Wappen wie die Neu-Fundländer Banknoten, und auf den Münzen findet sich auf einer Seite das Bild der Königin, auf der andern jenes des Stockfisches aufgeprägt. Am Stockfisch hängt, nach Stockfisch drängt sich alles, ja er wird mitunter sogar an Geldesstatt angenommen, so daß man beinahe befürchten muß, beim Wechseln einer neu-fundländischen Banknote unter dem Kleingeld ein paar geräucherte Stockfische zu bekommen. Als ich in St. Johns meinen ersten Brief auf dem mit dem Stockfischwappen gezierten Postamte aufgab, erhielt ich für mein Stockfischgeld Briefmarken, auf welchen statt des Bildnisses der Regentin der Stockfisch prangte. Auf den Knöpfen der Konstabler-Uniformen Stockfisch, in den Köpfen der Geschäftsleute nichts als Stockfisch, in den Nasen aller Besucher von St. Johns auf Meilen in die Runde — Stockfisch. Und alles von König Stockfisch wird auch nutzbar gemacht: so wird der Kopf gebacken, die Zunge gebraten, die Haut zu Leim verwendet, die Gräten werden zerstampft und dienen als Viehfutter, der Laich ist ein beliebter Köder für Sardinen. — Alles lebt, ernährt sich und bereichert sich vom Stockfisch.

Mit dem Steigen der Bevölkerung hält aber der Stockfischfang nicht gleichen Schritt. Die Neu-Fundländer sind durch den Stockfisch so verwöhnt, daß sie darüber alle anderen Erwerbszweige vernachlässigt haben. Ihr Leben und Streben ist der See allein zugewendet. Sie haben Ackerbau und Viehzucht verlernt, und bleibt der Stockfisch in einem Jahre zufällig aus, so herrscht Hungersnot und das größte Elend, das übrigens auch in guten Jahren längs der Küsten zu Hause ist. Kapitän Kennedy, der einige Jahre mit einem englischen Kriegsschiffe in St. Johns stationiert war und mehreremale sämtliche an den Küsten zerstreute Städtchen und Ansiedelungen besuchte, weiß davon viel zu erzählen[1].

Die zweitgrößte Stadt Neu-Fundlands ist Toulinquet, auf einer kleinen Insel an der Nordostküste gelegen und etwa 4000 Einwohner zählend, die elend ihr Dasein fristen; weiter nördlich liegt das Städtchen Greenpond mit 1400 Einwohnern, von denen 1100 alljährlich auf den Fischfang ausziehen, aber auch nur so wenig heimbringen, daß sie sich kaum am Leben erhalten können. In der Umgebung der Stadt versuchen die Weiber etwas Gemüse zu ziehen, aber der Boden ist so unfruchtbar und spärlich, daß sie ihn mit zahllosen faulen Fischen, dem einzigen vorhandenen Düngemittel, bestellen müssen. Dieser Dünger hat auch der Insel, auf welcher die Stadt gelegen ist, zu dem Namen „Stinkinsel" verholfen, und wenn man erfährt, daß der dortige Düngergeruch von vorbeifahrenden Schiffen auf fast 7 km Entfernung wahrgenommen wird, so kann man sich einen annähernden Begriff von dem Dasein der Bewohner Greenponds machen. Auch weiter gegen Norden finden sich kleinere Fischerdörfer von 10—20 Häusern, und selbst an der nördlichsten Spitze der Insel, nahe der Straße von Belle-Isle, trifft man auf elende kleine Ansiedelungen, die verlassensten Außenposten anglosächsischer Civilisation. Das Wetter hier oben längs der nordwestlichen Küsten ist wohl dank der größern Entfernung vom warmen Golfstrom und der vielen Stürme wegen viel klarer und Nebel sind seltener, aber darum ist das Dasein der unwissenden, im größten Elende schmachtenden Fischerleute nicht besser als an der nebeligen Südküste. Die größeren Ansiedelungen werden monatlich von einem Postdampfer berührt, der mit dem Postschiffe der Labradorküste in Battle-Harbour zusammentrifft; indessen giebt es auch Ansiedelungen, welche jahrelang von keinem Schiffe besucht werden und vollständig von der Außenwelt abgeschlossen sind. Längs der ganzen Nordost- und Nordwestküsten, oder vielmehr in der über 70000 qkm umfassenden nördlichen, größern Hälfte Neu-Fundlands giebt es weder Richter, noch Magistrat, noch irgend eine Regierungsbehörde. Kein Priester tröstet die Leidenden, kein Arzt ist da, ihnen zu helfen. Wo immer englische Kriegsschiffe auf ihren Kreuzfahrten anlegen, kommen Kranke und Leidende viele Meilen weit angesegelt, um vom Schiffsarzte behandelt zu werden. Die Offiziere der Kriegsschiffe sind als Magistratspersonen eingeschworen und vertreten in diesem elenden Lande die Regierung, die Justiz, das Standesamt und die sonstigen Behörden eines civilisierten Landes.

„Auf unseren Touren um die Insel," berichtet der vorerwähnte Kapitän Kennedy, „haben wir Elend gesehen, das uns krank machte, und wir schämten

---

[1] Kennedy ist einer der sechs bis acht gebildeten Ausländer, welche überhaupt alle Teile Neu-Fundlands aus eigener Anschauung kennen.

2. St. Johns.

uns, diese in der größten Verkommenheit hinsiechenden Geschöpfe als Unterthanen der Königin und Landsleute anerkennen zu müssen. In vielen Teilen Neu-Fundlands verhungern zahlreiche Menschen während des Winters, obschon man in der fernen Hauptstadt über derlei Thatsachen als Übertreibungen lächelt. Ich kann nur sagen, daß wir dies aus eigener Anschauung wissen, und jeder, welcher die Reise um die Insel gemacht hat, wird meine Behauptung bestätigen müssen. Solange die Bevölkerung ausschließlich vom Fischfange abhängig bleibt, ist auf Besserung nicht zu rechnen. Man muß die Leute im Schafezüchten unterrichten, die Weiber spinnen und weben lehren, damit sie wenigstens in den langen Wintermonaten die nötigsten Kleidungsstücke herstellen können und ihre Kinder nicht während des strengsten Winters halb nackt müssen umherlaufen lassen. In jeder Ansiedelung, die wir besuchten, bat fast die ganze Bevölkerung unsern Doktor um Rat und Arzneien, obschon ihren Krankheiten fast durchweg Mangel an Bekleidung und an Lebensunterhalt zu Grunde lag."

In gewisser Hinsicht ist der unglaubliche Reichtum der Fischereien Neu-Fundlands der Fluch seiner Bevölkerung. Die Fischer verdienen in manchen Jahren wohl hinreichend, allein sie werden dieses Gewinnes durch das grausame Truck-System der St. Johnser Rheder und Handelsherren beraubt. Ganz wie die Neger in den Südstaaten der amerikanischen Union sind die Fischer schon von Anfang jedes Jahres an tief verschuldet. Sie erlangen Vorschüsse in Form von Lebensmitteln, Kleidern u. s. w., die von den Handelsfirmen um den doppelten Wert hergegeben werden. Kommen die Fischer von den Fischzügen zurück, so wird ihnen die Beute um ein Spottgeld abgekauft, und sie bleiben nach wie vor die Schuldner der St. Johnser Herren, so daß sie zu diesen in einer Art Leibeigenschaft stehen.

An die Besiedelung des einförmigen, größtenteils unfruchtbaren Innern der Insel ist kaum zu denken. Zunächst ist, wie früher bemerkt, nur ein Zehntel der Insel überhaupt anbaufähig, aber daß auch dieses Zehntel noch gar lange Zeit des Pfluges wird harren müssen, das erfuhren wir selbst gelegentlich unserer Ausflüge in die Umgebung von St. Johns. Wolkenweise fielen Mosquitos über uns her, so daß wir über und über mit schmerzhaften kleinen Wunden bedeckt nach der See zurückkehrten. Weht der Wind vom Lande her, so ist auch an der Küste im Freien kaum zu bestehen. Während des Sommers, vom Juni bis Oktober, sind die Mosquitos unbeschränkte Herren der Insel; Kennedy versichert, die wenigen Felder Neu-Fundlands könnten nur dann bestellt werden, wenn heftige Regengüsse oder starke Stürme die Mosquitos vertreiben. Bei schönem Wetter können die von der Küste etwas entfernter Wohnenden die Häuser kaum verlassen.

Erst in neuester Zeit wurde der Versuch gemacht, zur Erschließung des Landes eine Eisenbahn von St. Johns quer durch die Insel bis zu den

Neu-Fundland.

französischen Ansiedelungen an der Südwestküste, also eine Strecke von ca. 550 km Länge, zu erbauen; allein kaum waren einige 130 km gebaut, da wurde die Gesellschaft bankerott, obschon die Regierung Unterstützungen erteilte, die Zinsen der Obligationen, gewährleistete und der Gesellschaft für jede Meile 5000 Acres des angrenzenden Landes zusprach. Die Eisenbahn würde entschieden zur Aufschließung anderer Hilfsmittel des Landes, zunächst zur Ausbeutung der Wälder und der Kupferminen, beitragen, überdies als Bestandteil einer raschen und direkten Verbindungslinie zwischen England und Halifax über St. Johns und Kap Breton große politische Wichtigkeit besitzen. Vielleicht könnte sie mit der Zeit sogar einen großen Teil des atlantischen Passagier-Verkehrs an sich ziehen, da durch eine solche Bahn vier Tage Seefahrt erspart würden. Aber diese Vorteile und Vorzüge sind Spatzen auf dem Dache — d. h. fraglich und unsicher [1].

3. Der Stockfischfang auf den Bänken von Neu-Fundland.

Südlich und südöstlich von Neu-Fundland dehnen sich, wie schon erwähnt, auf Hunderte von Kilometer die berüchtigten, fast immer in Nebel gehüllten Bänke aus, zwischen denen schon Hunderte, vielleicht Tausende von Schiffen zerschellt sind. So gefährlich nun diese Bänke der Seeschiffahrt sind, ebenso nützlich sind sie den benachbarten Inseln; ja, man kann getrost behaupten, ihnen allein verdankt Neu-Fundland seine Besiedelung und die ganze Einwohnerschaft Neu-Fundlands ihren Lebensunterhalt: ohne die Bänke wäre die große, unwirtliche Insel heute noch gewiß so unbewohnt und verlassen wie ihr Nachbarland Labrador. Die Bänke von Neu-Fundland — etwa 960 km lang und zwischen 300—480 km breit — besitzen nämlich geradezu unerschöpfliche Fischereien. Millionen über Millionen von Tonnen sind im Laufe der Jahrhunderte diesen Stockfischgründen entnommen worden, und noch immer nicht scheint der Vorrat versiegen zu wollen. In manchen

---

[1] Merkwürdig bleibt es bei den geschilderten Verhältnissen Neu-Fundlands, wie sich Leute dazu hergeben können, für die Besiedelung der Insel durch europäische Auswanderer Propaganda zu machen und Opfer anzulocken. Es bedarf nach dem Vorstehenden wohl keiner besondern Mahnung, den von englischen Federsöldlingen ausgestreuten Anpreisungen keinen Glauben zu schenken. Diese Herren würden besser thun, ihre Feder dem Dienste des unglückseligen Volkes zu widmen, das an den öden Küsten Neu-Fundlands verkümmert. England, das kranken Hunden Spitäler baut und alten, dienstuntauglichen Pferden Altersversorgungshäuser errichtet, würde gewiß mit Freuden sein Scherflein dazu beitragen, die Lage dieser unglücklichsten aller Unterthanen Ihrer britischen Majestät zu lindern. Es ist seltsam, daß solche Zustände seit einem Jahrhundert andauern konnten, ohne daß die öffentliche Aufmerksamkeit auf sie gelenkt wurde. Den englischen Stockfisch-Essern wäre die Lesung eines Kapitels über Neu-Fundland im Interesse der guten Sache gewiß anzuempfehlen.

3. Der Stockfischfang auf den Bänken von Neu-Fundland.

Jahren ist der Fischfang allerdings minder ergiebig, und es heißt dann, „die Bänke", „the banks", seien erschöpft. Aber vielleicht schon im darauffolgenden Jahre ist der Ertrag wieder viel bedeutender als je zuvor. Vom Monate Mai angefangen strotzen die amerikanischen Gewässer von New-York nördlich längs der Küsten Kanadas, Neu-Fundlands und Labradors bis ins ewige Eis hinauf von Stockfischen aller Größen, aber die Neu-Fundländer Bänke sind stets deren Haupttummelplatz gewesen. Was die Stockfische veranlaßt, in den Sommermonaten die großen Meerestiefen zu verlassen und in seichtere Gewässer zu kommen, ist noch nicht festgestellt. Einige behaupten, daß sie hier den kleineren Küstenfischen nachstellen; andere, daß sie auf der Suche nach der kleinen, auf dem Grunde seichterer Gewässer wachsenden Seekirsche sind; aber der Hauptgrund liegt doch wohl in dem Laichen. Die Stockfischarten übertreffen, soweit uns bekannt, alle anderen Meeresfische weitaus an Zahl wie an Fruchtbarkeit. Man hat die Zahl der Eier in einem großen Stockfisch auf neun Millionen geschätzt, und all die Millionen Tonnen von Stockfischen, die jährlich aus dem Meere gefischt werden, verschwinden hinwiederum beinahe im Vergleich zu den Massen, welche von den Haifischen und anderen Raubfischen verschlungen werden.

Die Ausdehnung der Neu-Fundländer Bänke ist noch nicht genau festgestellt worden. Aus unermeßlicher Tiefe ragt dieses von Bergketten und Thälern durchzogene Tafelland bis auf 30—60 m unter dem Meeresspiegel empor. Aber es giebt in diesem Tafelland selbst Stellen, deren Grund vom Senkblei nicht erreicht werden konnte. Alte Fischerleute behaupten, die Neu-Fundländer Bänke seien in allmählicher Hebung begriffen, und berechnen, daß sie in einigen Jahrhunderten über den Meeresspiegel emporragen würden. Wie dem auch sei, ihre Wichtigkeit besteht augenblicklich in den unglaublichen Massen Stockfisch, welche hier von französischen, norwegischen und englischen, hauptsächlich aber von neu-fundländischen Fischerflotten dem Meere abgerungen werden und Hunderttausenden von Menschen den Lebensunterhalt gewähren.

Die zwei kleinen französischen Inseln St. Pierre und Miquelon bilden den Sammelplatz und Haupthafen jener Fischerflotte, die alljährlich, Hunderte von Schiffen stark, mit einer Bemannung von 6000—8000 Köpfen, aus den Häfen Frankreichs nach den Bänken segelt. Aber noch größer ist die Neu-Fundländer Fischerflotte: die zählt an 10 000 Fischer. Zwischen diesen beiden Flotten herrscht eine altangestammte Eifersucht, welche in der jüngsten Zeit zu ernstlichen Spannungen zwischen England und Frankreich Anlaß gegeben hat, und vielleicht zu noch ernsteren Auseinandersetzungen führen wird. Die französische Regierung unterstützt die Kabeljau-Fischereien auf den Neu-Fundländer Bänken durch Prämien, welche nicht weniger als 72 % des Wertes derselben betragen. Infolge dessen können die französischen Fischer den getrockneten Kabeljau auf dem Festlande von Europa und in Südamerika billiger auf den Markt bringen, als die Neu-Fundländer. Mit weit mehr Recht aber beklagen sich die Neu-Fundländer darüber, daß die französischen Fischer sich ihren Fischköder aus Neu-Fundländer Gewässern holen. Der für den Kabeljau-Fang erforderliche Köder ist nämlich nur in seichtem Küstenwasser zu Hause, und da die anderen Küsten viel zu entfernt sind, um den Köder frisch an Ort und Stelle zu bringen, kaufen sich die Franzosen ihren Köder in Neu-Fundland. Die letztgenannte Kolonie leistet also unwillkürlich einer Konkurrenz Vorschub, welche die Neu-Fundländer Fischer in ihrer Existenz bedroht, und in den letzten Jahren zu so großem Elend führte, daß die Neu-Fundländer Regierung 1886 über eine Viertelmillion Dollars auslegen mußte, um die Fischer vor dem Verhungern zu bewahren. Deshalb erließ dieselbe in dem gleichen Jahre ein Gesetz, welches den Verkauf von frischem Köder an französische Fischer verbietet. Bis jetzt hat jedoch die englische Regierung in London aus Rücksicht für die guten Beziehungen mit Frankreich dem Gesetze noch nicht die erforderliche Bestätigung erteilt, und die Mißstände sind deshalb die alten geblieben.

Der Zankapfel zwischen den beiden Regierungen ist der kleine Squid, eine Miniatur-Ausgabe des gewaltigen Oktopus oder Teufelsfisches, von welchem in den letzten Jahren ganz riesige Exemplare an den Küsten Neu-Fundlands gefangen wurden[1]. Das größte Exemplar dieses Untieres wurde am 26. Oktober 1873 an der Nordostküste Neu-Fundlands gesehen und insofern teilweise erlegt, als es den Insassen des großen Bootes gelang, zwei der gewaltigen Arme, mit welchen es das Boot bereits umfaßt hatte, um es in die Tiefe zu ziehen, mittelst eines Beiles abzuhauen. Diesen gegenwärtig in St. Johns aufbewahrten Armen zufolge hatte das Tier einen Körper von 2,4 m und Fangarme von 7,2 m Länge, so daß die größte Länge zwischen den beiden Enden der ausgespreizten Arme nicht weniger als 15,6 m betrug.

Der Squid, der die Neu-Fundländer Buchten und Fjorde in unglaublicher Menge bewohnt, ähnelt im Aussehen einem etwa 25 cm langen Mittelstück des gewöhnlichen Aals, mit einem kreuzförmigen kurzen Ansatz an einem und acht Saugarmen am andern Ende des gelatinartigen Körpers. Diese acht, mit einem Kreis kleiner Zähne ausgestatteten Arme laufen zu einem Kopf zusammen, der anscheinend nur aus einem großen Schnabel, nach Art des Geierschnabels, besteht. Eigentümlich ist die Fortbewegung des Squid. In seinem Körper besitzt er eine Art Saugrohr, das etwa einen Liter Wasser fassen kann. Um zu schwimmen, füllt er diesen Wassersack

---

[1] Unter anderen hat auch Viktor Hugo denselben in seinem Romane: „Les travailleurs de la mer" geschildert.

3. Der Stockfischfang auf den Bänken von Neu-Fundland.

durch Klappen in dem sogenannten Mantel mit Wasser und schnellt sich vorwärts, indem er dasselbe plötzlich nach der entgegengesetzten Richtung ausspritzt. Der Squidfang bildet einen wichtigen Erwerbszweig der Neu-Fundländer. Die Fischer bedienen sich hierbei eines langen roten, mit zahlreichen spitzen Nägeln versehenen Stabes, den sie unter Wasser hin und her bewegen. Der Squid, durch die rote Farbe angezogen, umfaßt den Stab mit seinen Fangarmen und spießt sich so auf die Nägel auf, von denen er sich nicht mehr losmachen kann. Sitzen einige Squids auf der roten Stange, dem sogenannten „Jigger", fest, so wird diese an die Oberfläche gezogen und von den Squids befreit, die auf dem Grunde des Bootes in Haufen zusammengeworfen werden. Aber dieses „Jigging" ist nicht ohne Gefahr für den Fischer. In dem Augenblicke nämlich, in welchem die Stange das Wasser verläßt, spritzen die Tiere auf die Fischer zunächst ihre ganze Ladung Wasser und dann eine tintenartige Flüssigkeit, die aus den Kleidern nicht mehr wegzuwaschen ist. Die Fischer erlangen indes bald die erforderliche Geschicklichkeit, diese Ladungen durch Umdrehen des Stabes von sich abzuwenden. Gewöhnlich bleibt eine Anzahl Fischerboote, jedes mit fünf oder sechs Fischern bemannt, beisammen, um die Squidschwärme sich so dicht als möglich ansammeln zu lassen, und man kann keinen frembartigern Anblick genießen, als diese Fischereien. Fortwährend werden einige der Stockangeln aus dem Wasser geschnellt, und fast regelmäßig sieht man eine Anzahl weißer Wasser- und dunkler Tintenstrahlen nach allen Richtungen durch die Luft fliegen.

Nächst dem Squid ist eine kleine Salmart, der Kaplin, der beliebteste Stockfischköder. Alljährlich in den letzten Junitagen erscheinen Millionen dieser niedlichen, frisch sehr schmackhaften Fische an den neu-fundländischen Küsten, so daß ein kleiner Junge mittelst eines Handnetzes in einem Tage mehrere Tonnen davon fangen kann. Millionen werden auch zur Flutzeit von den Wellen an die Ufer geworfen, wo sie von der Bevölkerung zusammengeschaufelt und als Dünger auf die Felder geführt werden. Auch der Hering, welcher die Küsten Neu-Fundlands gewöhnlich im Herbst besucht, dient als beliebter Köder.

Ist hinreichender Köder gesammelt, so segeln die Fischer südlich auf die Neu-Fundländer Bänke zum Kabeljau-Fang. Der Stockfisch beißt den Köder am liebsten bei Sonnenuntergang oder Sonnenaufgang, aber häufig genug auch zur Nachtzeit an, so daß die Fischer gezwungen sind, einem guten Fang zuliebe ihre Nächte zu opfern. Dabei ist die Arbeit keine leichte. Die Leine muß oft auf 60 m Tiefe bis nahe an den Meeresgrund herabgelassen werden. Der Stockfisch faßt den Köder gewöhnlich zart an, und von zehn Fischen, die anbeißen, ist vielleicht nur einer, der sich festangelt. Die Leine muß dann von den Fischern an Bord gezogen und der Fisch vom

Hafen befreit werden. Die Berührung des Köders mit der von der Leine aufgeschürften, vielleicht blutenden Hand verursacht Geschwüre. Dazu kommen vielleicht Stürme, Regenwetter, Nebel und Zusammenstöße mit anderen Schiffen, und damit nicht genug, wird dem heimgekehrten Fischer, wie bereits erwähnt, auch der Wert seines Fanges von den harten Kaufherren in St. Johns nicht ausbezahlt.

Der Stockfisch wird auf den Bänken auch mit großen, bis auf den Meeresgrund reichenden Netzen gefangen, besonders dann, wenn die Fischer ungewöhnliche Massen von Squids und anderen Köderfischen auf jenen voraussetzen können. Dann beißt nämlich der Stockfisch nur selten den Angelköder; er wird demnach leichter mit den Netzen gefangen, die man, nachdem sie eine Zeitlang unter Wasser gelegen, mittelst Stricken an ihrem untern Ende zusammenzieht: es bildet sich dadurch eine Art Beutel, aus welchem die Fische nicht mehr entschlüpfen können.

Bei der Rückkehr des Fischerbootes nach dem heimatlichen Hafen werden die Fische zum Trocknen vorbereitet, wozu man gewöhnlich vier Mann verwendet. Der erste schlitzt den Fisch der Länge nach auf, der zweite schlägt ihm den Kopf ab und entfernt die Eingeweide, der dritte nimmt mit einem geschickten Griff das Rückgrat heraus, und der vierte reibt die beiden Fischhälften mit Salz ein. Hierauf werden die so zubereiteten Fische auf den eigentümlichen, mit Tannenzweigen überdeckten Flugdächern zum Trocknen ausgelegt. Während der 2—3 Wochen, die hierfür erforderlich sind, bedürfen sie fortwährender Aufsicht, damit nicht etwa eine Seite zu lange der Sonne ausgesetzt bleibe und der Fisch verderbe. Zur Nachtzeit werden die Fische wieder zusammengeschichtet und mit Wachstuchdecken überdeckt. Dasselbe geschieht auch, wenn es regnet. Erst nachdem die Fische getrocknet sind, werden sie nach St. Johns zum Verkauf transportiert, wo sie im Durchschnitt mit fünf amerikanischen Cents per Pfund (40 Pfennig per Kilo) aufgekauft werden. Der Hauptmarkt für Stockfische sind die katholischen Länder, zunächst jene spanischer Zunge. Unseren sorgsamen Hausfrauen möge es als Richtschnur dienen, daß ein gut gesalzener Stockfisch auf beiden Seiten wohl getrocknet und **hart** sein muß, ohne irgendwelche Salzkrystalle zu zeigen; das Fleisch muß von weißer Farbe sein.

4. Der Robbenschlag auf den Eisfeldern von Labrador und Neu-Fundland.

Unter den vielen fremdartigen Erwerbszweigen in den entlegenen Ländern kaukasischer Rasse erfordert wohl keiner soviel Aufopferung, Kühnheit und Entsagung, als der Seehundsfang auf den Eisfeldern von Labrador und Neu-Fundland. Die Seehunde, welche aus den Polarregionen der atlantischen Seeküsten Amerikas kommen, sind nicht von derselben Art wie

v. Hesse-Wartegg, Kanada. Zu S. 210.

Fig. 54. Trocknen der Stockfische in St. Johns.

4. Der Robbenschlag auf den Eisfeldern von Labrador und Neu-Fundland.

jene von Alaska und der Beringsstraße, deren Felle man zu den prächtigen, teuren Winterpelzen unserer vornehmen Damen verarbeitet: sie liefern nur Thran und Häute, aus welchen ein allerdings sehr gutes und starkes Leder gegerbt wird. Nicht weniger als 10 000 Mann laufen alljährlich von Neu-Fundland zum Seehundsfang aus; bildet doch der Seehund nächst dem Stockfisch den wichtigsten Handelsartikel Neu-Fundlands. Man schätzt seinen Ausfuhrwert auf jährlich vier Millionen Mark, und sollten die Seehunde jemals ausbleiben, die Neu-Fundländer wären dem größten Elend, wenn nicht gar dem Verhungern, preisgegeben.

Über das eigentümliche Leben der Seehunde an den atlantischen Küsten läßt sich schwer etwas Bestimmtes sagen. Den Winter verbringen sie längs der Südgrenzen des ewigen Eises am Polarkreise. Die ungeheuren Eismassen, die, viele Quadratkilometer umfassend, im Frühjahre sich loslösen und mit dem Polarstrom durch die Hudson- und Davisstraße herab, den Küsten Labradors und Neu-Fundlands entlang, in wärmere Gegenden treiben, sind sozusagen die Passagierschiffe der Seehunde. Viele Hunderttausende dieser Tiere lassen sich darauf gegen Süden führen; mitunter begegnen die Neu-Fundländer Seeleute Eismassen, welche mit Seehunden so dicht bedeckt sind, daß sich die Tiere kaum zu rühren vermögen.

Mit dem allmählichen Schmelzen des Treibeises verschwinden auch die Seehunde, ohne daß man mit Bestimmtheit angeben kann, wohin sie ziehen. Ich sah wohl selbst viele in der Bucht von Boston, im Long-Island-Sund und selbst im Ästuarium des Delaware-Flusses; aber die große Mehrzahl kehrt gewiß wieder nach den Polarregionen zurück, sofern sie nicht den Neu-Fundländer Fischern zum Opfer fällt. Auch ihre Nahrung ist rätselhaft. Im seichten Uferwasser finden sie wohl Fische, allein häufig werden sie von dem arktischen Treibeise Hunderte von Kilometer weit in die offene See hinausgeführt, wo kleine Fische entweder gar nicht oder doch über 1 km unterhalb der Oberfläche leben, und dennoch sind sie fett und rund.

Ein außergewöhnliches Wachstum kennzeichnet die Jungen. Unmittelbar nach ihrer Geburt sind sie kaum 5 Pfund schwer, aber bereits nach zwei Wochen wiegen sie 40—50 Pfund, so daß sie mitunter an einem Tage um 5 Pfund an Gewicht zunehmen. Diese Zunahme kommt hauptsächlich der dicken Thranschichte unmittelbar unter der Haut zu gute, die in den genannten vierzehn Tagen zu einem Fettkleide von 7,5—10 cm anschwillt. Ihr Futter besteht aus der Muttermilch und dem viele organische Substanzen enthaltenden Schmelzwasser des Treibeises, das sie von der Oberfläche lecken oder saugen. Diese jungen Tiere, „white coats" (Weißröcke) genannt, sind das Jagdobjekt der Neu-Fundländer, die bei ihrem Herannahen auf Dampfern und Segelschiffen zu ihrem Fang ausfahren.

Schon Ende Februar beleben sich die sonst vollständig vereinsamten

Neu-Fundland.

Pfade, welche von den verschiedenen Dörfern Neu-Fundlands nach der Hauptstadt St. Johns führen, mit Fischern und Matrosen. Jeder trägt eine Harpune (eine lange Stange mit eisernem Widerhaken) oder Holzkeule auf der Schulter, an deren Ende gewöhnlich ein Bündel mit Kleidungsstücken oder Wollwäsche baumelt. Neben der Harpune oder Keule, diesen Hauptwaffen zum Seehundsfange, tragen manche wohl auch lange Jagdflinten, mit denen sie den alten Tieren den Garaus machen.

Die Kleidung der Seehundsfänger besteht aus dicken wollenen Unterkleidern und einer groben, vielfach ausgeflickten Kanevasjacke. Starke Wollenbeinkleider, wollene Strümpfe und eine Seehundsfell-Kappe mit Ohrenklappen vervollständigen die Tracht. Die Füße stecken in hohen Stiefeln aus Seehundsleder, auf deren dicken Sohlen hervorstehende Stahlnägel gegen das Ausgleiten auf dem Eise schützen.

Der Hauptort der Zusammenkünfte sind die Hafenquais von St. Johns, wo die Seehundsfänger von den Rhedern und Schiffsherren angeworben werden. Die kräftigsten und kühnsten werden zunächst für die Dampfer gewonnen, der Rest muß mit irgend einem Plätzchen auf den alten Segelschiffen vorlieb nehmen. Die sonst so ruhige, schläfrige Hauptstadt Neu-Fundlands gleicht zur Werbezeit der Seehundsfänger einem wogenden Heerlager.

Während des langen Winters führen diese 10 000 Seehundsfänger in ihren einsamen, verschneiten Hütten längs der felsigen Küste das denkbar elendeste Leben. Der Schnee bedeckt das Land mehrere Fuß hoch. Jeder Verkehr mit den Nachbardörfern oder Nachbarhütten ist gänzlich unterbrochen. Die Fischer verträumen die Zeit auf ärmlichen Strohlagern in baufälligen Hütten, die vielleicht kaum durch ein Feuer erwärmt sind. Die Frauen und Kinder besorgen die spärlichen Verrichtungen des Haushalts, kochen die Fische oder den Speck — die einzigen Lebensmittel während ganzer sechs Monate. Ende Februar verlassen dann die Männer ihre Familien und ihre Dörfer, um in St. Johns die Fahrzeuge für den Seehundsfang in stand zu setzen.

Gegen den 1. März jeden Jahres verläßt die aus etwa 200 Segelschiffen bestehende Flotte den Hafen von St. Johns, eine wahre Seehunds-Armada. Zwölf Tage später folgt die an 20 Schiffe zählende Dampferflotte. Die Dampfer sind für den Seehundsfang eigens eingerichtet und am Bug mit starken Eisenplatten gepanzert, um hinreichende Widerstandskraft gegen das Treibeis zu besitzen. Im Schiffe selbst sind 2—300 Mann dicht zusammengedrängt wie Heringe, kaum daß jeder eine Schlafstelle besitzt. Während der sechs- bis achtwöchigen Fahrt ist von Waschen oder Auskleiden gar keine Rede. Alle behalten die Kleider bis zu ihrer Rückkehr nach St. Johns am Leibe, und soll wirklich ein reines Wollhemd angethan werden, so wird es über das alte angezogen. Die Nahrung der Mannschaft besteht aus trockenem Schiffszwieback, Speck und Thee, der mit schwarzem

4. Der Robbenschlag auf den Eisfeldern von Labrador und Neu-Fundland.

Syrup versüßt wird. Dreimal in der Woche kommen dazu noch geräuchertes Schweinefleisch und „Duff", eine kanonenkugelförmige Mischung, von Wasser und Mehl zusammengekocht, mit einem kleinen Zusatz von Schweinefett. Aber sobald der erste Seehund angetroffen wird, kommen frische Fleischspeisen hinzu; denn Herz, Leber und Flossen sind Leckerbissen, die in verschiedenster Weise zubereitet werden. Sind die Seehundsfänger auf dem Eise, so schneiden sie den erlegten Tieren gewöhnlich Herz und Leber aus dem Leibe; dieselben werden dann an Schnüre, welche die Fänger um die Hüften tragen, gereiht und häufig roh verzehrt. Dergestalt nähren sich die Seehundsfänger während ihrer acht= bis zehnwöchigen Abwesenheit vom Lande, und bei ihrer Rückkehr sind sie erstaunlich kräftig und gesund. Ihre Kleider glänzen alsdann von einer dicken Schichte von Blut und Fett, und solange sie dieselben nicht ge= wechselt haben, ist es ratsam, sich in ihrer Nähe auf der Windseite zu halten.

Während der ersten vier oder fünf Tage nach der Ausfahrt der Flotte ist der Kurs nordwärts gerichtet. Scharf lugen die Wachen am Bug der Schiffe nach den einhertreibenden Eisfeldern aus, um die darauf lagernden Seehundherden zu entdecken. Lage und Richtung des Treibeises hängt von den Winden und den Strömungen ab, und hat ein Schiff auch vielleicht in der Ferne auf einem Eisfelde Seehunde entdeckt, so ist es noch fraglich, ob es die ungeheuren Eismassen durchbrechen und bis an die Tiere gelangen kann. Auf Hunderte von Quadratkilometer ist die See mit Eisbergen und =Schollen von vielen Hundert oder gar Tausend Tonnen Rauminhalt bedeckt, die, fortwährend von den gewaltigen Wellen gehoben und wieder gesenkt, sich aneinander reiben, widereinander stemmen, bersten oder sich aufeinander schieben. Wehe dem Schiffe, das aus dem offenen Fahrwasser in diese Eis= bergflotte hineingerät! Es ist ein entsetzlicher Augenblick für die tollkühnen, in allen Gefahren gestählten Fahrer, wenn sie durch den dichten Nebel und das Schneegestöber plötzlich solche einhertreibende, langsam um ihre eigene Achse sich drehende Eisberge gewahr werden und das donnernde Reiben und Knarren der aneinander stoßenden Massen an ihre Ohren tönt. Gar manches Schiff wird da wie eine Haselnuß von den ungeheuren Gewalten zermalmt. Aber glücklicherweise sind Nebel und Stürme an der Labradorküste um die Schlagzeit ziemlich selten. In der Regel scheint die Sonne hell und warm auf die unabsehbaren Eisfelder und erleuchtet die meisten schwimmenden Berge mit ihren oft über hundert Meter hohen Zacken und Spitzen, Türmen und über= hängenden Massen, oder das Nordlicht, das häufig den ganzen Horizont in Flammen hüllt, übergießt die kühnen Gebilde mit seinem zauberhaften Scheine, in stetem Farbenwechsel zuckend und blitzend und strahlend.

Die Männer am „Lugaus" indes haben keinen Sinn für das unver= gleichlich schöne, erhabene Naturschauspiel. Scharf gleiten ihre Blicke über die weißen, bleichen Eisfelder, um die schwarzen Flecken zu suchen, als welche sich die Seehundslager aus der Ferne zeigen. Vielleicht stoßen sie schon einige Tage nach der Ausfahrt auf eine einzelne Seehundfamilie; ein einzelnes Junges zu finden, gilt aber den abergläubischen Seeleuten als glückliche Vorbedeutung.

Endlich wird auf irgend einem mehrere Hektar umfassenden Eisfelde ein Seehundlager entdeckt. Sofort wird der Dampfer „gestoppt", die 200 Jäger greifen zu ihren Harpunen und hölzernen Keulen und klettern flink die Schiffswand hinunter auf das Eis. Unzählige kleine Schollen von Treibeis trennen sie vielleicht von dem Seehundlager, aber mit ebensoviel Geschick als Tollkühnheit springen sie von Scholle zu Scholle zu dem großen Eisfelde. So mancher Jäger gleitet aus oder fällt fehlspringend in die eisigen Fluten. Aber sofort reichen ihm ein oder zwei andere die Harpune entgegen, um ihm wieder auf eine Scholle zu helfen.

Eine Stunde nachher bietet das gewaltige Eisfeld einen grauenhaften Anblick dar. Hunderte oder gar Tausende von Seehundleichen bedecken die Fläche, die von dem Massenblutbade her kaum mehr ein weißes Fleckchen zeigt. Tausende von jungen Seehunden, zu jung und unbeholfen, um das Wasser zu erreichen, erwarten hilflos, unter entsetzlichem Geschrei und Winseln, welches lebhaft an Kindergeschrei erinnert, den Todesstoß. Die alten Tiere, Männchen wie Weibchen, bleiben treu bei ihren Jungen, ohne sie vor dem Tode schützen zu können. Zwischen den blutenden Leichnamen springen die Mordgesellen umher. Ein Schlag mit der Holzkeule auf die Schnauze tötet oder betäubt die jungen Tiere. Sofort zieht der Jäger ein scharfes Jagdmesser, schlitzt die Haut auf und trennt diese und die Fettschichte mit staunenswerter Fertigkeit von dem Körper, auch wenn das Tier noch nicht tot ist. Häufig genug winden und bewegen sich die abgehäuteten Opfer noch stundenlang fort; ein schauderhafter Anblick, der jedoch den abgehärteten Jäger nicht erweichen kann. Kaum hat dieser ein Tier abgehäutet, so wirft er die Haut beiseite, und binnen wenigen Minuten ist ein zweites Tier auf die gleiche Art zum Opfer gefallen. Hat er fünf bis sechs Tieren die Felle abgezogen, so rafft er diese zusammen und eilt damit zum Schiffe. Dort nimmt er hastig einen Schluck Thee und ein Stück Zwieback und kehrt alsbald wieder nach dem Schlachtplatze zurück. Um seine Hände vor dem Erfrieren zu schützen, schlitzt er einem Tiere mitunter den Bauch auf und wärmt sich dieselben in dessen Blute. Gewöhnlich schneidet er gleichzeitig auch Herz und Leber aus dem Leibe und reiht sie, wie schon erwähnt, an Schnüre um seinen Körper. In etwa einer oder zwei Stunden ist meistens die Schlächterei vollendet; manchmal wird sie am nächsten Morgen fortgesetzt. Die ganze Seehundherde ist ihrer Jungen beraubt, und die alten Tiere holpern langsam, und wie die Leute alles Ernstes erzählen, ganz wie die Menschen Thränen vergießend ins Wasser zurück.

Ist das Schiff zu weit entfernt oder verhindert die Dunkelheit die

4. Der Robbenschlag auf den Eisfeldern von Labrador und Neu-Fundland.

gefahrvolle Rückkehr über die Eisschollen, so übernachten die 200 Schlächter auf dem Eise, inmitten der toten Tiere, deren Wärme sie vor dem Erfrieren schützt. Sollten etwa mehr Häute gewonnen werden, als das Schiff fassen kann, so werden sie auf dem Eisfelde aufgestapelt und die Flagge des Schiffes auf den Haufen gesteckt. Irgend ein anderes Schiff nimmt dann die blutige Ladung auf und hat dafür ein Anrecht auf einen Teil des Gewinnes.

Fast ebenso grauenhaft wie das Schlachtfeld sieht auch das Schiff aus, welches die blutigen Häute aufnimmt. Jede Ecke, jede Nische ist mit Häuten vollgepfropft, und die Fischer geben gerne ihre eigenen Schlafkojen auf, um für die Beute Platz zu machen. Sie kauern lieber auf dem Verdeck zusammen oder kriechen in die Kohlenkammern, als daß sie ein Fell zurücklassen würden. Ihre Bezahlung richtet sich nämlich nach der Zahl der mitgebrachten Häute, von deren Erlös ein Drittel ihnen zufällt. Zwei Drittel gehören dem Schiffsherrn, welcher die Schiffe, Werkzeuge und Nahrungsmittel liefert.

Mitunter gehen die Dampfer noch ein zweites Mal auf die Seehundsjagd; nur geht man dann in Ermangelung der jungen auf die alten, weniger wertvollen Tiere aus. Wie ergiebig diese seit zwei Jahrhunderten fortgesetzten alljährlichen Jagden sind, kann man aus der Zahl der Häute entnehmen, die in jedem Jahre mehrere Hunderttausend, manchmal sogar eine halbe Million erreicht. Deshalb sind aber auch die Tiere in den letzten Jahren in steter Abnahme begriffen, und wenn die Abschlachtung der alten Seehunde im seitherigen Maße fortgesetzt werden sollte, so wird sich hier schließlich das Beispiel vom Töten der Gans, welche die goldenen Eier legte, erneuern.

Indes nicht immer sind diese Jagdzüge von „Glück" begleitet. Das Ausrüsten jedes Schiffes erfordert Tausende von Dollars, und doch kehren manche jahrelang ohne ein einziges Fell nach St. Johns zurück. Dafür ersetzt hinwiederum eine glückliche Fahrt die Verluste von Jahren. Vor kurzem brachte beispielsweise der Dampfer „Resolute" nicht weniger als 42 000 Felle heim, die einen Wert von 125 000 Dollars darstellten.

Bei der Rückkunft der Schiffe nach St. Johns werden die Felle nach den Ölfabriken in den östlichen Vorstädten geschafft, um von der Fettschichte befreit zu werden, danach gesalzen und nach Europa verschifft, wo man dieselben zu schönem Leder verarbeitet. Die Fischer jedoch rasten nicht lange; denn kaum sind einige Wochen nach der Saison des Seehundsfanges verstrichen, so beginnt die Zeit des Stockfischfanges, und in diesem wie in jenem sind die Neu-Fundländer Meister, ja fast einzig; denn in keinem andern Lande findet man so ausdauernde, tapfere und erfahrene Seeleute. Wohl fährt jährlich eine Anzahl Dampfer auch von Dundee (Schottland) nach den Eisfeldern Labradors; aber vorher legen dieselben in St. Johns an, um dort die Seehundsfänger an Bord zu nehmen.

Anhang.

Als Ergänzung der vorstehenden Schilderungen von Land und Leuten in Kanada mögen hier noch einige Bemerkungen über **die Regierung, das Unterrichtswesen, die Gerichtspflege, die Einwanderung u. s. w.** Platz finden.

Kanada besitzt eine Föderal- oder Bundesregierung, und zwar besteht in Ottawa eine Centralregierung für die ganze Dominion, während die einzelnen Provinzen ihre eigenen gesetzgebenden Körperschaften besitzen, welche einen ähnlichen Wirkungskreis haben, wie etwa die einzelnen Staaten in der benachbarten großen Republik.

An der Spitze der Bundesregierung steht der Generalgouverneur. Er wird von der Königin von England auf fünf Jahre ernannt; seine Amtsdauer kann indes verlängert werden. Sein Gehalt wird aus den Einnahmen der Dominion bestritten.

Die Minister, welche den einzelnen Zweigen der Regierung vorstehen, werden vom Generalgouverneur ernannt, sind aber dem von der Krone für Lebenszeit eingesetzten Senat und dem von dem Volke erwählten Hause der Gemeinen verantwortlich.

Die Föderalregierung ist in London durch einen Oberkommissär und der bedeutenden französischen Bevölkerung wegen auch in Paris durch einen Kommissär vertreten. Alle auswärtigen Angelegenheiten Kanadas werden jedoch durch die diplomatischen Vertreter Englands geregelt.

An der Spitze der einzelnen kanadischen Provinzen stehen stellvertretende (Lieutenant-) Gouverneure, welche von dem Generalgouverneur in Ottawa ernannt werden.

In den einzelnen Provinzen liegt die Verwaltung vollständig in den Händen unabhängiger gesetzgebender Körperschaften, deren Mitglieder direkt vom Volke gewählt werden; die Exekutivgewalt in jenen eigener Ministerien, welche ihrerseits den Abgeordnetenhäusern verantwortlich sind. In der Provinz Ontario giebt es nur eine Kammer; die anderen Provinzen besitzen hingegen, ähnlich wie die Föderalregierung, zwei Kammern.

Die Verwaltung der Grafschaften und Städte liegt abermals eigenen Körperschaften ob, welche die lokalen Abgaben für Straßen und Wege, Schulen u. s. w. feststellen. Auch diese Körperschaften gehen durch Wahl aus der Bevölkerung der betreffenden Bezirke oder Städte hervor, so daß eine noch größere Autonomie der Bürgerschaft kaum denkbar ist.

Anhang.

Dem Unterrichtswesen wird in Kanada die größte Aufmerksamkeit zugewendet. Wo immer nötig, bestehen Freischulen aller Art, für alle Altersklassen der Jugend bestimmt, so daß auch die Kinder der ärmsten Eltern die beste Erziehung genießen und zu Ärzten, Advokaten oder Beamten ausgebildet werden können, ohne irgendwelche Abgaben hierfür bezahlen zu müssen. In Kanada steht dem Knaben auch des ärmsten Ansiedlers der Weg zum Ministerportefeuille offen.

In Bezug auf die Religion herrscht in Kanada die größte Freiheit. In fast allen Städten wird der Einwanderer Kirchen der verschiedenen Glaubensbekenntnisse vorfinden, und es bleibt vollständig ihm selbst überlassen, in welcher Religion er seine Kinder erziehen will.

Das Justizwesen ist jenem Englands nachgebildet. Die Richter werden von der Krone auf Lebenszeit ernannt und rekrutieren sich ganz unabhängig von ihren politischen Ansichten aus den tüchtigsten und angesehensten Männern des Advokatenstandes. Die oberste Justizbehörde Kanadas ist der „Supreme Court" (oberste Gerichtshof), der aus dem Oberrichter und fünf Richtern besteht und die einzige föderale Justizbehörde des Landes darstellt. Sein Sitz befindet sich in Ottawa; alle anderen Gerichtshöfe sind Provinzialämter, nach englischem Muster eingerichtet. Die Gerichtskosten sind in Kanada viel geringer als in England.

Die Polizei bildet in ganz Kanada einen Zweig des Municipalsystems und wird in jeder Stadt oder Grafschaft aus den lokalen Einnahmen besoldet.

Das Militärwesen Kanadas ist eigentümlicher Art. Das Land besitzt nur ein Milizkorps, das sich ausschließlich aus Freiwilligen zusammensetzt. Zwangsweiser Militärdienst ist hier gänzlich unbekannt, und selbst die Freiwilligen hatten bisher nur in äußerst seltenen Fällen Gelegenheit, vor den Feind zu treten.

Das Postwesen Kanadas gehört zu den vorzüglichsten Einrichtungen des Landes; denn ungeachtet der großen, von keinem Lande des Erdballs übertroffenen Entfernungen und des ebenso schwierigen als kostspieligen Verkehrs ist doch jedes Dorf mit den Geschäftscentren durch regelmäßige Posten verbunden. In den benachbarten Vereinigten Staaten entfällt beispielsweise ein Postamt auf je 1073 Einwohner; in Kanada aber kommt ein solches schon auf 663 Einwohner. 1885 gab es in Kanada 7085 Postämter; also bedeutend mehr als in Frankreich, welches doch zehnmal so viele Einwohner zählt. Die Zahl der Briefe und Postkarten belief sich in dem genannten Jahre auf nahezu 90 Millionen, worunter an 14 Millionen Postkarten. Das Postporto für inländische Briefe beträgt 3 Cents, während die Zeitungen nahezu kostenfrei befördert werden.

Das Telegraphenwesen ruht, wie in den Vereinigten Staaten, lediglich in den Händen von Privatgesellschaften. Die bedeutendste dieser Privat-

Anhang.

gesellschaften ist die große North West Company mit 32 600 englischen Meilen (ca. 52 500 km) Telegraphenleitungen und 2000 Telegraphenstationen. Das nächst bedeutendste System steht unter der Verwaltung der kanadischen Pacific-Bahn und besitzt eine Drahtlänge von 14 500 englischen Meilen (ca. 23 300 km), darunter auch die direkte Leitung von Montreal nach Britisch-Kolumbien. Depeschen werden auf dieser Strecke direkt, ohne Wiederholung an Zwischenstationen, befördert. Die Kosten einer telegraphischen Mitteilung von zehn Wörtern betragen in Kanada 25 Cents (= 1 Mark); die Adresse und Unterschrift werden gratis telegraphiert. Auf Strecken von nicht mehr als 15 englischen Meilen (24 km) Entfernung beträgt der Preis einer Depesche von 25 Wörtern nur 15 Cents (= 60 Pfennig).

Die Telephonleitungen haben bereits eine Länge von 10 000 Meilen (ca. 16 000 km) erreicht und verbinden über 300 kanadische Städte und Dörfer untereinander. Die Zahl der bisher eingeführten Telephonapparate beläuft sich auf 12 500, und es giebt bereits 270 öffentliche Telephonbureaux.

In Kanada ist derselbe Münzfuß eingeführt, wie in den Vereinigten Staaten; nur daß die bestehenden Gold- und Silbermünzen das Bild der Königin von England tragen. Die größte Goldmünze ist das 20-Dollars-Goldstück (im Werte von 80 Mark); ferner giebt es Goldmünzen von 10, 5 und 2½ Dollars ($), Silbermünzen von 1, ½ und ¼ Dollar, sowie 10-Cents- und 5-Cents-Stücke. Die einzige Kupfermünze ist der Cent = 4 Pfennig. An Banknoten werden von der Bundesregierung 1-, 2- und 4-Dollars-Scheine ausgegeben. Die Banknoten von 15, 20, 50, 100 und 1000 Dollars Werth werden von den einzelnen großen Privatbanken ausgegeben, können aber zu irgend einer Zeit in jeder Bank gegen Goldmünzen umgetauscht werden; zu diesem Zwecke müssen die Banken stets eine entsprechende Summe Baargeldes in Reserve haben. Darum sind die Banknoten in Kanada absolut vollwertig, gerade so, wie in den Vereinigten Staaten. Übrigens ist das Bank- und Check-Wesen hier ebenso verbreitet; Baarzahlungen kommen unter Geschäftsleuten nur selten vor.

Die nachstehenden statistischen Tabellen gewähren einen vortrefflichen Einblick in die Bevölkerungsverhältnisse Kanadas.

Die Bevölkerungszahl Kanadas in den Jahren 1871 und 1881 war wie folgt:

Provinzen	qkm Areal	Bevölkerung 1871	Bevölkerung 1881	Zunahme in 10 Jahren	Zunahme in Prozenten	1881 männl. Geschlechts	1881 weibl. Geschlechts
Prinz-Eduards-Insel	5 528	94 021	108 891	14 870	15	54 729	54 162
Neu-Schottland	54 134	387 800	440 572	52 772	14	220 538	220 034
Neu-Braunschweig	70 362	285 594	321 233	35 639	12,5	164 119	157 114
Quebec	488 570	1 191 516	1 359 027	167 511	14	678 175	680 852
Ontario	263 417	1 620 851	1 923 228	302 377	18,6	976 470	946 758
Manitoba	319 002	18 995	65 954	46 959	247,2	37 207	28 747
Britisch-Kolumbien	853 741	36 247	49 459	13 212	36,4	29 503	19 956
Nordwest-Territorien	6 901 137	52 000	56 446	4 446	8,5	28 113	28 333
Total	8 985 886	3 687 024	4 324 810	637 786	17,3	2 188 854	2 135 956

Anhang.

Die Bevölkerung Kanadas nach ihrer Religion im Jahre 1881.

Provinzen	Katholiken	Methodisten	Presbyterianer	Anglikaner	Baptisten	Lutheraner	Congregationalisten	Disciples	Religionslos	Andere Bekenntnisse
Prinz-Eduards-Insel	47 115	13 485	33 835	7 192	6 236	4	20	594	14	396
Neu-Schottland	117 487	50 811	112 488	60 255	83 761	5 039	3 506	1 826	121	4 678
Neu-Braunschweig	109 091	34 514	42 888	46 768	81 092	324	1 372	1 476	114	3 594
Quebec	1 170 718	39 221	50 287	68 797	8 853	1 003	5 244	121	432	14 351
Ontario	320 839	591 503	417 749	366 539	106 680	37 901	16 340	16 051	1 766	47 870
Manitoba	12 246	9 470	14 292	14 297	9 449	984	343	102	16	4 755
Britisch-Kolumbien	10 043	3 516	4 095	7 804	434	491	75	23	180	22 798
Nordwest-Territorien	4 443	461	531	3 166	20	4	—	—	1	47 820
Total	1 791 982	742 981	676 165	574 818	296 525	46 350	26 900	20 193	2 034	146 262

Die Bevölkerung Kanadas nach ihrer Abstammung im Jahre 1881.

Provinzen	Franzosen	Irländer	Engländer	Schotten	Deutsche	Indianer	Neger	Standinavier	Schweizer	Chinesen	Verschiedene Nationen
Prinz-Eduards-Insel	10 751	25 415	21 568	48 933	1 368	281	155	38	1	—	381
Neu-Schottland	40 141	66 067	131 383	146 027	42 101	2 125	7 062	735	1 860	—	3 071
Neu-Braunschweig	56 635	101 284	94 861	49 829	10 683	1 401	1 638	932	41	—	3 929
Quebec	1 075 130	123 749	81 866	54 923	8 409	7 515	141	648	254	7	6 385
Ontario	102 743	627 262	542 232	378 536	210 557	15 325	12 097	1 578	2 382	22	30 494
Manitoba	9 949	10 173	11 960	16 506	8 804	6 767	25	1 023	10	4	733
Britisch-Kolumbien	916	3 172	7 596	3 892	952	25 661	274	236	40	4 350	2 370
Nordwest-Territorien	2 896	281	1 375	1 217	32	49 472	2	33	—	—	1 138
Total	1 299 161	957 403	892 841	699 863	282 906	108 547	21 394	5 223	4 588	4 383	48 501

Anhang.

Die Zahl der Deutschen hat heute, 1887, nahezu eine halbe Million erreicht.

Durch Einwanderung hat Kanada im Jahre 1868 nur 12 765 Personen, 1871 schon 27 773 und 1881 47 991 Personen gewonnen. Die stärkste Einwanderung zeigte bisher das Jahr 1883, in welchem 133 624 Personen nach Kanada kamen.

Nach den Berufszweigen verteilt sich die Bevölkerung Kanadas wie folgt: der Landwirtschaft gehören 662 630, dem Handel 107 649, der Industrie 287 295 Personen an. Es giebt etwa 10 000 Beamte, 11 500 Priester, 5000 Ärzte, 4500 Abbokaten, 20 000 Lehrer, 63 500 Hausbedienstete.

Die kanadische Staatsschuld beläuft sich auf ungefähr 200 Millionen Dollars; dazu kommen noch ca. 90 Millionen Provinzialschulden, welche gelegentlich der Errichtung der Konföderation von der Centralverwaltung mit übernommen wurden. Seit 1867 hat Kanada für Kanal- und Eisenbahnanlagen, Schiffahrtszwecke und Regierungsbauten nicht weniger als 150 Millionen Dollars ausgegeben. Der durchschnittliche Zinsfuß der Staatsschuld beläuft sich auf 3,80 Prozent. Einnahmen und Ausgaben sind in Kanada beiläufig in gleicher Höhe. In den Jahren 1881—1884 überstiegen die Einnahmen die Ausgaben um durchschnittlich $4^{1}/_{2}$ Millionen jährlich; im Jahre 1885 waren die Ausgaben um $2^{1}/_{4}$ Millionen Dollars größer als die Einnahmen, was hauptsächlich den mit der Unterdrückung des Indianeraufstandes im Nordwesten verbundenen Kosten zuzuschreiben ist.

Die wichtigsten Einfuhrartikel Kanadas im Jahre 1885 waren:

Eisen- und Stahlwaren	$11^{1}/_{2}$	Mill. Dollars.
Baumwollwaren	$6^{1}/_{4}$	" "
Wollwaren	9	" "
Rohmaterialien	20	" "
Thee	$3^{1}/_{2}$	" "
Wein und geistige Getränke	$1^{1}/_{2}$	" "
Zucker	2	" "

Die wichtigsten Ausfuhrartikel im Jahre 1885 waren:

Tiere und Tierprodukte	$25^{1}/_{2}$	" "
Waldprodukte	21	" "
Feldbauprodukte	$14^{1}/_{2}$	" "
Fischereiprodukte	8	" "
Bergbauprodukte	$3^{1}/_{2}$	" "

Dagegen belief sich die Ausfuhr von Manufakturwaren nur auf 3 Millionen Dollars Wert.

Wie man sieht, besteht der Hauptwert der Ausfuhr in Tier- und Waldprodukten. Von den $25^{1}/_{2}$ Millionen Dollars der ersteren entfallen nicht weniger als $8^{1}/_{4}$ Millionen auf Käse, von welchem allein 1885

Anhang.

80 Millionen Pfund ausgeführt wurden. Kanada steht unter den Käse ausführenden Ländern weitaus an der Spitze. Der größte Teil des kanadischen Käses geht nach England.

Es dürfte gar vielen Lesern willkommen sein, auch einen kleinen Einblick in die Preise der Lebensmittel, die Höhe der Arbeitslöhne u. s. w. in Kanada zu erhalten. In den älteren Provinzen Kanadas kostet:

Das beste Weißbrot	per Pfund	3 Cents
Frische Butter	„ „	15 „
Rindfleisch	„ „	8—12 „
Käse	„ „	10—15 „
Mehl	„ „	2½ „
Schinken	„ „	10—15 „
Thee	„ „	30 „
Kaffee	„ „	30 „
Tabak	„ „	25—40 „
Zucker	„ „	5—7 „

Von Kleidungsstücken kosten in Kanada:

Wollhemden	1½—2 Dollars
Unterhosen	50—75 Cents
Beinkleider	2½—4 Dollars
Baumwollsocken das Paar	10—12 Cents
Schuhe für Männer das Paar	1½—2½ Dollars
Schuhe für Frauen	1¼—2½ „
Ein Meter Flanell	15—40 Cents
Ein Meter Baumwollzeug	8—15 „
Wollene Decken das Paar	2—5 Dollars

Die Arbeitslöhne gestalten sich beispielsweise in Toronto wie folgt:

Farmarbeiter erhalten täglich 1—1¼ Dollars oder monatlich 12—14 Dollars nebst Wohnung und Beköstigung.

Maurer	täglich	2—2½ Dollars
Zimmerleute	„	1¾—2 „
Schmiede	„	1½—2¼ „
Gärtner	„	1¼—1½ „
Sattler	„	1¼—2 „
Schuster	„	1¼—2 „
Schneider	„	1¼—2 „
Dienstmädchen neben Wohnung und Beköstigung	monatlich	6—8 „
Köchinnen	„	9—12 „
Wäscherinnen	täglich	1 „

* * *

In Anbetracht der stetig steigenden Auswanderung nach Kanada und der immer weiter greifenden Besiedelung der Prairie-Länder des Nordwestens sind einige Angaben über das System der Landverkäufe und über die Erleichterungen, welche die kanadische Regierung den Einwanderern gewährt,

wohl am Platze. In den älteren Provinzen Kanadas gehört das noch
unbesiedelte Land den Provinzialregierungen; in Manitoba und den großen
Nordwest-Territorien hingegen ist dasselbe Gemeingut des kanadischen Volkes
und wird von der Bundesregierung in Ottawa verwaltet. Die Nordwest-
Territorien sind seither bis etwa an den Athabaska-See und die Hudsonsbai
hinauf vermessen worden; allerdings giebt es auch in Britisch-Kolumbien und
in den Felsengebirgen weite, noch nicht vermessene Strecken. In den
Prairien ist das Land in quadratförmige Townships (Bezirke) eingeteilt,
deren jeder 36 Sektionen von je einer englischen Quadratmeile (= 640 Acres
oder etwa 260 ha) Umfang umfaßt. Diese Sektionen sind in folgender
Weise angeordnet und numeriert:

N.

31	32	33	34	35	36
30	29	28	27	26	25
19	20	21	22	23	24
18	17	16	15	14	13
7	8	9	10	11	12
6	5	4	3	2	1

W. O.

S.

Jede der 36 Sektionen eines Township ist abermals in vier gleich-
große Quadrate, sogenannte Viertelsektionen, von je 160 Acres (65 ha)
Größe, abgeteilt, und diese Viertelsektionen werden je nach ihrer Lage die
nordöstliche, nordwestliche, südöstliche oder südwestliche Viertelsektion genannt.
Im Bedarfsfalle werden auch die Viertelsektionen nochmals in vier gleiche
Quadrate von je 40 Acres (16¼ ha) abgeteilt.

Infolge des Verkaufs der Privilegien der Hudsonsbai-Gesellschaft an
die kanadische Regierung, sowie infolge der großen Landschenkungen an die
kanadische Pacific-Bahn gehört nicht das ganze Prairie-Land der Regierung.
In jedem Township gehören die Sektionen 8 und 26 der Hudsonsbai-
Gesellschaft, die Sektionen 11 und 29 dem Schulfond; die übrigen 16 Sektionen mit geraden Nummern sind zur freien Verteilung an Ansiedler, die
ferner noch übrigen 16 Sektionen mit ungeraden Nummern hingegen für
Landschenkungen an Eisenbahngesellschaften oder für den Verkauf bestimmt.
Auf diese Weise ist es vermieden worden, daß einzelne Körperschaften oder
Eisenbahnen große zusammenhängende Landstrecken besitzen, welche möglicherweise das denkbar beste Prairie-Land umfassen, während Ansiedlern nur mehr
die schlechtesten Ländereien offenstünden. Durch die Einteilung des Landes in

Anhang.

Schachbrettfelder nehmen die Regierung, die Eisenbahn, die Hudsonsbai-Gesellschaft und der Einwanderer an guten wie schlechten Ländereien gleichen Anteil. Die Hudsonsbai- und die Eisenbahn-Sektionen werden von eigens hierfür eingesetzten Landkommissären an Ansiedler zu den höchstmöglichen Preisen verkauft; die Regierungsländereien sind für den Einwanderer die billigsten und besten.

Eine Viertelsektion Landes, d. h. 160 Acres, kann der Einwanderer in Kanada unentgeltlich erhalten. Nach kanadischen Gesetzen ist nämlich jedes Haupt einer Familie, sei es Mann oder Frau, sobald es das 18. Jahr überschritten hat, berechtigt, von dem Regierungsagenten seines Distriktes gegen Zahlung einer Taxe von 10 Dollars eine „Homestead", d. h. eine Viertelsektion Regierungslandes, zu verlangen[1]. Dagegen ist der Ansiedler verpflichtet, innerhalb sechs Monate von dem Land Besitz zu ergreifen und sich auf demselben anzusiedeln. Sobald der Ansiedler drei Jahre auf seiner Viertelsektion gewohnt hat und den Nachweis liefert, daß er das Land während dieser Zeit wenigstens teilweise bebaut hat, erhält er von der Regierung die Besitzurkunde für diese Viertelsektion. Er muß jedoch englischer Unterthan sein oder das kanadische Bürgerrecht erworben haben. Sollte es dem Ansiedler nicht möglich sein, drei Jahre auf seiner Homestead zu wohnen, so kann er die Besitzurkunde auch dadurch erhalten, daß er auf seiner Viertelsektion ein Wohnhaus errichtet und dasselbe drei Monate vor Ablauf der drei Jahre bewohnt. Außerdem muß er während der drei Jahre nach der Eintragung seiner Sektion ins Grundbuch mindestens während sechs Monaten in jedem Jahre innerhalb einer Entfernung von zwei Meilen von seiner Sektion wohnen. Ferner muß er in diesem Falle im ersten Jahre mindestens 10 Acres (rund 4 ha) Landes pflügen und für den Feldbau vorbereiten. Im zweiten Jahre muß er auf diesen 10 Acres Feldfrüchte säen und weitere 15 Acres (ca. 6 ha) pflügen, und im dritten Jahre endlich muß er auf diesen 25 Acres ($10^1/_8$ ha) Feldfrüchte säen und weitere 15 Acres pflügen.

Um die Anlage von Dörfern und größeren Ansiedelungen zu ermöglichen, können Einwanderer von nicht weniger als 20 Familien an der Zahl von der Bedingung befreit werden, auf ihren Viertelsektionen zu wohnen; allein die Bebauung des Bodens muß in der vorstehend dargelegten Weise vor sich gehen. In besonderen Fällen, bei Erkrankung, aus Familienrücksichten u. s. w., wird dem Ansiedler von der Regierung gerne noch weiterer Vorschub geleistet.

Bei den Provinzial-Ländereien von Ontario, Neu-Braunschweig, Neu-Schottland sind die Bedingungen für den Ansiedler weniger günstig. Am

---

[1] Hiermit werden, wie der geschätzte Leser sieht, unsere Mitteilungen auf S. 141 und 159 wesentlich erweitert.

liberalsten ist die Regierung der Provinz Britisch-Kolumbien. Dort erhält der Ansiedler in der nördlichen Hälfte der Provinz 320 Acres (ca. 130 ha), in der südlichen 160 Acres (ca. 65 ha) schon nach zweijährigem Aufenthalt auf der Homestead. Noch unvermessene Ländereien können dort in Abteilungen von je 160 Acres zum Preise von 1 Dollar für den Acre direkt von der Regierung gekauft werden.

Da viele Strecken in den Nordwest-Territorien keinerlei Baumwuchs zeigen, so hat der Ansiedler auf waldlosen Sektionen gegen Zahlung einer Taxe von 50 Cents (2 Mark) das Recht, im nächstgelegenen Walddistrikte für den Winter 30 „Cords" Brennholz zu fällen; ferner kann er sich 1800 Fuß (540 m) Balken, 2000 Einzäunungslatten und 400 Dachlatten zurechtschneiden.

Einwanderer, welche Viehzucht im größern Maßstabe betreiben wollen, können auch, wie wir schon oben (S. 167) angedeutet haben, Weideländereien in der Ausdehnung von nicht mehr als 100 000 Acres für eine Zeitdauer von nicht länger als 21 Jahren mieten. Die jährliche Miete für den Acre beträgt 2 Cents.

In Bezug auf die Erlangung des kanadischen und damit auch gleichzeitig des englischen Bürgerrechts sind die Gesetze ungemein liberal. Jeder Ausländer kann nach dreijährigem Aufenthalt im Lande den Unterthaneneid leisten und dadurch kanadischer Bürger werden. Als solcher steht er, wenn er im Auslande reist, unter dem Schutze des britischen Reiches. Dieser Schutz wird ihm jedoch nicht zuteil, wenn er nach dem Lande zurückkehrt, welchem er vor seiner Naturalisation als Bürger angehört hat.

Berichtigungen.

S. 61 Z. 15 v. u. lies: Schlitten= oder Gleitbahnen.
„ 65 „ 1 v. u. streiche: Hall.
„ 82 „ 4 v. o. lies: keine Limonaden. Wenn ...
„ 90 „ 19 v. o. lies: Frederickstown.
„ 108 „ 4 v. u. lies statt Neu-Orleans: Kansas City.
„ 111 „ 15 v. o. streiche: Süden und.
„ 117 „ 4 v. u. lies: guns.
„ 120 „ 20 v. u. streiche: Korn.
„ 130 „ 9 v. o. lies statt aus der Farm: in der Ferne.
„ 130 „ 5 v. u. lies: nun allerdings 4240 km.
„ 132 „ 16 v. u. lies: 2—3 Centner.
„ 136 „ 2 v. o. lies: keifenden.
„ 160 „ 3 v. o. schalte nach „Prairie=Länder" ein: westlich von Manitoba.
„ 160 „ 19 v. u. lies statt ebenfalls: nahezu.

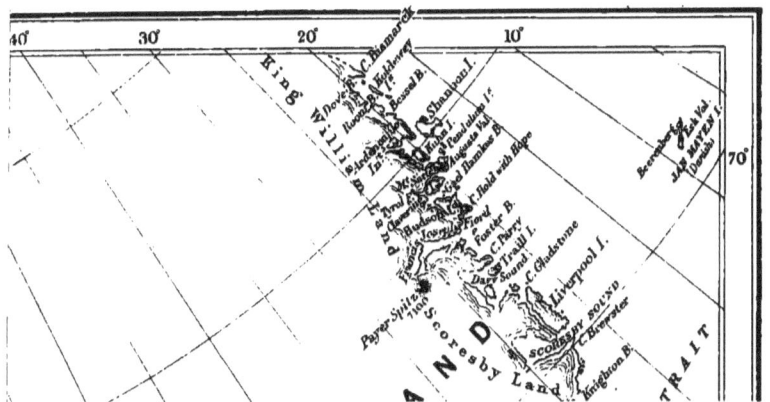

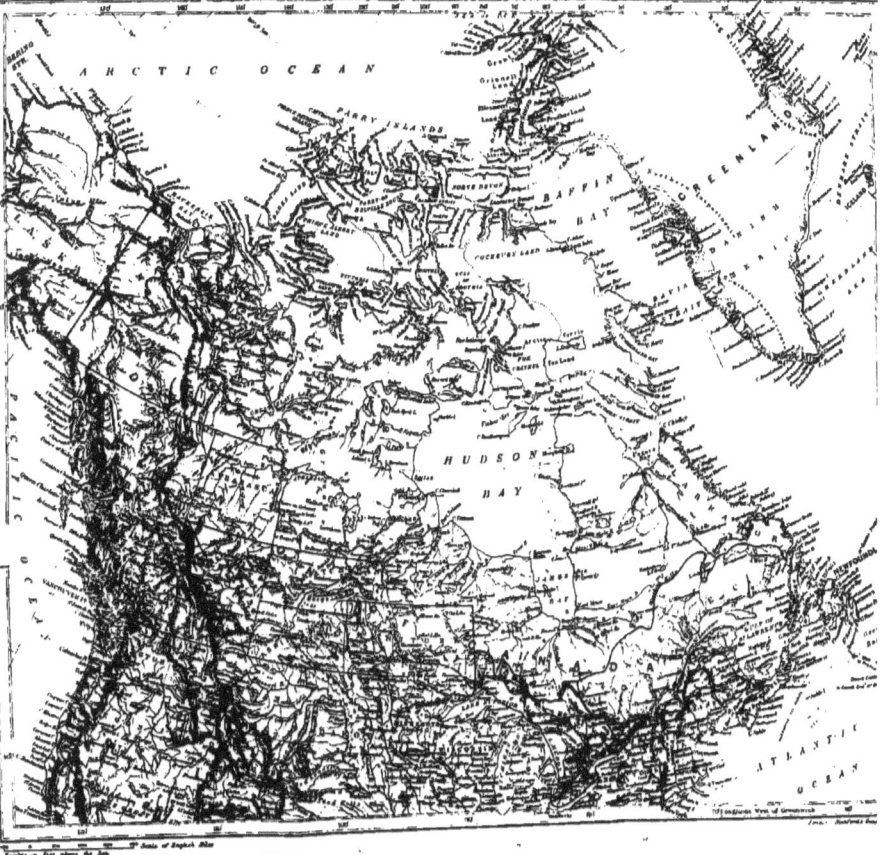
CANADA.

Hamburg-Amerikanische
Paketfahrt-Aktien-Gesellschaft.

Hammonia.	Slavonia.
Frisia.	Hungaria.
Westphalia.	Albingia.
Silesia.	Rhenania.
Gellert.	Holsatia.
Wieland.	Borussia.
Lessing.	Bavaria.
Suevia.	Teutonia.
Bohemia.	Thuringia.
Moravia.	Allemannia.
Rugia.	Saxonia.
Rhaetia.	Francia.
Gothia.	Cyclop.

vermittelst der oben genannten, prachtvollen, bis zu 5000 Tons grofsen Post-Dampfschiffe, welche auf das solideste konstruiert und auf das eleganteste eingerichtet sind und den Reisenden allen nur möglichen Komfort bieten. Die Dampfer der Gesellschaft fahren:

zwischen **HAMBURG** und **NEW-YORK**

von Hamburg Mittwochs und Sonntags, früh morgens. — Von New-York Donnerstags und Sonnabends. — Die Sonntags von Hamburg abfahrenden Dampfer laufen **Havre** auf der Ausreise, **Plymouth** und **Cherbourg** auf der Rückreise an. — Abfahrt von **Havre** Dienstags.

(Aufserdem Extra-Dampfer nach Bedarf.)

zwischen **STETTIN** und **NEW-YORK**

— auf der Ausreise und Rückreise **Kopenhagen** anlaufend —
in regelmäfsigen Fahrten, laut Fahrplan der Gesellschaft.

zwischen **HAMBURG** und **WESTINDIEN**

auf der Ausreise und Rückreise **Havre**, aufserdem am 22. jeden Monats auf der Ausreise **Grimsby** anlaufend, nach St. Thomas, La Guayra, Puerto Cabello, Curaçao, Colon, Sabanilla, Cartagena, Jacmel, Aux Cayes, Port au Prince, Gonaïves, Cap Hayti, St. Marc, San Juan de Puerto Rico, Ponce, Aguadilla, Mayaguez, Puerto Plata, Samaná und St. Domingo City, mit Anschlüssen von Colon via Panamá nach allen Häfen des Stillen Oceans, am 5., 12., 19. und 26. jeden Monats von Hamburg; am 8., 15., 24. und 20. von **Havre**.

zwischen **HAMBURG** und **MEXICO**

auf der Aus- u. Rückreise **Havre** anlaufend; nach Vera Cruz, Tampico u. Progreso. Am 1. jeden Monats von Hamburg und am 4. jeden Monats von Havre.

Nähere Nachricht wegen Fracht und Passage erteilen sämtliche in- und ausländische Agenten der Gesellschaft, sowie

Die Direktion
in Hamburg, Deichstrafse No. 7.

KANADISCHE
PACIFIC-EISENBAHN.

Freie Ackerländereien
in Manitoba und dem grofsen kanadischen Nordwesten.

Ansiedler in dem grofsen kanadischen Nordwesten erhalten 160 Acker Landes frei. Der kanadische Nordwesten ist das Land billigen Lebensunterhaltes, freier Schulen und geringer Steuern.
Fernere Auskunft hierüber mit Landkarten, Broschüren u. s. w. wird gratis von den nachstehenden Bureaux der Gesellschaft erteilt:

17 James Street, Liverpool, England.
88 Cannon Street, London, England.
135 Buchanan Street, Glasgow, Schottland.

Die kanadische Pacific-Bahn ist die neue direkte Route nach China und Japan, via Vancouver (Britisch-Kolumbien) und von dort mittelst der Postdampfer der kanadischen Pacific-Linie.

THE WHITE STAR LINE

Königliche und Vereinigte-Staaten-Postdampfer

fahren jeden Mittwoch zwischen

LIVERPOOL und NEW-YORK.

Sie gehören alle ohne Ausnahme zu den gröfsten und schnellsten Oceandampfern und sind von den ursprünglichen Dimensionen.

Sie sind von ungewöhnlicher Solidität, indem jeder dieser Dampfer in sieben wasserdichten und feuersicheren Abteilungen gebaut ist.

Ihre ausgezeichnete Konstruktion und unübertreffliche Seetüchtigkeit haben ihre Fahrten in Bezug auf Schnelligkeit, Regelmäfsigkeit und Bequemlichkeit berühmt gemacht.

Ihre Gröfse und die damit verbundene Stätigkeit auf See reduzieren soviel als möglich die Ursachen der Seekrankheit.

Sie haben Einrichtungen der besten Art für eine beschränkte Anzahl von Zwischendeck-Passagieren, welch letztere auf demselben Deck wie die Kajüten-Passagiere befördert werden und stets bequemen Raum sowohl auf Deck als auch unter Deck haben.

Die Zwischendecks-Räumlichkeiten sind ungewöhnlich grofs, hell, wohlgelüftet und geheizt. Passagiere dieser Klasse werden finden, dafs für ihre Bequemlichkeit bestens gesorgt ist. Sämtliche Dampfer werden in allen Räumen durch elektrisches Licht erhellt.

Ehepaare und deren Kinder werden zusammen placiert, während unverheiratete Mädchen und einzelne Männer in separaten Räumen untergebracht werden.

Separierte Waschvorrichtungen und Klosets sind für beide Geschlechter eingerichtet, die Eingänge sind geschützt und vom Zwischendeck zugänglich.

Die Lebensmittel werden alle in gekochtem oder zubereitetem Zustande von den Aufwärtern ausgeteilt, und ist ein jeder berechtigt, zu essen, soviel er will.

Eine Aufwärterin bedient Frauen und Kinder.

Vorstehendes findet auf alle White-Star-Dampfer Anwendung und nicht blofs auf die jüngst gebauten.

Überfahrtspreise für Zwischendecks-Passagiere
so niedrig wie auf anderen Linien erster Klasse.

Näheres wegen Überfahrtspreisen, Abfahrtstagen etc. bei

OTTO W. MOLLER, 3 u. 4 Admiralität-Strafse, HAMBURG.
RICHARD BERNS, 32 Marche aux Chevaux, ANTWERPEN.
EDWARD ICHON, 54 Langen-Strafse, BREMEN.
HUDIG & BLOCKHUYSEN, ROTTERDAM.
ISMAY, IMRIE & Co., 10 Water-Strafse, LIVERPOOL.
ISMAY, IMRIE & Co., 34 Leadenhall-Strafse, LONDON.
J. BRUCE ISMAY, 41 Broadway, NEW-YORK.

Passagiere können direkte Reisebillette via New-York nach allen Orten Kanadas, Manitoba und den Nordwest-Territorien erhalten.

Ankündigung.

1887.

In der Herderschen Verlagshandlung in Freiburg erscheint die

Illustrierte Bibliothek der Länder- und Völkerkunde,

eine Sammlung illustrierter Schriften zur Länder- und Völkerkunde, die sich durch zeitgemäßen, interessanten und gediegenen Inhalt, gemeinverständliche Darstellung, künstlerische Schönheit und sittliche Reinheit der Illustration, sowie durch elegante Ausstattung auszeichnen sollen.

In den letzten Decennien hat die geographische Wissenschaft einen ungewöhnlichen Aufschwung genommen.

Zahlreiche und kühne, meistens wissenschaftlich gebildete Reisende aus fast allen Kulturvölkern der Gegenwart suchten die bisher noch unbekannten Regionen des Erdballs zu erforschen. Von allen Hilfsmitteln der modernen Erfindungen unterstützt, erweiterten sie unsere räumliche Kenntnis der Erdoberfläche und bereicherten die Erdkunde mit einer Fülle interessanten Materials.

Gewann so die geographische Wissenschaft eine größere Ausdehnung ihres Gebietes, so wurde sie nicht minder von bedeutenden Forschern nach innen vertieft und einheitlicher gestaltet. Nicht mehr als ein bloßes Konglomerat von allerlei Notizen und nicht mehr als ein bloßer Anhang zur Geschichte, sondern als selbständige Disciplin nimmt jetzt die Geographie eine Stelle unter den Wissenschaften ein.

Wie Deutschland durch die großartigen Leistungen Humboldts und Ritters allen anderen Ländern vorangegangen ist, so behauptet auch gegenwärtig noch die deutsche Litteratur wissenschaftlicher Erdkunde unbestritten den ersten Rang. An den deutschen Hochschulen werden immer neue Lehrstühle der Geographie errichtet; in den Mittelschulen (Gymnasien und Realschulen) fängt man an, ihr besondere Aufmerksamkeit zu schenken, und in immer weiteren Kreisen ist ein lebendiges Interesse für Länder- und Völkerkunde wach geworden.

Wie nun bei den gewaltigen Fortschritten, welche die Naturwissenschaften in unserem Jahrhunderte machten, die Forderung eintrat, die angestellten Untersuchungen, die neuentdeckten Thatsachen, die gefundenen Gesetze und deren Anwendung in den technischen Fächern zu popularisieren und ihre Kenntnis zum Allgemeingut zu machen, so ist auf dem Gebiete der Erdbeschreibung aus gleichem Grunde ein ähnliches Bedürfnis hervorgetreten. Sowohl die großartigen Erfolge der kühnen Forschungsreisenden und Entdecker, als die Bereicherung, welche dadurch Geophysik und Geologie, Botanik und Zoologie, Meteorologie und Klimatologie, Anthropologie und Ethnographie, Kulturgeschichte und Statistik erfuhren, werden von einer außerordentlichen Teilnahme in den weitesten Kreisen begleitet.

Demnach ist es ein zeitgemäßes Unternehmen, die wissenschaftlichen Ergebnisse der Forschungsexpeditionen, die Resultate der geographischen Teilwissenschaften in streng systematischer Anordnung in gemeinverständlicher, lebendiger Schilderung darzustellen.

Die Entdeckungsgeschichte der Erde, insbesondere die Forschungsreisen der neuern Zeit in Afrika, Asien, Australien und in den polarischen Zonen;
Die physische Geographie mit ihren Teilwissenschaften; endlich
Die specielle Länder- und Völkerkunde alter und neuer Zeit
werden in geeigneten Bearbeitungen vertreten sein.

Zahlreiche **Illustrationen** erläutern den Text: charakteristische Landschafts- und Vegetationsbilder, hervorstechende Typen und Trachten der Bewohner, Scenen aus dem Reise- und Volksleben, Waffen und Gerätschaften, Tiere und Pflanzen, Städte und Bauten, Portraits berühmter Entdecker, Forscher und Missionäre. Wo es zum besseren Verständnis nützlich erscheint, sind Übersichtskarten beigegeben.

So hoffen wir eine Reihe geographischer Werke zu schaffen, die für jeden Gebildeten höchst interessant und lehrreich sein werden, die den Lehrern der Erdkunde zur Belebung und Vertiefung des Unterrichtes dienen können, die endlich bei der studierenden Jugend Freude und Lust an der geographischen Wissenschaft wecken sollen.

Illustrierte Bibliothek der Länder- und Völkerkunde.

Neueste Bände:

Kanada und Neu-Fundland. Nach eigenen Reisen und Beobachtungen von E. v. Hesse-Wartegg. Mit 53 Illustrationen und einer Übersichtskarte. gr. 8⁰. (XII u. 224 S.) *M.* 5. Geb. *M.* 7.

Die Balkanhalbinsel (mit Ausschluß von Griechenland). Physikalische und ethnographische Schilderungen und Städtebilder von A. E. Lux. Mit 90 Illustrationen, einem Panorama von Konstantinopel und einer Übersichtskarte. gr. 8⁰. (XII u. 276 S.) *M.* 6. Geb. *M.* 8.

Früher sind erschienen:

Der Weltverkehr. Telegraphie und Post, Eisenbahnen und Schiffahrt in ihrer Entwickelung dargestellt von Dr. M. Geistbeck. Mit 123 Abbildungen und 33 Karten. gr. 8⁰. (XII u. 495 S.) *M.* 8. Geb. *M.* 10.

Unsere Erde. Astronomische und physische Geographie. Eine Vorhalle zur Länder- und Völkerkunde. Von A. Jakob. Mit 100 in den Text gedruckten Holzschnitten, 26 Vollbildern und einer Spektraltafel in Farbendruck. gr. 8⁰. (XII u. 485 S.) *M.* 8. Geb. *M.* 10.

Assyrien und Babylonien nach den neuesten Entdeckungen. Von Dr. F. Kaulen. Dritte, abermals erweiterte Auflage. Mit Titelbild, 78 in den Text gedruckten Holzschnitten, 6 Tonbildern, einer Inschrifttafel und zwei Karten. gr. 8⁰. (XII u. 266 S.) *M.* 4. Geb. *M.* 6.

Ägypten einst und jetzt. Von Dr. Fr. Kayser. Mit 85 in den Text gedruckten Holzschnitten, 15 Vollbildern, einer Karte und einem Titelbild in Farbendruck: „Die Pyramiden von Gizeh", aus K. Werners „Nilbildern". gr. 8⁰. (XII u. 237 S.) *M.* 5. Geb. *M.* 7.

Nach Ecuador. Reisebilder von J. Kolberg. Dritte umgearbeitete und mit der Theorie der Tiefenkräfte vermehrte Auflage. Mit 122 Holzschnitten, 15 Tonbildern und einer Karte von Ecuador. gr. 8⁰. (XX u. 550 S.) *M.* 8. Geb. *M.* 10.

Die Sudânländer nach dem gegenwärtigen Stande der Kenntnis. Von Dr. Ph. Paulitschke. Mit 59 in den Text gedruckten Holzschnitten, 12 Tonbildern, zwei Lichtdrucken und einer kolorierten Übersichts-Karte der Sudânländer. (Maßstab 1:11 500 000.) gr. 8⁰. (XII u. 311 S.) *M.* 7. Geb. *M.* 9. — Karte apart 25 *Pf.*

Der Amazonas. Wanderbilder aus Peru, Bolivia und Nordbrasilien von Damian Freiherrn von Schütz-Holzhausen. Mit 31 in den Text gedruckten Holzschnitten und 10 Vollbildern. gr. 8⁰. (XVI u. 243 S.) *M.* 4. Geb. *M.* 6.

Jeder Band besteht für sich als ein selbständiges, in sich abgeschlossenes Werk und ist einzeln käuflich.

Original-Einband: Leinwand mit reicher Deckenpressung. — Die Einbände sind in weißer, grüner oder brauner Farbe zu beziehen.

Illustrierte Bibliothek der Länder- und Völkerkunde.

Hesse-Wartegg, Kanada und Neu-Fundland.

Probe der Illustration: Das Fest des weißen Hundes bei den kanadischen Indianern. (Fig. 14.)

Illustrierte Bibliothek der Länder- und Völkerkunde.

Lux, Die Balkanhalbinsel.

Bei dem großen Interesse, welches gegenwärtig die Balkanhalbinsel allgemein in Anspruch nimmt und in Zukunft nehmen wird, dürften vorliegende Ergebnisse von des Verfassers Studien und wiederholten Reisen auf der Balkanhalbinsel willkommen sein.

Das Werk umfaßt die Balkanhalbinsel mit Ausschluß von Griechenland. Die Ursache dieser Beschränkung liegt darin, daß Griechenland allein Stoff für einen ganzen Band böte.

Inhalts-Verzeichnis.

I. **Physikalischer Teil.** Begriff, Größe, Einteilung und horizontale Gliederung. — Hydrographie. — Vertikale Gliederung. — Geologischer Aufbau und Mineralreichtum. — Kommunikationen. — Klima. — Verbreitung der Pflanzen und Tiere.

II. **Ethnographischer Teil.** Zahl, Einteilung der Bevölkerung, ethnographische Schilderung der einzelnen Völker, sowie deren Schulbildung. — Religionsverhältnisse. — Handel und dessen Förderungsmittel. — Industrie.

III. **Städtebilder und Routenbeschreibungen.** Von Brod nach Serajevo. — Serajevo. — Von Brod zu Wasser nach Konstantinopel. — Konstantinopel. — Skutari und Kadi-Köi. — Die Prinzen-Inseln. — Von Stambul nach Adrianopel. — Von Adrianopel nach Philippopel. — Von Philippopel nach Sofia. — Von Lom-Palanka nach Sofia. — Von Sofia nach Semendria. — Von Niš nach Saloniki. — Von Üstüb über Mitrovica nach Serbien. — Bukarest.

Anhang. Synchronistische Übersicht der Geschichte des osmanischen Reiches in Europa. — Synchronistische Übersicht der Geschichte Bosniens. — Synchronistische Übersicht der Geschichte der Serben.

Probe der Illustration aus Lux, Balkanhalbinsel: **Reste der Umfassungsmauer von Stambul auf der Landseite.** (Fig. 44.)

Illuſtrierte Bibliothek der Länder- und Völkerkunde.

Geiſtbeck, Der Weltverkehr.

Urteile der Preſſe.

„Der Titel des Buches läßt die Unterhaltung und das Vergnügen nicht ahnen, die dasſelbe allen ſeinen Leſern gewährt. Nicht ein Ungeheuer von trockenen Tabellen mit Auge und Geiſt verwirrenden Zifferreihen neben- und untereinander tritt uns hier entgegen, ſondern ein freundlicher und gewandter Führer durch das weite Gebiet der modernen Verkehrsmittel, mit denen jedermann vertraut ſein will und bisher durch kein Buch mäßigen Umfanges vertraut werden konnte. Hier findet man das beſte und zuverläſſigſte Material verwertet, den geeigneten, alle intereſſierenden Stoff richtig ausgewählt und in möglichſt überſichtlicher Gliederung und Gruppierung zu einem Ganzen vereinigt, das in gemeinverſtändlicher Darſtellung und wohlthuender Abwechslung die Geſamtheit unſerer Verkehrsmittel nach dem neueſten Stande ihrer Entwickelung behandelt. Da wohl niemand beſtreiten dürfte, daß mit der Entwickelung der modernen Verkehrsmittel eine neue Kultur- und Civiliſationsepoche, ein allgemeiner Fortſchritt der Menſchheit begonnen hat, ſo kann das vorliegende Buch ein intereſſanter und geſchmackvoll durchgeführter Beitrag zur allgemeinen Kulturgeſchichte genannt werden, der durch wiſſenſchaftliche Gründlichkeit den Fachmann befriedigt, durch die ſtete Anknüpfung an die allgemeine Kulturentwickelung den Kulturhiſtoriker lebhaft in Anſpruch nehmen und durch die populäre Darſtellung jedermann Unterhaltung und Anregung gewähren muß."

(Zeitſchrift für das Realſchulweſen. Wien 1887. 5. Heft.)

„Bei dem großartigen Aufſchwunge und der mächtigen Bedeutung des Weltverkehrs iſt es zu verwundern, daß derſelbe nicht ſchon längſt eine kompendiöſe, gemeinverſtändliche Darſtellung gefunden hat. Dieſe Aufgabe hat nun Dr. M. Geiſtbeck glücklich gelöſt. Die modernen Verkehrsmittel, Telegraphie, Poſt, Eiſenbahnen und Schiffahrt finden in ſeinem Buche eine eingehende, bis zu gewiſſem Grade erſchöpfende Darſtellung, welche zugleich durch den intereſſanten Gegenſtand, wie durch eine angenehme, wohlgefällige Schreibweiſe, welche nie zur Trockenheit herabſinkt, feſſelt. Der erſte Teil bietet eine Geſchichte der Telegraphie, beſpricht hierauf die ober- und unterirdiſchen ſowie unterſeeiſchen Telegraphenleitungen, giebt eine Überſicht über die wichtigſten Telegraphenleitungen der Erde, behandelt die Leitungsſtörungen, den Telegraphen als Verkehrsmittel, bringt eine Statiſtik des Telegraphenweſens und ſchließt mit dem Fernſprechweſen. Im zweiten Teile finden wir eine Geſchichte des Poſtweſens, die Mittel des Poſtverkehres, eine Poſtſtatiſtik, die Hinderniſſe des Poſtverkehrs, eine Geſchichte des Briefes, der Freimarke, der Poſtkarte und der Zeitungen, endlich die finanziellen Ergebniſſe des Poſtbetriebes ausführlich behandelt. Den Inhalt des dritten Teiles bilden die Eiſenbahnen. . . . . Der vierte und letzte Teil iſt der Schiffahrt gewidmet. . . . . In einem ſehr intereſſanten Schlußkapitel werden die Wirkungen moderner Verkehrsmittel beſprochen. Das Buch iſt gewiß für Schule und Haus, für Bureau und Comptoir eine erfreuliche Gabe."

(Deutſche Rundſchau für Geographie und Statiſtik. Wien 1887. 8. Heft.)

Probe der Illuſtration aus Geiſtbeck, Der Weltverkehr: Ruſſiſche Schlittenpoſt. (Fig. 85.)

Illustrierte Bibliothek der Länder- und Völkerkunde.

Paulitschke, Die Sudânländer.

Urteile der Presse.

„... Das Buch ist allen Freunden der Erdkunde, welche nicht Gelegenheit haben, die zahlreichen und teilweise umfangreichen Originalwerke über die in Rede stehenden Länder zu lesen, aufs beste zu empfehlen, insbesondere aber ist das inhaltsreiche Buch für die studierende Jugend geeignet."
(**Mitteilungen der K. K. Geogr. Gesellschaft in Wien.** 1885.)

„Professor Paulitschke führt uns in dem vorliegenden Werke in großen Zügen und übersichtlichster Weise jenen gewaltigen Länderkomplex des Beled-es-Sudân, des Landes der Schwarzen, vor, welches den größten und fruchtbarsten Teil von Nordafrika umfaßt. Jedes dieser Länder wird nach seiner physischen Beschaffenheit, seiner Pflanzen- und Tierwelt, seinen geognostischen Verhältnissen, seinen Bewohnern und Eigentümlichkeiten nach den Berichten der vertrauenswürdigsten neueren Reisenden geschildert, und so bietet das Buch nicht nur eine übersichtliche Beschreibung jenes unabsehbaren Gesamtgebietes des Sudâns, der in den nächsten hundert Jahren in der Geschichte eine große Rolle zu spielen berufen sein wird, sondern auch die lehrreichste Schilderung der einzelnen Länder nach ihrer Naturbeschaffenheit, ihren Zuständen und ethnographischen Verhältnissen, wie sie sich heutzutage darstellen. Im Anhang führt Professor Paulitschke dann noch die ganze neuere Litteratur an Büchern, Karten u. s. w. über dieses gewaltige Gebiet auf. So liegt uns denn in seinem Buche eines der fleißigsten, zuverlässigsten und instruktivsten Werke über diesen Teil von Afrika vor, welches durch die schönen Illustrationen und gute Übersichtskarten noch an Lehrkraft und Wert gewinnt." (**Das Ausland.** 1885. Nro. 52.)

Kolberg, Nach Ecuador.

Urteile der Presse.

„Wir haben a. a. O. seiner Zeit die Bedeutung dieses Buches in vollem Maße gewürdigt und Urteile von kompetenter Seite, die wir inzwischen zu Gesicht bekamen, haben bestätigt, was wir damals niedergeschrieben. Das Buch enthält neben der anschaulichen, lebendigen, in edler Form gebotenen Beschreibung so viele Belehrung, namentlich aus der physischen Geographie, daß dasselbe zu den hervorragenden Erscheinungen der neuern geographischen Litteratur gezählt werden kann, und wenn der Autor durch eigene Geistesarbeit zu Resultaten gelangt ist, die neben ihm auch andere erreichten, so ist dies wohl nur um so ehrenvoller für ihn. Übrigens darf der Leser nicht fürchten, in dem „Reisebildern" nur Gelehrtes zu finden; auch wer sich mit der Darstellung der Verhältnisse allein begnügen will, ohne auf deren Erklärung eingehen zu wollen, findet viel des Interessanten im Buch; wir glauben aber nicht, daß der Leser, wenn er auch zuerst die Absicht hatte, das streng Wissenschaftliche zu überschlagen, bei seinem Entschlusse bleiben werde; die Darstellung ist so klar und einfach, daß er sicherlich auch dem wissenschaftlichen Teile sich zuwenden wird, und sicher nicht ohne großen Nutzen. Wir zweifeln daher keinen Augenblick, daß das Buch auch in seiner neuen Auflage viele Freunde finden wird. Die Ausstattung ist musterhaft.
(**Zeitschrift f. Schulgeographie.** Wien 1885. 8. Heft.)

„... Schon diese Inhaltsübersicht wird genügen, um den reichen Inhalt und Gehalt des Buches zu kennzeichnen, welches unsere Kenntnis von einem der interessantesten Teile des äquatorialen Südamerika wesentlich bereichert hat, eine hervorragende Stelle in unserer Reiselitteratur einnimmt und jedenfalls eine Zierde der vorliegenden Illustrierten Bibliothek der Länder- und Völkerkunde ist, an welcher wir den aufrichtigsten sympathischen Anteil nehmen, die wir für eine der gemeinnützigsten und dankenswertesten buchhändlerischen Unternehmungen der Gegenwart halten und deren weiteren Bänden wir mit großen und gespannten Erwartungen entgegensehen." (**Das Ausland.** 1885. Nro. 52.)

Illustrierte Bibliothek der Länder- und Völkerkunde.

Probe der Illustration aus Luz, Balkanhalbinsel: Bukarest. (Fig. 83.)

www.ingramcontent.com/pod-product-compliance
Lightning Source LLC
Chambersburg PA
CBHW032042230426
43672CB00009B/1429